utb 5042

Eine Arbeitsgemeinschaft der Verlage

Böhlau Verlag · Wien · Köln · Weimar
Verlag Barbara Budrich · Opladen · Toronto
facultas · Wien
Wilhelm Fink · Paderborn
A. Francke Verlag · Tübingen
Haupt Verlag · Bern
Verlag Julius Klinkhardt · Bad Heilbrunn
Mohr Siebeck · Tübingen
Ernst Reinhardt Verlag · München
Ferdinand Schöningh · Paderborn
Eugen Ulmer Verlag · Stuttgart
UVK Verlag · München
Vandenhoeck & Ruprecht · Göttingen
Waxmann · Münster · New York
wbv Publikation · Bielefeld

Helmut Lambers
ist Professor für Theorien und Konzepte der Sozialen Arbeit am Fachbereich Sozialwesen der Katholischen Hochschule Nordrhein-Westfalen, Abteilung Münster. Zu seinen Forschungsschwerpunkten zählen Geschichte und Theorien der Sozialen Arbeit, Systemtheorie in der Sozialen Arbeit und Sozialmanagement.

Helmut Lambers

Geschichte der Sozialen Arbeit

Wie aus Helfen Soziale Arbeit wurde

2., überarbeitete Auflage

Verlag Julius Klinkhardt
Bad Heilbrunn • 2018

Online-Angebote oder elektronische Ausgaben zu diesem Buch sind erhältlich unter www.utb-shop.de

Die Deutsche Bibliothek – CIP-Einheitsaufnahme
Die Deutsche Nationalbibliothek verzeichnet diese Publikation in der Deutschen Nationalbibliografie; detaillierte bibliografische Daten sind im Internet über http://dnb.d-nb.de abrufbar.

Fotomontage auf Umschlagseite 1: © Kay Fretwurst, Spreeau.
Einbandgestaltung: Atelier Reichert, Stuttgart.
Satz: Kay Fretwurst, Spreeau.

Druck und Bindung: Friedrich Pustet, Regensburg.
Printed in Germany 2018.
Gedruckt auf chlorfrei gebleichtem alterungsbeständigem Papier.

utb-Band-Nr.: 5042
ISBN 978-3-8252-5042-3

Inhalt

Geschichte lebt nicht vom antiquarischen Interesse,
sondern vom Bestreben, zu verstehen,
warum und wie man versteht.
(Pierre Bourdieu 1996)

Einleitung

Hans Scherpner (1898–1959), einer der ersten Fürsorgetheoretiker und Aufklärer fürsorgegeschichtlicher Grundlagen, hielt die Schulung des historischen Bewusstseins im Bildungskanon angehender Sozialarbeiterinnen und Sozialarbeiter für unerlässlich. Seitdem wächst die Zahl entsprechender Forschungsarbeiten auch in der Sozialen Arbeit. Abgesehen von einer Reihe historischer Arbeiten zu speziellen Teilgebieten Sozialer Arbeit liegen mehrere ältere und neuere Gesamtübersichten zur Sozialen Arbeit vor.[1] An Gesamtübersichten lässt sich die kritische Anforderung richten, dass sie geeignet sein müssen, die Geschichte Sozialer Arbeit – insbesondere Teilaspekte wie Methodengeschichte, Professionalisierung, Organisationsbildung usw. – zu rekonstruieren, statt zu illustrieren; so zumindest der Einwand von C. Wolfgang Müller in seinem zweibändigen Werk zur Methodengeschichte.[2] Was das historische Interesse an Illustrationen und ihrem vielleicht dürftigen Nutzen für historisches Verstehen angeht, stellte bereits *Pierre Bourdieu* (1930–2002) fest: „Geschichte … lebt nicht vom antiquarischen Interesse, sondern vom Bestreben, zu verstehen, warum und wie man versteht“[3]. Um es also nicht mit reiner Illustration bewenden zu lassen, folgt die vorliegende Geschichte Sozialer Arbeit einem bestimmten gesellschaftstheoretischen Verstehenskonzept. Soziale Arbeit wird in diesem Buch anhand des Formenwandels von persönlicher Hilfe zur gesellschaftlichen Hilfe nachgezeichnet. Die Sinnkonstitution Sozialer Arbeit wird in dem in allen Gesellschaften und innerhalb ihrer Entwicklungen zu beobachtenden Bestrebungen gesehen, Formen des Bedarfsausgleiches zu schaffen. Unter Bedarfsausgleich wird die Hilfe verstanden, die in Gesellschaften als angemessene Menschensorge angesichts der durch ständige Ausdifferenzierung von Gesellschaften hervorgerufenen „humanen Folgeprobleme“[4] für erwartbar gehalten wird. Diese Art der wissenschaftlichen Beobachtung von Geschichte ist sozialevolutiv motiviert. Sie geht auf den Soziologen und Gesellschaftstheoretiker *Niklas Luhmann* (1927–1998) zurück.

1 Vgl. z.B. Baron/Lanwehr 1983, Erler 2012, Hammerschmidt/Weber/Seidenstücker 2017, Hering/Münchmeier 2014, Kuhlmann 2013, Rathmayr 2014, Schilling/Klus 2018, Wendt 2016.

2 Vgl. Müller 1999, S. 19.

3 Bourdieu 1996, S. 272.

4 Hillebrandt 1999, S. 276.

Eine derartige Geschichtsschreibung kann nicht problemlos in eine Epochengeschichte gezwungen werden. Von Luhmann ist bekannt, dass er eine Abneigung gegen Epochenbildungen hatte. Stattdessen bevorzugte er das Konzept der sozialen Evolution.[5] Er untersuchte gesellschaftliche Entwicklung in der Zeit-, der Sach- und der Sozialdimension. In der Zeitdimension kommt er zu einer Dreiteilung von *archaischen, hochkultivierten* und *modernen* Gesellschaften. In der Sachdimension legt er ihre jeweiligen Strukturprinzipien offen und kommt dabei zu einer Differenzierung der Gesellschaftsstrukturen als *segmentär, stratifaktorisch* und *funktional* differenzierte Gesellschaft. In der Sozialdimension schließlich untersucht er – was unsere hier behandelte Thematik angeht – den Wandel des Helfens. Helfen wird als eine über Kommunikation hergestellte Form menschlichen Bedarfsausgleiches verstanden. Dieses Buch orientiert sich an der Luhmann'schen Gesellschaftstheorie. Es ist nach den drei genannten sozialevolutiven Stufen aufgeteilt (Zeitdimension) und betrachtet die darin beschreibbaren Gesellschaftsdifferenzierungen (Sachdimension) sowie ihre jeweils eigenen Ausformungen von Hilfe als soziale Systeme (Sozialdimension).

Geschichtlicher Wandel wird durch diese dreigeteilte Systematik einerseits gesellschaftstheoretisch rekonstruierbar, andererseits in seinem Facettenreichtum stark vergröbert, zumal auf die klassische Epochenaufteilung verzichtet wird. Das Problem der Periodisierung von Geschichte ist in den Geschichtswissenschaften ein altbekanntes Thema. Es kann an dieser Stelle nicht angemessen behandelt werden.[6] Obwohl Epochenaufteilungen immer etwas künstlich wirken und die Epochengrenzen nie ganz präzise und einheitlich gezogen werden können, findet man auch in diesem Buch solche Aufteilungen. Dadurch wird eine Orientierung an den in der Geschichtsschreibung üblichen Epochenaufteilungen ermöglicht. Allerdings werden diese in die drei bereits benannten Differenzierungen von Gesellschaft eingebaut. Bei der Behandlung der archaischen Gesellschaftsform (Kap. I.) ist allerdings keine chronologische Aufteilung möglich. Europäische Epochenzählungen beginnen in der Regel mit dem Übergang archaischer Gesellschaften in die hochkultivierte Gesellschaftsform. Ab dieser Stufe (Kap. II.) werden die gängigen Epocheneinteilungen verwendet. In der hochkultivierten Gesellschaft beginnt die Epochenzählung mit dem Mittelalter. Damit ist natürlich nicht gesagt, dass erst mit Beginn des Mittelalters hochkultivierte Gesellschaftsformen entstanden sind. Die ersten Hochkulturen sind bereits aus den Jahren 4.000 v. Chr. bekannt (Sumerer). Eine historische Rekonstruktion Sozialer Arbeit, die den Übergang wechselseitiger, archaischer Hilfeformen zu kulturell hergestellten Hilfeformen in den Blick nimmt, lässt sich bei den hochkultivierten Gesellschaftsformen in unserer europäischen Geschichte jedoch erst mit dem frühen Mittelalter vornehmen.

5 Vgl. Luhmann 1998, S. 556.

6 Vgl. Kosellek 1984 und 2010. Vgl. auch Vogler 1998, S. 203–213.

Nach Luhmann ist die Bewältigung zunehmender gesellschaftlicher Komplexität das, was gesellschaftliche Entwicklung generell kennzeichnet. Soziale Ordnungsbildungen vollziehen sich in der Herausbildung von Strukturen und Prozessen durch Versuche der Reduktion gesellschaftlicher Komplexität. Um Komplexitätszunahme und -bewältigung im Rahmen eines Geschichtsbuches annähernd überschauen zu können, müssen die Sachverhalte in den Blick genommen werden, die genau diese Komplexitätssteigerung einerseits und Komplexitätsreduktionen andererseits ausmachen. Das sind zum ersten die allgemeinen wirtschaftlichen und politischen Lebensverhältnisse der jeweiligen Zeit (Allgemeine gesellschaftliche Charakteristik). Zum zweiten sind dies die leitenden Vorstellungen, das jeweils prägende Weltbild dieser Zeit (Philosophie/Weltbild) und natürlich ihre geistigen Vordenker (Protagonisten). Oftmals hiermit verbunden sind auch die sozialen ‚Erfinder' der jeweiligen Zeit. Mit Blick auf die Zielgruppen Sozialer Arbeit wird schließlich der Wandel in den Einstellungen zur Kindheit und Jugend sowie das damit verbundene Erziehungs- und Bildungsverständnis und seine organisatorische, programmatische Umsetzung in den jeweiligen Epochen zu eben jenem Sachverhalt gesellschaftlicher Komplexität gehören und aufzuzeigen sein. Die Organisation des Handelns nimmt historisch ihren Anfang in den hochkultivierten Gesellschaften.

Mit derselben Fragesystematik müssen schließlich die Einstellungen zur Armut und der Umgang mit ihr in den Blick genommen werden. Dabei ist klar, dass ‚Armut' – in gleicher Weise wie Kindheit und Jugend – kein historisch konstanter Begriff ist. Der Armutsbegriff ist abhängig von der jeweiligen Beimessung seiner Bedeutung durch Kommunikation in Gesellschaft. Gleichwohl wurde Armut immer wahrgenommen als ein Umgang mit Mangel und Hilfebedürftigkeit. Dieser Umgang drückt sich in Form unterschiedlicher Organisationsweisen und Handlungsprogramme von Hilfekommunikation aus. Zum einen sind das konzeptionelle, methodische und theoretische Vorstellungen darüber, wie man sozial schwierige Sachverhalte lösen könnte In unserer heutigen Fachsprache sind damit Theorien, Konzepte, Methoden, Verfahren, Techniken und Instrumente der Sozialen Arbeit gemeint. Neben den theoretisch-methodischen Fundamenten der Vorstellungen über geeignete Hilfeformen in der jeweiligen Zeit waren und sind zum anderen die rechtlichen Programme (Armengesetze, Strafgesetze, Sozialgesetze, Jugendgesetze) angesprochen.

Da es sich um ein Lehrbuch handelt, sind didaktische Elemente eingebaut. Diese bestehen aus:

a) Bildern, Grafiken, Tabellen,
b) Kurzzusammenfassungen am Ende der jeweiligen Kapitel,
c) Kurzzusammenfassungen am Ende der jeweiligen Epochenbearbeitung,
d) Kurzzusammenfassungen am Ende der jeweiligen sozialevolutiven Entwicklungsstufen,
e) den sozialevolutiven Entwicklungsstufen zugeordnete Reflexionsthemen und Fragestellungen.

Die Elemente a)–d) dienen der Wissenssicherung. Das Element e) dient dem verstehenden und reflexiven Zugang. Dort werden aus den historischen Antworten auf soziale Probleme heraus Fragen als Reflexionsvorschläge für aktuelle Themen Sozialer Arbeit gestellt (z.B.: Subsidiaritätsprinzip, Sozialstaat, Ökonomisierung, Aktivierungsstrategien in der Wohlfahrtspflege, Empowerment u.v.m.). Hierbei werden nur die historischen Sachverhalte genannt und die Fragen, die sich hieraus für heutige Themen reflektieren lassen können. Der reflexiven Absicht entsprechend werden hierzu keine Antworten gegeben; stattdessen jedoch Stichworte entlang derer sich Studierende alleine oder besser noch in kleinen Lerngruppen, in ihren Reflexionsbemühungen orientieren können.

Wer nicht von dreitausend Jahren sich weiß Rechenschaft zu geben,
bleib im Dunkeln unerfahren, mag von Tag zu Tage leben.
(Johann Wolfgang v. Goethe, 1819)

1 Einige wissenschaftstheoretische Vorbemerkungen

Bevor wir uns der Geschichte der Sozialen Arbeit zuwenden, sollen einige theoretische Vorbemerkungen vorangeschickt werden. Sie sind notwendig, um zu verstehen, weshalb es Sinn macht, sich in der Ausbildung zu Sozialarbeiterinnen und Sozialarbeitern überhaupt historisch zu orientieren. Weiterhin soll deutlich werden, dass die Beschäftigung mit Geschichte nicht der Rechtfertigung von Gewordenem oder der Behauptung von Sollendem dienen kann. Vielmehr muss es darum gehen, Geschichte als Ort der Erinnerung sozialer Praxis in den Blick zu nehmen, aus dem wir nicht automatisch Antworten, sondern vielmehr Fragen für die Zukunft gewinnen können. Es geht also vorab erst einmal um den Umgang mit Geschichte.

1.1 Die Begründung: Warum Geschichte und welche?

„Wer nicht von dreitausend Jahren sich weiß Rechenschaft zu geben, bleib im Dunkeln unerfahren, mag von Tag zu Tage leben“[7]. Diese Zeilen von *Johann Wolfgang von Goethe* (1749–1832) aus seinem Werk „Der West-östliche Diwan“ halten immer wieder als vielzitiertes Argument dafür her, sich mit Geschichte generell befassen zu sollen, hier bei Goethe allerdings in einer Weise, die wenig damit zu tun hat, sich verstärkt mit Geschichtsunterricht befassen zu sollen, sondern den Europäern ins Bewusstsein rufen sollte, dass sie eine dreitausendjährige Geschichte verbindet (Rosen 2008). In der Sozialen Arbeit war es vor allem Hans Scherpner, der die Schulung des historischen Bewusstseins angehender Sozialarbeiterinnen und Sozialarbeiter einforderte. Zum einen, um nicht einer Idee von Über-Geschichtlichkeit zu verfallen, also der Vorstellung, dass wir in der Geschichte immer geltende Wahrheiten vorfinden. Zum anderen, um aus der historischen Kenntnis der eigenen Professionsentstehung eine fachliche Identität entwickeln zu können.[8] Auch Wolf Rainer Wendt folgt dieser Sichtweise. Nur aus der historischen Perspektive lässt sich etwas über die politischen, wirtschaftlichen und ideellen Bezugspunkte Sozialer Arbeit in Erfahrung bringen und erkennen, wie soziale Probleme gesellschaftlich wahrgenommen wurden und welche Problemlösungen und Denkweisen

7 Rendsch Nameh, Buch des Unmuts (1819/1827).
8 Vgl. Vorwort von Gerd Neises zu Scherpner 1984, S. VIIf.

des sozialen Handelns sich aus diesen Wahrnehmungen entwickelten.[9] Dies alles könne ein Selbstverständnis der Profession begründen, mithin die von Scherpner avisierte fachliche Identitätsbildung befördern. Aber hier sind auch Zweifel angebracht. So sehr nun die historische Auseinandersetzung mit der eigenen Professions- und Disziplingeschichte angehende Sozialarbeiterinnen und Sozialarbeiter in der Tat beschäftigen sollte, so sehr muss man danach fragen, ob sich hieraus allein ein Beitrag zur Berufsidentität gewinnen lässt, zumindest dann, wenn dies über die Beschäftigung mit Ideen als Bezugspunkt Sozialer Arbeit geschehen soll. Ich möchte meine Zweifel kurz begründen:

Ideengeschichte – gleich, ob in der Pädagogik oder Sozialen Arbeit – wird dann problematisch, wenn sie sich als eine Abfolge sogenannter „Klassiker" versteht.[10] Der Begriff des „Klassikers" lässt schnell die Erwartung aufkommen, dass „Schülern" auf diese Weise zeitlos gültige Antworten auf immer dieselben Fragen an die Hand gegeben werden können. Dieses Interesse läuft jedoch Gefahr, ahistorisch zu verfahren. Es würde sich allenfalls an einer problematischen Mythenbildung beteiligen. Es gibt keine zeitlos gültigen Antworten. Wenn wir unter „Klassik" eine kulturelle Höchstleistung verstehen, die über ihre Zeitepoche hinaus Maßstäbe setzt, so fällt diese Vorstellung bei der Bearbeitung gesellschaftlicher und individueller Problemlagen schwer, da jede Zeit ihre jeweils eigenen Antworten fand und findet. Ein Klassikerstatus würde sicherlich derjenigen Idee zukommen, die die soziale Frage endgültig gelöst hat. Das allerdings ist, von Postulaten einmal abgesehen, nirgendwo in der Geschichte der Sozialen Arbeit der Fall, nicht einmal innerhalb der Zeitgeschichte ihrer jeweiligen Protagonisten. So gesehen trifft zu, was Niklas Luhmann einmal etwas provokant zu dem Thema Klassiker gesagt hat: „Die Klassiker sind Klassiker, weil sie Klassiker sind; sie weisen sich im heutigen Gebrauch durch Selbstreferenz aus"[11].

Zu einer etwas differenzierteren Sicht der Dinge gelangt man, wenn man näher bezeichnet, welche Kategorie, in der wir Klassiker ausmachen wollen, eigentlich gemeint ist: die Disziplin, die Profession oder die soziale Praxis? Wem anschlussfähige Kommunikation über seine Generation hinaus gelingt, verdient den Klassikerstand. Es sollte aber geklärt sein, für welchen Kontext dieser Klassikerbegriff vereinnahmt wird. Und hier scheint einiges dafür zu sprechen, dass der Begriff innerhalb der Disziplinbildung eine Identität stiftende Bedeutung im Sinne eines Beitrags zum Theoriediskurs entfalten kann. Dieser Umstand hat aber für die Identitätsbildung der Profession oder auch der konkreten Praxis kaum oder allenfalls nur geringe Bedeutung. Rückblickend betrachtet lagen Profession und Disziplin relativ weit auseinander. Ein Phänomen, das erst mit der von Hans Thiersch in den 1970er Jahren eingeleiteten Alltagswende begann, sich allmählich aufzulösen. Insgesamt ist es also ratsam, bescheiden mit dem Klassikerbegriff umzugehen und zu unter-

9 Vgl. Wendt 1/99, S. 31.

10 Vgl. Niemeyer 2010, c1998, S. 10.

11 Luhmann 1987, S. 7.

scheiden, zwischen den „zeitlosen Klassikern" – die es wohl nicht gibt – und den „klassifizierten Klassikern"[12], solchen also, deren Verdienst sicherlich darin liegt, dass sie theoretische Entwürfe der Sozialpädagogik und Sozialarbeit konzipierten und hiermit einen Fachdiskurs inhaltlich entscheidend prägten.[13]
Alles in allem sollen diese kritischen Einwände weniger eine generelle Absage an eine Klassikerdiskussion sein. Vielmehr geht es um ein Votum für eine vorsichtige Geschichtsschreibung. Geschichtsschreibung ist mit Vorsicht zu genießen, denn sie ist unzuverlässig. Sie blendet aus, vergisst, verdrängt, erfindet und befindet und dies – zumindest wenn sie seriös verfährt – ohne es bewusst zu wollen. Geschichtsschreibung läuft immer Gefahr, ihren Gegenstand zu überhöhen oder ihn abzuwerten. Sie ist immer auch Ausdruck einer Suchbewegung, oft auch, um zu finden, was man schon zu kennen glaubt. Sie ist bestens geeignet für jedwede Apologie und unkritische Traditionsbildung, letztlich also ein Konstrukt.[14] Geschichte gegen den Strich gebürstet könnte hier verhindern helfen, was einer fragwürdigen Identitätsbildung entgegenkäme: so z.B. die Entstehung von Mythen durch die Identifikation von sogenannten Klassikern mittels einer Ideengeschichte der Sozialen Arbeit. Etwas drastisch bringt dies C. W. Müller auf den Punkt, wenn er konstatiert, dass die Idee des beruflichen und verberuflichten Helfens erst die Klienten hervorbrachte, an deren Abschaffung man glaubte sich abzuarbeiten. Es sollte also darum gehen, „… die reale Geschichte unseres Berufes so zu rekonstruieren, damit wir uns keinen Sand in die Augen streuen, welch tollen Helfer-Beruf wir ergriffen haben und was für menschenfreundliche Pädagogen die Generationen von beruflichen Vorgängern waren, auf deren Schultern wir stehen"[15]. Dies scheint ein gangbarer Weg zu sein, um der von Bourdieu beschriebenen *illusio* moderner Gesellschaften wachsam entgegen treten zu können.
Bourdieu bemerkte in seiner reflexiven Anthropologie, dass Geschichte nicht vom antiquarischen Interesse leben kann, „… sondern vom Bestreben, zu verstehen, warum und wie man versteht"[16]. Eine „reflexive Historiographie" wäre vielleicht ein Weg, den Fallstricken der Geschichtsschreibung als unkritische Traditionsbildung zu entgehen oder ihr zumindest etwas entgegen zu setzen. Dies wäre nach Franz M. Konrads Vorstellung eine Geschichtsschreibung, die sich als „beun-

---

12 Vgl. Dollinger 2006, S. 7–11. Vgl. auch kritisch zur Klassikerdebatte Thiersch 2000, S. 189. Schwierigkeiten, sich auf eine Klassikerliste zu verständigen, zeigen der Vergleich der Arbeiten von Niemeyer (2010, c1998) und Thole/Galuske u.a. (1998), ebenso die von der Kommission Sozialpädagogik der Deutschen Gesellschaft für Erziehungswissenschaft aufgestellte Klassikerliste sowie die von Michael Winkler getroffene Feststellung, dass die Klassikerliste, angefangen von Platon, über vierzig Personen enthalten müsse (vgl. Niemeyer 2010, S. 9–18).

13 Vgl. Galuske/Thole/Gängler 1998, S. 11 und S. 22, FN 8. (In diesem Fall müssen einheitliche Kriterien für die Zuschreibung „Klassiker" gelten. Das wiederum ist ein kontroverses Unterfangen. Vgl. hierzu a.a.O., S. 21–25).

14 Vgl. Goertz 2004b, S. 1– 1–18.

15 Müller 1999, S. 19.

16 Bourdieu zit. in Maurer; in: Konrad 2005, S. 16.

ruhigende Erinnerung" versteht.[17] Auf die Soziale Arbeit gewendet hieße dies, ihre Geschichte als Erinnerungsort, als „Gedächtnis gesellschaftlicher Konflikte" zu verstehen. Dabei kann es eben nicht darum gehen, Identität und Tradition Sozialer Arbeit zu (er)finden. „Historische Rekonstruktion im Kontext einer reflexiven Historiographie kann Soziale Arbeit … der gesellschaftlichen Auseinandersetzung immer wieder zugänglich machen – solange sie eine Qualität behält, die auch verstört, die irritiert"[18].

Die Frage nach der Angemessenheit und Wahrheit dieser Art von Geschichtsschreibung wird dadurch natürlich auch nicht beantwortet. Eine Geschichte Sozialer Arbeit zu rekonstruieren ist immer ein selektiver Prozess. Ein schönes Beispiel, wie unterschiedlich historische Forschung selektiert, ist aus der historischen Kindheitsforschung bekannt. So kamen der Mentalitäts-Historiker *Philippe Ariès* (1914–1984) und der Psycho-Historiker *Lloyd deMause* (1931) in einem die Soziale Arbeit ebenfalls zu interessierendem Feld der Geschichtsforschung – der Geschichte der Kindheit – zu völlig entgegen gesetzten Ergebnissen. Im ersten Fall wird der Kindheitsstatus im Wandel der Geschichte als Zustand zunehmender Unfreiheit und im zweiten Fall als das glatte Gegenteil gelesen.[19] Dieses Beispiel macht deutlich, dass sich selbst wissenschaftliche Reflexivität der Selektivität von Beobachtung nicht entziehen kann.

So ist es an der Zeit, die Sinnkriterien offenzulegen, denen die hier vorgelegte Geschichte der Sozialen Arbeit folgt. Zurück zu Goethes Mahnung: *„Wer nicht von dreitausend Jahren sich weiß Rechenschaft zu geben, bleib im Dunkeln unerfahren, mag von Tag zu Tage leben"*[20]. Hieraus spricht eine ganz konkrete Vorstellung über die Auswirkungen eines geschichtslosen Menschen. Wer nicht im Wissen um seine eigene Geschichte lebt, lebt unreflektiert und nur in den Tag hinein. In diesem Zustand kann der Mensch besonders eines nicht: Geschichte schreiben. Er kann sie nur erleben und erleiden. Was heißt das überhaupt: Geschichte schreiben? Bestimmte Voraussetzungen müssen offensichtlich hierfür erfüllt sein:

a) im Wissen um seine eigene Geschichte leben,
b) aus der historischen Reflexion für die Gegenwart lernen,
c) aus dem Bewusstsein des Gelernten in Gesellschaft reflexiv handeln und
d) mit und in dieser historischen Reflexivität Menschen auf personaler Ebene begegnen wollen.

---

17 Konrad 2005, S. 20.

18 A.a.O., S. 28.

19 Ariès kommt zu der Feststellung, dass Kindheit in der Neuzeit „erfunden" wurde und durch den pädagogischen Zugriff Erwachsener zu immer mehr Unfreiheit führte. DeMause hingegen will belegen, dass Kindheit immer schon ein bekannter und bewusster Status in den Köpfen Erwachsener war. Dieser unterlag von den Ursprungsgesellschaften bis hin zu den modernen Gesellschaften einem Wandel von der absoluten Missachtung und Tötung bis hin zur Förderung und Einfühlung, einem Prozess des Zugewinns von Empathiefähigkeit der Erwachsenen und einem Zugewinn von Autonomie bei den Kindern und Jugendlichen.

20 Rendsch Nameh, Buch des Unmuts (1819/1827).

In der Konsequenz dieser Reflexivität entsteht das, was wir mit ‚Geschichte schreiben' bezeichnen können, nämlich die bewusste Gestaltung gesellschaftlicher Verhältnisse ermöglichen zu können.

1.2 Der Zeitpunkt: Wo ist der Anfang?

In der Sozialen Arbeit geht es um Menschen, die auf der Verliererseite gesellschaftlicher Entwicklung stehen, manche ihr Leben lang. Mit der Trennung von Leib und Seele (Sokrates) ist es den Menschen bis heute gelungen, große kulturelle Erfolge zu produzieren (Wissenschaft, Technik, Kunst). Aber wo Licht ist, ist zwangsläufig auch Schatten. Und um diese kulturellen Schattenseiten geht es in der Sozialen Arbeit.[21] Die Entstehung einer gesellschaftlichen Verliererseite als Anlass für eine Verberuflichung des Helfens wird gemeinhin in der Industrialisierung gesehen.[22] Diese Geschichte wäre aber recht kurz gegriffen. Der Mensch war immer schon, in allen unterschiedlichen Formen von Gesellschaft, seiner eigenen Hilfebedürftigkeit, dem Helfen und Geholfen-Werden, ausgesetzt. Zu beurteilen, ob Helfen anthropologisch begründbar ist – demnach wäre Helfen dem Menschen als Urkategorie des Gemeinschaftshandelns praktisch mitgegeben (Scherpner 1962) – oder als gesellschaftlich, strukturell sinnvolles, wechselseitiges Handeln entstanden ist (Luhmann 1973), ist sekundär. Helfen wird offensichtlich durch wechselseitige Erwartungen gesteuert (Luhmann). Helfen fand und findet in allen Gesellschaften statt: in den frühen archaischen sowie in den späteren hochkultivierten Gesellschaften bis hin zur heutigen modernen/postmodernen Gesellschaft. Entscheidend ist dabei, den Wandel der Formen des Helfens zu verstehen.

Das unmittelbare, gegenseitige Helfen ist im Laufe des gesellschaftlichen Wandels zunehmend durch ein organisiertes, staatliches – wir würden heute sagen: professionelles – Helfen erweitert und abgelöst worden. Daher macht es Sinn, den gesamten Prozess der Herausbildung einer professionellen Form des sozialen Helfens in den Blick zu nehmen und nicht erst mit der Industrialisierung anzufangen. Die Geschichte wäre dann auch schnell erzählt, denn wir haben es hier, verglichen mit anderen Helferprofessionen, mit einer noch jungen Professionsbildung zu tun. Die ersten professionellen Helfer waren Ärzte, Juristen und Priester, und sie sind heute gut 500 Jahre alt. In der weiteren Ausdifferenzierung des Helfens kam der Sozialarbeiter/Sozialpädagoge sehr viel später hinzu. Er ist international gesehen nun 120 Jahre alt.[23]

21 Vgl. Tillmann 2007, S. 15f.

22 Vgl. Müller 1999, S. 13f.

23 Die erste selbständige Schule für Sozialarbeit war die „Summer School of Philanthropy." Sie wurde 1898 in New York gegründet. Aus ihr ging die heutige „School of Social Work" der Columbia University hervor.

Wenn wir das nur für Deutschland betrachten, dann sind wir sogar noch viel jünger. Im Jahr 2019 werden wir 50 Jahre alt.[24]

Eine Geschichte Sozialer Arbeit sollte aber ihren historischen Vorlauf nicht ausklammern. Das heißt, der Formenwandel des Helfens, der schließlich zur Sozialen Arbeit heutiger Gestalt geführt hat, ist in den Blick zu nehmen. Damit ist aber auch klar, dass wir so weit wie möglich zurückgehen müssen, um die Geschichte Sozialer Arbeit in ihrer heutigen Form zu erfassen. Das heißt: Nur wenn wir den Anfang bei den archaischen Ursprungsgesellschaften setzen, wird deutlich, dass sich im Zuge zunehmender gesellschaftlicher Komplexität professionelle Hilfe entwickelte und dabei Formen des private Helfens in Formen gesellschaftlich geregelter Hilfe übergegangen sind. In der historischen Rekonstruktion des Helfens im Wandel gesellschaftlicher Entwicklung wird deutlich, dass sein oftmals von außen als unspezifisch und nicht zwingend als professionsbedürftig wahrgenommener Gegenstand seine eigenen Wege einer hochgradig ausdifferenzierten Hilfesemantik ausbildet, die Spuren für die historische Erforschung hinterlassen hat. Helfen als eine Figur menschlichen Erlebens und Handelns ist aus der Geschichtsschreibung Sozialer Arbeit nicht auszuklammern. Soziale Arbeit – und das soll im Folgenden historisch rekonstruiert werden – ist dem Hilfeparadigma[25] verpflichtet.

1.3 Die Orte: Was ist und wird erforscht?

Einen Ort, einen Ausgangspunkt zu bestimmen, von dem aus sich die Geschichte Sozialer Arbeit erzählen ließe, ist ein schwieriges Unterfangen. Eine Geschichte Sozialer Arbeit im Sinne einer linear aufeinander aufbauenden Disziplin- und Professionsgeschichte lässt sich kaum rekonstruieren. Wo setzen wir den Anfang? Im Übergang von der mittelalterlichen Almosenlehre zu einer sich abzeichnenden Subventionspraxis in der Neuzeit? Oder besser in der beginnenden Moderne, als Antwort auf die durch Industrialisierung und Massenverarmung entstandene soziale Frage? Die Geburtsstunde der Professionalisierung und Theoriebildung Sozialer Arbeit – daran kann seit der Arbeit von *Klaus Mollenhauer* (1928–1998) nicht gezweifelt werden – schlug mit der Industrialisierung.[26] Gleichwohl haben sich unterschiedliche Vorstellungen einer besonderen, meist philosophisch-theologisch begründeten Umgangsweise mit sozialen Notlagen bereits im Mittelalter

24 Sofern wir zur Profession einen akademischen Status als Voraussetzung und das Geburtsjahr der ersten Fachhochschulen in Deutschland mit 1969 sowie die ersten Diplomstudiengänge mit dem Schwerpunkt ‚Sozialpädagogik' an den Universitäten ebenfalls mit 1969 ansetzen.

25 Mit Paradigma wird ein (wissenschaftliches) Denkmuster, eine Art Denkfigur bezeichnet, die das (wissenschaftliche) Weltbild einer Zeit im Sinne einer Leitorientierung prägt.

26 Vgl. Mollenhauer 1964.

herausgebildet und besonders – wie Mollenhauer knapp dreißig Jahre nach seiner Entdeckung der „Ursprünge der Sozialpädagogik“ in der Wiederauflage seines Buches von 1959 einräumt – mit Beginn der bürgerlichen Gesellschaft.[27] Diese Vorstellungen waren mit Beginn der Aufklärung durchaus auch mit Vorstellungen einer berufsmäßigen Ausübung verbunden. Historische Linien lassen sich also aufzeigen und auch in ihren Anfängen (unterschiedlich) setzen. Linearität scheint genau das zu sein, was uns an Geschichtsschreibung interessiert. Auf diese Weise scheint doch klar zu werden, wie etwas geworden ist, und nachvollziehbar zu werden, weshalb etwas nur auf diese und nicht auf andere Weise so werden konnte, wie es ist. Nun ist Linearität – Luhmann zufolge – eine Erfindung der europäischen Aufklärung. Das soziale Leben verläuft nicht linear, und dies mag der Grund sein, weshalb der Mensch ein derart starkes Interesse an linearen Erklärungsmustern hat. Dennoch bleiben sie im Kontext sozialer Realität Fiktion. Auch in der Wissenschaft ist deutlich geworden, dass ihr eigener Fortschritt nicht linear verläuft. So hat z.B. Thomas S. Kuhn gezeigt, dass der Wechsel in den wissenschaftlichen Leitorientierungen (Paradigmenwechsel) eher zufällig entdeckend und sich quasi revolutionär bahnbrechend verläuft, nicht aber kontinuierlich und linear aufeinander aufbauend.[28] Letztlich wird in dem Versuch, Linearität auch in der sozialen Wirklichkeit herzustellen, deutlich, was wir mit Luhmann als Komplexitätsreduktion bezeichnen können. Der in stets zunehmender Komplexität verhaftete Mensch muss Ordnung in sein Leben bringen und ordnet demgemäß die Ereignisse und ihre Erklärungen kausal. So entstehen Geschichten, die scheinbare Sicherheit geben und rechtfertigen, weshalb etwas ist, wie es zu sein scheint. Damit laufen wir aber Gefahr, dass Geschichte nicht mehr die Funktion von Reflexion und selbsterzeugender Aufklärung erfüllt, sie wird vielmehr anfällig für eine Apologie dessen, was ist oder sein soll. Aus diesem Grund wird in dem vorliegenden Buch die Geschichte Sozialer Arbeit nicht nur aus dem Blickwinkel erster Organisationsformen und Verberuflichungen betrachtet, sondern auch aus der Perspektive eines Formenwandels des Helfens im Wandel gesellschaftlicher Entwicklungen. Die Übergänge von gegenseitiger Hilfe zu moralisch codierter Hilfe bis hin zur professionalisierten Hilfe werden als ein fließender Formenwandel in immer komplexer werdenden Gesellschaften betrachtet.[29]

Der Blickwinkel mit dem eine wissenschaftlich fundierte Geschichtsschreibung Sozialer Arbeit vorgenommen wird, kann sehr unterschiedlich sein. Aus der nachfolgenden Zusammenstellung wird sicher deutlich, dass es eine in sich geschlossene Geschichtsschreibung der Sozialen Arbeit nicht gibt, nicht geben kann und im Übrigen auch nicht geben muss.

27 Vgl. Mollenhauer 1987, S. VI.
28 Vgl. Kuhn 1981 (1962).
29 Vgl. Luhmann 1973, S. 21–43.

Perspektiven der Geschichtsschreibung Sozialer Arbeit

- Ideengeschichte/Klassiker/Theoriegeschichte
- Frauengeschichte/Genderforschung
- Methodengeschichte
- Sozialpolitikgeschichte und internationale Vergleiche
- Berufs- und Professionalisierungsgeschichte
- Ausbildungsgeschichte
- Verbandsgeschichte, soziale Bewegungen und Ehrenamt
- Geschichte sozialpädagogischer/sozialarbeiterischer Organisationen und Handlungsfelder
- Regionalgeschichte/Regionale Entwicklungen
- Sozial- und Kulturgeschichte sozialen Handelns
- Soziale Arbeit im Nationalsozialismus
- Biographiehistorische Forschung

Die Sozialgeschichte der Armenfürsorge und der Jugendfürsorge ist mittlerweile ausführlich und gut belegt.[30] Nimmt man den Gegenstand und die Themen historischer Forschung neuerer Zeit in den Blick, fällt auf, dass historische Forschung in der Sozialen Arbeit mit einem besonderen Interesse an der Identifikation namhafter „Repräsentanten der Sozialen Arbeit“ [31] in der Praxis- und Theorieentwicklung unternommen wurde. In diesem Zusammenhang steht der Versuch einer Rekonstruktion der Theorieentwicklung, ausgehend von den ersten Ideen des Mittelalters und der Neuzeit bis hin zu den Theorien der Moderne. Auf diese Weise hat die Beschäftigung mit der Theoriegeschichte einige Klassiker und Klassikerinnen entdeckt.[32] Die Beschäftigung mit der Frage der Methoden- und Professionsgeschichte förderte schließlich Meilensteine in der Professionalisierungsentwicklung Sozialer Arbeit zutage.[33]

Historische Rekonstruktionsversuche zeigen schließlich auch eine gewisse Unübersichtlichkeit, insbesondere bei der Frage nach der Beurteilung historischer Positionen. Der Blick in die Geschichte lässt vieles aus heutiger Zeit schwer nachvollziehbar, überholt und antiquiert erscheinen. Dennoch gibt es einige Orientierungspunkte, mit deren Hilfe wir fragen können, inwieweit die jeweiligen Ideen und Positionen für ihre Zeit modern und richtungweisend waren.

---

30 Zur Armenfürsorge vgl. Sachße/Tennstedt 1980, 1988, 1992. Zur Jugendfürsorge vgl. Peukert 1986.

31 Vgl. z.B. Maier 1998, hier S. 13.

32 Vgl. Eggemann u. Hering 1999. Niemeyer 2010, c1998. Thole u.a. 1998. Engelke/Borrmann/Spatscheck (2014).

33 Vgl. z.B. Müller 1997 und 1999.

Indikatoren zur Beurteilung historischer Positionen

- Wahrnehmung von Differenzmerkmalen wie Kindheit, Jugend und Alter, Minderheiten (ethnische, kulturelle, soziale, politische, religiöse, weltanschauliche), Armut, Krankheit und Behinderung im Sinne von Inklusion und Exklusion.
- Fortschrittlichkeit der jeweiligen Ideen, Praxen, Theorien und Konzepte (Programme) im Sinne ihrer Inklusionswirkungen, gerade auch im Vergleich zu herrschenden Meinungen und zur Praxis ihrer jeweiligen Zeit.

Unabhängig von diesem direkten Nutzen, den wir aus der Geschichte geneigt sind ziehen zu wollen, gilt die generelle Frage nach dem Lernertrag für gegenwärtige Problembearbeitungen. Dieser ist aber nicht, wie oben schon ausgeführt, aus der direkten Übertragbarkeit von Ideen und Praxen aus der Geschichte Sozialer Arbeit in die Gegenwart zu beziehen, sondern aus der reflexiven Bearbeitung von Fragestellungen, die die jeweiligen Positionen und Sachverhalte für heute aufwerfen.

1.4 Die Fragen: Was sind historisch klärende Fragen?

Wenn wir davon ausgehen, dass Helfen im Laufe der Geschichte zu einem professionellen Vorgang wurde und dies ein Ausdruck gesellschaftlicher Komplexitätsreduktion darstellt, dann müssen wir danach fragen, was die Komplexitätssteigerung im Wandel der Gesellschaft eigentlich ausmachte. Da sind zum einen die politisch ökonomischen Lebensverhältnisse der jeweiligen Zeit zu nennen. Diese lassen sich als allgemeine gesellschaftliche Charakteristik der jeweiligen Kulturstufen bzw. Epochenaufteilungen beschreiben. Zum anderen sind dies auf der Seite der Komplexitätsbewältigung die leitenden Vorstellungen, das jeweils prägende Weltbild dieser Zeit und die hieran beteiligten Vordenker und Vorbilder. Hier geraten also einerseits die allgemeinen handlungsleitenden Vorstellungen von Menschen in Gesellschaft (Mentalität) sowie die philosophisch weltanschaulichen Entwürfe und ihre geistigen Protagonisten in den Blick. Oftmals damit verbunden sind auch die sozialen Erfinder der jeweiligen Zeit, also jene Personen, die konkrete Ideen zur Bearbeitung sozialer Probleme hatten und die teilweise auch umgesetzt wurden.

Gesellschaftlicher Bedarfsausgleich ist eine Reaktion auf wahrgenommenen Mangel, der mit eigenen Mitteln nicht behoben werden kann. Dieser Zustand wird seit Beginn des Mittelalters mit dem Begriff der „Armut" beschrieben. Mit der Herausbildung eines gesellschaftlichen Bewusstseins über Kindheit als eigenständiger Entwicklungsprozess wurde Armut auch im Kontext von Kindheitsstatus und Erziehungsbedürftigkeit reflektiert. So müssen wir dann auch unseren Blick auf den Wandel in den Einstellungen zur Kindheit und Jugend sowie das damit verbundene

Erziehungs- und Bildungsverständnis und seine organisatorische, programmatische Umsetzung richten. Hier befinden wir uns oft in den Entwicklungssträngen der Sozialpädagogik.
Weiterhin müssen wir den Wandel der Einstellungen über Armut ganz allgemein zur Kenntnis nehmen. In ihm zeichnet sich ein Bild der jeweiligen Mentalität der Epoche und der in der Regel auslösende Tatbestand für Hilfe ab. Unmittelbar damit verbunden ist die Frage, wie mit Armut politisch umgegangen wurde. Auch hier müssen wir wieder die Programmebene in den Blick nehmen. Der Umgang mit Armut suchte in Form unterschiedlicher Programme nach Lösungen. Zum einen drückten sich diese in den Vorstellungen darüber aus, wie man gesellschaftlichen Bedarfsausgleich theoretisch und methodisch lösen könnte (Organisationen, Konzepte, Methoden, Verfahren, Techniken und Theorien). Zum anderen wurden auch rechtliche Programme (Armengesetze, Sozialgesetze, Jugendgesetze) zur Durchsetzung von Hilfe entwickelt. Hier befinden wir uns oft in den Entwicklungssträngen der Sozialarbeit.
Die Begriffe Programm und Organisation gewinnen spätestens mit der Neuzeit eine besondere Bedeutung in der gesellschaftlichen Bewältigung des Bedarfsausgleiches. Jede Organisation braucht Programme. In den Programmen wird das ausgeführt, was den Sinn einer jeweiligen Organisation ausmacht und der Zweck ihrer Gründung war. In der Sozialen Arbeit tritt der Umstand ein, dass wir zwischen rechtlichen und fachlichen Programmen unterscheiden müssen. Das drückt schon einen Teil ihres sogenannten ‚doppelten Mandates' aus. Das doppelte Mandat hat folgenden Hintergrund: Die rechtlichen Programme konstituieren sich über die sozialen Sicherungssysteme mit ihren Sozialgesetzen und den entsprechenden Organisationen, die diese Programme anwenden. In ihnen drückt sich schließlich das gesellschaftlich-politische Interesse an der Organisation von Hilfe aus. Dieses Interesse kann auf der Seite der Hilfeadressaten schnell als Kontrolle wahrgenommen werden. Neben den rechtlichen Programmen kommen fachlich begründete Arbeitsweisen zum Tragen. Sie finden ihren Ausdruck in den Theorien, Konzepten, Methoden und Arbeitstechniken der Hilfeerbringung. Aus der Sicht der Hilfeadressaten wird diese Seite des Helfens als persönliches, konkretes Hilfeinteresse wahrgenommen. Da dies jedoch strukturell an die Durchsetzung der angesprochenen, rechtlich codierten Hilfeerbringung gekoppelt ist, entsteht im Hilfeprozess sowohl im Bewusstsein der Hilfeadressaten als auch der Hilfeerbringer eine Ambivalenz. Diese Ambivalenz drückt sich allgemein als Spannungsfeld von Hilfe und Kontrolle aus und wird im engeren Kontext der hilfeerbringenden Organisation mit dem Begriff des „doppelten Mandates"[34] bezeichnet. Die rechtlichen und konzeptionellen Programme sind für ihre Durchführung auf Organisationen angewiesen. Erst diese liefern die Struktur, die die Anwendung von Programmen stets verfügbar macht.

34 Vgl. Böhnisch/Lösch in Thole u.a. 1998, S. 369. Vgl. auch Huster u.a. 2008.

Weiterhin gehört zur Komplexität des Sozialen sicher auch der Wandel der Form von Hilfe: vom persönlichen zum professionellen Helfen. Daher werden wir die Entwicklung der Professionalisierung des Helfens ebenfalls in den Blick nehmen müssen. Praktisch quer hierzu sind natürlich die Theoriebildungen Sozialer Arbeit in den Blick zu nehmen. Auch Sie gehören zu den Versuchen der Komplexitätsreduktion. Sie nehmen reflexiv Bezug auf alle Facetten sozialer Praxis, sind in ihrer Spezifik aber nicht an Hilfeorganisation gebunden.[35]

Unsere Fragen an die Geschichte Sozialer Arbeit bewegen sich immer in den drei Sinndimensionen: Zeitdimension, Sachdimension und Sozialdimension. Die Frage nach der zeitlichen Entwicklung (Zeitdimension) führt zu Antworten über allgemeine Merkmale sozial-evolutiver Entwicklungsbeschreibungen von Gesellschaft und ihren zeitlichen Verortungen. Die Frage nach dem gesellschaftlichen Wandel (Sachdimension) führt zu Antworten über Strukturprinzipien sowie spezifische Merkmale der strukturellen Ausdifferenzierung von Gesellschaft und ihren Formen sozialer Ordnungsbildung. Die Frage nach den funktionalen Anforderungen steigender Komplexitätsbewältigung (Sozialdimension) führt zu Antworten über die Orte gesellschaftlicher Problembearbeitung im Wandel gesellschaftlicher Entwicklung. Wir erhalten auf diese Weise folgenden Analyserahmen zur Geschichte Sozialer Arbeit:

Sinndimensionen		
Zeitdimension	**Epochenbezeichnungen als Hilfsinstrument**	**Frage nach der zeitlichen Entwicklung**
Archaische Gesellschaft	Keine	
Hochkultivierte Gesellschaft	Mittelalter und Neuzeit Aufklärung Klassik/Idealismus	500–1450 1450–1630 1770–1830
Moderne Gesellschaft	Industrialisierung Moderne Spätmoderne (Postmoderne)	1820–1900 1900–1945 1945 bis heute
Sachdimension	**Differenzmerkmal**	**Frage nach dem gesellschaftlichen Wandel**
• Segmentäre Differenzierung • Stratifikatorische Differenzierung • Funktionale Differenzierung	Strukturprinzipien von Gesellschaft und Erwartungstypen des Helfens	Ausdifferenzierung von Gesellschaft und sozialen Ordnungsbildungen

35 Dies bezieht sich auf ihre Entstehungsbedingung, nicht auf ihre politische Wirkungsweise. Letzteres bedarf natürlich entsprechender Wissenschaftsorganisationen (Hochschulen, Forschungsinstitute, Wissenschaftsverbände usw.).

Sinndimensionen		
Sozialdimension	**Kommunikation**	**Frage nach den gesellschaftlichen Systembildungen**
Mitteilung, Information und Verstehen	Allgemeine politische Situation	Politik
	Weltbild und Philosophie	Wissenschaft
	Kindheit, Jugend und gesellschaftlicher Umgang damit (Erziehung, Bildung, Fürsorge)	Erziehung und Bildung, Recht
	Armut und gesellschaftlicher Umgang damit (Erziehung, Bildung, Fürsorge)	Recht, Wohlfahrtsstaat,

Abb. 1: Analyserahmen zur Geschichte der Sozialen Arbeit

Mit den oben vorgestellten Fragestellungen wird der hier vorgestellte Analyserahmen aufgefüllt. Die Fragestellungen bilden den roten Faden für alle nun folgenden Epochenbetrachtungen. Wir fassen sie kurz zusammen:

Fragestellungen zur Rekonstruktion von Geschichte Sozialer Arbeit

1. Wie kann die allgemeine gesellschaftliche Charakteristik der jeweiligen Epoche beschrieben werden?
2. Von welchem Weltbild und welcher Philosophie ist diese Zeit geprägt, und welche geistigen Protagonisten und Ideengeber sind maßgebend in der Behandlung der sozialen Fragestellung?
3. Welche Einstellungen zur Kindheit und Jugend allgemein sowie zu ihren Beschädigungen im Speziellen herrschen in dieser Zeit vor, und wie drückt sich dies organisatorisch und programmatisch im Erziehungs- und Bildungsverständnis aus?
4. Welche Einstellungen zur Armut und Hilfebedürftigkeit prägen diese Zeit, und wie drücken sich diese organisatorisch und programmatisch im Umgang mit Armut aus?

Mit dieser Fragesystematik werden wir durch die Epochen gehen. Allgemein wird in der Geschichtsschreibung bei der Epochenbildung mit dem Mittelalter der Anfang gesetzt. Im Mittelalter befinden wir uns evolutionstheoretisch betrachtet schon in einem kulturell fortgeschrittenen Stadium. Wie wir bereits festgestellt haben, findet Helfen jedoch schon in den einfachsten menschlichen Gesellschaftsformen statt. In den hochkultivierten Gesellschaften des Mittelalters hatte das Helfen schon eine bestimmte Form gefunden. Diese Form hatte mit dem ursprünglichen Helfen in archaischen Gesellschaften schon nicht mehr viel gemeinsam. Bevor wir nun mit unseren oben aufgeführten Fragen durch die Epochen gehen, ist es daher sinnvoll, uns zunächst einmal das Helfen in archaischen Gesellschaften anzuschauen. Unsere Fragesystematik können wir in diesem Stadium noch nicht einsetzen, da hier noch keine Epochenaufteilungen möglich sind. Sie kommen erst mit Beginn der hochkultivierten Gesellschaft zum Zuge.

I Archaische Gesellschaft – Vom Geben und Nehmen bis zum Almosen

Die archaische Gesellschaftsform umspannt in etwa die Zeit der Gesellschaften, ausgehend von ihren Ursprüngen und ihrer Weiterentwicklung bis hin zum frühen Mittelalter. Wie wir bald feststellen werden, bildet jede Gesellschaft einen eigenen Erwartungstyp des Helfens aus. Kennzeichnend für archaische Gesellschaften ist der reziproke Erwartungstyp.

1 Sozialevolutive Charakteristik

Archaische Gesellschaften sind einfache, relativ autonome und autarke Stammesgesellschaften. Es gibt sie vereinzelt heute noch als isolierte bzw. außerhalb der industriellen Zivilisation lebende Ethnien. In den archaischen, auch als tribal bezeichneten Gesellschaften gab es noch keine allgemein gültige Schriftsprache. Sie entstand erst in der Zeit des Überganges von den Urgemeinschaften zur Sklavenhaltergesellschaft. Entsprechende Aufzeichnungen, die Aufschluss über ihren kulturellen Kontext geben, existieren für unsere abendländische Kultur erst ab dieser Zeit. Als die frühesten schriftsprachlichen Aufzeichnungen gelten Homers Schriften, ca. 800 v. Chr. Es ist daher schwierig, sich ein wissenschaftlich fundiertes Bild über die archaischen Gesellschaften zu machen, zumal die Forschung auf diesem Gebiet noch zu uneindeutigen Erkenntnissen kommt, zumindest betrifft dies die Linguistik, die Kulturanthropologie und die Ethnologie. Eine allgemeine soziologische Charakteristik hat Niklas Luhmann vorgenommen. Wie schon in den Vorbemerkungen festgestellt, unterscheidet er zwischen drei Sinndimensionen; der Zeit-, der Sach- und der Sozialdimension (Luhmann 1987, S. 112). Nach dieser Differenzierung ergibt sich folgendes Bild:

Zeitdimension: Evolutionär betrachtet ist eine Archaische Gesellschaft eine einfache Gesellschaft, die über die Zugehörigkeit zu einem Stamm gekennzeichnet ist. Stammesbewusstsein, das Gefühl einer Stammeszugehörigkeit, nennt man auch Tribalismus. Tribale Gesellschaften bestehen aus verwandtschaftlichen, wohngemeinschaftlichen, kleinen und überschaubaren Einheiten (Dorf-, Stammesgemeinschaften) mit überwiegend oraler Kommunikation. Schriftzeichen werden hier und dort entwickelt, sind aber nicht das dominante Kommunikationsmedium. Das Zusammenleben ist arbeitsteilig und auf der Basis von Geschlechts- und Altersrollen organisiert. Die Gemeinschaften bilden eine nur geringfügige Ausdifferenzierung politischer Herrschaft im Sinne einer anführenden Schicht aus. Der Grad der Individualisierung ist sehr gering und die Position der Individuen in der sozialen Ordnung fest zugeschrieben. Der Einzelne ist voll und ganz Mitglied seines Stammes. Vorstellungen über eine besondere Individualität sind für das Stammesleben nicht erforderlich und daher auch nicht bekannt. Die Identität des Einzelnen wird über seine Stammesgesellschaft begründet.

Sachdimension: Im Vergleich zu der sich später entwickelnden Hochkultivierten und Modernen Gesellschaft ist eine Archaische Gesellschaft segmentär differenziert. Das bedeutet, dass sie in weitestgehend voneinander unabhängigen Einheiten (Stämmen) leben, die für sich gegenseitig Umwelt sind. Archaische Gesellschaften stellen demnach relativ gleiche, segmentär differenzierte Einheiten auf einfacher

Entwicklungsstufe mit geringer Komplexität dar. Die Identität des Einzelnen wird über seine Stammeszugehörigkeit begründet. Der Mensch gehört mit all seinen Eigenschaften dem Stamm an, sofern der Stamm diese Eigenschaften (z.B. Geschlecht) erwartet. Fehlen erwartete Eigenschaften, wird der ganze Mensch aus seinem Stammesverband ausgeschlossen (Ausgrenzung, Abstoßung, Vollexklusion). Ein Beispiel ist die Kindestötung von Neugeborenen. Die Einstellung zu unerwünschten Neugeborenen – Kindesweggabe statt Kindestötung – ändert sich erst im Übergang zur hochkultivierten Gesellschaft.

Sozialdimension: Die Form der gegenseitigen Hilfe ist eine Form des Bedarfsausgleiches, die sich in der Evolution sowohl bei Menschen als auch in der Tierwelt bewährt hat. Helfen als eine Form des Bedarfsausgleiches in archaischen Gesellschaften ist durch unmittelbare Gegenseitigkeit oder Wechselseitigkeit der Hilfe- und Dankesverpflichtungen geprägt und ist ein Merkmal üblicher sozialer Austauschbeziehungen.

Zusammengefasst

Das dominante Strukturprinzip archaischer Gesellschaften wird als segmentäre Differenzierung bezeichnet. Kennzeichen sind:

- Relativ gleiche, voneinander unabhängige Einheiten auf geringer Entwicklungsstufe und geringer Komplexität.
- Arbeitsteilige Gemeinschaften auf der Basis von Geschlechts- und Altersrollen mit überwiegend oraler Kommunikation.
- Geringfügige Ausdifferenzierung politischer Herrschaft.
- Geringe Individualisierung, keine Vorstellungen über eine besondere Individualität der Mitglieder.
- Position und Identität des Einzelnen sind in der sozialen Ordnung des Stammes festgeschrieben.
- Der Einzelne ist voll und ganz Mitglied seines Stammes.
- Das Fehlen erwarteter Eigenschaften führt zur Vollexklusion.
- Helfen geschieht als unmittelbare Wechselseitigkeit von Hilfe- und Dankesverpflichtung.

2 Was sind die Ausgangsbedingungen des Helfens?

Abb. 2: Der barmherzige Samariter

Ein beliebtes Ausgangsbild vom Helfen ist der barmherzige Samariter (Abb. 2). C. Wolfgang Müller geht in seiner Einleitung seines ersten Bandes zur Methodengeschichte Sozialer Arbeit auf das Gleichnis vom barmherzigen Samariter ein. Nun sind Gleichnisse bekanntlich nicht geeignet, sie operativ auf Handlung zu beziehen. Dies scheitert deshalb, da hierbei ihr Hintersinn verloren geht und damit auch ihr Sinn ad absurdum geführt wird. Doch dazu später mehr. Lässt man sich dennoch darauf ein, bietet das Gleichnis in der Tat einen interessanten Einstieg in die Frage nach den operativen und sozialen Grundvoraussetzungen des Helfens. Der Text:

„Da stand ein Gesetzeslehrer auf, und um Jesus auf die Probe zu stellen, fragte er ihn: Meister, was muss ich tun, um das ewige Leben zu gewinnen? Jesus sagte zu ihm: Was steht im Gesetz? Was liest du dort? Er antwortete: Du sollst den Herrn, deinen Gott, lieben mit ganzem Herzen und ganzer Seele, mit all deiner Kraft und all deinen Gedanken, und: Deinen Nächsten sollst du lieben wie dich selbst. Jesus sagte zu ihm: Du hast richtig geantwortet. Handle danach, und du wirst leben. Der Gesetzeslehrer wollte seine Frage rechtfertigen und sagte zu Jesus: Und wer ist mein Nächster? Darauf antwortete ihm Jesus: Ein Mann ging von Jerusalem nach Jericho hinab und wurde von Räubern überfallen. Sie plünderten ihn aus und schlugen ihn nieder; dann gingen sie weg und ließen ihn halbtot liegen. Zufällig kam ein Priester denselben Weg herab; er sah ihn und ging weiter. Auch ein Levit kam zu der Stelle; er sah ihn und ging weiter. Dann kam ein Mann aus Samarien, der auf der Reise war. Als er ihn sah, hatte er Mitleid, ging zu ihm hin, goss Öl und Wein auf seine Wunden und verband sie. Dann hob er ihn auf sein Reittier, brachte ihn zu einer Herberge und sorgte für ihn. Am andern Morgen holte er zwei Denare hervor, gab sie dem Wirt und sagte: Sorge für ihn, und wenn du mehr für ihn brauchst, werde ich es dir bezahlen, wenn ich wiederkomme. Was meinst du: Wer von diesen dreien hat sich als der Nächste dessen erwiesen, der von den Räubern überfallen wurde? Der Gesetzeslehrer antwortete: Der, der barmherzig an ihm gehandelt hat. Da sagte Jesus zu ihm: Dann geh und handle genauso“[36].

Geholfen wurde in diesem Fall also von einem Menschen, der ein barmherziges Wesen hat. In jedem Fall aber nicht von denjenigen, die moralisch dazu verpflichtet

36 Lukasevangelium, Kapitel 10, Verse 25–37.

gewesen wären (Priester) oder dem Hilfebedürftigen vom Standesrang am nächsten war (Levit). Müller spinnt die Geschichte weiter und enttarnt sie als eine eher rührselige Geschichte, da sie im Grunde eine unrealistische Handlungsaufforderung darstellt. Die Aufforderung „Dann geh und handle genauso" ist insofern unrealisierbar, da sie an zwei unrealistische Bedingungen geknüpft sei. Die Geschichte sei in dieser Art nur möglich, wenn erstens das Aufeinandertreffen des Samariters mit dem Hilfebedürftigen ein Einzelfall bleibt – zumindest aber sich nicht zu häufig wiederholt – und wenn zweitens, derjenige, der hilft, auch etwas zum Teilen übrig hat. *Altruismus* findet also nur in sehr engen Grenzen statt. Müller fragt, wie sich die Geschichte weiter entwickeln würde, wenn der Samariter mehrere solcher Begegnungen hätte und sich darauf einstellen müsste, dass sich solche Vorkommnisse auf seinen Handelsreisen häufen? Er würde entweder entmutigt vorbei gehen oder aber jedes Mal Vorkehrungen treffen und genügend Verbandszeug und Geld dabei haben, um die Kosten für Unterkunft, Verpflegung und Versorgung der Überfallenen zahlen zu können. Irgendwann würde dies aber mit seinen eigenen Erwerbsinteressen kollidieren; er zahlt ja nur drauf. Damit er weiter in solchen Situationen helfen kann, müsste er die Hilfe von nun an nur noch gegen Geld anbieten und wenn derjenige nicht genug davon hat, vielleicht eine Versicherung erfinden, um Geldzahlungen im Einzelfall auch absichern zu können. Irgendwann hätte er dann einen Nebenjob und würde dann vielleicht feststellen, dass der ihn davon abhält, seiner erfolgreichen Tätigkeit als Kaufmann nachzugehen. Vielleicht würden aber auch andere Menschen seinen Nebenjob übernehmen, die mit dem Ertrag zufrieden sind oder er gründet ein Franchise Unternehmen.

Was lehrt diese Geschichte als Gleichnis? Zum einen sicher die Botschaft, dass das alte Gesetz durch das neue Gebot der Gottes- und Nächstenliebe abgelöst wird.[37] Zum anderen lehrt das Gleichnis, dass der Mensch bereits vor jeglicher Anschauung durch den Menschen (bspw. wissenschaftlicher, philosophischer oder ständischer Art) in der Lage ist, gerecht zu handeln und menschliche Würde besitzt. Würde fällt ihm nicht erst durch menschliche Entscheidung zu, sondern ist nach christlicher Auffassung bereits in ihm.

Was lehrt das Gleichnis als banale Geschichte? Es scheint zwei Formen des Helfens zu geben; zum einen die vorbehaltlose, zum anderen die unter Vorbehalt stehende Form des Helfens. Das vorbehaltlose Helfen ist auch unter dem Begriff Altruismus, dem selbstlosen Helfen, bekannt. Aus soziologischer Sicht kann es diese Form nicht geben.[38] Demnach wird Hilfe immer unter der Voraussetzung eines Vorbehaltes gewährt und zwar unter dem Vorbehalt, dass für das Helfen Überschüsse vorhanden sind. Allen Formen des Helfens – auch der altruistischen – ist gemeinsam, dass sie Überschüsse auf Seiten des Helfers erfordern; Überschüsse an Zeit, Geld, Sachmitteln, Arbeitskraft, Nächstenliebe usw. Hinzu kommt, dass dieser Vorbehalt unter-

37 Vgl. Engelke 2003, S. 42.
38 Vgl. Hillebrandt 2009.

schiedlich motiviert sein kann, so zum Beispiel politisch, religiös, wissenschaftlich usw., denn Geld, Sachmittel, Arbeitskraft, Nächstenliebe oder andere Überschüsse als Medien des Helfens werden nur dann eingesetzt, wenn damit ein Sinn erfüllt und hiermit ihr Zweck erreicht werden kann. Der Sinn wird in der Regel als gegeben gesehen, wenn das Gewähren der angefragten Hilfe als systemerhaltend oder zumindest systemförderlich eingestuft wird. Der Sinn kann unterschiedlich begründet sein, so z.B. als Nächstenliebe, als christlich-moralischer Wert allgemein, als humanistische Idee, als politische Idee, als wissenschaftliches Wissen usw. Und genau in diesem Zustand einer in Gesellschaft getroffenen Sinnentscheidung (moralischer, religiöser, politischer, weltanschaulicher Art) befindet sich Helfen bis heute allgemein und Soziale Arbeit im Besonderen.

Zusammengefasst
Merkmale des Helfens sind:

- Alle Formen des Helfens benötigen Überschüsse auf Seiten des Helfers.
- Jedes Helfen ist sinngebunden.
- Die Sinnentscheidung wird mit Blick auf die Einschätzung der kommunikativen Bedeutung von Hilfe für die eigenen Systemzwecke getroffen. ◄

3 Helfen im Wandel gesellschaftlicher Entwicklung

In jeder Gesellschaft bilden sich konkrete Erwartungstypen für Situationsdefinitionen und ihre Folgehandlungen aus. Diese Erwartungstypen – oder man könnte auch sagen: Strukturen wechselseitigen Erwartens – definieren Hilfe bzw. Nicht-Hilfe und steuern sie letztlich. Man kann sie so gesehen auch als tradierte „Vorverständigungen" (Luhmann 1993, S. 18f.) innerhalb der Kulturen bezeichnen. Dabei ist offensichtlich, dass sich diese Erwartungstypen von Kultur zu Kultur unterscheiden.

Das heißt:
Nur erwartbares Handeln kann in soziale Interaktionen aufgenommen und innerhalb dieser verstanden und verarbeitet werden. Das, was als erwartbar gilt, hängt von der spezifischen Lage einer Gesellschaft, ihrer kulturellen Situation und ihrem kulturellen Wandel, ab. Helfen – ob privat oder professionell – bezieht sich immer auf das, was kulturell hierzu als Erwartungstyp herangezogen werden kann.

Erwartungstypen sind keine statischen Strukturgebilde. Da Helfen nur zustande kommt, wenn es gesellschaftlich erwartet werden kann, und da gesellschaftliche Entwicklung einem Wandel unterliegt, ist offensichtlich, dass sich mit diesem Wandel auch die Formen des Helfens ändern. Wie lässt sich dieser Formenwandel darstellen? Wechselseitige Hilfe ist immer mit dem Problem des zeitlichen Kapazitätsausgleiches verbunden. Was heißt das konkret? Stellen wir uns eine Gesellschaft vor, in der all ihre Mitglieder sehr rhythmisch leben und die Zeiten, wann welches Bedürfnis auftritt und wann welcher Bedürfnisbefriedigung nachgegangen wird, allgemein feststehen. Solche Gesellschaften müssten zahlenmäßig sehr überschaubar sein, so z.B. einfache Stammesgesellschaften. Die Zeiten des Aufstehens, des Jagens, der Essenszubereitung, der Mahlzeiten, des Ausbesserns der Wohnstätten usw. sind eng an dem allgemeinen Auftreten und Befriedigen von Bedürfnissen orientiert. Das bedeutet, dass die Sachdimension (= welches Bedürfnis) und die Sozialdimension (= wessen Bedürfnis) in dieser Gesellschaftsform nicht unterschieden werden müssen. Man lebt sozusagen kongruent mit dem Ausgleich seiner Bedarfe. Solange es in der Lebensführung um die Befriedigung von relativ wenigen, allseits bekannten Grundbedürfnissen geht, sind auch alle Beteiligten mit den Notlagen vertraut. Das erleichtert das Auslösen von Hilfehandlungen.[39]

39 Vgl. Luhmann 1973, S. 25.

Schwierig wird es nun, wenn die Befriedigung der Grundbedürfnisse durch die Bedingungen der Umwelt nicht mehr zugelassen wird (z.B. mangelndes Jagd- und damit Nahrungsangebot). Je größer nun eine Gesellschaft wird und je unberechenbarer und unübersichtlicher, d.h. komplexer ihre Umweltbedingungen werden (= Zeitdimension), desto weniger ist diese reziproke Lebensweise realisierbar. Es können nicht mehr alle Bedürfnisse kongruent mit der Vielzahl von Personen befriedigt werden. Man kann auch nicht mehr mit den potentiellen Notlagen vertraut sein. Das erschwert einerseits das Auslösen von Hilfshandlungen, macht sie andererseits aber auch umso nötiger. Dies erklärt, weshalb sich aus der einfachen wechselseitigen Hilfe archaischer Gesellschaften in höher entwickelten Kulturstufen schließlich eine moralische und rechtliche Struktur des Helfens ausbilden musste, die das Helfen als Ausgleich auftretender Bedarfe sozusagen wartefähig machte.
Schließlich kommt es dazu, dass eine Mehrheit der Menschen eine Vielzahl von unterschiedlichen Bedürfnissen erlebt. Die Verschiedenartigkeit der Bedürfnisse ist also nicht kongruent mit der Mehrheit von Personen. Welche Möglichkeiten bleiben Gesellschaften nun, ihren Bedarfsausgleich zu regeln? Die Antwort scheint einfach: es muss mit Wartezeiten gerechnet werden. Die Nichtidentität von Sach- und Sozialdimension führt zu Spannungen auf der Ebene menschlicher Beziehungen. Diese Spannungen lassen sich nur bearbeiten, in dem die Bedürfnisse und ihre Befriedigung in gewisser Weise wartefähig gehalten und zeitlich gestreckt werden können. Die Form der Einführung eines zeitlichen Bedarfsausgleiches trifft auch auf Hilfehandlungen und, wie wir noch sehen werden, ebenso auf die damit verbundenen Dankesverpflichtungen zu.
Der zeitliche Bedarfsausgleich besagt also, dass auf der Zeitachse sozialer Systeme (Zeitdimension) Koordinationsprobleme ausgetragen werden müssen, die die Verschiedenartigkeit der Bedürfnisse (Sachdimension) mit der Mehrheit von Personen (Sozialdimension) in Einklang zu bringen versuchen. Mit welchen Mitteln können nun diese Koordinationsprobleme ausgetragen werden? Wir werden sehen, dass dies mittels Einführung von Moral, Geld, Verträgen, Organisationen und rechtlichen Programmen möglich wurde. Mit steigender gesellschaftlicher Komplexität machen Bedürfnisbefriedigung und Helfen also einen Wandel durch:

- vom wechselseitigen, reziproken Helfen (Archaische Gesellschaft)
- zum konsensualvertraglichen Helfen (Hochkultivierte Gesellschaft)
- zum organisierten, programmierten Helfen (Moderne Gesellschaft).

Hierzu findet sich in Müllers Berufsgeschichte ein interessantes Bild, was diesen Wandel recht gut ausdrückt (Abb. 3).

Der barmherzige Samariter

Englische Sozialarbeiterinnen

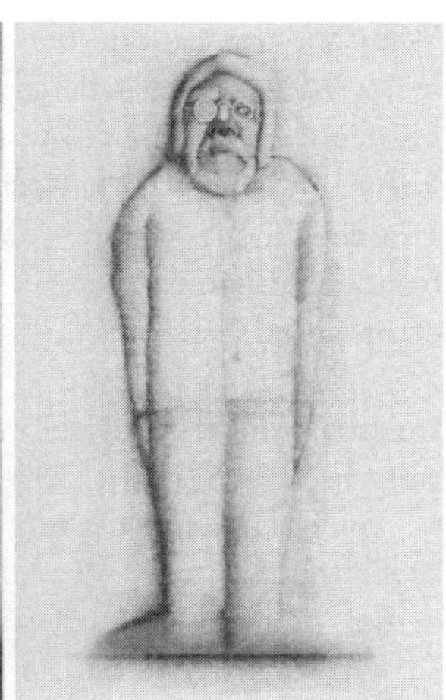

Zeitgenössischer Beziehungsarbeiter

Abb. 3: Helfen im Wandel

Im ersten Bild hat das Helfen ein Gesicht, im zweiten wird das Gesicht von der Uniformiertheit des Helfens dominiert. Norm und Kontrolle spielen hier eine zentrale Rolle. Im dritten Bild ist nicht nur das Gesicht, sondern die ganze Gestalt des Helfens nicht mehr klar umrissen, gleichwohl erstarrt. Der Helfer ist nicht mehr zu unterscheiden von seinem Kontext bzw. seiner Organisation; er besteht scheinbar aus ihren festgefügten Bausteinen, aus denen er als Mensch nicht heraustreten kann. Hilfe als persönliche, zwischenmenschliche Begegnung läuft hier – bildlich gesprochen – vor eine Wand.

Der hier gezeigte Wandel hat mit dem zu tun, was Luhmann mit der Komplexitätssteigerung der Gesellschaft beschrieben hat. Hilfe und gegenseitiges Hilfeerwarten sind abhängig von dem Grad der Komplexität einer Gesellschaft. Dieser Grad stieg und steigt noch immer. In komplexer werdenden Gesellschaften ist Hilfe für unterschiedliche Personen zu koordinieren, die sich zudem nicht kennen. Hinzu kommt, wie wir schon festgestellt haben, dass es sich um Personen handelt, die nicht immer die gleichen Bedürfnisse im gleichen Umfang und gleiche Bedürfnisse auch nicht zur gleichen Zeit haben. Das erhöht den Koordinationsaufwand von Hilfe zusätzlich. Das heißt: je mehr Personen mit unterschiedlichen Bedürfnissen Hilfe benötigen, desto schwieriger, komplexer wird der Bedarfsausgleich. Damit wird offensichtlich, dass die Formen des Bedarfsausgleiches entsprechend mit dem Wandel der Bedingungen in den Gesellschaften verändert werden mussten, also ebenfalls einem Wandel unterliegen.

Wenn wir uns ein Bild über die Form des Helfens ganz allgemein verschaffen wollen, werden wir feststellen, dass sich ausgehend von den archaischen Gesellschaften bis heute ein enormer Wandel vollzogen hat. Wie bereits eingangs festgestellt, teilt Luhmann die gesellschaftliche Entwicklung in drei Stufen ein:

a) archaische,
b) hochkultivierte und
c) moderne Gesellschaft.

Innerhalb dieser Entwicklung beobachtet Luhmann eine zunehmende Differenzierung von Gesellschaft. Diese verläuft über die

a) segmentäre (archaische),
b) stratifikatorische (hochkultivierte) und
c) funktionale Differenzierung von Gesellschaft (moderne).

Was sich hinter diesen drei Differenzierungsbegriffen verbirgt, werden wir jeweils in den folgenden Einführungen zu den Gesellschaftsformen klären. Nur so viel vorab: Wir müssen uns die beschriebene Entwicklung wie eine Treppe mit fließenden Stufen vorstellen. Die einzelnen Stufen sind also nicht als jeweils vollständige, voneinander abgeschlossene Entwicklungsprozesse zu verstehen. Das Betreten der nächsten Stufe setzt nicht den vollständigen Abschluss der vorherigen voraus. Statt von einer vollständigen Ablösung müssen wir von der Entstehung einer neuen, eigenständigen Ordnungsebene im Sinne fortschreitender Entwicklung und langsam fließender Übergänge sprechen. Das Neue kommt langsam hinzu, während das Alte noch da ist, aber immer mehr in den Hintergrund tritt.

Zusammengefasst
Kennzeichen von Helfen im Wandel gesellschaftlicher Entwicklung:

- Helfen kommt nur zustande, wenn es gesellschaftlich erwartet werden kann.
- Erwartungstypen des Helfens sind kein statischen Strukturgebilde, sie unterliegen dem Wandel gesellschaftlicher Entwicklungen.
- Wandel der Formen des Helfens:
  - vom wechselseitigen, reziproken Helfen (Archaische Gesellschaft)
  - zum konsensualvertraglichen Helfen (Hochkultivierte Gesellschaft) bis zum
  - organisierten Helfen im Rahmen festgelegter Hilfeprogramme (Moderne Gesellschaft). ◀

4 Bedarfsausgleich

Nachdem wir einen Einblick in die sozialevolutive Charakteristik der archaischen Gesellschaft und den Strukturbedingungen des Helfens und seinen Formen im Wandel gesellschaftlicher Entwicklung genommen haben, soll nun abschließend geklärt werden, was das für den Bedarfsausgleich hinsichtlich der Kindheit und Hilfebedürftigkeit dieser Zeit bedeutet.

4.1 Kindheit

In archaischen Gesellschaften gab es bereits eine klare Trennung zwischen Erwachsenen und Kindern. So gehörten Kinder erst nach vollzogener Initiation, etwa zwischen dem 10. und 14. Lebensjahr, als vollwertige Mitglieder zur Stammesgesellschaft. Diese Initiationen wurden rituell betrieben und waren aus heutiger Sicht oftmals sehr grausam. Sie dienten jedoch nicht irgendeinem Interesse an Unterdrückung oder Herrschaft durch Einzelne, sondern der Beweisführung, dass jemand zu dem Stamm gehören und in dem Stamm überleben können würde. Die für das Initiationsritual notwendigen Fertigkeiten erwarben die Kinder in der Zeit davor, im täglichen Zusammenleben mit den Eltern und Verwandten, aber auch im Spiel untereinander. Erwachsene stellten den Kindern spielerische Formen der Jagd und des Kampfes bereit. Nicht selten wurden auch die Kinder von Häuptlingen bis zur Initiation separat erzogen.[40] Neugeborene gehörten aber nicht vorbehaltlos zum Stamm und zu ihren Eltern. Sie sollten zur Überlebensfähigkeit des Stammes beitragen. Das war an die Erwartung bestimmter körperlicher Merkmale gebunden. Jungen waren, sofern gesund geboren, willkommen für die Jagd und Kriegsführung. Mädchen galten oft ebenso als unerwünscht wie zu kleine, kranke, missgebildete oder anhaltend schreiende Neugeborene. In solchen Fällen folgte das Töten oder Aussetzen und Wegwerfen der Kinder, deren Leben als Futter für wilde Tiere endete. Die Tötung, Aussetzung und Weggabe von Kindern nach der Geburt war nicht nur typisch für archaische Gesellschaften. Auch in der Antike und in den späteren hochkultivierten Gesellschaften findet man diesen Umgang mit Neugeborenen. Erst als sich die Annahme durchsetzte, dass Kinder eine Seele haben, entstehen rechtliche Vorschriften zum Verbot der Kindestötung. Sie wurden etwa ab Mitte des vierten Jahrhunderts n. Chr. geschaffen.[41] Damit waren normative Voraussetzungen zur Beendigung der Kindestötung vorhanden. Sie wurde dennoch – nicht selten moralisch geduldet – bis weit in das Mittelalter hinein praktiziert.

---

40 Vgl. Günther/Hofmann u.a. 1976, S. 27–34.

41 Vgl. deMause 1980, S. 45f. und S. 82f.

4.2 Hilfebedürftigkeit

Wie bereits oben festgestellt, geschah Helfen im wechselseitigen Austausch. Ausnahmen bildeten solche Fälle, die Spezialkenntnisse erforderten, wie z.B. die Krankheitsbekämpfung oder Gerechtigkeitsfindung. Hierfür hatte man bestimmte Mitglieder des Clans, die entweder über entsprechende Fähigkeiten (Medizinmänner und -frauen, Geistbekämpfer usw.) oder Machtbefugnisse verfügten (Häuptlinge, Älteste).
Ein wesentliches Merkmal archaischer Gesellschaften ist die Tatsache, dass jedes ihrer Mitglieder mit all seinen Merkmalen zu seinem Stamm gehört und im Bedarfsfall nicht mit einzelnen Merkmalen (z.B. Krankheit), sondern mit allen Merkmalen aus der Gemeinschaft ausgeschlossen wurde (Tötung, Aussetzung, Verbannung). Die Form der gegenseitigen Hilfe ist ein Verhaltensprinzip, dass sich in der Evolution sowohl bei Menschen als auch in der Tierwelt bewährt hat. „In archaischen Gesellschaften gehörten Hilfs- und Dankeserwartungen unmittelbar zur Gesellschaftsstruktur, dienten der Konstitution des Zusammenhanges gesellschaftlichen Lebens“[42]. Helfen ist somit konstitutiv für den Erhalt von Gesellschaft. Die archaische Form des Helfens ist noch nicht an irgendwelche vertraglich festgelegten Gegenerwartungen gebunden. Sie wurde als Gabe angesehen und galt als selbstverständlich, da sie für den Erhalt der Stammesgesellschaft unmittelbar einsichtig war. Hilfe war auch nicht an irgendeine Vorstellung von Gerechtigkeit gebunden, sie war ein Merkmal üblicher sozialer Austauschbeziehungen.

Zusammengefasst
Bedarfsausgleich in archaischen Gesellschaften:

- Mit dem Übergang archaischer Gesellschaften zu hochkultivierten Gesellschaften ändert sich die Einstellung zu unerwünschten Neugeborenen. Kindestötung geht zugunsten der Kindesweggabe zurück.
- Der Bedarfsausgleich ist in archaischen Gesellschaften durch unmittelbare Wechselseitigkeit der Hilfe- und Dankesverpflichtungen geprägt. Helfen ist ein Merkmal üblicher sozialer Austauschbeziehungen.
- Gegenseitige Hilfe ist ein Verhaltensprinzip, das dem Überleben des eigenen Stammes dient. ◀

42 Luhmann 1973, S. 32.

5 Reflexionsvorschläge

1 **Ist Helfen kulturell unabhängig?** Helfen ist kulturell vermittelt und in Gesellschaft eingebunden. Die Hilfeformen – d.h. Hilfeerwartung, Hilfeerbringung und Dankeserwartung – sind daher nicht über alle Kulturen gleich beschaffen. Welche Beispiele lassen sich heute hierfür finden und was bedeutet dies für die praktische Soziale Arbeit in der Gegenwart? *(Stichworte: Ethnische, weltanschauliche, religiöse Unterschiede; Interkulturalität, interkulturelle Berufskompetenz)*

2 **Ist selbstloses (altruistisches) Helfen möglich oder erfüllt es immer einen Selbstzweck?** Helfen aus altruistischer Nächstenliebe ist nicht möglich, da auch diese Form der Hilfe an einen Zweck gebunden ist (z.B. Seelenheil, Ausübung des eigenen Glaubens). Ist demnach die ‚wahre' Gabe – d.h. ohne Eigennutz und Zweckbestimmung – überhaupt möglich? Darf Nächstenliebe zweckgebunden sein? Reicht eine politisch-gesellschaftliche Zwecksetzung des Helfens aus, um Hilfe sicherzustellen? Was passiert, wenn der Zweck des Helfens ausschließlich gesellschaftlich definiert wird? *(Stichworte: Altruismus und Zweckfreiheit des Handelns; Urkategorie menschlichen Gemeinschaftshandelns; Nächstenliebe; politischer Missbrauch und Theorieherrschaft; Theorie als notwendige, aber nicht hinreichende Bedingung, im Berufsalltag zu bestehen; Berufsethik)*

3 **Kann es die Form ursprünglichen, wechselseitigen Helfens im Gewand der professionellen Sozialen Arbeit geben?** Helfen, als unmittelbarer und wechselseitiger Austausch, ist Ausdruck natürlicher, archaischer Lebensformen. Kann diese Form der reziproken Hilfe heute in modernen Gesellschaften noch praktiziert werden und wenn ja – wo sind diese Orte? Welche Chancen aber auch Risiken liegen in dieser naturalisierten und auch privatisierenden Form von Hilfestruktur? *(Stichworte: Therapeutische und pädagogische Lebensgemeinschaften, sozialpädagogische Pflegefamilien, Mehr-Generationenhäuser; Selbsthilfegruppen; Helfersyndrom; burn-out)*

II Hochkultivierte Gesellschaft – Vom Almosen bis zur Erziehungsarbeit

Hochkultivierte Gesellschaftsformen umspannen in etwa die Zeit der
a) mittel- bis spätmittelalterlichen Gesellschaft,
b) Gesellschaft der Neuzeit bzw. Renaissance,
c) Gesellschaft der Aufklärungszeit und
d) Gesellschaft der klassisch-idealistischen Zeit.

In der Entwicklung von archaischen zu hochkultivierten Gesellschaften ist eine erste Umstellung des Erwartungtyps von Hilfe festzustellen. Wechselseitige persönliche Hilfe (reziproker Erwartungstyp) wird zunehmend durch Bindung von Hilfe an Religion und Moral abgelöst. Wir sprechen jetzt von einem konsensualvertraglichen Erwartungstyp. Die Hochkultivierte Gesellschaft umspannt in Epochenbegriffen gedacht einen langen Zeitraum (siehe oben). Wir werden feststellen, dass der konsensualvertragliche Erwartungstyp in dieser Zeit mehrfach modifiziert wurde.

1 Sozialevolutive Charakteristik

Die Gesamtpopulation vor 100 000 Jahren wird auf etwa 70 000 Menschen geschätzt. Bis zur Jungsteinzeit (Neolithikum, ca. 10 000/7500 v. Chr.) stieg sie auf wenige Millionen an. Ab der Jungsteinzeit explodierte die Anzahl der Menschen bis heute auf ca. 7 Milliarden. Auch wenn diese Zeit nur knapp ein Zehntel der Menschheitsgeschichte ausmacht, liegt mit ihr die bisher dramatischste, unvergleichbar dynamischste und komplexeste Entwicklung der sozialen Evolution vor uns.

Die Jungsteinzeit markiert den Übergang des Menschen vom Jäger und Sammler zu sesshaften Kulturen. Die Voraussetzungen zu einem rapiden Bevölkerungswachstum sind geschaffen. Ackerbau und Viehzucht ernähren neue Menschenmassen. Der Mensch formt zunehmend das Gesicht des Planeten. Archaische Gesellschaftsformen entwickelten sich weiter in große Stammesgesellschaften mit eigener Herrschaftsordnung und größerer kultureller Vielfalt. Luhmann fasst diese weiter entwickelte Gesellschaftsform unter dem Begriff der *hochkultivierten Gesellschaft* zusammen.

Von Hochkulturen sprechen wir dann, wenn eine Gesellschaft bestimmte charakteristische Merkmale aufweist. Hierzu gehört z.B. die Existenz von Städten, die oftmals die Mittelpunkte von Handel und Herrschaft darstellten. Die Landwirtschaft dient nicht mehr ausschließlich der Selbstversorgung, sondern auch dem einfachen Handel. Entsprechend beginnt sie, sich auch technisch zu entwickeln (z.B. Bewässerungssysteme) und erste Formen der Vorratshaltung auszubilden. Weiterhin typisch ist die Entdeckung der Arbeitsteilung und Entwicklung von Gesellschaftsklassen mit Spezialisierungen und Klassenunterschieden. Auch die Organisation von Politik und Verwaltung sowie der Aufbau eines Militärwesens, zum Zweck des Schutzes und des Machtgewinns nach innen und außen, gehören dazu. Weitere zentrale Merkmale sind die Entwicklung und der Einsatz von Schrift als Kommunikationsmedium. Neben der Differenzierung des Schrifttums sind auch Religionen in Form eines Allgottglaubens (Pantheismus) oder eines Eingottglaubens (Monotheismus) kennzeichnend. Weitere Kennzeichen von Hochkultur sind die Musik, die bildende Kunst und die Entwicklung von Wissenschaften. Ein wesentliches Merkmal von Hilfe in hochkultivierten Gesellschaften ist die Hilfeerbringung in Form der Ausdifferenzierung spezieller religiös motivierter, konsensualvertraglicher Hilfeformen, die wir im Folgenden noch näher kennenlernen werden.

Die Zeit sogenannter Hochkulturen lässt sich in keine allgemeine Epochenzählung zwingen und verläuft auch geographisch unterschiedlich. Als älteste Hochkulturen sind die minoische auf Kreta (4500 v. Chr.) und die sumerische in Mesopotamien (4000 v. Chr.) bekannt. Weitere Hochkulturen sind mit der ägyptischen am Nil

(4000 v. Chr.), der babylonischen zwischen Euphrat und Tigris (3800 v. Chr.) sowie der chinesischen (2000 v. Chr.) und phönizischen (1100 v. Chr.) beschrieben. In Mitteleuropa entwickeln sich erste soziale Differenzierungen in der Zeit, als Kupfer und Zinn in diese Region kamen, d.h. mit Beginn der Bronzezeit (etwa 2200 bis 1200 v. Chr.). Werkzeuge, vor allem aber Waffen für die Jagd, aber auch zum Kampf und zur Herrschaftsausübung, wurden damit wirkungsvoller einsetzbar. In der nachfolgenden Urnenfelderzeit (1200 bis 750 v. Chr.) und Eisenzeit (750 bis 450 v. Chr.) bildete sich in Mitteleuropa ein Kriegeradel mit großen kulturellen Umbrüchen und veränderten wirtschaftlichen Verhältnissen aus. In der Zeit etwa 600 v. Chr. breitete sich schließlich das Römische Reich (Imperium Romanum) aus. Es etablierte sich als universalistische Idee[43] in einem Gebiet mit vielen Völkern, Sprachen und Religionen und hielt sich im Westen bis etwa 500/600 n. Chr. Der Untergang des römischen Reiches endete im Übergang des oströmischen Reiches in das byzantinische Reich und in der Transformation des weströmischen Reiches in eine Reihe von germanischen Staaten, die spätestens seit dem siebten Jahrhundert als souverän gelten konnten.

Im Ergebnis entscheidend ist für die Kennzeichnung von Gesellschaften als Hochkultur, dass sich in ihr ein gemeinsames Denken und Fühlen durch Sprache, Kultur und Religion bilden konnte. Hochkultivierte Gesellschaften weisen damit einen höheren Grad von Komplexität für jedes Gesellschaftsmitglied auf als die archaischen Gesellschaften. Der einzelne Mensch war darauf angewiesen, viel mehr Informationen und Zusammenhänge des gesellschaftlichen Lebens zu bekommen und zu verarbeiten, um sein eigenes Leben führen zu können. Der Einzelne lief Gefahr, in der Masse unterzugehen und dieser Umstand förderte den Blick auf den Einzelmenschen und seine Bedürfnisse. Dabei wurde auch die Sicht für Individualität und Eigenheit von Menschen freigelegt.

Ein zentrales Merkmal hochkultivierter Gesellschaften ist die Herausbildung von Ungleichheit in Form schichtengebundener Machtstrukturen. Diese Form der gesellschaftlichen Differenzierung wird auch *stratifikatorische Differenzierung* genannt. Damit ist gemeint, dass die Menschen einer bestimmten Klasse zugewiesen sind. Diese Klassen stehen in einem Schichtenverhältnis von Über- und Unterordnung zueinander. Damit unterscheiden sich hochkultivierte Gesellschaften deutlich von den archaischen Gesellschaften, die segmentär geordnet waren. Der Übergang von einer segmentären zu einer stratifikatorischen Ordnung setzt die Ausdifferenzierung einer Oberschicht als Teilsystem der Gesellschaft voraus. Entscheidend ist nicht allein das Vorliegen von einfachen Rangordnungen und Herrschaft (z.B. Häuptlingsfamilien). Diese Merkmale kommen auch in archaischen Gesellschaften vor. Entscheidend für das „Kippen der Ordnung"[44] ist die Ausbildung von sozialen Schichten, die fortan strukturbildend für die Gesellschaft sind. Zeitlich wird dies

43 Als ein „imperium sine fine" (ein grenzenloses Reich).
44 Luhmann 1998, S. 657, vgl. auch S. 659.

an der Herausbildung der Adelsgesellschaft festgemacht, also an dem spätmittelalterlichen, frühmodernen Europa (ab ca. 1250).[45] Differenziert nach den drei Sinndimensionen ergibt sich folgendes Bild:

Zeitdimension: Die hochkultivierten Gesellschaften umfassen in etwa die Zeitepochen: Mittelalter, Renaissance, Aufklärung und Klassik. Evolutionär betrachtet sind hochkultivierte Gesellschaften hoch entwickelte Gesellschaften, in denen die Gesellschaftszugehörigkeit über die Zugehörigkeit zu einer sozialen Schicht und der Akzeptanz von Rangdifferenzen gekennzeichnet ist. Hochkultivierte Gesellschaften bestehen aus großen, wenig überschaubaren, vertikal geordneten Einheiten (Städte, Fürstentümer, Reiche) mit oraler und schriftlicher Kommunikation. In dieser Gesellschaftsform hat sich eine produktive und wirtschaftliche Arbeitsteilung (Landwirtschaft, Gewerbe und Handel) ausgebildet. Ebenso hat sich eine Herrschaftsordnung mit spezifischen Rangdifferenzierungen, Rollen, Ämtern und Verfahren mit Anfängen der Individualisierung von Persönlichkeit etabliert.

Sachdimension: Im Vergleich zu der sich später entwickelnden modernen Gesellschaft und der vorherigen archaischen Gesellschaft sind hochkultivierte Gesellschaften stratifikatorisch differenziert. Sie leben in weitestgehend ungleichen Einheiten (Schichten, Ständen, Klassen), die für sich gegenseitig Umwelt sind. Hochkultivierte Gesellschaften stellen ungleich differenzierte Einheiten auf höherer Entwicklungsstufe mit hoher Komplexität dar. Der Mensch gehört mit seiner gesamten Identität als Mitglied seines Standes (seiner Schicht, seiner Klasse) dazu und wird bei Verstoß gegen Standesregeln in untere Schichten, Stände, Klassen verwiesen. Karriereaufstieg ist die Ausnahme, nicht die Regel. Dem Einzelnen wird sein Platz in der Gesellschaft durch Zugehörigkeit zu einer sozialen Schicht zugewiesen. Er ist immer weniger Teil von einem Ganzen. Der Teil (Stand, Schicht, Klasse) wird zu seinem Ganzen. Dies gibt ihm seine Identität und zwingt ihn im Fall des Ausschlusses (Abstieg oder Aufstieg) zu einer neuen Identität.

Sozialdimension: Mit dem Übergang archaischer Gesellschaften zu hochkultivierten Gesellschaften ändert sich die Form des Helfens. Es entsteht der Bedarf nach einer Präzisierung von Hilfe- und Dankesverpflichtungen, die sich im Wandel vom privaten, reziproken zum konsensualvertraglichen Helfen vollzieht. Helfen als eine Form des Bedarfsausgleiches drückt nunmehr einen schichtenmäßig gefestigten Status aus und wird zur Standespflicht. Geld (Almosen) und Güter (z.B. ein Ackerfeld) sind auffallende Merkmale von Hilfe in dieser Zeit. In der Zeit des Mittelalters bis zur Renaissance wird das Motiv zur Umkehrbarkeit der Hilfelagen infolge von Arbeitsteilung und Schichtendifferenzierung seltener. Die Motivation zur Hilfe stellt sich immer weniger unmittelbar dar (Entpflichtung) und muss daher zunehmend kulturell vermittelt werden (Verpflichtung). Vom Helfen wird die reziproke Form der Hilfeleistung immer mehr abgetrennt und durch die Form des Konsen-

45 A.a.O., S. 682f.

sualvertrages (z.B. Hilfe gegen Seelenheil oder Hilfe gegen Geldzahlung) ersetzt. Dadurch wird die Motivation zur mittelbaren Hilfeleistung stabilisiert. Unmittelbares Helfen wird zur guten Tat und zur Tugend (freiwillige Pflicht; ritterliche Freigebigkeit, aristokratische Fürsorge). Mittelbares Helfen geschieht auf der Basis moralisch generalisierter Wertgrundlagen ohne Frage nach Wirksamkeit für die jeweilige Schicht oder darüber hinaus. Hilfe wird nicht mehr reziprok vergolten, sondern honoriert a) in ersten beruflichen Formen durch Geld an Heiler, Priester und Rechtsgelehrte und b) in alltäglicher Form durch Geld (Almosen) gegen Gebet für das Seelenheil des Gebenden. Bedarfsausgleiche erstrecken sich über längere, von der Bedeutung der Ereignisse unabhängige Zeit. Der Geldmechanismus vermittelt universell alle Befriedungsmöglichkeiten. Er tritt an die Stelle von Dankbarkeit und wird zum generalisierten Hilfsmittel. Die Bedarfsdeckung reduziert sich auf ein Problem der Geldverteilung. Dieser Mechanismus gerät in der weiteren Entwicklung moralisch und wirtschaftlich zunehmend in Misskredit. Es entwickelt sich ein Bedarf nach allgemeingültigen Maßstäben für jeweils angemessene Hilfe. Mildtätigkeit wird immer mehr zur Zumutung und Selbstausbeutung und spielt nur noch im privaten Raum eine Rolle. Die Absicherung von Fremdhilfe hingegen benötigte eine neue, verlässliche Form. Diese Form wird in der Ausbildung von entsprechenden Organisationen und Hilfeprogrammen gefunden. Damit sind erste Anzeichen des Übergangs zur modernen Gesellschaft gekennzeichnet.

Zusammengefasst

Das dominante Strukturprinzip hochkultivierter Gesellschaften wird als stratifikatorische Differenzierung bezeichnet. Kennzeichen sind:

- Ungleiche, wenig überschaubare Einheiten (Städte, Fürstentümer, Reiche) auf höherer Entwicklungsstufe (Schichten, Stände, Klassen) mit höherer Komplexität.
- Produktive und wirtschaftliche Arbeitsteilung (Landwirtschaft, Gewerbe und Handel mit oraler und schriftlicher Kommunikation.
- Ausdifferenzierung von Religion, Herrschaft, Rollen und vertikalen Schichten.
- Anfänge von Individualisierung.
- Position und Identität des Einzelnen sind in der sozialen Ordnung der hineingeborenen Stände und Schichten festgeschrieben.
- Der Einzelne ist voll und ganz Mitglied seines Standes.
- Das Fehlen standesgemäß erwarteter Eigenschaften führt zur Exklusion aus dem Stand, nicht aus der Gesellschaft.
- Reziprokes Helfen wird immer mehr durch die Form einer moralisch und religiös rückgebundenen Gabe abgelöst.
- Die lange Zeit der Hilfe gegen Geld tritt immer mehr zugunsten der Ausbildung von Organisationen und Hilfeprogrammen zurück. ◀

2 Bedarfsausgleich

Reziproke Formen des Bedarfsausgleichs haben sich erst im Laufe der Weiterentwicklung zu hochkultivierten Gesellschaften grundlegend verändert. Luhmann spricht in diesem Zusammenhang von einer „Dehnbarkeit der Dankbarkeit“[46]. Das hört sich etwas seltsam an, bezeichnet aber bildhaft, dass sich veränderte Formen von Dankesverpflichtungen im Laufe der weiteren gesellschaftlichen Entwicklung herausbilden konnten. Hilfeanlass, Hilfeerbringung und Dankesverpflichtung haben sich im Laufe der gesellschaftlichen Entwicklung zeitlich immer weiter voneinander entfernt.

Helfen dient dem Ausgleich von allgemeingültig anerkannten Bedarfen. Wie wir schon festgestellt haben, verläuft der Bedarfsausgleich in archaischen Gesellschaften in der Regel unkompliziert. Das ist dem Umstand zu verdanken, dass sich die Lebensführung dort um die Befriedigung von relativ wenigen, allen bekannten Grundbedürfnissen von Personen dreht, die sich kennen. Das wiederum erleichtert das Auslösen von Hilfehandlungen und erklärt die Einführung zeitnaher, wechselseitiger, persönlicher Hilfs- und Abgabeverpflichtungen. Auch wenn das Helfen noch nicht an Vorstellungen von Gerechtigkeit gebunden war, also eher in Form der Gabe praktiziert wurde, so konnte sie aber nur ausgelöst werden, wenn für sie Überschüsse vorhanden waren. Das nicht immer selbstverständliche Vorhandensein von Überschüssen setzt die Perspektive für Dankesverpflichtungen frei, sofern jemand angebotene Hilfe in Anspruch nahm. So mussten nicht nur für das Helfen, sondern auch für die Einlösung der Dankeserwartungen Überschüsse vorhanden sein, z.B. wirtschaftliche Gegenleistungen, Arbeits- oder Kampfeshilfe, Unterwerfung oder Prestigezuweisungen. Wer Hilfe annahm sah sich also auch zunehmend unvorhersehbaren und auch unspezifischen Gegenerwartungen ausgesetzt.

Die Unvorhersehbarkeit der Auswirkungen der Inanspruchnahme von Hilfe nahm in dem Maß zu, wie die Gesellschaft mit fortschreitender Entwicklung und Größe zu immer neuen, anderen und auch zeitlich versetzten Möglichkeiten der Dankesverpflichtungen kommt. Je mehr Möglichkeiten von Dankbarkeit die Gesellschaft schafft, desto mehr wird Dankbarkeit zu einem dehnbaren Begriff. Mit Dehnung ist sowohl die Vielfalt der Dankeserwartungen als auch die zeitliche Dimension gemeint, in der die Dankesverpflichtung geltend gemacht wird. Je gedehnter sie erscheint, desto unberechenbarer greift sie in das Leben ein. Die Form der archaischen Hilfe wurde für die Menschen in dem Maße unbrauchbarer, wie sich die Gesellschaft, in der sie lebten, vergrößerte und von einer einfachen Stammesgesellschaft zu größeren Einheiten heranwuchs. Der Bedarf nach einer Präzisierung und

46 Luhmann 1973, S. 27.

Begrenzung von Hilfe wurde offensichtlich. Diese Präzisierung wird schließlich im Wandel der archaischen Gesellschaft zur hochkultivierten, komplexeren Gesellschaft in der Herausbildung von Hilfeformen gefunden, die an Gerechtigkeitsvorstellungen gebunden waren. Aber was war gerecht?
Der Bedarf nach einer Präzisierung und verbindlichen Regelung von Hilfe war entstanden. Die Notwendigkeit des Helfens wurde zunehmend an die Herausbildung eines gesellschaftlichen Konsenses gebunden. In dem Maße, wie die Praxis der wechselseitigen archaischen Hilfe unbedeutender, da unbrauchbar wurde, musste das Motiv für Hilfe auf andere Weise beschafft und erhalten werden. Für die Beantwortung der Gerechtigkeitsfrage bot sich der christliche Glaube an, denn: Gott ist gerecht. Armut ist gottgewollt und die Begegnung mit ihr eine Prüfung Gottes. Helfen wird zur christlichen Tugend erklärt. Der Hilfesuchende kann sich dem Reichen in den Weg stellen und an seine Hilfebereitschaft appellieren. Damit gibt er ihm die Gelegenheit zur guten Tat. Als konsensuale Gegenleistung betet der Almosenempfänger für das Seelenheil des Almosengebers.
Vom Mittelalter bis in die Neuzeit und die Zeit der Aufklärung hinein beruhte das Helfen auf einer moralisch generalisierten, schichtenmäßig geordneten Erwartungsstruktur.[47] Helfen drückte einen schichtenbezogenen, gefestigten Status aus und wurde zur Standespflicht. Das Motiv zur Umkehrbarkeit von Hilfelagen – wie es in archaischen Gesellschaften bekannt ist – wurde infolge Arbeitsteilung und Schichtendifferenzierung seltener. Mit der Entwicklung von Stammesgesellschaften zu größeren Lebensgemeinschaften (Dörfern, Städten) stellte sich die Motivation zur gegenseitigen Hilfe immer weniger unmittelbar dar. Gleichwohl war man auf Hilfe angewiesen. Um sie aufrecht zu erhalten, wurde sie an eine allgemeingültige Moral gebunden. Der Wegfall der unmittelbaren Hilfe auf Gegenseitigkeit hatte die Entpflichtung von Hilfe zur Folge. Andererseits muss man von einer Verpflichtung zur Hilfe sprechen, da sie fortan moralisch gefordert und als kulturell erwünschtes, sinnvolles Handeln von Gesellschaft gefordert wurde. Die reziproke Form der Hilfeleistung wird also zunehmend durch eine vertragliche Form abgelöst. Man nennt diese Form des Vertrages auch Konsensualvertrag. Das sind Verträge, an die sich jeder gebunden fühlt (z.B. „gibst du mir, so geb' ich dir"), obwohl es gar keinen formalen Einzelvertrag gibt. Es besteht allgemein ein informeller, moralisch gebundener Konsens darüber, wie Handeln und Erleben in eine verbindliche Wechselbeziehung gesetzt werden und damit praktisch Erwartungssicherheit hergestellt wird.
Mit der konsensualvertraglichen Hilfe wurde die Motivation zur mittelbaren Hilfeleistung stabilisiert. Unmittelbares, spontanes Helfen wurde dagegen immer mehr zur guten Tat und zur Tugend. Das mittelbare Helfen wurde auf der Basis moralisch generalisierter Wertgrundlagen gesichert. Im Kontext mittelalterlich christlicher Moral bedeutete dies vor allem, dass Armen Almosen in der konsensualen Erwartung gegeben wurden, damit sie für das Seelenheil des Gebenden beten wer-

47 Luhmann 1973, S. 32.

den. Hilfe wurde über das Medium Geld erbracht; in speziellen Fällen durch erste Formen professionell erbrachter Hilfe über ein Honorar, in allgemeinen Fällen über die Almosengabe zur Erlangung des Seelenheils. Der Geldmechanismus vermittelte universell alle Befriedungsmöglichkeiten. Er wurde zum generalisierten Hilfsmittel und trat an die Stelle von Dankbarkeit. Das Problem der Bedarfsdeckung reduzierte sich auf ein Problem der Geldverteilung.

In der späteren Zeit, der Aufklärung, gerät Geldgabe als Hilfe moralisch und wirtschaftlich zunehmend in Misskredit: Moralisch, da Armut nicht mehr als Gott gegebenes Schicksal angesehen wird; wirtschaftlich, da Almosengabe immer mehr in Konflikt mit der wirtschaftlichen Kapitalbildung gerät. Die Liquidität des Geldes führt dazu, dass Hilfe von überall her kommen kann und damit auch vergleichbar wird. Es gibt aber noch keinen allgemeingültigen Maßstab für jeweils angemessene Hilfe. Es gibt immer andere, die mehr Hilfe benötigten und andere, die mehr Geld geben können. Diese Vergleichbarkeit drückt Hilfe als Geldgabe auf ein Minimum herab. In der Zeit der Klassik schließlich wird Mildtätigkeit zur Zumutung und Selbstausbeutung. Allenfalls im privaten Raum kann sie noch in der Form von Generosität eine Rolle spielen. Allgemeine, fremde Hilfe braucht eine neue, von moralischen Entschlüssen unabhängige und verlässliche Form. Diese Form wird in der Ausbildung von entsprechenden Organisationen und Hilfeprogrammen gefunden. Damit ist der allmähliche Übergang zur modernen Gesellschaft gekennzeichnet.

Zusammengefasst
Bedarfsausgleich in hochkultivierten Gesellschaften:

- Helfen beruht im Mittelalter und der Neuzeit noch auf einer moralisch generalisierten, schichtenmäßig geordneten Erwartungsstruktur.
- Helfen drückt einen schichtenmäßig gefestigten Status aus und wird zur Standespflicht.
- Das Motiv zur Umkehrbarkeit von Hilfelagen wird infolge Arbeitsteilung und Schichtendifferenzierung seltener.
- Die Motivation zur Hilfe stellt sich immer weniger unmittelbar dar (Entpflichtung) und muss daher zunehmend kulturell vermittelt werden (Verpflichtung).
- Vom Helfen wird die reziproke Form der Hilfeleistung abgetrennt und durch die Form des Konsensualvertrages (Hilfe gegen Seelenheil) ersetzt.
- Armut wird immer weniger als von Gott gegebenes Schicksal aufgefasst.
- Geld als Hilfe gerät dadurch zunehmend in Misskredit.
- Fremdhilfe benötigt deshalb eine von den individuellen, moralischen Entschlüssen unabhängige Form.
- Der Bedarf nach Organisationen und Hilfeprogrammen wird größer. Sie sind unabhängig von dem Hilfeentschluss Einzelner und damit stets verfügbar. ◀

Wer Gut hat, sich ergötzt damit und teilt es nicht dem Armen mit,
dem wird versagt die eigne Bitt'.

(Sebastian Brant, 1494)

oder:

Sobald der Gülden im Becken klingt/
im huy die Seel im Himmel springt.

(Johann Tetzel, 1504)

3 Mittelalter und Neuzeit – Vom Almosen bis zur Arbeitspflicht

Nachdem wir nun einen Überblick über die sozialevolutive Charakteristik hochkultivierter Gesellschaften bekommen haben, gehen wir durch die einzelnen Epochen. In jeder Epoche legen wir die Themenstellungen der historisch klärenden Fragen an. Wir hatten sie bereits im einleitenden Kapitel kennengelernt (1.4.). In Kurzform wiedergegeben lauten sie:
1) Allgemeine gesellschaftliche Charakteristik
2) Weltbild und Philosophie (geistige Protagonisten und Ideengeber)
3) Kindheit und Jugend sowie Erziehungs- und Bildungsverständnis
4) Armut und Hilfebedürftigkeit

Das Mittelalter ist die Zeit der Herausbildung eines religiös gebundenen Erwartungstyps von Hilfe. Dieser konsensualvertragliche Erwartungstyp wird von einer zunehmenden Bindung von Hilfe gegen Arbeit abgelöst.

3.1 Allgemeine gesellschaftliche Charakteristik

Mit dem Begriff Mittelalter wird allgemein eine Epoche in der europäischen Geschichte bezeichnet, die zwischen dem Ende der griechischen bzw. römischen Antike und dem Beginn der Neuzeit lag, also etwa von 500 n Chr. bis zur Mitte des 15. Jahrhunderts. Diese ca. tausendjährige Entwicklung des Mittelalters wird im Allgemeinen noch in drei Stufen unterteilt:
- Frühmittelalter: 500–1000
- Hochmittelalter: 1000–1250
- Spätmittelalter: 1250–1420

Über die Zeit des Frühmittelalters ist – ähnlich wie zu den Zeiten der archaischen Gesellschaftsformen und der europäischen Antike[48] – für unsere Thematik wenig bekannt. Im Allgemeinen setzt die Zeitrechnung in der europäischen Geschichte der Armenfürsorge erst mit dem Hoch- und Spätmittelalter ein. In dieser Zeit bildeten sich die ersten Städte. Es entwickelte sich eine prosperierende Warenwirtschaft in Europa. Das heißt auch, dass für diese Zeit eine deutliche soziale Ausdifferenzierung der Gesellschaft zu beobachten ist.[49] Wenn wir hier vom Mittelalter sprechen, ist damit also genau genommen das Hoch- und Spätmittelalter gemeint. Mit dem Spätmittelalter ist der Übergang zum frühmodernen Europa markiert. Die Adelsgesellschaft hatte bis zu diesem Zeitpunkt eine gefestigte Form erreicht und die Ausdifferenzierung dieser Gesellschaftsform bezeichnen wir als stratifikatorische Gesellschaft.[50]

Von den historischen Großepochen aus betrachtet, beginnt mit der Renaissance die Neuzeit, die wir vom Mittelalter als eine Großepoche abgrenzen können. Zur Frage, wann denn der Beginn der Neuzeit in etwa anzusetzen sei, gelten die bereits angesprochenen Probleme der Verzeitlichung von Geschichte durch Konstruktion von Epochenbegriffen und Epochengrenzen.[51] Mit dem Begriff Renaissance wird die kulturelle Wiedergeburt der Antike in Wissenschaft, Literatur, Musik und Kunst bezeichnet. Geistes- und kulturgeschichtlich bedeutete dies die Entwicklung eines an das Individuum gebundenen Freiheitsgedankens. Damit verbunden war die Herauslösung aus der ständischen Gesellschaftsordnung des Mittelalters.

Mit der Neuzeit verbinden sich viele Umbrüche in Wissenschaft, Technik, Religion und Wirtschaft. Es ist die Zeit der Erfindung des mechanischen Buchdruckes (ca. 1442) von *Johannes Gutenberg* (um 1400–1468) und die Entdeckung der neuen Welt: Amerika (1492) durch *Christoph Kolumbus* (um 1451–1506). Das geozentrische Weltbild von *Claudius Ptolemäus* (um 100–160) wurde endgültig durch das heliozentrische Weltbild (1514) von *Nikolaus Kopernikus* (1473–1543) abgelöst. Aus den sechs Büchern über die Bewegungen der Himmelskörper von Kopernikus erfuhren die Menschen, dass nicht die Erde, sondern die Sonne im Zentrum des Kosmos steht. Vor allem *Martin Luther* (1483–1546) und seine Reformationsbewegung, die in der Öffentlichkeit 1517/18 durch seinen Thesenanschlag gegen den Ablasshandel bekannt geworden war, wird mit der Neuzeit identifiziert. Es ist auch die Zeit frühmoderner Staatenbildung sowie des Aufstiegs der Bankhäuser der Fugger und Medici, die Entwicklung der doppelten Buchführung zur Verbesserung der Kontrolle des wirtschaftlichen Erfolges, und es ist auch die Zeit der Bauernkriege und des sozialen Abstieges der Landbevölkerung. Diese Gesamtentwicklung führte zu einem Neuzeitverständnis, das sich zwischen 1500 und 1600 als Schwelle zwi-

48 Zu Armut und Not in der europäischen Antike siehe Rathmayr 2014, S. 1–49.
49 Vgl. Sachße/Tennstedt 1998, S. 23ff.
50 Vgl. Luhmann 1998, S. 682f.
51 Goertz 2004a, S. 36. Vgl. auch Skalweit 1982.

schen Mittelalter und Neuzeit markieren lässt: die Renaissance. Sie wird in drei Abschnitte eingeteilt:

- Frührenaissance: 1420–1500
- Hochrenaissance: 1500–1530
- Spätrenaissance: 1530–1630

In der Zeit des Mittelalters und verstärkt in der Renaissance flossen christliche, antike, keltische, germanische und slawische Entwicklungen zusammen. Wir behandeln die Zeit des Mittelalters und der Renaissance hier zusammenhängend. Wie war die Gesellschaft in dieser Zeit strukturiert?

Im Mittelalter war die Gesellschaft noch nach Ständen geordnet. Ihre christlich geprägte, moralisch generalisierte Geisteshaltung wird in Literatur, Kunst und Wissenschaft deutlich. Latein galt als die gemeinsame Bildungssprache. Die vorherrschende Wirtschafts- und Gesellschaftsform des Mittelalters war der Feudalismus (Lehnsherrschaft).[52] Der universale Lehnsstaat herrschte mit einer klar festgelegten Stufung der Herrschaftsverhältnisse und untereinander festgelegten Treuedienstverhältnissen: Kaiser, Könige, Bischöfe, Reichsäbte, Markgrafen, Grafen, kleine Ritter, Ministerialen, Kaufleute, Handwerker, Bauern und Unfreie. Das ganze Mittelalter ist von Herrschaftskämpfen zwischen Adel, Kirchen und Fürsten durchzogen. Im Hoch- und Spätmittelalter tauchte mit den privilegierten Stadtbewohnern – dem Bürgertum – eine weitere Gruppe als Mitglied in diesem Kräftespiel auf.[53]

Die Ständeordnung war Ausdruck einer von Gott gegebenen Ordnung. Entsprechend galten der geistliche Stand und der Klerus als der oberste Stand. Der Adelsstand war dem geistlichen Stand einerseits untergeordnet und im Prinzip auch intellektuell von ihm abhängig, andererseits war er der Herrschaft ausübende Stand. Nach dem Adelsstand kamen der bürgerliche Stand und der Bauernstand, sofern es sich um freie Bauern handelte. Die Besitzlosen und Bedürftigen bildeten den Armenstand, wobei die gewollt Besitzlosen – die sogenannten Bettelorden – eine Sonderstellung einnahmen. Sie bettelten nicht nur für sich, sondern auch für ungewollt Arme. Außerhalb der Ständeordnung bewegten sich die Sünder und Rechtsbrecher, die jedoch nicht als eine besondere Gruppe Armer wahrgenommen wurden, sondern im Armenstand mehr oder weniger ihren Platz fanden.

Der Mensch wurde in seinen Stand hineingeboren und konnte in der Regel nicht aus ihn heraustreten. Der Adel und der Klerus bildeten hierbei eine Ausnahme. Dort waren Auf- und Abstiege möglich. Das hierarchische Ordnungsmodell griff

---

52 Die europäische Feudalgesellschaft entstand nach der Völkerwanderung. Die Zeit der Völkerwanderung ist das zeitgeschichtliche Bindeglied zwischen der späten Antike und dem frühen Mittelalter. Die feudale Gesellschaft entstand nach der Völkerwanderung (ca. 375–568) bereits im Frühmittelalter (500–1000, insbesondere ab 800) durch eine Verschmelzung der sich auflösenden antiken Gesellschaft und der germanischen Gesellschaften. Auf dem Gebiet des ehemaligen römischen Reiches entstanden mehrere germanische Königreiche.

53 Vgl. Elias 1999, S. 1.

natürlich auch innerhalb der Stände, so dass jeder im Prinzip gleichzeitig Obrigkeit und Untertan sein konnte. Diese Positionen wurden vom Standesdenken innerhalb der Stände (Ehestand, Vermögensstand, Berufsstand, Bauernstand, Adelsstand usw.) markiert. Bauern, Handwerker und Kaufleute waren Glieder ihrer Zunft (korporative Struktur). Das betraf in gewisser Weise auch den Bettler. Er gehörte dem Bettlerstand an. Der Mensch war im Wesentlichen durch das definiert, was ihm durch die Rechte seines Standes zukam. Das traf auch auf seine Nachkommen zu. Individualität im heutigen Sinne, z.B. als freie Berufswahl oder freie Partnerwahl, gab es nicht.
Bereits in der Mitte des 14. Jahrhunderts kam es – nicht zuletzt wegen des Massensterbens durch die Pest, der Schätzungen zufolge bis zu einem Drittel der europäischen Bevölkerung zum Opfer fiel[54] – zur Steigerung des Arbeitskräftebedarfes und zu einer teilweisen Umverteilung und Okkupation von Vermögen. Es entstanden erste Frühformen kapitalistischer Produktionsweisen im Handwerk, besonders in Form der Arbeitszerlegung im Textilbereich und im Bauhandwerk im Rahmen von Stadterweiterungen. Die Überwindung der Pest brachte auch eine Befreiung von Ängsten und einen ökonomischen Aufschwung mit sich. Im 14. Jahrhundert lebten in Deutschland (Heiligen Römischen Reich Deutscher Nation) ca. 12 bis 13 Millionen Menschen, von denen ca. 10% in Städten lebten. Städte – etwa zwei bis dreitausend an der Zahl – waren überwiegend Gemeinwesen mit weniger als 1000 Einwohnern, im Vergleich zu heute also sehr kleine Einheiten.[55] Orientiert an einem allgemeinen Schichtenbegriff muss man festhalten: es gab eine breite Unterschicht, eine kleine Mittelschicht und eine noch kleinere, von wenigen Reichen besetzte, jedoch Macht und Herrschaft ausübende Oberschicht.
Mit Beginn der Neuzeit bekamen die Städte im 15. und 16. Jahrhundert eine zunehmende Bedeutung. Ihre Einwohnerzahl wuchs nach dem demographischen Aderlass durch die Große Pest auf teilweise bis zu 40000 Einwohnern und mehr (Köln, Augsburg). Eine Entwicklung, die sich im 16. Jahrhundert rapide fortsetzte.[56]
Die Gesellschaft erlebte tief greifende Umwandlungsprozesse. Der Kapitalismus entwickelte sich mit fortschreitendem Handel zunehmend (Frühkapitalismus). Es bildete sich eine Bürgerschicht, deren Finanzkraft oft die des Adels übertraf (Fugger, Patrizier). Die Bauern bildeten den Großteil der Bevölkerung. Sie hatten unter den Steuern und Abgaben an den Adel sowie Frondiensten und Leibeigenschaft zu leiden. Sie lebten weitgehend am Existenzminimum, oft auch darunter. Sinkende Kaufkraft und steigende Bevölkerungszahlen führten immer wieder zu

54 Vgl. Bergdolt 2000. Die Forschung kommt hier zu unterschiedlichen Ergebnissen. So wird mittlerweile die allgemeine anerkannte Ein-Drittel-Schätzung bestritten. Auch wenn keine genauen Zahlen ermittelbar sind, müsse man von weit niedrigeren Zahlen ausgehen. Vgl. hierzu Vasold 2003.

55 Vgl. Sachße 1998, S. 24f. Vgl. Goertz 2004a, S. 53.

56 Vgl. Goertz 2004a, S. 54f.

Aufständen (Bauernkriege). Genossenschaftlich konzipierte Gemeinschaften (Korporationen) und ihre Durchsetzung als herrschaftsfähiger Teil der Zunftbürger am Stadtregiment, beförderten Kommunalisierungsprozesse, die stärker noch als der aufkommende Kapitalismus zur antifeudalen Bewegung wurden.[57] Die Kirche und der weltliche Adel gerieten zunehmend in ein Konkurrenzverhältnis zwischen weltlichem und religiösem Herrschaftsanspruch. Das Auseinanderklaffen von moralischem Anspruch und gelebter Wirklichkeit des Klerus förderten eine antikirchliche Stimmung im Volk. Reformatorische Bewegungen gewannen an Einfluss und Bedeutung. Ein Prozess der Abschaffung des Kirchenstaates und die mentale und materielle Trennung von Kirche und Staat waren die Folge.

Zusammengefasst
Allgemeine gesellschaftliche Charakteristik:

- Das Mittelalter ist eine Epoche in der europäischen Geschichte zwischen der Antike und dem Beginn der Neuzeit.
- Christliche, antike, keltische, germanische und slawische Entwicklungen fließen zusammen.
- Die Gesellschaft ist nach Ständen geordnet.
- Eine moralisch generalisierte, christlich geprägte Geisteshaltung wird in Literatur, Kunst und Wissenschaft deutlich.
- Latein gilt als die gemeinsame Bildungssprache.
- Vorherrschende Wirtschaftsform ist der Feudalismus.
- Herrschaftsverhältnisse sind in einer Stufenordnung mit untereinander festgelegten Treuedienstverhältnissen geregelt.
- Der Einzelne ist Glied seiner Zunft, seines Standes (korporative Struktur).
- Die Ständeordnung ist Ausdruck einer von Gott gegebenen Ordnung von geistlichen, adeligen, bürgerlichen, armen und bedürftigen Ständen.
- Individualität im heutigen Sinne gibt es nicht bzw. bildet sich erst mit Beginn der Neuzeit heraus.
- Mit der Neuzeit beginnt die Zeit der großen gesellschaftlichen Umbrüche.
- Der (Früh)Kapitalismus wird geboren.
- Reformatorische Bewegungen gewinnen an Bedeutung.

3.2 Weltbild und Philosophie

Das mittelalterliche Denken war vom christlichen Glauben an eine Heilserwartung der Erlösung geprägt. Das irdische Leben war nicht dazu geeignet, Glück und Erfüllung zu finden. Es galt vielmehr als Vorbereitung auf die Zeit nach dem Tod,

57 Vgl. a.a.O., S. 68–70.

die entweder zum Seelenheil im Himmel führte oder, im Falle des Misslingens, ewige Qualen in der Hölle bedeutete. Im Irdischen herrschte eher die Sehnsucht der Menschen über die düstere Welt hinaus, als das sorglos fidele, lebensfrohe und bunte Bild, was manch Einer aus heutiger Sicht vom Mittelalter haben mag. Denken wir nur an den Massentod, die Pest, auch als der „Schwarze Tod“[58] bezeichnet oder die Inquisition und Hexenverfolgungen.

Zur Zeit des Hochmittelalters war von einem Mann die Rede, der als einer der Ersten auf den gesellschaftlichen Wandel vom Früh- zum Hochmittelalter auf die immer stärkere Armut reagierte: *Franz von Assisi* (um 1181/2–1226). Zu seiner Zeit war die Gesellschaft im Umbruch von einer rein bäuerlich strukturierten Gesellschaft zu einer Gesellschaft, in der es erste Städte und Anfänge einer echten Geldwirtschaft gab. Assisi versuchte die Botschaft Jesu sehr wörtlich zu nehmen und nach ihr zu handeln: *„Willst Du vollkommen sein, so geh hin, verkaufe, was du hast, und gib es Armen.“* Diese Haltung erinnert an den barmherzigen Samariter. Armen vorbehaltlos zu geben, wird im Mittelalter zu einer zentralen Handlungsfigur, deren religiös begründeter Sinngehalt sich erst im Übergang zur Neuzeit mit den Fragen gesellschaftlicher Zwecksetzungen verbinden sollte, um dann in der organisierten, vergesellschafteten Hilfe der späteren modernen Gesellschaft gänzlich von der Bildfläche zu verschwinden.

Aber auch die Einflüsse griechischer antiker Kultur spielten zunehmend eine Rolle. So versucht einer der theologischen Hauptvertreter des Mittelalters, *Thomas von Aquin* (um 1225–1274), theologische Grundgedanken mit der Philosophie von *Platon* (428–348 v. Chr.) und vor allem von *Aristoteles* (384–322 v. Chr.) zu verbinden. Die wissenschaftliche Betrachtung der Glaubenslehre fand so Zugang zum Gedanken praktizierter Barmherzigkeit. Als Theologe und katholischer Kirchenlehrer gehörte Aquin zu den bedeutendsten und wirkmächtigsten Philosophen seiner Zeit. Seine Almosenlehre hat eine lange Zeit den Umgang mit Armut bestimmt. Geld in Form von Almosen sowie tätige Nächstenliebe waren die Mittel des Bedarfsausgleichs. Die Erbringung dieser Form wurde mit der moralischen Bindung von Hilfe an die Erlangung des Seelenheils gesichert.

In der Renaissance erfuhr der Gedanke einer systematischen und rationalen Armenfürsorge zunehmende Beachtung. Ein Wegbereiter der großen Reformen städtischer Armenfürsorge war der Priester und Theologe *Johannes Geiler von Kaysersberg* (bürgerlich: Johann Geiler, 1445–1510). Er berief sich in seinen Schriften und Predigten nicht selten auf die Gedanken seines Freundes *Sebastian Brant* (1458–1521), einem Rechtsgelehrten und Verfasser des berühmt gewordenen *Narrenschiffes*, ein Werk, das mit den Mitteln der Narrensatire zeitgenössische Missstände zu kritisieren und aufzudecken versuchte. Geiler und Brant plädierten für einen rationalen Umgang mit der Armut, der schließlich auch die Abschaffung des Bettelns zum Ziel hatte. Rationaler Umgang bedeutete vor allem, dass die Arbeitsverpflichtung Armer zunehmend in den

58 Europäische Pandemie von 1347–1353.

Mittelpunkt der Armenfürsorge geriet. Bei Thomas von Aquin stand der Gedanke der Arbeit zwar schon im Dienste der christlichen Caritas und des Gemeinwohls, jedoch eher im Sinne der Erwirtschaftung von Geldmitteln zwecks Sicherung von Almosenpflichten gegenüber armen Menschen. Mit Beginn der Neuzeit verschob sich der Stellenwert von Arbeit im Kontext von Armut. Immer deutlicher wurde die Arbeitsverpflichtung des Armen zur Überwindung seiner Armut betont. Vorstellungen über die Willensfreiheit des Menschen, wie sie besonders von dem italienischen Philosophen *Giovanni Pico della Mirandola* (1463–1494) in seiner vielbeachteten Rede *Über die Würde des Menschen* (1486) erstmals verbreitet wurden, verliehen dem Gedanken von Selbstverantwortung Geltung. Deutlich formuliert hatte dies der Theologe *Wenzeslaus Linck* (1483–1547) für die Armenfürsorge. Er entwarf in einer Schrift ein System des Umgangs mit gesellschaftlicher Armut. Demnach war jeder dazu verpflichtet, sich durch eigene Arbeit zu ernähren und Angehörige, die hierzu nicht mehr in der Lage waren, wirtschaftlich zu unterhalten. Erst wenn dies nicht mehr zu leisten war, sollte die Gemeinde eingreifen. Linck brachte neben *Martin Luther* damit einen der bedeutsamsten Beiträge reformatorischen Gedankengutes in die Reform der Armenfürsorge ein.[59]

Umfassender und nachhaltiger auf die Entwicklung der städtischen Armenpflege hingegen wirkten die Ideen von *Juan Luis Vives* (1492–1540). Vives war ein spanischer Humanist, Philosoph, Lehrer und mit seinen Schriften auch ein Wegbereiter zu – aus seiner Zeit betrachtet – moderner Psychologie und Pädagogik. Vives suchte nach strukturellen Lösungen, die über die mittelalterliche Almosenlehre hinausgehen sollten. Vives entwickelte 1526 den Gedanken einer systematischen Subventionspraxis (*de subventione pauperum*). Diese sah vor, dass Arme und ihre Kinder nicht Almosenempfänger bleiben, sondern zu Erziehung und zur Arbeit verpflichtet werden sollten, um auf diesem Wege aus dem Armenstand herauszufinden. Vives versuchte humanistische Ideale und die Kirchenlehre seiner Zeit in Übereinstimmung zu bringen. Seine zentralen Ideen waren:

- Der Mensch ist ein soziales Wesen.
- Not und Armut sind nicht gottgewollt, sondern durch die Habgier und Herrschsucht des Menschen selbst verschuldet (ökonomische Ursachen).
- Arbeitswille und Helfen wollen sind dem Menschen von Natur aus mitgegeben.
- Wohlhabende haben eine Pflicht, ärmeren Menschen zu helfen, andernfalls schaden sie der Gemeinschaft.
- Alle Bedürftigen haben die Pflicht zu arbeiten.
- Nicht was der Bedürftige fordert, sondern das, was ihn fördert, soll ihm gegeben werden.[60]

59 Vgl. Sachße 1983, S. 273.

60 Hier gibt es unverkennbare Parallelen zum heutigen Gedanken des aktivierenden Sozialstaates. „Fördern und Fordern" ist ein zentraler Leitgedanke neoliberaler Politik, in der europäischen Politik erstmals durch Tony Blair (englischer Premierminister von 1997–2007) vertreten. Vgl. Engelke

Vives Ideen entfalteten in seiner Zeit Wirkung in der praktischen Armenpflege. Arbeitspflicht, Arbeitsbeschaffung, Armenregistrierung und Kontrolle der Armen und der gesamte erzieherischer Impetus seiner Unterstützungstheorie sind im übrigen Elemente, die lediglich sprachlich moduliert bis heute eine Rolle in der Wohlfahrtspflege spielen.[61]

Anfang des 16. Jahrhunderts entfaltete *Martin Luther* sein Reformprogramm. Mit seinen kirchenreformerischen Absichten sah er den Aufbau eines staatlichen Bildungswesens für alle – nicht nur für Adelige – und eine allgemein geregelte Armenfürsorge vor. Aber auch die freie, christliche Liebestätigkeit begann sich zu formieren. So gründete *Vinzenz von Paul* (1581–1660) 1617 in Frankreich eine karitative Frauenvereinigung für die Armen- und Krankenversorgung. Aus ihr sollte die weltweit größte Frauengemeinschaft der katholischen Kirche hervorgehen (*Association Internationale de Charité, AIC*).

Zusammengefasst
Weltbild und Philosophie:

- Einfluss christlichen Glaubens als Vorbereitung auf das Gottesreich.
- Not und Armut werden lange Zeit als gottgewolltes Schicksal angesehen.
- Helfen ist in der Zeit des Mittelalters an die Dogmatik der Barmherzigkeit gebunden (Franz von Assisi, Thomas von Aquin).
- Die Mittel des Bedarfsausgleiches sind Geld und tätige Nächstenliebe (Thomas von Aquin).
- Mit Beginn der Neuzeit ist der geistige Boden für den Aufbau eines Bildungswesens und die Entwicklung einer geregelten Armenfürsorge bereitet (Martin Luther).
- Not und Armut werden in der Neuzeit zunehmend als vom Menschen verursacht angesehen.
- Die Arbeitspflicht gewinnt neben dem Almosen zunehmende Bedeutung für die Abwendung von Armut (Juan Luis Vives). ◀

3.3 Kindheit, Jugend und gesellschaftliche Reaktion

In der mittelalterlichen Gesellschaft erfüllte die Familie in erster Linie die Funktion des Fortbestandes des Lebens, der Besitztümer und Namen. Sie hatte nach heutigem Verständnis kein Verhältnis zur Kindheit und keine individualisierte Vorstellung von Erziehung. Trotz vorhandener kategorialer Unterscheidungen zwischen Kind und Erwachsenem, gab es kein bewusstes Verhältnis zur Kindheit. Sobald das Kind die ständige Fürsorge der Mutter, Amme oder Kinderfrau entbehren konnte

61 Vgl. Zeller 2006, S. 154–214.

(mit etwa sieben Jahren), gehörte es der Gesellschaft der Erwachsenen an; quasi als *„zählebiges Überbleibsel“*[62] angesichts der hohen Sterblichkeitsrate.
Eine gewisse Übergangsphase, ausgehend vom 14. Jahrhundert, verlieh dem Kind den Ausdruck oberflächlicher Besonderheit. Die Neigung, der Kindheit eine gewisse Besonderheit zuzuschreiben, ist in der Ikonographie des 14. Jahrhunderts erkennbar. In ihr wird deutlich, dass dem Kind in den oberen Gesellschaftsschichten eine gewisse Persönlichkeit zuerkannt wurde, die der familiären Bedeutung Ausdruck verlieh.[63] Kinder – so der Kindheitsforscher Phillippe Ariès – waren in dieser Zeit kleine Erwachsene. Den Wandel im Umgang mit Kindheit hat u.a. auch Lloyd deMause beschrieben. Er wählt dabei eine psychoanalytische Perspektive. Kinder rufen demnach bei Erwachsenen selbst erlebte Ängste und Erfahrungen hervor. Diese Ängste werden abgewehrt oder in Form von Projektionen verarbeitet. Während in der Zeit von der Antike bis etwa zum 4. Jahrhundert n. Chr. noch der Kindermord bei unerwünschten Kindern keine seltene Erscheinung war, entwickelte sich in der Zeit des Frühmittelalters zunehmend die Form der Kindesweggabe. Die Vorstellung, dass auch Kinder eine Seele haben, setzte sich immer mehr durch. Das erschwerte den Gedanken der Tötung und beförderte die Weggabe der Kinder. Behindert geborene Kinder wurden nach der Geburt oft getötet. Man fürchtete einen dämonischen Einfluss, wie etwa die Vorstellung, Satan habe das Kind heimlich ausgetauscht (daher auch die alten Bezeichnungen *„Wechselbalg“* und *„Kielkropp“*). Martin Luther empfahl, man solle diese vom Satan als *„seelenloses Stück Fleisch“* in die Wiege gelegten Kinder direkt nach der Geburt ersäufen.[64] Der Glaube an eine teuflische Besessenheit geistig behinderter Kinder drückte sich auch in den Hexenprozessen und exorzistischen Praktiken gegenüber geistig behinderten Erwachsenen aus. Im vermeintlich günstigsten Fall wurden sie auf Jahrmärkten als Narr zur Schau gestellt, zum Spielzeug und Gespött der Leute. Einen gewissen Respekt wiederum brachte man körperlich behinderten Kindern entgegen. Sie zählten zu den „würdigen“ Armen, die – wie die erwachsenen Armen – ungestört vor den Stadttoren und auf den Marktplätzen betteln durften.
Ausgesetzte und verwaiste Kinder wurden, sofern sie nicht in Armut auf der Straße starben, in Pflegefamilien aufgenommen und dort als „Kostkind“ geduldet. Vereinzelt wurden sie auch in Hospitälern oder Findel- und Waisenhäusern untergebracht und nicht selten dort zum Betteln herangezogen. Häufig verfügten diese Einrichtungen an ihren Mauern über eine sogenannte „Drehlade“[65], die in heutiger Zeit als „Babyklappe“ bekannt ist. Die Initiatoren dieser Hilfen waren in den Ordensgemeinschaften, bei Bischöfen, Äbten, in Ritterorden, in bürgerlichen Gemeinschaften und in Zünften zu finden. Es entstand damit aber kein institutionalisiertes

62 Vgl. Ariès 1988, S. 209f.
63 A.a.O., S. 210f.
64 Meyer 1983, S. 91.
65 Diese Erfindung wird Papst Innozenz III zugerechnet (vgl. Röper 1976, S. 41).

Versorgungssystem. Das Hilfemotiv war an die für das Mittelalter typischen Hilfeformen gebunden. Unmittelbares Helfen – so wie in diesem Fall die Aufnahme in eine Familie – wird zur guten Tat und zur Tugend, aber eben nur als eine freiwillige Pflicht, ähnlich der ritterlichen Freigebigkeit oder aristokratischen Fürsorge.
Die Umkehrbarkeit der Hilfelagen, wie sie in archaischen Gesellschaften noch an der Tagesordnung war, wurde in dieser Zeit infolge der mittlerweile fortschreitenden Vergrößerung der Städte, der Arbeitsteilung und Schichtendifferenzierung immer seltener. Die Motivation zur Hilfe stellte sich immer weniger unmittelbar dar (Entpflichtung) und musste daher zunehmend kulturell vermittelt werden (Verpflichtung). Mittelbares Helfen – wie in diesem Fall die Kinderhospitäler, Findel- und Waisenhäuser usw. – geschah auf der Basis moralisch generalisierter Wertgrundlagen. Dabei wurde jedoch die Frage nach der Wirksamkeit für den Hilfeempfänger, für die jeweilige Schicht oder darüber hinaus, nicht gestellt. So wundert es nicht, dass den Kindern und Jugendlichen, bei denen die Motive des unmittelbaren und mittelbaren Helfens nicht zum Tragen kamen, nur übrig blieb, sich vagabundierend mit Betteln und Stehlen am Leben zu erhalten. Für Erwachsene war in dieser Zeit das verwaiste Kind allenfalls als sein Fürbitter und Erfüllungsobjekt seiner unmittelbaren Freigebigkeit interessant.
Ein Bedarf für Bildung, Erziehung und Versorgung von Kindern und Jugendlichen wurde im Mittelalter nur für die Abkömmlinge Adeliger und reicher Kaufleute gesehen. Dies betraf auch die sogenannten sieben freien Künste (Grammatik, Rhetorik, Dialektik, Arithmetik, Geometrie, Musik und Astronomie, später noch Medizin und Architektur) sowie die Gründung der ersten Universitäten zwischen dem 12. und 15. Jahrhundert. Der Begriff der „Schola", der sich ursprünglich auf die kaiserliche Leibwache, dann auf eine Gruppe bediensteter Krieger, danach auf eine Gruppe von bischofstreuen Geistlichen und später auf die Mönche eines Klosters und danach auf einen Chor bezog, bekam im 9. Jahrhundert die uns bis heutige geläufige Bedeutung von Schule.[66] Erst in der Neuzeit gewann der Gedanke von Bildung und Erziehung als Mittel gegen Armut zunehmend Gewicht. Martin Luther forderte 1524 den Aufbau von christlichen Schulen und die Einführung einer allgemeinen Schulbesuchspflicht. Aber die Entwicklung verlief – bis über die Zeit der Spätrenaissance hinaus – zögerlich:

Entwicklung der Schulpflicht

1559 Württemberg (nur für Jungen).
1598 Das evangelische Straßburg im Elsass, bis 1681 noch Territorium in Deutschland, führte erstmals eine gesetzliche Schulpflicht ein.
1642 Sachsen Gotha.
1647 Braunschweig-Wolfenbüttel.
1649 Württemberg (allgemein).

66 Vgl. Rouche in Ariès/Duby 1989, S. 405f.

Die protestantischen Landesteile waren in der Einführung der Schulpflicht schneller als die katholischen. In Bayern wurde sie erst 1802 eingeführt, im evangelischen Sachsen hingegen auch erst 1835. Die Gesetze waren jedoch eher Papier als Realität. Es fehlte an Lehrern, an Schulgebäuden und an einer gemeinsamen Administration. Dass im Alltag noch die mittelalterlich geprägte Wahrnehmung des Kindheitsstatus als kleine Erwachsene vorherrschte, mag die Tatsache erklären, dass erst 1596 in Amsterdam die erste Einrichtung gegründet wurde, die den Überwachungsgedanken des Zuchthauses – das in der Zeit die Todesstrafe auch für Jugendliche vorsah – mit dem Erziehungsgedanken verband und damit auch eine Trennung von dem Erwachsenenzuchthaus vollzog.[67]

Zusammengefasst
Kindheit, Jugend und gesellschaftliche Reaktion:

- Kinder erfüllen die Funktion von Fortbestand des Lebens, des Standes, der Besitztümer und des Namens.
- Ein bewusstes Verhältnis zur Kindheit und Jugend als eigenständige psychische Entwicklungsphase hat sich noch nicht herausgebildet.
- Bildung und Erziehung von Kindern betrifft nur die Abkömmlinge Adliger und reicher Kaufleute.
- Die allgemeine Entwicklung des Bildungsgedankens folgt dem Ziel, den Menschen zu Demut und zum christlichen Glauben zu führen. Die religiöse Einheit ist die Einheit der Bildungsidee.
- In der Neuzeit gewinnt der Gedanke von Bildung und Erziehung als Mittel gegen Armut Bedeutung.
- Die Landesfürsten müssen sich mit Forderungen auseinandersetzen, Schulen zu errichten, um für alle Kinder einen allgemein geregelten Schulbesuch einzuführen. Auch die Armenfürsorge soll verbindlich geregelt werden (Martin Luther).
- Erste Anfänge einer Art erzieherischer Fürsorge sind Ende des 16. Jahrhunderts durch den Gedanken der Trennung von Erwachsenen- und Kindergefängnissen erkennbar. ◄

3.4 Armut, Hilfebedürftigkeit und gesellschaftliche Reaktion

Wie bereits festgestellt, wurde die Armenfürsorge des Mittelalters stark durch die Almosenlehre von *Thomas von Aquin* (1225–1274) geprägt. Aquin formulierte die von ihm nach dem Matthäus-Evangelium benannten sechs Werke der Barmherzigkeit. Die Kirche fügte später ein siebtes Werk – Tote begraben – hinzu. Armut wur-

67 Vgl. Scherpner 1979, S. 46f. Vgl. auch Winkler 1988, S. 239.

de als ein notwendiger Teil der göttlichen und damit auch der sozialen Ordnung angesehen. Armen zu helfen war damit Teil der Erfüllung des göttlichen Willens und damit Voraussetzung für die Erlangung des Seelenheiles nach dem Tode (Konsensualvertrag: Almosen als Tausch- und Vertragsverhältnis).[68] Den sieben Werken der Barmherzigkeit fügten sich später sieben geistliche Werke hinzu:

Sieben Werke der Barmherzigkeit	
Leibliche Werke	**Geistliche Werke**
• Hungrige speisen (Hunger) • Durstige tränken (Durst) • Nackte bekleiden (Nacktheit) • Tote begraben (Unbeerdigtsein) • Fremde beherbergen (Obdachlosigkeit) • Kranke pflegen (Krankheit) • Gefangene besuchen (Gefangenschaft)	• Unwissende lehren • Zweifelnde beraten • Traurige trösten • Sünder bessern • Beleidiger nachlassen • Lästige und Schwierige ertragen • Für alle beten

Abb. 4: Die sieben Werke der Barmherzigkeit

Die Betrachtung von Armut als Teil der göttlichen Ordnung begründete das Almosenwesen. Man unterschied Armut durch Krankheit, Unfall oder Missernte. Daneben gab es noch die selbst gewählte Armut, geprägt etwa durch den Mönch *Franz von Assisi* (1181–1226). „Das gesamte Mittelalter hindurch ist die kollektive Almosenvergabe eine Massenerscheinung“[69]. Klöster und Herrscher unterhielten regelmäßige Almosenverteilungen, oft auch zu festlichen Anlässen und bei Fürbitten für das Seelenheil Verstorbener. Nachlässe von Reichen zugunsten von Kirchen und Stiftungen gehörten auch dazu. Das Stiftungswesen ist ein bis heute anhaltendes Phänomen der Selbstorganisation von Hilfe. Seine Wurzeln liegen in der mittelalterlichen Armenfürsorge, wobei Alimentarstiftungen für Kinder auch schon in der Antike bekannt waren.[70]

Die Rede von der Armut als Teil der göttlichen Ordnung und der allgemeinen Akzeptanz der Armut und des Bettlerstandes verklärt jedoch ein wenig die tatsächliche Situation. Das Verhältnis zur Armut, die Einstellungen der Menschen zu Armen, wurde zunehmend ambivalent. Richtig ist, dass Armut lange Zeit weitestgehend respektiert wurde. Richtig ist aber auch, dass Armut immer mehr mit dem Anschein von Makel in Verbindung gebracht wurde. Bereits im 13. Jahrhundert wurden zunehmend Zeichen der Kritik an Arme gerichtet, wie in der Geschichte der Armut

68 Vgl. Geremek 1988, S. 63.

69 A.a.O., S. 50.

70 Sie dienten dem Zweck der Auszahlung von Kindergeld bis zum 18. Lebensjahr. Die Auszahlung war aber nicht durch eine nachgewiesene Bedürftigkeit bestimmt. Vielmehr richtete sie sich nach der kaiserlich festgestellten, sozialen Wertigkeit der Empfänger. Das Kindergeld diente nicht der Alimentation armer Menschen, sondern der Steigerung der Eheschließungen und Geburtenrate. Vgl. Rathmayr 2014, S. 43f.

von Bronislaw Geremek nachzulesen ist. Welche drastischen Töne angeschlagen wurden, zeigen die Worte des französischen Dichters Guillaume le Clerc, der behauptete, die Armen seien nicht besser als die Reichen,

> „denn sie seien Verräter, Neider, Gotteslästerer, hochmütig und voller Mißgunst und Habgier, sie betrügen bei der Arbeit, versuchen sich um sie zu drücken, und was sie verdienen, verfressen und versaufen sie“[71]. *Sebastian Brant* (1457/8–1521)

bemerkte in seiner Moralsatire ironisierend:

> „Gar mancher verlässt auf Betteln sich, der spielt, buhlt, hält sich üppiglich; denn hat er verschlemmt sein Gut und Hab', schlägt man ihm Betteln doch nicht ab: ihm ist erlaubt der Bettelstab. Mit Betteln nähren viele sich, die reicher sind als du und ich!“[72].

Nach den Untersuchungen von Geremek stellt der mittelalterliche Ethos „die materielle Not nicht als vorbildlich hin und sprach nicht dagegen, den Mangel als eine gesellschaftlich entbehrliche Erscheinung zu betrachten“[73]. So setzte sich im Mittelalter zunehmend der Gedanke durch, nur denjenigen Almosen zukommen zu lassen, die man kannte (Verwandte, Angehörige). Mit dem Anwachsen der Stadtbevölkerung beschränkte sich Solidarität zunehmend auf die eigene Gruppe (Korporationen der Handwerker und Kaufleute, ständische Organisationen, Bruderschaften). Es entwickelt sich eine Form von Wohltätigkeit, die als private Form von Mitleid und Mildtätigkeit am Ende der hochkultivierten Gesellschaften übrigbleiben sollte und immer mehr zwischen Wohltätigkeit und dem Bedarf nach Fürsorge durch Fremde unterschied. So entwickelten sich im ausgehenden Spätmittelalter erste Programme und Organisationen der Armenfürsorge.
Im gesamten Mittelalter entstand eine sehr heterogene Gruppe von bettelnden Menschen. „Die Inanspruchnahme von Hilfe kann … nicht als maßgebendes Kriterium gelten, um die Bettler als eine soziologische Kategorie zu definieren“[74]. Einerseits traf man diejenigen Armen an, die in Not geraten und auf die Hilfe anderer angewiesen waren. Das waren oft die sogenannten „verschämten Armen“[75], die verarmten Mitglieder mittlerer und höherer Schichten. Andererseits gab es auch unselbständige Lohnabhängige, die sich als Nebenerwerbsbettler betätigen mussten, um über den Tag zu kommen. Zum dritten gab es aber auch eine große Zahl von Berufsbettlern. Zu den Berufsbettlern gehörten auch die Bettelorden. Bis zum Ende des 14. Jahrhunderts war dies aber kein Problem. Man unterschied nicht zwi-

71 Zit. in Geremek 1988, S. 42.

72 Brant 1494, S. 159.

73 Geremek 1988, S. 44. Anmerkung: Der Begriff Ethos hat hier nichts mit Aristoteles Verwendung des Begriffes zu tun. Aristoteles unterscheidet *Ethos* (Autorität und Glaubwürdigkeit) von Pathos (rednerische Gewalt und emotionaler Appell) und Logos (Folgerichtigkeit und Beweisführung) des Sprechers. Der Begriff Ethos wird von Geremek im allgemeinen Sinne als: Sitte, Brauch, Gewohnheit, Sinnesart, den Einzelnen und seine Zeit prägende Lebensgewohnheit verwendet.

74 A.a.O., S. 53f.

75 A.a.O., S. 165.

schen berechtigten und unberechtigten Bettlern. Betteln war sozusagen ein anerkannter Beruf und diejenigen, die ihn ausübten, wurden von der Gesellschaft nicht geächtet. Die Stadt nahm das Bild des Bettlers „... als einen festen Bestandteil in ihre Struktur auf"[76]. Wenn auch nicht in der Regel, so kam es aber durchaus vor, dass die Bettler auch Steuern zahlten.

Aber wie schon bei den Einstellungen zur Armut angemerkt: dies beschreibt nur die Handlungsebene, nicht jedoch den sich wandelnden Prozess der Einstellungen zu diesem Thema. Arm sein wurde zunehmend als Makel gesehen und die Einstellungen zur Überwindung dieses Makels führten mit fortschreitender wirtschaftlicher Entwicklung zur Ausbildung eines veränderten sozialen Handelns gegenüber Armen. Der Anschein des Makels verstärkte sich auch dadurch, dass die Zurschaustellung von Not, Krankheit, Gebrechlichkeit und Verkrüppelung durchaus Anlass zu berufsständischem Ideenreichtum im Bemühen um die Effektivierung der Bettlertätigkeit gab. Die Grenzen zwischen sozialer Realität und Übertreibung bis hin zur Vortäuschung waren fließend.[77] Dies ist hingegen nicht der Grund für eine im 14. Jahrhundert einsetzende Verachtung von Armut. Die Konfrontation mit der um sich greifenden schwarzen Pest, das erste Aufkommen von Landflucht und Frühproletariat bis zu einem Anstieg der Massenarmut brachten den Armen und Bettlern ein zunehmendes Misstrauen in der Volksmeinung ein, angesiedelt zwischen Furcht und Verachtung.[78]

Im 15. Jahrhundert setzte ein Prozess der Restriktionen und zunehmenden Ausgrenzung von Armut ein.[79] Nicht mehr überall konnte sich der Arme dem Wohlhabenden in den Weg stellen. Die Almosenpraxis geriet zunehmend in Kritik. So ist auch Martin Luthers Forderung nach einer gemeinsamen Wohlfahrt als ein Schutzauftrag des Staates für seine Bürger zu verstehen. Mit Beginn des 16. Jahrhunderts setzte durch die Zunahme der Lohnarbeit in der Agrarwirtschaft ein erster, vorindustrieller Prozess der Pauperisierung ein. In den Städten entwickelten sich zunehmende Spannungen und Unruhen durch die erdrückende Besteuerung sowie die „Beherrschung der Städte und Zünfte durch eine kleine Schicht von Patrizierfamilien"[80]. Das Ausmaß der bis zum Beginn des 16. Jahrhunderts entwickelten Armut lässt sich nur schwer abschätzen, auch weil die Armutsschwelle nicht genau definiert war. So unterschied man neben der Bettelarmut statistisch die „fleißige Armut"[81], die „verschämte Armut"[82] und die „rechtmäßige Armut"[83].

76 A.a.O., S. 60.
77 A.a.O., S. 67.
78 Vgl. Mollat 1984, S. 178 und S. 229.
79 Sachße 1998, S. 29f.
80 Mollat 1984, S. 196.
81 Arme, die in den Steuerlisten der Städte erschienen, also Arbeit hatten. Vgl. Geremek 1988, S. 146.
82 Verarmte aus der lohnarbeitenden und teilweise besitzenden Schicht (Handwerker, Kaufleute). Vgl. a.a.O., S. 77 und S. 165.
83 Arme, die aufgrund von Krankheit oder Gebrechlichkeit Anspruch auf Almosen haben. Ebd.

Weiterhin wurden Stadt- und Landarmut unterschieden. „Das Landproletariat des Spätmittelalters lebte am Rande des biologischen Überlebens“[84]. Verstehen wir Armut als eine Situation, in der es Menschen nicht gelingt, mit den ihnen zur Verfügung stehenden Mitteln das Notwendigste für ihr Überleben sicherzustellen, sind nach sehr groben Schätzungen der ersten statistischen Erhebungen dieser Zeit ca. 40 bis 50% der Bevölkerung arm.[85] Etwa 20% der Einwohner in den Städten lebten unterhalb der Armutsgrenze. Andere Quellen gehen von 30–50% aus mit Steigerungen im 16. Jahrhundert bis zu 60% innerhalb der städtischen Bevölkerung.[86] Das ist aus der Sicht eines Almosengebers eine beträchtlich große Zahl, wenn man bedenkt, dass er mehr oder weniger moralisch verpflichtet war, Armen zu helfen. In jedem Fall erreichte die Ausdehnung der Armut in der Zeit vom 14. bis zum beginnenden 16. Jahrhundert die Dimensionen einer Massenarmut.[87] Das Elend der von Armut bedrohten und von Armut betroffenen Arbeiter wurde jedoch vom mittelalterlichen Ethos der Armut zunehmend ausgeschlossen. An die Stelle traten Misstrauen, Feindseligkeit und Repression.
Nach der Reformation (1517–1648) übernahmen Reichsstädte und Landesfürsten die Organisation der Armen- und Krankenpflege. Es setzte eine

- Rationalisierung,
- Kommunalisierung und
- Pädagogisierung der Armenfürsorge ein.

Rationalisierung: Die Bestrebungen zu einer Rationalisierung der Armenfürsorge drückte sich besonders in zwei Punkten aus:
a) Herausbildung feststehender Fürsorgekriterien und lokaler Zuständigkeiten und
b) Vereinheitlichung der Finanzierung.

Der Rationalisierungsprozess der Armutshilfe lässt sich an den städtischen Bettel- und Armenverordnungen ablesen, die im 15. Jahrhundert zunehmend erlassen werden. Die Zuständigkeit der Almosenvergabe der Kirchen wechselte verstärkt in die der städtischen Räte. Testamente und Stiftungen wurden nicht mehr nur den Kirchen, sondern immer häufiger den städtischen Räten übergeben oder auch nur zur Verwaltung überlassen. Dazu gehörten auch neue Bettelordnungen, die das Betteln in und vor den Kirchen verboten, so z.B. bereits in der ältesten bekannten Bettelordnung von 1370 aus Nürnberg. Als weitere Restriktionen wurden das Tragen von Bettelzeichen und Bestimmungen für die Prüfung von Bedürftigkeit sowie Bürgerordnungen eingeführt, die die Beherbergung von Armen über drei Tage hinaus untersagten.

84 A.a.O., S. 73.
85 Vgl. Geremek 1988, S. 152.
86 Vgl. Schilling 2005, S. 31.
87 Vgl. Mollat 1984, S. 190–227.

Kommunalisierung: Im 16. Jahrhundert wurde das Betteln grundsätzlich verboten. An seine Stelle trat eine Unterstützungspflicht der Stadt für Arme, sofern sie bedürftig waren. Weiterhin war auch nur die jeweilige Stadt hilfezuständig, in der der Arme lebte (Nürnberger Armenverordnung von 1522). Erstmals wurde also eine örtliche Zuständigkeit festgelegt. Ein gutes Beispiel hierfür ist das Stiftungswesen. Wenngleich es durch Adelige und reiche Kaufleute für geistige und soziale Zwecke ins Leben gerufen wurde, so unterschied man deutlich zwischen verschuldeter und unverschuldeter Not sowie Fremden und Einheimischen. So steht z.B. die heute noch existierende älteste Sozialsiedlung der Welt, die *Fuggerei in Augsburg* (1525)[88], nur bedürftigen Augsburgern offen. Ein weiterer Aspekt dieser Kommunalisierung war das Bestreben, die Finanzierung der Armenfürsorge zu vereinheitlichen. Konkurrenzen einer kirchlichen und städtischen Armenfürsorge, wie in Nürnberg z.B. noch üblich, sollten durch Gründung gemeinsamer Armenfonds – wie z.B. in Straßburg – aufgehoben werden.

Pädagogisierung: Der Prozess der Rationalisierung der Armenfürsorge rückte die soziale Komponente der Armenhilfe stärker in den Vordergrund, während die religiöse Komponente immer mehr in den Hintergrund geriet. Diese hatte allenfalls im Rahmen der privaten Wohltätigkeit noch ihren Platz. Rationalisierung und Kommunalisierung der Armenpflege heißt aber auch, dass das Engagement von hauptberuflichen Armenpflegern immer bedeutender wurde. Rationalisierung der Armenfürsorge zog damit unmittelbar Bürokratisierung und Pädagogisierung der Armenfürsorge nach sich. Von den Armen wurden nicht vordergründig die Fürbitten des Seelenheils erwartet, sondern ein Verhalten, was mit den allgemeinen Moralvorstellungen der städtisch-handwerklichen Mittelschicht (Fleiß, Ordnung, Disziplin und Mäßigung) in Übereinstimmung stand. Entsprach jemand diesen Erwartungen nicht, verlor er sein Bettelzeichen.

Die Ursachen für eine Pädagogisierung von Armut werden bereits im späten Mittelalter deutlich. Pädagogisierung bedeutet in diesem Zusammenhang auch die Zunahme von Disziplinierung und ökonomischer Verwertung der Arbeitskraft armer Menschen. Begründet wird sie vor allem mit einer Zunahme des Massenelends im 15. Jahrhundert. Armut wurde immer mehr als Folge von Nicht-Arbeit gesehen. Die Zeit der Armenfürsorge als Instrument der Arbeitserziehung war gekommen (Juan Luis Vives).

Zusammengefasst
Armut, Hilfebedürftigkeit und gesellschaftliche Reaktion:

- Der Bettlerstand ist zunächst ein eigenes gesellschaftliches Segment und Ausdruck einer von Gott gegebenen Ständeordnung.
- Armenfürsorge ist eine an christliche Moral gebundene Almosenpraxis.

88 Gegründet von dem seinerzeit reichsten Kaufmann und Bankier Europas, Jakob Fugger dem Reichen.

- Mit dem Anwachsen der Städte beschränkt sich die Solidarität zunehmend auf die eigene Gruppe (Korporationen der Handwerker und Kaufleute, ständische Organisationen, Bruderschaften).
- Mit der Zunahme der Lohnarbeit setzt ein Prozess der Pauperisierung ein. Das Elend der Arbeiter wird vom mittelalterlichen Ethos der Armut zunehmend ausgeschlossen. An die Stelle treten Misstrauen, Feindseligkeit und Repression. Bis zum 16. Jahrhundert entwickelte sich eine Massenarmut.
- Mit ausgehendem Spätmittelalter verändert sich die Einstellung zur Armut. Es beginnt ein Prozess der Rationalisierung, Kommunalisierung und Pädagogisierung der Armenfürsorge.
- Mit Beginn des 16. Jahrhunderts sind Anfänge einer systematischen Armen-, Waisen- und Wohlfahrtsfürsorge erkennbar. ◀

3.5 Zusammenfassung: Mittelalter und Neuzeit

Wie kann die allgemeine gesellschaftliche Charakteristik beschrieben werden?

Das Mittelalter ist eine Epoche in der europäischen Geschichte zwischen der Antike und dem Beginn der Neuzeit. Christliche, antike, keltische, germanische und slawische Entwicklungen fließen zusammen. Die Gesellschaft ist nach Ständen geordnet. Eine moralisch generalisierte, christlich geprägte Geisteshaltung wird in Literatur, Kunst und Wissenschaft deutlich. Latein gilt als die gemeinsame Bildungssprache. Vorherrschende Wirtschafts- und Machtordnung ist der Feudalismus. Herrschaftsverhältnisse sind in einer Stufenordnung geregelt. Der Einzelne ist Glied seiner Zunft, seines Standes (korporative Struktur). Die Ständeordnung ist Ausdruck einer von Gott gegebenen Ordnung von geistlichen, adeligen, bürgerlichen, armen und bedürftigenStänden. Individualität im heutigen Sinne gibt es nicht. Die Neuzeit (Beginn 15. Jhdt.) ist die Zeit der großen gesellschaftlichen Umbrüche. Der Kapitalismus wird geboren. Reformatorische Bewegungen gewinnen an Bedeutung.

Von welchem Weltbild und welcher Philosophie ist diese Zeit geprägt, und welche geistigen Protagonisten und Ideengeber sind maßgebend in der Behandlung der sozialen Fragestellung?

Der christliche Glaube gewinnt vor allem als Vorbereitung auf das Gottesreich Einfluss auf den Menschen. Not und Armut werden lange Zeit als gottgewolltes Schicksal angesehen. Helfen ist in der Zeit des Mittelalters an die Dogmatik der Barmherzigkeit gebunden (Franz von Assisi, Thomas von Aquin). Die Mittel des Bedarfsausgleiches sind Geld und tätige Nächstenliebe. Mit Beginn der Neuzeit ist der geistige Boden für den Aufbau eines Bildungswesens und die Entwicklung einer geregelten Armenfürsorge bereitet (Martin Luther). Not und Armut werden in der Neuzeit zunehmend als vom Menschen verursacht angesehen. Für die Abwendung von Armut gewinnt neben dem Almosen die Arbeitspflicht zunehmende Bedeutung (Juan Luis Vives).

Welche Einstellungen zur Kindheit und Jugend allgemein sowie zu ihren Beschädigungen im Speziellen herrschen in dieser Zeit vor, und wie drücken sich diese organisatorisch und programmatisch im Erziehungs- und Bildungsverständnis aus?

Kinder erfüllten die Funktion von Fortbestand des Lebens, des Standes, der Besitztümer und des Namens. Ein bewusstes Verhältnis zur Kindheit und Jugend als eigenständige psychische Entwicklungsphase hat sich noch nicht herausgebildet. Bildung und Erziehung von Kindern betrifft nur die Abkömmlinge Adliger und reicher Kaufleute. Die allgemeine Entwicklung des Bildungsgedankens folgt dem Ziel, den Menschen zu Demut und christlichem Glauben zu führen. Die religiöse Einheit ist die Einheit der Bildungsidee. In der Neuzeit bekommt der Gedanke von Bildung und Erziehung als Mittel gegen Armut Bedeutung. Die Landesfürsten müssen sich mit Forderungen auseinandersetzen, Schulen zu errichten, um für alle Kinder einen allgemein geregelten Schulbesuch einzuführen. Auch die Armenfürsorge soll verbindlich geregelt werden (Martin Luther). Erste Anfänge einer Art erzieherischer Fürsorge sind Ende des 16. Jahrhunderts durch den Gedanken der Trennung von Erwachsenen- und Kindergefängnissen erkennbar.

Welche Einstellungen zur Armut und Hilfebedürftigkeit prägten diese Zeit, und wie drücken sich diese organisatorisch und programmatisch im Umgang mit Armut aus?

Der Bettlerstand ist ein eigenes gesellschaftliches Segment und Ausdruck einer von Gott gegebenen Ständeordnung. Armenfürsorge ist eine an christliche Moral gebundene Almosenpraxis. Mit dem Anwachsen der Städte beschränkt sich die Solidarität zunehmend auf die eigene Gruppe. Mit der Zunahme der Lohnarbeit setzt ein Prozess der Pauperisierung ein. Bis zum 16. Jahrhundert entwickelt sich eine Massenarmut. Das Elend der Arbeiter wird vom mittelalterlichen Ethos der Armut zunehmend ausgeschlossen. An die Stelle treten Misstrauen, Feindseligkeit und Repression. Mit ausgehendem Spätmittelalter verändert sich die Einstellung zur Armut. Es beginnt ein Prozess der Rationalisierung, Kommunalisierung und Pädagogisierung der Armenfürsorge. Mit Beginn des 16. Jahrhunderts sind Anfänge einer systematischen Armen-, Waisen- und Wohlfahrtsfürsorge erkennbar.

3.6 Reflexionsvorschläge

Aktivierender Sozialstaat? Hilfe wurde im späten Mittelalter an die Verpflichtung zur Arbeit gekoppelt. Wer in heutiger Zeit Arbeitslosengeld II erhält, sich jedoch nicht ausreichend auf dem Arbeitsmarkt bewirbt und/oder Arbeits- oder Qualifizierungsangebote ablehnt, bekommt weniger Unterstützung. Ist dieser Ansatz eines gesellschaftlichen Zwanges – oder wie es heute in SGB II heißt: Fordern und Fördern – hilfreich für Individuum und Gesellschaft? Birgt dieser Ansatz nur Chancen oder auch Risiken? *(Stichworte: Zumutbarkeitsklausel; Langzeitarbeitslosigkeit; De-Qualifizierung)*

Ist Barmherzigkeit mit Professionalität vereinbar? Die frühe mittelalterliche Armenfürsorge orientierte sich moralisch an den „sieben Werken der Barmherzigkeit". Seit Beginn der 1990er Jahre gewinnt man den Eindruck, dass einige dieser Barmherzigkeitsakte auch in der professionellen Sozialen Arbeit wieder aufleben. Der rapide, bundesweite Anstieg von sogenannten „Tafeln", immer mehr Mittagsküchen, Kleider- und Einrichtungskammern in sozial benachteiligten Wohngebieten erinnern an einige dieser mittelalterlichen Werke der Barmherzigkeit. Ist die Einrichtung von solchen Hilfsdiensten, für die es keinen gesetzlichen Anspruch gibt, mit dem Anspruch professioneller Sozialer Arbeit vereinbar oder hat dies mit professionell begründeter Hilfe nichts mehr zu tun, sondern nur noch mit Mildtätigkeit? Wird damit Armut wieder sichtbar gemacht oder wird sie eher verdeckt? *(Stichworte: Soziale Gerechtigkeit; Charities wie z.B. die Tafeln; sozialpolitische Effekte des mildtätigen Helfens; Fürsorge versus Empowerment)*

Hat Soziale Arbeit einen Bildungsauftrag? In der Neuzeit bekommt der Gedanke von Bildung und Erziehung als Mittel gegen Armut Bedeutung. In unserer heutigen modernen Gesellschaft gilt Bildung als der Schlüssel zur Bekämpfung von Armut. Spätestens mit den PISA- bzw. OECD-Bildungsstudien und den regelmäßigen Armuts- und Reichtumsberichten der Bundesregierung weisen empirische Befunde darauf hin, dass mangelnde Bildung ein Armutsrisiko darstellt. Kann Soziale Arbeit auch zu einer besseren Bildung beitragen und wenn ja, welches Bildungsverständnis sollte sie dann vertreten? *(Stichworte: Kindertageseinrichtungen und Bildungsauftrag; soziales Lernen; informelle und nichtformelle Bildung; Schlüsselqualifikationen; soft-skills; Jugendhilfe und Schule; Schulsozialarbeit)*

Der ziellose Mensch erleidet sein Schicksal,
der zielbewusste gestaltet es. Sapere aude!
(Immanuel Kant, 1784)

4 Europäische Aufklärung – Von der Arbeitspflicht bis zur Arbeitserziehung

Zur Phase der hochkultivierten Gesellschaft gehören nach dem Mittelalter und der Renaissance auch die Zeiten der Aufklärung, die der darauf folgenden Klassik sowie nachfolgenden Frühindustrialisierung. In dieser Zeit kämpften die Eliten von Kirche, Recht, Politik, Staat, Wirtschaft und Bildung um die Kriterien des richtigen Handelns. Es war die Zeit, in der der Prozess gesellschaftlicher Differenzierung die Gründung von Organisationen hervorrief. Organisationen spielen in der Ausbildung autonomer gesellschaftlicher Funktionssysteme der späteren modernen Gesellschaft eine entscheidende Rolle.[89] Mit der Frühindustrialisierung ist der Übergang zur Moderne bereits vorgezeichnet. Doch zunächst werfen wir einen Blick in die Zeit der Europäischen Aufklärung.

In der Aufklärungszeit erfolgt eine erneute Umstellung des Erwartungstyps von Hilfe. Die sich spätestens mit Beginn der Neuzeit durchgesetzte Bindung von Hilfe an die Verpflichtung zur Arbeit wird fortschreitend von der Verpflichtung, sich durch Arbeit erziehen zu lassen, abgelöst.

4.1 Allgemeine gesellschaftliche Charakteristik

Die Zeit der europäischen Aufklärung bezeichnet die Entwicklung der Gesellschaft im 17. bis 18. Jahrhundert. Die geistige Entwicklung in dieser Zeit wurde davon geprägt, dass fortan der Mensch sein Handeln durch den vernünftigen Gebrauch seines Verstandes, der Fähigkeit zum selbständigen Denken, selbst bestimmen sollte. Mit den Mitteln der Vernunft – dem Mut, sich seines eigenen Verstandes zu bedienen (Immanuel Kant) – sollten althergebrachte, starre Vorstellungen von der Natur und den Dingen der Welt überwunden werden. Die Natur sollte nicht länger erlitten, sondern mit den Kräften des Verstandes beherrscht werden.

Die Aufklärung stellte in vielerlei Hinsicht die Gegenbewegung ihrer Zeit dar. Als bürgerliche Emanzipationsideologie diente sie der Erhebung der abhängigen Klassen im politischen Kampf gegen die ständisch-feudale Ordnung und absolu-

89 Vgl. Türk 2005, S. 74–84.

te Monarchie.[90] „Der zentralistische Machtstaat des Barockzeitalters, der ohne die geringsten Skrupel über den Untertan einfach verfügte und ihn in jeder Weise für seine Machtsteigerung einsetzte, … wird in der Aufklärungsepoche allmählich zum Wohlfahrts- und Rechtsstaat“[91]. Vom 17. Jahrhundert bis zum Ende des 18. Jahrhunderts sollte sich ein gesellschaftlicher Wandel vollziehen: Vom Absolutismus über den aufgeklärten Absolutismus bis zur siegreichen Revolution (in Frankreich 1789–1799). Mit der Aufklärungszeit ist die Befreiung der Menschen aus den Fesseln der Adelsherrschaft (Absolutismus) und damit der Übergang von der höfischen Barockkultur zu einer rein bürgerlichen Kultur verbunden. Die zentralistischen Machtstaaten mit ihrer Monarchie und Feudalherrschaft wurden abgeschafft und durch Volksregierungen ersetzt. Die Abschaffung der bestehenden Wirtschafts- und Standesschranken sollte jedem Einzelnen den Zugang zu Wohlstand und Bildung ermöglichen. Eine Befreiung aus materiellen und ideellen Herrschaftsansprüchen, kurz: die Abschaffung des Absolutismus, bedeutete auch die zunehmende Herauslösung aus kirchlichen Zusammenhängen. Dieser Prozess wird mit dem Begriff der Säkularisierung beschrieben. Sie ist ein zentrales Merkmal der Aufklärungszeit.

Säkularisierung bedeutet:

Die Loslösung

- des Einzelnen,
- des Staates und
- gesellschaftlicher Gruppen

aus den Bindungen an die Kirche (Verweltlichung).

Säkularisierung lässt sich auch mit „Verweltlichung“ oder aus christlich-religiöser Perspektive mit „Entchristlichung“ übersetzen. Die europäische Aufklärung war von einem Prozess der Loslösung des Einzelnen, des Staates und gesellschaftlicher Gruppen aus den Bindungen an die Kirche gekennzeichnet. Von der Säkularisierung begrifflich zu trennen ist die *Säkularisation*. Mit diesem Begriff wird die die staatliche Einziehung und Nutzung kirchlichen Besitzes und Eigentums und die Übernahme kirchlicher Herrschaftsterritorien bezeichnet.

Säkularisierung hat viele Aspekte, wie z.B. Religionsverbot, Bekämpfung und Verfolgung der Kirchen und ihrer Anhänger, Religionsfreiheit und in vielen Ländern die Abschaffung der Kirchensteuer. Mit der Säkularisierung sind besonders zwei Aspekte gesellschaftlichen Wandels verbunden:

a) die institutionelle Trennung von Kirche und Staat und
b) die mentale Trennung von Kirche und Staat.

---

90 Vgl. Klaus/Buhr 1972, S. 153.
91 Reble 1980, S. 130.

Mit der Aufklärungsepoche war der geistige Boden einer Loslösung aus kirchlich-religiösen Abhängigkeiten bereitet. Die verfassungsmäßige Trennung von Kirche und Staat wurde hingegen in den meisten europäischen Staaten erst spät vollzogen; in Deutschland z.B. erst mit der Weimarer Verfassung von 1919, in der Schweiz sogar erst 1980 und in Österreich schon 1867.
Der Prozess der mentalen Trennung dauert im Grunde heute noch an. Denken wir z.B. an die Werteentwicklung in modernen, hochindustrialisierten Ländern, wird dies deutlich. Allerdings laufen mentale Trennungen einher mit neuen mentalen Bindungen. Einige Menschen – oft Politiker – sprechen z.B. vom Werteverfall, andere, wie z.B. der Soziologe Ulrich Beck, vom Wertepluralismus.[92] Beides scheint zu stimmen. Während auf der einen Seite religiöse Werte durch weltliche Werte ersetzt werden (in Wirtschaft z.B. Respekt durch Habgier und Rücksichtslosigkeit), bekommen andere religiöse Orientierungen verstärkt neue Anhänger.[93] Säkularisierung und damit auch die Überwindung geistiger und politischer Machtkonzentration ist weltweit betrachtet ein offener Prozess.
Die europäische Aufklärung führte in England (1688/89) und hundert Jahre später in Frankreich (1789) schließlich in die Revolution und zur Abschaffung des feudalherrschaftlichen Ständestaates. In Deutschland hingegen gelang eine Revolution nicht.[94] Während die Aufklärung in Frankreich seit dem 17. Jahrhundert gesellschaftlich,

92 Vgl. Beck 1986.

93 Dies betrifft den religiösen Fundamentalismus nicht nur in den monotheistischen Religionen und dem Hinduismus (zum Hinduismus vgl. Six in ders. u.a. 2004, S. 247–268), sondern auch in den modernen synkretistischen Religionen (z.B. Mormonen, Zeugen Jehovas. Vgl. Larsen in Six u.a. 2004, S. 69–90. Zum Christentum vgl. Remele in Six u.a. 2004, S. 53–68; zum Judentum vgl. Ingber a.a.O., S. 9 1–116 und zum Islam vgl. Lohlker a.a.O., S. 117–134; Buchta a.a.O., S. 135–162; Faath a.a.O., S. 163–184; Kramer a.a.O., S. 185–200; Damir-Geilsdorf a.a.O., S. 20 1–226 und Schied a.a.O., S. 227–246). Weiterhin ist die vermehrte Suche junger Menschen nach friedlichen Religionspraxen erkennbar (Vgl. Wippermann/Calmbach 2007).

94 Deutschland war bis 1871 als nationale Einheit auch noch nicht existent. Vielmehr bestand es als ein Verband aus souveränen großen und mittelgroßen sowie vielen Klein- und Kleinstterritorien sowie Freier Reichsstädte (Heiliges Römisches Reich Deutscher Nation, 962–1806). Als solches war es bis zu seinem Untergang (1809) mit der expansiven, kriegerischen Politik innerer und äußerer Mächte beschäftigt. Nach der Niederlage Napoleons und damit dem Niedergang des Rheinbundes wurden mit dem 1815 gegründeten Deutschen Bund (1815–1866) die alten monarchischen Herrschaftsverhältnisse nicht überwunden. Die sogenannte Märzrevolution von 1848 brachte im Deutschen Bund zwar Forderungen der Gewährung von Bürger- und Freiheitsrechten, die Einsetzung liberaler Landesregierungen, vor allem aber die Schaffung eines deutschen Nationalstaats mit gesamtdeutscher Verfassung und einer Volksvertretung zu Gehör. Die Einrichtung der Frankfurter Nationalversammlung war schließlich das erste frei gewählte Parlament für ganz Deutschland. Dieses Konstrukt scheiterte jedoch ein Jahr später. Der folgende Norddeutsche Bund (1866–1871) war schließlich die Vorbereitung der kleindeutschen Lösung. Diese wurde nach dem deutschen Sieg im Krieg von 1870/71 gegen Frankreich als preußisch dominierte Reichseinigung von oben mit der darauffolgenden Ausrufung des Deutschen Kaiserreichs umgesetzt. Nicht zuletzt durch die Politik Bismarcks, dem ersten Reichskanzler des Deutschen Kaiserreichs, wurden revolutionäre Bestrebungen der Arbeiter und Bauern und die widerstreitenden Interessen der gesellschaftlichen Gruppen eingedämmt.

moralkritisch und schließlich revolutionär auftrat, erreichte die englische Aufklärung vom 17. bis zum 18. Jahrhundert den Höhepunkt ihrer Entwicklung in der beginnenden industriellen Revolution einerseits und in der schrittweisen Abwendung der englischen Bourgeoisie von ihrer revolutionären Vergangenheit andererseits.[95]
Auch wenn es der deutschen Aufklärung im Gegensatz zu England und Frankreich nicht gelang, eine revolutionäre Umgestaltung der politischen Verhältnisse zu bewirken, beeinflusste die Aufklärungsbewegung die deutsche, wie die gesamte europäische Philosophie, Literatur, Kunst und Wissenschaft. Ein entscheidender Einschnitt in der Entwicklung der deutschen Aufklärung erfolgte mit der Literaturbewegung des „*Sturm-und-Drang*" um 1770[96] und erreichte ihren Höhepunkt mit dem Philosophen *Georg Friedrich Wilhelm Hegel* (1770–1831). Die Idee von der Befreiung des Individuums aus der straffen, zentralistischen Lenkung des Absolutismus und der kirchlichen Autorität, manifestierte sich in der neuen, weltbürgerlichen Einstellung vom Menschen, in dem Gedanken der allgemeinen Menschenwürde. „Zum ersten Mal in der Weltgeschichte hat die Aufklärung das Bild einer freien Gesamtmenschheit entworfen".[97]
Während der Absolutismus mittlerweile überwunden ist, hält die Aufklärung geistesgeschichtlich bis heute noch an, sowohl europäisch als auch weltgesellschaftlich. Aufklärung bedeutet philosophisch betrachtet nicht nur die Befreiung von Herrschaft in materieller, sondern auch in geistiger Hinsicht (Emanzipation). Die geistige Entwicklung wurde von der Idee des selbständigen Denkens und Handelns des Subjekts bestimmt. Die Grundidee der Emanzipation des Subjekts wurde also mit Beginn des 17. Jahrhunderts geboren und ist bis heute noch ein aktuelles Thema von Bildung, Erziehung und Sozialer Arbeit.

Zusammengefasst
Allgemeine gesellschaftliche Charakteristik:

- Verstand geht über Mystik und Glaube,
- Ende des Absolutismus,
- Säkularisierung,
- Revolution (Frankreich, England),
- Assimilation, politische Angleichung und Anpassung der gesellschaftskritischen Gruppen (Deutschland),
- bis heute andauernder Gedanke der Emanzipation.

95 Vgl. Klaus/Buhr 1972, S. 156.
96 Vgl. a.a.O., S. 169 (Dichter der *Sturm-und-Drang* Periode waren außer J.W. von Goethe besonders Johann Gottfried Herder (1744–1803), Jakob Michael Reinhold Lenz (1751–1792), Friedrich Maximilian von Klinger (1752–1831), Johann Christoph Friedrich von Schiller (1759–1805).
97 Hofmann 1979, S. 33.

4.2 Weltbild und Philosophie

Abb. 5: Jean Jacques Rousseau

Der dem Wesen der Aufklärung gemäße Rationalismus bekämpfte jede Art der Metaphysik. Der Kraft des menschlichen Verstandes vertrauend und von der kontinuierlichen Durchsetzung der Vernunft und der Menschheitsgeschichte überzeugt, strebte der Rationalismus der Aufklärung nach glatten, widerspruchsfreien Lösungen auf allen gesellschaftlichen Ebenen. Gegen dieses rationalistische Aufklärungsverständnis trat vor allem *Jean Jacques Rousseau* (1712–1778) auf. Rousseau war ein französisch-schweizerischer Schriftsteller, Philosoph und Pädagoge. Er wuchs in einfachen Verhältnissen als Sohn eines Uhrmachers in Genf auf. Seine Mutter starb bei seiner Geburt. Seine Jugendzeit verlebte er bei einem Landpfarrer, bei dem er jedoch keine Schulbildung erhielt. Stattdessen wurde er in eine Kupferstecherlehre gegeben, die er jedoch nicht zu Ende führte. Vielmehr riss er aus und begab sich auf einige unruhige Wanderjahre. Schließlich fand er Unterschlupf bei einer mütterlichen Freundin und Zeit und Muße, sich im Eigenstudium mit Philosophie, Mathematik, Latein, Geschichte, Geographie, Astronomie, Physiologie und Botanik zu beschäftigen. Mit Gelegenheitsarbeiten (Musiklehrer, Hauslehrer, Graveur, Feldvermesser) versuchte er sich über Wasser zu halten. Rousseau verließ Genf und wanderte nach Paris. Dort heiratete er ein Schenkmädchen, bekam mit ihr fünf Kinder, die er alle im Findelhaus abgab. Auf eine Preisfrage der Akademie zu Dijon, ob die Erneuerung der Wissenschaften und Künste zu einer Verbesserung der Sitten geführt habe, antwortete er in einem Aufsatz mit einem deutlichen „Nein“. Er bekam dafür den ersten Preis (1749). Danach folgten mehrere, später berühmt gewordene Schriften, die *Johann Wolfgang von Goethe* (1749–1832) und auch später *Friedrich Engels* (1820–1895) bei ihren eigenen Werken inspirierten. Eines seiner berühmtesten und bekanntesten Werke war der Erziehungsroman „*Emile ou de l'Éducation*“[98] (1762), der nicht nur wissenschafts- und kulturkritisch war, sondern seinerzeit auch als kirchenfeindlich eingestuft wurde. Das Buch kam auf den Index und brachte Rousseau die Flucht nach England ein. Schließlich durfte er nach Paris zurückkehren. Dort war es ihm lediglich erlaubt als Notenschreiber zu arbeiten, denn der Haftbefehl galt weiterhin. Rousseau starb 1778 auf dem Gut eines adeligen Gönners.[99] Seine Schriften und Theorien werden durch seine Ablehnung des feudalistischen Systems und seinen Glauben an den Fortschritt der Menschheit und ihrem Schlüssel – die Erziehung – getragen. Rousseau war mit seinen politisch philosophischen Schriften einer der geistigen Wegbereiter der französischen Revolution.

98 Emil oder über die Erziehung.
99 Vgl. Günther u.a. 1976, S. 147.

Wenn wir über die Philosophie der Aufklärung und ihre Auswirkungen auf die Erziehungsidee sprechen, ist neben Rousseau besonders *Immanuel Kant* (1724–1804) zu nennen. Er gilt als einer der bekanntesten, wirkungsreichsten und bis heute am meisten rezipierten Philosophen der Aufklärung. Kant, u.a. durch Rousseaus Theorie des Gemeinwillens inspiriert, stellte in seinen philosophischen Arbeiten vier Grundfragen:

- Was kann ich wissen? = Erkenntnistheorie
- Was soll ich tun? = Ethik
- Was darf ich hoffen? = Religionsphilosophie
- Was ist der Mensch? = Anthropologie

Seine Sichtweise von Aufklärung wird in den beiden nachfolgenden Zitaten sehr anschaulich dargelegt. Sie zeigen, dass Aufklärung vor allem ein Sachverhalt ist, der unmittelbar an der Verantwortung eines jeden einzelnen Menschen ansetzt:

> „Aufklärung ist der Ausgang des Menschen aus seiner selbstverschuldeten Unmündigkeit. Unmündigkeit ist das Unvermögen, sich seines Verstandes ohne Leitung eines anderen zu bedienen. Selbstverschuldet ist diese Unmündigkeit, wenn die Ursache derselben nicht am Mangel des Verstandes, sondern der Entschließung und des Mutes liegt, sich seiner ohne Leitung eines andern zu bedienen. Sapere aude! Habe Mut, dich deines eigenen Verstandes zu bedienen! ist also der Wahlspruch der Aufklärung. Faulheit und Feigheit sind die Ursachen, warum ein so großer Teil der Menschen, nachdem sie die Natur längst von fremder Leitung freigesprochen (naturaliter maiorennes), dennoch gerne zeitlebens unmündig bleiben; und warum es anderen so leicht wird, sich zu deren Vormündern aufzuwerfen. Es ist so bequem, unmündig zu sein. Habe ich ein Buch, das für mich Verstand hat, einen Seelsorger, der für mich Gewissen hat, einen Arzt, der für mich die Diät beurteilt usw., so brauche ich mich ja nicht selbst zu bemühen. Ich habe nicht nötig zu denken, wenn ich nur bezahlen kann; andere werden das verdrießliche Geschäft schon für mich übernehmen“[100].

Abb. 6: Immanuel Kant

Die Grundvoraussetzung für die Entfaltung der menschlichen Vernunft und Überwindung des letztlich dogmatischen, metaphysisch-theologischen Weltbildes war für Kant die Heranbildung eines mündigen, sich seines Verstandes bemächtigenden, aufgeklärten Bürgers. Wenn der Zustand gesellschaftlicher Wirklichkeit nicht länger als vom Schicksal gegeben oder von Gott gewollt hingenommen werden sollte, so musste der Mensch gedanklich frei werden. Die Aufgabe eines jeden Menschen sollte es nun sein, mündig über sich selbst und seine Zukunft zu urteilen, entsprechende Entscheidungen zur Gestaltung seiner Zukunft zu treffen und auf diese Weise einen Weg der Befreiung von der Schicksalhaftigkeit des Daseins zu finden. Gesamtgesellschaftlich bedeutete

100 Kant Band 8, S. 35.

dies, dass sich ein Bewusstsein heranbildete, Geschichte nicht länger als Erlebtes und Erlittenes, sondern als von Menschen selbst Gestaltbares wahrzunehmen.
Aber welche Möglichkeiten haben die Menschen, ihr Schicksal in die eigene Hand zu nehmen? Welche Mittel zur Überwindung von Unmündigkeit stehen dem Menschen zur Verfügung? Ein erster Schritt ist, die Dinge nicht mehr als gottgewollt hinzunehmen, sondern sie zu hinterfragen. Wenn man dies systematisch unternimmt, nennt man das Wissenschaft. Diese schließlich – so glaubte man – schafft das Wissen, den Menschen aus seiner Unmündigkeit zu befreien. Aber allein damit ist es nicht getan. Errungenes Wissen darf nicht verloren gehen, es muss – um weiter wirken zu können – an nachfolgende Generationen weitergegeben werden. Erziehung bekommt hier die Funktion von Bildung. Der Ausgang des Menschen aus seiner selbstverschuldeten Unmündigkeit, erfährt durch Bildung und Erziehung erst seine gesellschaftliche Form.[101] So nimmt es auch nicht Wunder, dass zur Zeit der französischen Aufklärung die Menschen besonders aktiv wurden, sich über Erziehung und Bildung Gedanken zu machen. Eine „Pädagogisierung der Wissenschaft und des ganzen Lebens“[102], die Begeisterung der Nutzanwendung einer Ratio für alle Menschen war die unausweichliche Konsequenz. „Aber die vernunftgemäße Ordnung der Gesellschaft verwirklicht sich nicht von selbst. Ihr Hebel ist die Erziehung“[103]. Der Mensch ist – wie Kant anmerkte –

> „… das einzige Geschöpf, das erzogen werden muss“[104]. „Der Mensch kann nur Mensch werden durch Erziehung. Er ist nichts, als was die Erziehung aus ihm macht“[105].

In den anthropologischen und ethischen Grundfragen kommen Rousseau und Kant zu den gleichen Ergebnissen. Sie drücken sich in der Idee einer den Anlagen des Menschen gerechten Erziehung und Bildung und eines nach Regeln der Gerechtigkeit aufgebauten Staatsvertrages aus. Mit dem 18. Jahrhundert war das pädagogische Jahrhundert geboren. Erziehung und Bildung in einer durch Säkularisierung geprägten Aufklärungszeit bedeuteten jedoch nicht, dass fortan kirchliche und theologisch begründete Pädagogik und Armenfürsorge nicht mehr stattfanden. Wie wir noch sehen werden, ist das Gegenteil der Fall.

Zusammengefasst
Weltbild und Philosophie:

- Jean Jacques Rousseau und Immanuel Kant sind die geistigen Wegbereiter für den Erziehungs- und Bildungsgedanken als Schlüssel für die Herstellung von Mündigkeit und einer auf Gerechtigkeit aufbauenden Gesellschaft.

101 Adorno 1981, S. 133.
102 Vgl. Reble 1980, S. 135.
103 Hofmann 1979, S. 33.
104 Kant Band 9, S. 441.
105 A.a.O., S. 443.

- Nach Kant ist die Überwindung des dogmatischen, metaphysisch-theologischen Weltbildes Grundvoraussetzungen für die Entfaltung der menschlichen Vernunft.
- Die Heranbildung eines mündigen, sich seines Verstandes bemächtigenden, aufgeklärten Bürgers ist damit oberstes Ziel. Der Weg zu diesem Ziel führt einzig über Erziehung.
- Mit dem 18. Jahrhundert ist das pädagogische Jahrhundert geboren. ◀

4.3 Kindheit, Jugend und gesellschaftliche Reaktion

Wie sich die Geschichte der Kindheit im Wandel der Beziehung von Pädagogik und Kindheitsstatus vollzogen haben könnte, ist von zwei in Antithese zueinander stehenden Ansätzen historischer Kindheitsforschung untersucht worden. Philippe Ariès sieht die Geschichte der Kindheit (1960) als einen Vorgang der fortschreitenden Unterscheidung zwischen Kindheits- und Erwachsenenstatus. In vorzivilisatorischer Zeit lebten Erwachsene und Kinder noch in unmittelbarer, sinnlicher Gemeinschaft. Pädagogische Literatur (u.a. Manierschriften) gab es noch nicht und konnte noch keinen Einfluss auf die Form und Art der Beziehung zwischen Erwachsenen und Kindern nehmen.[106] Kinder wurden als kleine Erwachsene wahrgenommen und waren vom Zugriff pädagogischer Interessen verschont.
Im Gegensatz zu Ariès' zivilisationskritischem Ansatz steht die Theorie von Lloyd deMause (1977). Er vertritt einen psychoanalytischen Ansatz und ist an der Psychogenese und ihrem evolutiven Wandel interessiert. DeMause wendet sich gegen die von Ariès vertretene These, dass Kinder in der vorzivilisatorischen Gesellschaft aufgrund fehlender Erziehungs- und Kindheitsvorstellungen glücklicher und entfaltungsfähiger gewesen wären.[107] Er sieht das treibende Moment des Einstellungswandels zur Kindheit weder technologisch, noch ökonomisch begründet. Vielmehr setzt er voraus, dass die zentrale Antriebskraft dieses Wandels „… in den ‚psychogenen' Veränderungen der Persönlichkeits- oder Charakterstruktur, die sich aufgrund der Generationsfolge der Interaktionen zwischen Eltern und Kindern ergeben"[108], zu finden ist. Trotz Gegensätzlichkeit der beiden Ansätze lässt sich übereinstimmend feststellen, dass mit dem beginnenden 14. Jahrhundert eine Entwicklung größer werdender Sensibilität für den Kindheitsstatus in Gang kam. Dies bedeutete aber nicht nur Zunahme von Empathie, sondern auch die Zunahme von Zwängen in den Generationenbeziehungen. Sie vermitteln sich über die Zunahme von Erziehungsinstitutionen (Ariès) sowie über immer enger werdende Beziehungen zwischen den Generationen (deMause). Die Abkehr vom bis zum Spätmittelalter vorherrschenden Bild des Kindes als kleiner Erwachsener kennzeichnet besonders die Zeit des Humanismus der Neuzeit. Die Entwicklung des Erziehungsgedankens hingegen und die Entfaltung pädagogischer

106 Vgl. Hengst 1977, S. 15.
107 Vgl. deMause 1977, S. 18.
108 A.a.O., S. 14.

Ideen, die – immer gemessen an den Verhältnissen des damaligen Zivilisationsstandes – eine kindgerechte Intention zum Ausdruck zu bringen suchte, nahmen in der Aufklärung des 17. und 18. Jahrhunderts schließlich so richtig Fahrt auf.
Ein Beispiel für das Bemühen um ein kindgerechtes Erziehungs- und Bildungsverständnis lässt sich mit einer psychologisch ausgerichteten Erziehung und Unterrichtsplanung des Didaktikers *Wolfgang Ratke* (1571–1635) belegen. In einer seinen didaktischen Schriften (1615) vertrat er das Prinzip des zwanglosen, lustvollen Lernens.

> „Man soll die Jugend nicht schlagen zum Lernen oder um Lernens willen … Es ist auch wider die Natur … So ist der menschliche Verstand also beschaffen, dass er mit Lust muss fassen, was er behalten soll“[109].

Und einleitend:

> „… die Natur braucht eine andere, ihre bequeme Ordnung, womit der Verstand des Menschen etwas erfasset; … aller widernatürlich und gewalttätige oder gezwungen Lehren und Lernen ist schädlich und schwächt die Natur“[110].

Und noch radikaler: *„Nichts werde gelehrt, was wieder verlernt werden muss“*[111].
Ein weiteres Beispiel finden wir bei dem tschechischen Philosophen und Pädagogen *Johann Amos Comenius* (1592–1670). Er forderte die Einführung einer allgemeinen Schulbildung für alle Kinder und entwickelte in seiner *„Didactica magna“* (1628/32) eine Art Sozialisationsmodell. Er erkannte vier Phasen des Aufwachsens, dessen erste Phase, die Kindheit vom 1. bis zum 6. Lebensjahr, in seiner Schrift *„Informationen der Mutterschul“*[112] noch einmal gesondert zur Sprache kam.[113] Ein weiteres, spezielles Verständnis für die Bedeutung der frühen Kindheit lässt sich in der Erziehungslehre des englischen Philosophen *John Locke* (1632–1704) anführen. Kindliches Lernen möchte er spielerisch verstanden wissen, *„… als eine Art des Spiels oder der Erholung“*[114]. Nicht vergessen darf man, dass Lockes Idee der Arbeitsschulen für Kinder vom 3. bis zum 14. Lebensjahr ganz im Interesse des Kapitals stand, das verwertbare, ausbeutungsfähige Arbeiter brauchte; ein Merkmal der Waisenhausgründungen des 17. und 18. Jahrhunderts. Eines der hierfür berühmtesten Beispiele finden wir im Pietismus.[115]
Mit dem Begriff Pietismus wird eine deutsche Reformbewegung des 17. Jahrhunderts bezeichnet, die von der Irrtumslosigkeit der Bibel ausging. Private Bibelkreise im Haus waren wichtiger als der Gottesdienst in der Kirche. So gesehen war auch der Pietismus eine Reaktion auf die ersten Anfänge der Aufklärung. Der Pietismus

109 Wolfgang Ratke: „Artikel, auf welchem sich führnehmlich der Ratichianische Lehrkunst beruhet“, zit. in: Reble 1971, S. 113.
110 A.a.O., S. 112.
111 Ratke zit. in: Günther/Hofmann u.a. 1978, S. 117.
112 Informatorium školy materské (1630).
113 Vgl. Reble 1980, S. 109 u. 115 u. Comenius, zit. in Reble 1971, S. 131.
114 John Locke: „Gedanken über Erziehung“ zit. in Reble 1980, S. 158f.
115 Pietas: Pflichtgefühl; Pietismus: Streben nach Frömmigkeit, negativ auch: Frömmelei

war eine Bewegung, die auf eine religiöse und gesellschaftliche Erneuerung und die Vollendung der Reformation zielte. Er trat europaweit und konfessionsübergreifend in Erscheinung. Die Verbesserung der Welt durch tätige Frömmigkeit und eine durch und durch religiöse Lebenspraxis, spielte dabei die zentrale Rolle (praxis pietatis). Hierzu gehört auch die Gründung von Findel- und Waisenhäusern. Die Pietisten *Philipp Jacob Spener* (1635–1705) und *August Hermann Francke* (1663–1727) traten hierbei besonders hervor.

Abb. 7: August Herrmann Francke

Spener gründete in Frankfurt am Main eine Einrichtung, die die Funktion von Arbeits-, Zucht- und Waisenhaus miteinander verband. Francke schuf ungleich größere Einrichtungen in Glaucha bei Halle; die bis heute bekannten *Franckeschen Stiftungen.* Francke war Professor an der neuen Universität in Halle (1692) und Pfarrer in dem Dorf Glauchau vor den Toren der Stadt. Francke zählte bei seinem Amtsantritt in Glauchau ca. 200 Häuser und 37 Kneipen und Absteigen (Schenk- und Wirtshäuser). Mit seinem Amt als Pfarrer stellten sich ihm also Herausforderungen, die für die strengen Prinzipien und Maßstäbe eines Pietisten besonders groß gewesen sein dürften. Francke gründete eine Armenschule, die schnell zum Waisenhaus wurde. Darauf folgten eine Bürgerschule, eine Lateinschule und eine Mädchenschule. Schließlich erweiterte er seine Zielgruppe um Adlige und reiche Bürger. Er gründete hierfür eine Erziehungsanstalt mit dem Namen *Pädagogium.* Schließlich fasste er alle Schulen und das Waisenhaus zu einer Stiftung zusammen. Die zündende Idee zur Kapitalbeschaffung für seine Stiftung hatte er nicht nur mit der Idee der Ansammlung von Stiftungskapital. Kapitalzuwachs realisierte er vor allem mit seiner Idee der *erwerbenden Anstalten.* Eine Buchhandlung, eine Druckerei und eine Apotheke sicherten schließlich die wirtschaftlichen Grundlagen seines Unternehmens. Zum Ende seines Wirkens war eine Schulstadt mit über 2500 Schülern und Mitarbeitern entstanden.[116] Dieses in seiner Zeit beeindruckende Unternehmen stand für eine Pädagogik, die im Grunde einem pessimistischen Menschenbild folgte.[117] Der Mensch war von Grund auf alles andere als gut, sondern mit der Erbsünde belastet und *verderbt.* Aus der seinerzeit aufkommenden Gründung von privaten Armenschulen und Waisenhäusern ist mit den Franckeschen Stiftungen zu Halle (auch *Glauchasche Anstalten* genannt) eine der größten, auch international bekannten Einrichtungen hervorgegangen. Sie existiert heute noch und beherbergt eine Reihe von kulturellen, wissenschaftlichen, pädagogischen und sozialen Einrichtungen, wie z.B. Kindertagesstätten, Kinderhorte, Generationenhaus, Familienkompetenzzentrum für Bildung und Gesundheit, Schulen,

116 Günther u.a. 1976, S. 145.
117 Vgl. März 1980, S. 35f.

Schul- und Familienangebote, Ferienprogramme, kultur-, museums-, kunst-, medien- und ökopädagogische Angebote sowie Archive, Bibliotheken u.v.m.
Bis hierhin lässt sich feststellen, dass sich in der Zeit der Vor- und Frühaufklärung die Entdeckung der Kindheit, im Sinne des Bestrebens nach einem kindgerechteren Umgang, bereits herausgebildet hatte. Auch wenn sie – wie z.B. bei Locke und Francke – in den Dienst herrschender oder weltanschaulich religiöser Interessen gestellt wurde, so wird ein Wandel im Verhältnis der Generationen gemessen an mittelalterlichen Vorstellungen erkennbar. Die Reformer, die Moralisten gegen die Anarchie der mittelalterlichen Gesellschaft, waren schließlich die Vorreiter einer Renaissance des erzieherischen Interesses, die eine Bedeutung der Erziehung für die Schaffung einer sittlichen Ordnung wiederentdeckten.[118] Das neue Interesse an der Erziehung hatte aber auch Auswirkungen auf die Familie. Sie

> „... hört auf, lediglich eine privatrechtliche Institution zum Zwecke der Weitergabe von Eigentum und Namen zu sein, sie bekommt eine moralische und geistige Funktion ... Die Fürsorge für das Kind weckt neue Empfindungen, schafft eine Affektivität, ... Die Eltern begnügen sich nicht mehr damit Kinder in die Welt zu setzen... Die Moral der Zeit verlangt von ihnen, dass sie sämtlichen Kindern ... das Rüstzeug fürs Leben verschaffen ... Die Schule nimmt nun die Stelle der traditionellen Lehre ein, ... die unter dem Schutz der Gerichtshöfe und der Polizei steht ... Der außerordentliche Aufschwung der Schule im 17. Jahrhundert ist eine Konsequenz dieses neuen Interesses der Eltern an der Kindererziehung."[119]

Wie schon weiter oben beschrieben, hatten Württemberg, Straßburg im Elsass, Sachsen-Gotha und Braunschweig-Wolfenbüttel die Schulpflicht bereits eingeführt. Andere Landesteile drängten nach. Preußen führte die Schulpflicht 1717 ein. Ein heftiger Kritiker der Pädagogisierungswelle, die in Frankreich noch um einiges intensiver verlief als in Deutschland, war – wie eingangs schon festgestellt – Jean J. Rousseau. Seine pädagogischen Schriften, insbesondere sein Erziehungsroman *Emil oder über die Erziehung* beeinflussten nachhaltig besonders die philanthropische Pädagogik des 18. und die spätere Reformpädagogik des 19. Jahrhunderts im deutschsprachigen Raum. Rousseaus einleitende Worte zu seinem pädagogischen Hauptwerk *Emil oder über die Erziehung*, lesen sich wie eine Anklage gegen die herrschende, als nicht kindgerecht empfundene Praxis.

> „Man kennt die Kindheit nicht: mit den falschen Vorstellungen, die man von ihr hat, verwirrt man sich umso mehr, je weiter man geht. Die Klügsten bedenken nur, was Erwachsene wissen müssen, aber nicht, was Kinder aufzunehmen imstande sind. Sie suchen immer nur den Mann im Kind, ohne daran zu denken, was er vor seinem Mannsein war"[120].

---

118 Renaissance insofern, als dass die in Vergessenheit geratenen Unterschiede der Altersklassen des „Neolithikum" und die „griechische paideia", deren Übergangszeit vom Kind zum Erwachsenen im Zeichen der Initiation oder irgendeiner Form der Erziehung standen, wiederentdeckt wurden. Vgl. hierzu Ariès 1960, S. 559f.

119 A.a.O., S. 561.

120 Rousseau 1971 (1762), S. 5.

Hier wird bereits angedeutet, dass Rousseau gleichermaßen Aufklärer und Kritiker der Aufklärung war. *„Alles ist gut, wie es aus den Händen des Schöpfers kommt; alles entartet unter den Händen des Menschen“*[121]. In dieser Anklage wird Rousseaus Annahme eines im Menschen angelegten Entwicklungsplanes sehr deutlich. Diese philosophische Grundeinstellung begleitete Rousseaus gesamte Pädagogik. Die Natur bildet hierbei den Zentralbegriff seiner Philosophie. Natur und Kultur stellten für Rousseau einen Widerspruch dar. Kulturelle Entwicklung setzte er gleich mit einer verhängnisvollen Fortentwicklung des Menschen von seinem eigentlichen, ursprünglich positiven Naturzustand. Wissenschaft, Literatur, Künste bzw. sämtliche Kulturleistungen des Menschen waren für Rousseau der Ursprung allen menschlichen Übels, bedeuteten Ursache von Unfreiheit, Ungleichheit und gesellschaftlichem Zerfall.[122]
Rousseau war jedoch genötigt, diesen in seiner ersten und zweiten Preisschrift vertretenen Natur-Kultur-Antagonismus zu relativieren, da er nicht allein an der Kulturkritik, sondern auch an der Verbesserung der menschlichen Gesellschaft interessiert war. Mit seinem Werk *„Contract social“* (Gesellschaftsvertrag) gab er eine Staatstheorie und mit seinem *Emile* ihre entsprechende Pädagogik bekannt. Die zentrale Aufgabe, die Rousseau in seinem Gesellschaftsvertrag politisch lösen wollte, lautete:

> „Finde eine Form des Zusammenschlusses, die mit ihrer ganzen gemeinsamen Kraft die Person und das Vermögen jedes einzelnen Mitgliedes verteidigt und schützt und durch die doch jeder, indem er sich mit allen vereinigt, nur sich selbst gehorcht und genauso frei bleibt wie zuvor“[123].

Diese als Quadratur des Kreises anmutende Aufgabe lässt sich analog zu Rousseaus Pädagogik lesen. Die Lösung sah er in der Abwendung von der modernen Kultur durch Hinwendung zur Natur. Die Erziehungsidee einer von ihm als *natürliche Erziehung* bezeichneten Erziehung ging von der anthropologischen Annahme aus, dass der Mensch von Natur aus gut, infolge kulturell erlittener Blessuren jedoch degeneriert und zu regenerieren sei. Erziehung musste deshalb negative Erziehung sein. Wir wollen nachfolgend einige Kernpunkt Rousseau'scher Theorie in den Blick nehmen:
Der degenerierte und zu regenerierende Mensch: Die Vorstellung von der biologischen Sonderstellung des Menschen war zu Zeiten Rousseaus schon bekannt, denn Weltoffenheit und Lernfähigkeit waren die Erkenntnisse, die die anthropologische Grundlegung pädagogischer Theorien seiner Zeit ermöglichten. So war auch für Rousseau der Mensch erziehungs- und lernbedürftig. Im ersten Buch seines *Emile* stellte er fest:

> „Wir werden schwach geboren und brauchen die Stärke. Wir haben nichts und brauchen Hilfe; wir wissen nichts und brauchen Vernunft. Was uns bei der Geburt fehlt und was wir als Erwachsene brauchen, das gibt uns die Erziehung“[124].

---

121 A.a.O., S. 9.
122 Vgl. Rousseau 1. und 2. Preisschrift, zit. in Reble 1971, S. 166–176.
123 Rousseau 1977 (1762), S. 17.
124 Rousseau 1971 (1762), S.10.

Den Beginn der geistigen Entwicklung lokalisiert Rousseau in der Zeit ab der Geburt:

> „Mit der Geburt sind wir zum Lernen fähig, aber wir wissen nichts und kennen nichts. Die Seele ist in unvollkommene und halbgebildete Organe eingebettet. Sie empfindet nicht einmal ihr eigenes Dasein … Ich wiederhole: Die Erziehung des Menschen beginnt mit der Geburt. Ehe er spricht, ehe er hört, lernt er schon“[125].

Das dem neugeborenen Menschen sehr deutlich zugestandene Erziehungsbedürfnis siedelt Rousseau jedoch primär nach dem 12. Lebensjahr an, wenn „*… die Stärke und die Fähigkeit des Geistes…*“[126] soweit erstarkt sind, dass der bis dahin angesammelte *Überfluss an Kräften* einer direkten Schulung zugeführt werden darf. Vor dieser Zeit erschöpft sich die Erziehung in der Kinderpflege, die aus einfacher Nahrung, abhärtenden Badetechniken, schlichter Kleidung und viel Bewegung bestand. Für Rousseau widerspricht positive Erziehung (intentionale, gerichtete Erziehung) der Natur des Menschen und es erscheint ihm nichts wichtiger, als positive Erziehung vom Kind fernzuhalten. Er erinnert sich mit Pathos und seiner ihm eigenen Einbildungskraft an seine Mutter:

> „Ich wende mich an dich, liebe und weise Mutter. Du hast es verstanden, dich von der Heerstrasse fernzuhalten und das Bäumchen vor dem Zusammenprall mit der öffentlichen Meinung zu behüten“[127].

Rousseaus Sorge um das mit Erziehungsmaßnahmen umgebene Kind wird besonders in seinen Vorstellungen zur Kinderpflege deutlich. Er spricht sich für das Aufwachsen in einer freien Landluft aus: „*Städte sind das Grab des Menschen*“[128]. Die Beimischung von Wein in das Wasser zur Waschung Neugeborener findet er unnatürlich und die Angewohnheit, Kinder warm zu baden, hält er für dekadent und gesundheitsgefährdend, da es die Widerstandskräfte der Kinder schwäche. Mit grenzenlosem Vertrauen zu den Selbstentfaltungskräften und einem im Menschen bereits angelegten Lebensplan, und mit grundsätzlichem Misstrauen gegenüber den menschlichen Kulturleistungen, sieht Rousseau im Aufspüren der menschlichen Anlagen und ihrer Regeneration zum Naturzustand die einzige Möglichkeit, das Spannungsverhältnis Natur-Kultur zu lösen.

Zurück zur Natur: Die bereits angesprochene Sorge um die gefährdete Zeit des Kindes bis zum 12. Lebensjahr zwingt Rousseau zu einer negativen Erziehung.

> „Es ist die Zeit, wo Irrtümer und Laster keimen, ohne dass man Mittel hätte, sie auszurotten. Hat man ein Mittel, so sind die Wurzeln bereits so tief, dass man sie nicht mehr ausreißen kann.[129] Wäre es nur ein Sprung von dieser Mutterbrust bis ins vernünftige

---

125 A.a.O., S. 37.
126 A.a.O., S. 157.
127 A.a.O., S. 9 (Rousseau spricht hier eine Fiktion an. Er meint nicht, wie er in einer Fußnote bekannt gibt, seine eigene Mutter. Vgl. a.a.O., S. 10).
128 A.a.O., S. 35.
129 A.a.O., S. 72.

> Alter, so wäre die heutige Erziehung richtig … Die erste Erziehung muss also rein negativ sein“[130].

Rousseaus Zurück zur Natur ist letztlich der Versuch, eine Idee von Kultur zu verwirklichen, die den Kulturzustand durch die Negation ihrer erzieherischen Anpassung überwinden will.

Natur als Schule: „*Was die Schüler im Schulhof untereinander lernen, ist hundertmal nützlicher als alles, was man ihnen in der Klasse sagen kann*“[131]. Rousseau hält nichts von der Synthetisierung des Lernens. So wie er die natürliche Autorität der Sprache fordert, so ist ihm auch an dem Gebrauch von Erfahrung als Erziehungsmittel gelegen. Sein Grundsatz: „*Haltet eurem Zögling keine Reden: Er darf nur aus der Erfahrung lernen*“[132] trifft auch hier wieder voll zu. Dementsprechend stark fällt auch Rousseaus Abneigung gegen Bücher in der Erziehung aus. Er sagt: „*Ich hasse Bücher*“[133]. „*Die Lektüre ist die Geißel der Kindheit*“[134]. Das einzige Buch, welches er gelten lässt, ist *Daniel Defoes* Roman *Robinson Crusoe* (1719). In ihm wird der Mensch auf die Ausgangslage reduziert, die Rousseau zwecks Zurückeroberung der natürlichen Ordnung wiederherstellen will.[135] Soweit es geht, will Rousseau die künstlichen Lern- und Erziehungsmittel umgehen. Ihm geht es weniger um die Lernmethoden als um die Lernmotivation. *John Lockes* (1632–1704) Idee zum Beispiel, mit Hilfe von Lesewürfeln das Lesen zu lehren, hält Rousseau für ungeeignet. Das Interesse am Lesen solle nicht künstlich geweckt werden. Da Rousseau ein Gegner didaktischen Materials ist und vielmehr dafür plädiert, den Alltag in den Erziehungs- und Bildungsprozess einzubeziehen, ist er auch nicht darauf angewiesen, konkrete Alternativen aufzuzeigen. Vielmehr ist er überzeugt, dass Emil irgendwann mit einer Lebenssituation konfrontiert wird, die in ihm unmittelbar den Wunsch, Lesen zu können, erweckt. Und da sich Rousseaus Pädagogik nicht unter Zeitdruck stellen lässt,[136] ist seine Argumentation sogar schlüssig; denn Zeitgewinn durch Synthetisierung der Erziehung und theoretisierender Didaktik ist bei ihm identisch mit Entfernung von dem im Kind angelegten, natürlichen Entwicklungsplan.

Contract social: Rousseaus radikale Kulturkritik sucht Kindheit der Macht aller kirchlichen und aristokratischen Autorität zu entreißen und fernab menschlicher Zivilisationseinflüsse idealtypisch heranzubilden. Der hierin verborgenen Autonomiekonzeption gibt Rousseau in seiner Staatsidee vom *Gesellschaftsvertag (contract social)* ihr politisches Gesicht. Ein gesellschaftlicher Zusammenschluss, der die Summe aller individuellen Freiheitsbegriffe schützt, soll gefunden werden. Die

130 A.a.O., S. 11.
131 A.a.O., S. 110.
132 A.a.O., S. 71.
133 A.a.O., S. 179.
134 A.a.O., S. 100.
135 Emils fiktive Erziehung fand in ländlicher Umgebung statt.
136 Rousseau 1971, S. 72.

Bürger müssen Schritt für Schritt zur Republik, zu einem Volk werden, dass seine Regierung selber einsetzt. Ein Volk, das durch „*Erziehungsarbeit*"[137] befähigt und entwickelt ist, seine kulturell *fehlentwickelten, selbstsüchtigen Interessen* zugunsten sozialer umgestaltet. Rousseaus fiktiv entworfene Erziehungskonzeption liefert das Menschenbild hierzu.

Rousseaus Kritik zielt auf die Vorherrschaft eines sich an den Fertigkeiten und Gelehrtheiten Erwachsener orientierenden Bildungsideals. Dieses Bild hatte seiner Meinung nach in der gesamten geschichtlichen Entwicklung der Erziehung und Bildung seine Geltung; angefangen von der Urgesellschaft (archaischen Gesellschaft) über die Antike und Sklavenhaltergesellschaft, bis hin zum Christentum des Mittelalters, weiter über die Renaissance, Reformation und Gegenreformation, bis schließlich zur Blütezeit des Feudalismus und dessen Verfall im Spätbarock und beginnenden Zeitalter der Aufklärung.

Rousseau war ein Vertreter des Kleinbürgertums und leidenschaftlicher Kritiker der herrschenden Feudalordnung. Er vertrat die Auffassung, dass es weder sehr Reiche noch überhaupt Bettler geben dürfe. Den Schlüssel hierzu sah er in einer Rückkehr zu einer *natürlichen* Einzelerziehung, einer nationalen Staatserziehung (nicht in Hand von Privaten oder Kirchen) und einem Gesellschaftsvertrag, in dem das Staatsideal der formalen Gleichheit aller Bürger vor dem Gesetz festgeschrieben sein sollte. Mit der Erziehung von Kindern Armer hatte er hingegen nichts im Sinn. Die Reichen galten als erziehungsbedürftig, da sie ihm am meisten ‚kulturell verbogen' schienen. Arme hingegen waren aus Rousseaus Sicht diesen kulturellen Negativeinflüssen am wenigsten ausgesetzt und bedurften folglich keines Korrektivs.[138]

Das ritterlich höfische Bildungsideal und das humanistisch-theologische Bildungsideal, die mit Ende des 17. Jahrhunderts zusammenflossen, hatten aus Rousseaus Sicht eines gemeinsam: Sie hatten eine falsche Vorstellung von Kindheit. Wie wir schon festgestellt haben, war die Vorstellung von Kindheit als eigenständige Entwicklungsphase bereits in der Aufklärung bekannt. Kindheit war fester Bestandteil des menschlichen Gefühls- und Gemütslebens (Affektivität). Was Rousseau mit seiner Kritik einführte war also nicht die Notwendigkeit einer Entdeckung von Kindheit. Vielmehr ging es ihm um eine andere Vorstellung von Kindheit, einen anderen Kindheitsbegriff. Rousseau wurde zu einem der bekanntesten, vielleicht ersten Vertreter sogenannter *negativer Erziehung*. Seine Kritik an der pädagogischen Intervention und sein Votum für das sich Entwickeln-Lassen bildeten schließlich die Argumentationsbasis sämtlicher nachfolgender reformpädagogischer und später auch antiautoritärer und antipädagogischer Entwicklungen bis in das 20. Jahrhundert hinein.

Die pädagogische Wirklichkeit seiner Zeit prägte Rousseau hingegen nicht. Mit seiner Position war er einer der radikalsten Kritiker und Provokateur der pädagogi-

137 Vgl. Vogel 1974, S. 96.

138 Vgl. Günther/Hofmann u.a. 1976, S. 157.

schen Ideen und Erziehungswirklichkeit seiner Zeit. Sie brachte ihm die Verfolgung durch den französischen Klerus, die Zensur und Verbrennung seines Emile und die Flucht vor seiner Verhaftung ein.[139] Rousseaus Kritik wendet sich gegen ein Erziehungs- und Bildungsverständnis, gegen eine Pädagogik, die wir heute als „Schwarze Pädagogik“[140] bezeichnen würden. Mit dem Glauben an die weltverbessernde Kraft der Erziehung werfen die Erziehungs- und Bildungspraktiken des 17. Jahrhunderts die ersten Schatten dieser schwarzen Pädagogik voraus. Eine kleine Auswahl aus den Erziehungsschriften dieser Zeit gibt einen Einblick[141]:

> „In zwanzig Jahren durch Erziehung eine neue Welt“ (von J.B. Schupp, 1667)
> „Notwendigkeit der Postzensur für Anstaltszöglinge“ (von August Hermann Francke, 1722)
> „Wann ist das Prügeln erfordert?“ (von Johann Gottlob Krüger, 1752)

Diese Schatten einer sich aufbauenden schwarzen Pädagogik sollten im 19. Jahrhundert noch länger werden. Als totale Institutionen einer schwarzen Pädagogik müssen aus heutiger Sicht auch die Formen der mittelbaren Hilfe für verwaiste Kinder und Jugendliche dieser Zeit gesehen werden. Sie griffen in der Gründung von Waisenhäusern um sich. Diese Waisenhäuser waren in der Regel mit einem Werk- und Zuchthaus kombiniert. Die Kinder wurden dort als billige Arbeitskräfte für die vorindustriellen, gewerblichen Großbetriebe mit Handarbeit (Manufakturen) eingesetzt.[142] Selbst die entgegen dieser Typik im Rahmen von Inspektionen seinerzeit als positiv empfundenen *Halleschen Anstalten* August Hermann Franckes – wir haben sie weiter oben schon kurz kennengelernt – können hier nicht völlig ausgenommen werden. „Ausschaltung des natürlichen Ichs, Ignorierung seiner schöpferischen Kräfte, Beugung des Willens unter das göttliche Gesetz (waren, H.L.) der erzieherische Weg, um dem Wirken Gottes im Menschen Raum zu geben. Das gab der Pietistischen Pädagogik in den Halle'schen Anstalten ihren strengen gesetzlichen Charakter“[143]. Pietistische Kinderfürsorge stand allein im Dienst eines religiösen Errettungsbestrebens.

Pädagogisch-didaktisch war Francke für seine Zeit durchaus innovativ. Er suchte mit dem Aufbau eines „Naturalienkabinetts“ und lehrreicher Gänge in die Natur stets auch den anschauenden Unterricht. Auch seine Versuche, die Lehrer seiner Anstalt in diesem Sinne fort- und weiterzubilden waren für seine Zeit einzigartig. Die – im lutherischen Sinne – Öffnung von Erziehung und Bildung für Kinder aller Standesschichten hat nach heutigem Verständnis durchaus sozialpädagogische Facetten. Sein ökonomisches Geschick schließlich würde Francke in heutiger Zeit den Ruf eines äußerst erfolgreichen Sozialmanagers einbringen. In der Konsequenz unterstütze Francke mit seinem Werk aber noch stark die absolutistische Ordnung seiner Zeit. Sein

139 Vgl. Ahrbeck 1978, S. 103–108.
140 Vgl. Rutschky 1977.
141 A.a.O., in o.g. Reihenfolge S. 58, 184, 170.
142 Vgl. Scherpner 1966, S. 80f.
143 Ranft zit. in Röper 1976, S. 119.

pädagogisches Konzept war letztlich klassenbezogen differenziert. So sollten arme Kinder in der Regel nicht die Lateinschule besuchen. Seine pietistische Grundhaltung schließlich förderte auch die für seine Zeit sehr strenge Vorstellung von Zucht im erzieherischen Alltag.[144] Das preußische Herrscherhaus fand Franckes Wirken und seine Ideen schließlich ideal, um gehorsame Untertanen für eigene Zwecke zu erziehen. Die Idee des pädagogischen Unternehmertums hingegen, war mit Francke geboren.

Zusammengefasst
Kindheit, Jugend und gesellschaftliche Reaktion:

- Kindheit bedeutet nun vor allem erziehungsbedürftige Kindheit. Dadurch bekommt Kindheit einen eigenen Status.
- Erziehung und Bildung stehen in dem Bemühen um eine diesen Kindheitsstatus angemessen zu gestaltende Form (z.B. Spiel).
- Die spezifische Form für arme Kindheit wird in der Arbeit gesehen.
- Die Anstaltspädagogik setzt sich durch (Arbeits-, Zucht- und Waisenhäuser). Die von dem Pietisten August Hermann Francke gegründeten Armenschulen und Waisenhäusern (Franckeschen Stiftungen/Halle) stehen hierbei Modell.
- Rousseaus Kritik an der pädagogischen Intervention und sein Votum für das sich Entwickeln-Lassen bildeten die Argumentationsbasis sämtlicher nachfolgender reformpädagogischer und später auch antiautoritärer und antipädagogischer Entwicklungen bis in das 20. Jahrhundert hinein.
- Der Glaube an die weltverbessernde Kraft von Erziehung führte nicht nur zu pädagogischen Verbesserungen, sondern auch in eine lange Geschichte pädagogischer Irrtümer (Schwarze Pädagogik). ◀

4.4 Armut, Hilfebedürftigkeit und gesellschaftliche Reaktion

Nach dem Ende des Dreißigjährigen Krieges (1618–1648) zerfiel das Deutsche Reich in über dreihundert souveräne Territorien von Fürstentümern, Reichsstädten, Reichsritterschaften, Abteien und Reichsdörfern. Der Westfälische Friede von 1648 (Rathäuser zu Münster und Osnabrück) garantierte allen das Recht, auch mit dem Ausland Verträge abzuschließen. Nach außen und innen erschien das römisch-deutsche Kaiserreich durch die territoriale Zersplitterung ohnmächtig und gelähmt. Es vollzog sich jedoch eine gewisse Vereinheitlichung im Denken mit Blick auf den Herrschaftsanspruch und die Souveränität des eigenen Landesherren. Dieses Denken kann mit der Idee der „legitimen Gewaltsamkeit"[145] und des Aufbaus eigener Verwal-

144 Die Züchtigungspädagogik von Francke war noch dem 150 Jahre später wirkenden Gründer des Rauhen Haus, Johann Hinrich Wichern (1808–1881), Anlass, sich von Francke in diesem Punkt zu distanzieren. Vgl. Röper 1976, S. 119 und Niederberger 1997, S. 66ff.

145 Weber 2004, c1922, S. 821.

tungsapparate zur Sicherung und Durchsetzung der Gewaltmacht des Landesherren beschrieben werden. Dieser Prozess stützte auch den bereits angesprochenen Prozess der Säkularisierung. Die bereits im Spätmittelalter verbreitete Kommunalisierung der Armenfürsorge nahm im 17. und 18. Jahrhundert ihren weiteren Verlauf, nun jedoch in der engen Einbindung von Bemühungen um den Aufbau eigener Verwaltungsapparate in den Territorien. Es entstanden Almosenämter und Armenkassen mit besoldeten Armenpflegern (*Armenvögte*) und ehrenamtlichen Honoratioren. Die mit der Reformation einsetzenden Anfänge der Kommunalisierung der Armenfürsorge nahmen ihren weiteren Lauf. Nun wurde genau unterschieden zwischen den einheimischen und fremden Armen. Auch die Frage der Bedürftigkeit, die Entwicklung geeigneter Prüfkriterien, wurde zur zentralen Frage der Almosenverwaltungen.
Versuche einer positiven Bestimmung der Förderung und Unterstützung Armer traf eher die sesshafte Armut. Für die wandernde Armut, seinerzeit als *Vagantentum* bezeichnet, bedeutete die rationale Auseinandersetzung mit Armut hingegen, geeignete Maßnahmen zur Unterdrückung von Bettelei zu entwickeln. Ende des 18. Jahrhunderts wird der Anteil der sogenannten Vaganten an der Gesamtbevölkerung auf ca. 10% geschätzt.[146] Diese Zahl macht jedoch das quantitative Problem und die Grenzen der Leistungsfähigkeit für die Gemeinwesen dieser Zeit nicht deutlich. So waren besonders die Gebiete mit hoher Ansiedlung von Klöstern und Kirchen betroffen. Sie waren durch ihre Almosengaben in besonderer Weise geeignet, Anziehungspunkt für umherziehende Arme zu sein. Der Anteil der Vaganten wurde in solchen Fällen auf bis zu einem Viertel der Stadtbevölkerung gezählt. Flächendeckend entwickelte man nun in den Städten Bettelordnungen, die das Betteln grundsätzlich unter Verbot und Strafe stellten (Landesverweisung, Gefängnis, Körperstrafen und Brandmarken) und allenfalls Ausnahmeregelungen für bestimmte Orte und Zeiten enthielten. Im 18. Jahrhundert traten die Zwangsarbeit und der Aufbau von Zucht- und Arbeitshäusern an ihre Stelle.
Aber das Betteln wurde damit nicht abgeschafft. Grund hierfür war das bereits im Spätmittelalter entwickelte Heimatprinzip. Es führte dazu, dass jede Gemeinde versuchte, Fremde aus ihrer Stadt fernzuhalten oder wieder abzuschieben. Hierzu ein historisches Zitat:

> „Wenn nemlich in einem Dorfe sich ein Krüppel oder kranker Bettler findet, der nicht fort kann, so wird er von dem Anspänner, an dem die Reihe ist, aufgeladen, ins nächste Dorf gefahren, dort von neuem aufgeladen und solange herumgefahren, bis er tot ist oder wieder gehen lernt, welches letztere selten geschieht“.[147]

Für die gesunden Bettler war dies keine Lösung und führte im Ergebnis zu einer herumschweifenden, heimatlosen Armutspopulation. Aus diesen *Bettlerschüben* wurden nicht selten auch *Bettlerjagden*. Der Gedanke der Zucht- und Arbeitshäu-

146 Vgl. Sachße 1998, S. 102.
147 A.a.O., S. 110.

ser – so wie von Juan Luis Vives bereits in der Hochrenaissance vertreten – wurde immer populärer. Vier Entwicklungsstränge flossen hierbei zusammen:

1. die Tradition der stationären Armenpflege (Hospitäler, Armen- und Waisenhäuser),
2. der Gedanke der Arbeitserziehung,
3. die Ablösung von der Todes- und Körperstrafe durch Zwangsarbeit und Zwangserziehung und
4. die Entdeckung des produktiven Nutzens aller verfügbaren Arbeitskräfte im Dienste der Wirtschaftsförderung (Aufsteigen der Manufakturproduktion mit zunehmender Industrialisierung).

Aber auch das Wissen um die gesellschaftlich bedingten Ursachen von Armut wird größer. So erkannte der bei den Fürstentümern einflussreiche Theologe und Begründer der Statistik als Wissenschaft, *Johannes Peter Süßmilch* (1707–1767), Armut als Folge der aufkommenden Manufakturproduktion: *„Der Reichtum ist eine Mutter der Armut“*[148]. Süßmilch war einer der ersten, der den Fürsten sozial- und wirtschaftspolitische Maßnahmen empfahl, um eine Art soziales Gleichgewicht herzustellen. Kennzeichnend für das 18. Jahrhundert ist sicher ein zentraler Unterschied zu allen Epochen vorher: Soziale Kontrolle sucht Abweichler in die Gesellschaft durch Ausschluss einzubauen.[149]

Zusammengefasst
Armut, Hilfebedürftigkeit und gesellschaftliche Reaktion:

- Das Bettlerprinzip wird durch das Arbeitsprinzip abgelöst.
- Armenfürsorge ist weiterhin stark religiös motiviert, aber verbunden mit einer stärkeren Bindung des Helfens an Fragen nach seinem gesellschaftlichen Nutzen.
- Der Ausbau reglementierender Bettelordnungen und einer systematischen, auch ökonomisch nutzbaren Armen-, Waisen-, und Wohlfahrtszwangsfürsorge ist die Folge. Hierbei fließen vier Entwicklungsstränge zusammen:
  - die Tradition der stationären Armenpflege der Hospitäler, Armen- und Waisenhäuser,
  - der Gedanke der Arbeitserziehung,
  - die Ablösung von der Todes- und Körperstrafe durch Zwangsarbeit und Zwangserziehung und
  - die Entdeckung des produktiven Nutzens aller verfügbaren Arbeitskräfte im Dienste der Wirtschaftsförderung (Aufsteigen der Manufakturproduktion mit zunehmender Industrialisierung).
- Das Wissen um die gesellschaftlich bedingten Ursachen von Armut wird größer. ◀

148 Süßmilch zit. in Sachße 1983, S. 278.
149 Systemtheoretisch ausgedrückt: „Inklusion durch Exklusion“.

Die Zeit der Aufklärung ist noch nicht abgeschlossen. Im Grunde hält sie heute noch an, aber wir nennen die heutige Epoche die Moderne. Wenn modern neuzeitlich, neuartig heißt, dann lässt sich schlussfolgern, dass die Aufklärung gegenüber dem Mittelalter bereits modern war. Aber auch innerhalb der Aufklärung gab es neuartige, also moderne Entwicklungen. Im Grunde genommen betrifft dies alle Epochen, da jede Zeit auch ihre Kritiker fand und findet, die eine Unzufriedenheit mit ihrer Zeit empfanden. *„Das Unbehagen in der Kultur"*[150], wie es der Begründer der Psychoanalyse, *Sigmund Freud* (1856–1939), später einmal treffend bezeichnete, will etwas anderes, als gesellschaftlich vorgeschrieben wird, und es ist eine Kraft, die Gesellschaft verändert. So lassen sich für die Aufklärungszeit drei weitere Phasen ausmachen: Die Klassik, der Idealismus und die Romantik. In der Zeit der Klassik, des Idealismus und der Romantik ging es zwar weiterhin um die Idee der Aufklärung. Aber – ähnlich wie schon bei Rousseau – ging es auch hier um eine Art von geistiger Gegenbewegung zur Aufklärung.

4.5 Zusammenfassung: Aufklärung

Wie kann die allgemeine gesellschaftliche Charakteristik beschrieben werden?

Vom 17. Jahrhundert bis zum Ende des 18. Jahrhunderts vollzieht sich in Europa ein gesellschaftlicher Wandel von der höfischen Barockkultur zu einer rein bürgerlichen Kultur. Vor allem wird mit dem Begriff der Aufklärung die Befreiung des Volkes aus den Fesseln der Adelsherrschaft (Absolutismus) verbunden. Die zentralistischen Machtstaaten mit ihrer Monarchie und Feudalherrschaft sollen abgeschafft und durch Volksregierungen ersetzt werden. Die Abschaffung der bestehenden Wirtschafts- und Standesschranken sollen jedem Einzelnen den Zugang zu Wohlstand und Bildung ermöglichen. Mit der Aufklärungszeit ist die Befreiung des Menschen aus den materiellen und ideellen Herrschaftsansprüchen des Adels und der Kirche (Säkularisierung) gelungen. Aufklärung bedeutet somit sowohl die Befreiung von materieller, als auch von geistiger Herrschaft (Emanzipation).

Von welchem Weltbild und welcher Philosophie ist diese Zeit geprägt, und welche geistigen Protagonisten und Ideengeber sind maßgebend in der Behandlung der sozialen Fragestellung?

Die geistige Entwicklung wird von der Idee des selbständigen Denkens und Handelns des Subjekts bestimmt. Dem erkennenden Subjekt wird fortan ein Rationalismus zugetraut, der nach glatten, widerspruchsfreien Lösungen auf allen gesellschaftlichen Ebenen sucht. Der Verstand und die praktische Vernunft (Kant) gehen über Mystik und Glaube hinaus. Jean Jacques Rousseau und Immanuel Kant sind

150 Freud 1939, S. 64.

die geistigen Wegbereiter für den Erziehungs- und Bildungsgedanken als Schlüssel für die Herstellung von Mündigkeit und eine auf Gerechtigkeit aufbauende Gesellschaft. Rousseaus pädagogische Schriften beeinflussen besonders die Pädagogik des 18. und die spätere Reformpädagogik des 19. Jahrhunderts im deutschsprachigen Raum. Nach Kant ist die Überwindung des dogmatischen, metaphysisch-theologischen Weltbildes Grundvoraussetzung für die Entfaltung der menschlichen Vernunft. Die Heranbildung eines mündigen, sich seines Verstandes bemächtigenden, aufgeklärten Bürgers ist damit oberstes Ziel. Der Weg zu diesem Ziel führt einzig über Erziehung. Mit dem 18. Jahrhundert ist das pädagogische Jahrhundert geboren. Aufklärung lebt als philosophische Idee heute noch. Sie sucht sich in der kulturellen Assimilation und politischen Angleichung und Anpassung unterschiedlicher gesellschaftlicher Gruppen und Ethnien ihren Weg. Sie folgt dem Grundgedanken der Emanzipation als Ausdruck von Befreiung von jeglicher geistiger und materieller Herrschaft und Bevormundung.

Welche Einstellungen zur Kindheit und Jugend allgemein sowie zu ihren Beschädigungen im Speziellen herrschen in dieser Zeit vor, und wie drückt sich dies organisatorisch und programmatisch im Erziehungs- und Bildungsverständnis aus?

Kindheit bedeutet nun vor allem erziehungsbedürftige Kindheit. Dadurch erhält Kindheit einen eigenen Status. Erziehung und Bildung stehen in dem Bemühen um eine dem Kindheitsstatus angemessen zu gestaltende Form. Die spezifische Form für arme Kindheit wird in der Arbeit gesehen. Die Anstaltspädagogik setzt sich durch (Arbeits-, Zucht- und Waisenhäuser). Die von dem Pietisten August Hermann Francke gegründeten Armenschulen und Waisenhäusern (Francke'schen Stiftungen/Halle) stehen hierbei Modell.

Welche Einstellungen zur Armut und Hilfebedürftigkeit prägen diese Zeit, und wie drücken sich diese organisatorisch und programmatisch im Umgang mit Armut aus?

Das Bettlerprinzip wird durch das Arbeitsprinzip abgelöst. Armenfürsorge ist weiterhin stark religiös motiviert, aber verbunden mit einer stärkeren Bindung des Helfens an Fragen nach seinem gesellschaftlichen Nutzen. Der Ausbau reglementierender Bettelordnungen und einer systematischen, auch ökonomisch nutzbaren Armen-, Waisen- und Wohlfahrtszwangsfürsorge ist die Folge. Hierbei fließen vier Entwicklungsstränge zusammen: a) die Tradition der stationären Armenpflege der Hospitäler, Armen- und Waisenhäuser, b) der Gedanke der Arbeitserziehung, c) die Ablösung von der Todes- und Körperstrafe durch Zwangsarbeit und Zwangserziehung und d) die Entdeckung des produktiven Nutzens aller verfügbarer Arbeitskräfte im Dienste der Wirtschaftsförderung (Aufsteigen der Manufakturproduktion mit zunehmender Industrialisierung). Das Wissen um die gesellschaftlich bedingten Ursachen von Armut wird größer. ◀

4.6 Reflexionsvorschläge

Ist die Reformpädagogik ein Irrweg? Rousseaus kulturkritische Vorstellung von Pädagogik folgte dem Sozialisationsprinzip der freien Selbstentfaltung des Menschen. Dieses Prinzip war und ist leitend für die gesamte nachfolgende Reformpädagogik, einer Pädagogik *vom Kinde her*. Spätestens mit den Missbrauchsskandalen (z.B. Odenwaldschule) flammt vehemente Kritik an diesem Pädagogikverständnis auf. Demnach hätte die Vorstellung vom sogenannten *pädagogischen Eros* – ein seit der griechischen Antike kontrovers diskutiertes Verständnis von emotionaler Nähe zum Kind – zumindest aber die Vorstellung, dass die persönliche Beziehung zwischen Erzieher bzw. Lehrer und Kind bzw. Schüler entscheidend sei, hätten großen Schaden angerichtet und z.B. Pädokriminellen als Rechtfertigung für ihre Handlungen gedient. Laufen reformpädagogische Einrichtungen Gefahr, totale Institutionen zu sein, die sich von Gesellschaft abschotten und letztlich Fluchtburgen für pädagogische Idealbildungen darstellen? Oder sind gerade solche pädagogischen Einrichtungen besonders wirkungsvoll, wenn es darum geht, junge Menschen gegenüber gesellschaftlichen Einflüssen kritisch und stark zu machen? *(Stichworte: Postulat von der Nähe zum Kind, Alternativschulen und-kindergärten, totale Institution, Nähe-Distanzproblematik)*

Sollte sich Soziale Arbeit an ihrer Finanzierung beteiligen? Die Idee, dass sich soziale Einrichtungen das Kapital für ihre Arbeit selber beschaffen, hatte bereits August Hermann Francke mit seinen erwerbenden Anstalten in den Jahren 1695 bis 1720 äußerst erfolgreich umgesetzt. Auch die heutigen über 430 Kinderdörfer von Hermann Gmeiner finanzieren sich außerhalb der sozialstaatlich verfassten Länder nur etwa über 1% aus öffentlichen Mittel, da die Finanzierung über unterschiedlichste Formen der Privatfinanzierung gesichert wird (Sponsoring, Fundraising, Spenden, Patenschaften, Stiftungen, Nachlässe, Testamente, Schenkungen, PR-Aktionen usw.). Würde man diese Form des Helfens – die in Amerika im übrigen Tradition hat – wieder einführen, käme dies für uns einer Art von Re-Privatisierung und Kommerzialisierung von Wohltätigkeit gleich. Wäre dies auch ein Weg für unsere Gesellschaft? *(Stichworte: sozialpolitischen Effekte von Fundraising und Sponsoring; Sozial- und Wohlfahrtsstaat; Stiftungswesen; Kommunitarismus)*

Die allgemeine Schiefheit der Menschen in allen bürgerlichen Verhältnissen
und ihre allgemeine Verhärtung im gesellschaftlichen Zustand
ist eine Folge der inneren Verstümmelung der Naturkräfte
unseres Geschlechts in diesem Stand.

(Johann Heinrich Pestalozzi, 1797)

5 Klassik, Idealismus, Romantik – Von der Arbeitserziehung bis zur Erziehungsarbeit

Die Klassisch-idealistische Epoche wird in die Zeit vom letzten Drittel des 18. Jahrhunderts bis zum ersten Drittel des 19. Jahrhundert eingeordnet (ca. 1770–1830). Diese Zeit wird auch der Aufklärungsepoche zugerechnet. Dennoch spricht einiges dafür, die klassisch-idealistische Epoche gesondert zu betrachten. Mit ihr sind nachhaltige Veränderungen sowohl im wirtschaftlich-politischen als auch im literarisch-philosophischen Bereich angesprochen.
Eine erneute Umstellung des Erwartungstyps von Hilfe ist zu beobachten. Hilfe als Verpflichtung, sich durch Arbeit erziehen zu lassen, wird von einem Prozess der Pädagogisierung von Armut abgelöst.

5.1 Allgemeine gesellschaftliche Charakteristik

Das Bürgertum stieg weiter auf, und die Standesunterschiede und politischen Schranken zwischen Adel und aufkommendem Bürgertum wurden etwas abgebaut. Auch wurde in den veränderten Einstellungen zum Staat das Volk stärker als Subjekt des politischen Geschehens gedacht (Französische Revolution, Freiheitskriege usw.). Erste verfassungs- und wohlfahrtsstaatliche Ansätze werden erkennbar. Deutschland war in der Mitte des 18. Jahrhunderts nur ein geographischer Begriff, und wurde erst mit der Reichsgründung 1871 zu einem nationalen Begriff. Der größte Teil der Bevölkerung, ca. 70 bis 80%, lebte noch auf dem Lande.[151] Mit der zweiten Hälfte des 18. Jahrhunderts ist die Entstehung eines Frühproletariats verbunden. Starkes Bevölkerungswachstum, eine auf Gewinnerzielungsabsichten reformierte Landwirtschaft und die ansteigende Entwicklung der staatlich unterstützten Manufakturarbeit, die teilweise auch im staatlichen Monopolbesitz betrieben wurde, waren hierfür ausschlaggebend. Vielleicht mehr als die Veränderungen auf politisch-wirtschaftlichem Gebiet wirkten die geistig-weltanschaulichen Auseinandersetzungen in und aus dieser Zeit.

151 Vgl. Sachße/Tennstedt 1998, S. 179.

Zusammengefasst
Allgemeine gesellschaftliche Charakteristik:

- Aufstieg des Bürgertums und Abbau der Standesunterschiede.
- Entstehung eines Frühproletariats.
- Staat wandelt sich ansatzweise zum Kultur- und Verfassungsstaat.
- In der Dichtung stehen der Mensch und sein Verlangen nach Individualität im Mittelpunkt.

5.2 Weltbild und Philosophie

Zwei geistige Strömungen treffen aufeinander der Geist der Aufklärung und – als eine Art Gegenbewegung – die Ideen der *Sturm-und-Drang Periode*, der *Klassik* und der späteren *Romantik*. Geistig-weltanschaulich gelangt die Zeit der deutschen *Klassik* in Dichtung und Philosophie über die rationalistische Einstellung der *Aufklärung* hinaus. Sie stellt die irrationalen und individuellen Kräfte des Menschen mehr in den Mittelpunkt. Nicht allein die Gesellschaft, sondern das Individuum rückte in den Vordergrund philosophischer und damit auch pädagogischer Betrachtungen. In der Dichtung (Sturm und Drang) tritt das Irrationale in den Vordergrund. Die folgende Klassik prägt der Versuch des Ausgleichs von Rationalem und Irrationalem, während mit der Romantik wieder die Rückkehr zum Irrationalen in den Vordergrund tritt.
Die dem Rationalismus der Aufklärung entgegen gesetzte Naturbegeisterung fand in Deutschland ihren Niederschlag in einem neuen Lebensgefühl, das sich in der *Sturm-und-Drang*-Dichtung des mittleren 18. Jahrhunderts literarisch manifestierte. „Das aufkommende ‚Maschinenwesen' hatte Goethe schwere Beklemmungen gemacht“[152]. Was Rousseau bereits mit seinem Protest gegen den Rationalismus der Aufklärung andeutete, wird im Protest der Jugend gegen das „tintenklecksende Säkulum“[153] und der Wiederentdeckung der Irrationalität polemisch zum Ausdruck gebracht. Dieser auch als *Deutsche Bewegung* bezeichnete Aufstand der Jugend fand seine hauptsächlichen Vertreter in *Johann Wolfgang von Goethe* (1749–1832), *Johann Gottfried Herder* (1744–1803), *Jakob Michael Reinhold Lenz* (1751–1792), *Friedrich Maximilian von Klinger* (1752–1831) und *Johann Christoph Friedrich von Schiller* (1759–1805).
Die Wiederentdeckung der Irrationalität suchte eine Synthese zwischen den sich widerstreitenden Kräften von Rationalität und Irrationalität. Hierbei fand eine gewisse Rückbesinnung zu den Werten des bürgerlichen Lebens statt, das im Dienst an der Gemeinschaft stehen sollte. Dieser Wandel, der literarisch bei Goethe und Schiller zu verzeichnen war und dessen Philosophie in erster Linie durch *Johann*

152 Litt 1955, S. 43.
153 Aus: „Die Räuber“ von Johann Christoph Friedrich von Schiller (1. Akt., 2. Szene).

Gottlieb Fichte (1762–1814), *Friedrich Wilhelm Joseph Schelling* (1775–1854) und *Friedrich Daniel Ernst Schleiermacher* (1768–1834) vertreten wurde, bekam in der Dichtung der Romantik[154] des ausgehenden 18. Jahrhunderts eine erneute, sich gegen die späte Aufklärung richtende Form des Protestes. „Aus ihr spricht nicht jugendliches Kraftgefühl wie beim *Sturm-und-Drang*, ... sondern eher ... Disharmonie und Erlösungsbedürfnis"[155].

Zusammengefasst
Weltbild und Philosophie:

- Der rationale Geist der Aufklärung und die Ideen des *Sturm-und-Drang*, der Klassik, und der späteren *Romantik* treffen aufeinander.
- Es formiert sich eine geistige Gegenbewegung im *Sturm-und-Drang* und der späteren *Romantik*. Nicht die einseitige Betonung des rationalen, sondern auch die Betrachtung der irrationalen Seiten des Menschen finden stärkere Beachtung (Gefühle, Liebe, Ängste, Zorn usw.).
- Das Individuum wird stärker im Spannungsfeld von gesellschaftlichen und eigenen Bedürfnissen wahrgenommen. ◀

5.3 Kindheit, Jugend und gesellschaftliche Reaktion

Die *Sturm-und-Drang*-Bewegung hatte für die Entwicklung des Bildungsgedankens und das spätere Bildungswesen in Deutschland eine große Bedeutung. Der in der Aufklärung propagierten Verstandesbildung wurde das Bild des individuell in sich gebildeten Menschen entgegengesetzt. *„Jeder sei auf eigene Art ein Grieche, aber er sei's"*[156]. Nicht der angepasste Bürger mit rational verwertbaren Eigenschaften soll das Ziel von Bildung sein. Vielmehr soll der Mensch in seinen emotionalen und phantasiebezogenen Bedürfnissen und Kräften gesehen werden. Auch hier schwingen Ideen Rousseaus mit.

Rousseaus Wirkungsgeschichte verlief in Frankreich in erster Linie auf politischem Gebiet. In Deutschland hingegen beeinflussten seine Einstellungen zur Kindheit und Erziehung die literarische und pädagogische Szene. Mit Rousseau setzte sich eine veränderte Einstellung zum Kindheitsstatus durch. Sie fand ihren Ausdruck in der Annahme einer kindspezifischen Emotionalität und Bildungsbedürftigkeit. Die mittelalterliche Einstellung: *„Wer ein Kind sieht, sieht nichts"*[157] wurde von Vorstellungen einer Kindheit als einem eigenständigen Wert abgelöst. *„Ein Kind sei*

154 Z.B. Friedrich Freiherr von Hardenberg, der sich Novalis (1772–1801) nannte und Joseph von Eichendorff (1788–1857).

155 Reble 1980, S. 173.

156 Goethe zit. in Reble 1980, S. 176.

157 Whiting, zit. in Tucker, in: deMause 1977, S. 327.

euch heiliger, als die Gegenwart, die aus Sachen und Erwachsenen besteht"[158] sagte der deutsche Schriftsteller und Bewunderer Rousseaus, *Johann Paul Friedrich Richter*, der sich *Jean Paul* (1763–1825) nannte.
Die Förderung des Kindes, bei gleichzeitig zielgerichteter Disziplinierung, war besonders in den Familien der Oberschicht des 18. Jahrhunderts anzutreffen. Es „… manifestierte sich erstmals ein ausgeprägtes psychologisches Interesse an der Kindheit, das auf dem Wissen um die prägende Bedeutung von Kindheitseindrücken beruhte"[159]. Das Kind-Sein bedeutete in den Oberschichten aber etwas anderes als in den nichtbesitzenden Klassen. So konstatiert *Norbert Elias* (1897–1990) in seiner Theorie der soziokulturellen Evolution die zunehmende *„Psychologisierung der Verhaltensvorschriften, d.h. … ihre stärkere Durchtränkung mit Beobachtungen und Erfahrungen …"*[160] als den Ausdruck für *„… die rascher fortschreitende Verhöflichung der Oberschicht"*[161]. Während in der Oberschicht die Verhaltensmodifikation das Kind-Sein berührten, hielt sich in den Unterschichten auch noch über das 18. Jahrhundert hinaus die ältere, gleichgültige Einstellung gegenüber Kindern als ein von den existenziellen Nöten der Eltern abhängiges Wesen. So stößt man auch noch in dieser Zeit auf Berichte über die auf Londons Misthaufen „verrottenden Säuglinge"[162] der Unterschichtsfamilien.
Wir hatten es also zum einen mit einem zunehmenden Schonraum der Kindheit in der Oberschicht und zum anderen mit den vom Erziehungsprozess weitgehend ausgeschlossenen, durch Armut und Gleichgültigkeit benachteiligten, weggegebenen oder getöteten Kindern der Unterschicht zu tun. Die sich anbahnende Durchpädagogisierung aller Lebensbereiche der Kinder der Oberschicht ging mit dem durch Vernachlässigung hervorgerufenen physischen und psychischen Missbrauch von Kindern der Unterschicht einher.[163] An dem eigentlichen Kindheitsstatus schien sich bis dahin nicht viel verändert zu haben. Kind-Sein bedeutete somit immer auch in gewisser Weise ein Opfer-Sein; entweder Opfer mangelnder Fürsorge und Elternliebe oder Opfer zu reichlicher Erziehungsbemühungen.
Den von der Aufklärungspädagogik inspirierten Pädagogen, den Philanthropisten, stand ein großes, Erziehungsideen anreizendes Potential gegenüber. Man machte sich zum Anwalt des Kindes. Wie sehr der Kindheitsstatus reflektiert und als ein Faktum der Willkür und Ausbeutung definiert wurde, mag der folgende Originalauszug aus einer Erziehungsschrift von *Christian Gotthilf Salzmann* (1744–1811), dem Krebsbüchlein (1792), verdeutlichen:

158 Jean Paul: „Levana oder Erziehlehre" 1963 (1807), S. 20 (Jean Paul hieß ursprünglich Johann Paul Friedrich Richter. Seine Namensänderung ist auf seine große Bewunderung für J.J. Rousseau zurückzuführen).
159 Hardach-Pinke/Hardach 1968, S. 49.
160 Elias 1999, S. 375.
161 Ebenda.
162 Vgl. Johansen 1978, S. 129f.
163 Vgl. deMause 1977, S.17.

Abb. 8: Christian Gotthilf Salzmann

„In den Ländern, die wir nur in der Absicht besuchen, um uns mit ihren Schätzen zu bereichern, sind nun einmal durch ein, die Menschheit entehrendes Vorurteil, den Landesbewohnern die Rechte der Menschheit entwunden, und den Europäern das unumschränkte Recht, sie zu mißhandeln, zugestanden worden… Aber wozu diese Weitläufigkeit, da wir solche Krempel in der Nähe haben können? Gleichwohl hat doch auch bey uns das Vorurteil eine gewisse Gattung der Menschen zur völligen Unterjochung verdammt, und ihren Beherrschern eine unumschränkte Freiheit, sie nach eigener Willkür zu behandeln, zugestanden. Die Grausamkeiten unter denen sie winseln, sind zahllos. So wie die ersten Christen alles Unglück, das sich im römischen Reiche ereignete, entgelten mussten: so müssen auch diese gemeiniglich allen Verdruss empfinden, der in ihrer Vorgesetzten Häuser entsteht, ohne dass sie sich verantworten dürfen. Sie werden oft in Gesellschaften zur Beschimpfung aufgestellt, und haben keine Erlaubnis, deswegen zu klagen; man peitscht sie, man haut sie mit Ruthen, oft ohne etwas verwirket zu haben; oft martert man sie mit langsamen Qualen zu Tode, und die mehresten ihrer empfindsamen Mitbürger hören ihr Geschrey, sehen sie peinigen, ohne hierinne etwas unbilliges zu finden. Diese, unter dem Drucke seufzende Menschenart sind die Kinder, und ihre Unterdrücker die Eltern“[164].

Der evangelische Pfarrer und Pädagoge Christian Gotthilf Salzmann war zu seiner Zeit einer der schärfsten Verfechter von Kinderinteressen. Salzmann arbeitete an der von *Johann Bernhard Basedow* (1724–1790) gegründeten und geprägten Schule, dem *Philantropinum*[165], in Dessau. 1784 gründete Salzmann eine eigene Anstalt in Schnepfenthal. In seinem *Krebsbüchlein* (1780, 3. Auflage 1792) und in seinem *Ameisenbüchlein* (1805) kritisierte Salzmann in ungewöhnlicher Form die Erziehungspraktiken seiner Zeit: *„Von allen Fehlern und Untugenden seiner Zöglinge muss der Erzieher den Grund in sich selbst suchen“*.[166] Mit seinem Konrad Kiefer (1796) war er als der deutsche Jean-Jacques Rousseau bekannt geworden. Ähnlich wie in Rousseaus Emile stellte Salzmann in seinem Erziehungsroman seine romantischen Erziehungsvorstellungen vor. Im *Ameisenbüchlein* (1806) sind seine Überzeugung und Ideen von der Notwendigkeit der Erziehung der Erzieher nachzulesen. Mit seinem sechsteiligen Roman *Carl von Carlsberg oder über das menschliche Elend* (1783/87) griff Salzmann die Waisenanstalten an, und er empfahl ihre radikale Auflösung und Unterbringung der Kinder in Pflegefamilien. Auch Basedow kritisierte schon zehn Jahre vor Salzmann die Waisen- und Zuchtanstalten und sprach sich für ihre Abschaffung und die Verteilung der Kinder an arme

164 Salzmann 1792, S. IVf.

165 Der Philanthropismus (Philanthrop: Menschenfreund) ist eine Wortschöpfung des 18. Jahrhunderts. Er bezeichnet eine deutsche Reformbewegung zur Zeit der Aufklärung. Die philanthropische Pädagogik war besonders von Rousseau inspiriert und Grundlage der späteren Reformpädagogik im 19. Jahrhundert.

166 Salzmann 1964, (1805), S. 13.

Bauernfamilien als billige Lohnarbeiter aus.[167] Ihn trieben aber noch eher ökonomische, denn psychologisch-pädagogische Motive an. Bei aller Kritik, die die Waisenhausgegner an den inhumanen Verhältnissen, denen die Kinder in den Häusern ausgesetzt waren, ins Feld führten, waren die Kostengesichtspunkte das dominierende Motiv, das zu den vielen Waisenhausschließungen führte. Man rechnete in dieser Zeit sehr genau die Kostenersparnis aus, die bei der Familien- und Verwandtenpflege im Gegensatz zur Unterbringung in den Waisenhäusern entstand. Sie lag immerhin bei knapp 50%.[168]
Salzmann war nicht der Urheber, aber einer der theoriegebenden Protagonisten des Waisenhausstreites zum Ende des 18. Jahrhunderts. Dieser Streit wurde in Zeitungen und humanitären Gesellschaften ausgetragen und führte teilweise zu Schließungen von Einrichtungen in Pforzheim, Potsdam, Ludwigsburg, Weimar, Wiesbaden, Darmstadt, Coburg und an verschiedenen Orten Schleswig-Holsteins und Bayerns.[169]
Favorisiert wurde fortan die verstärkte Unterbringung in Pflegefamilien. Die wiederum schlechten Erfahrungen mit den Bedingungen in den Pflegefamilien führten aber letztlich im 19. Jahrhundert zur Durchsetzung einer Anstaltspädagogik.[170]
Die Philanthropen prägten mit einer Fülle von volkspädagogischen Publikationen (Didaktischen Schriften, Methodenbüchern, Lesebüchern, Erziehungsromanen, Schulplänen) und Reformideen des Schulwesens den pädagogischen Trend des 18. Jahrhunderts. Der Grundgedanke von der Menschwerdung durch Erziehung bestimmte die erziehungsfreudigen Intentionen bis in die Zeit der Industrialisierung hinein. Das von der klassischen und romantischen Dichtung und in der Philosophie beschworene Humanitätsideal kennzeichnete hingegen in dieser Zeit nicht die pädagogische Wirklichkeit von Kindern der Unterschicht. Dies wollte der Schweizer Pädagoge *Johann Heinrich Pestalozzi* (1746–1827) ändern.

Abb. 9: Johann Heinrich Pestalozzi

Mit Pestalozzi – stark von Rousseau inspiriert – betritt ein Pädagoge die Bühne der Armenerziehung, der weit über die Landesgrenzen hinaus Beachtung fand. Platos und Aristoteles Grundüberzeugung: *„Das Kind gehört dem Staat, nicht den Eltern"* lief Pestalozzi tief zuwider. Diesem antiken Wort, das später in der Preußenherrschaft und auch in der französischen Revolution wieder auftaucht, widerspricht Pestalozzi vehement. Das, was eine menschensorgende und -achtende Bewegung in Gang setzt, kann immer nur aus dem Einzelnen entspringen, niemals aus einer staatlich verordneten

167 „Die Konsequenz der Erziehung ist die Erziehungsdiktatur" (Basedow 1773, zit. in Rutschky 1977, S. 97. Siehe auch S. 100).
168 Vgl. Scherpner 1979, S. 94.
169 Vgl. Niederberger 1997, S. 75.
170 Vgl. Röper 1976, S. 140–160.

besseren Organisation, einer Änderung der Verfassung oder der ökonomischen und bürgerlichen Verhältnisse. Pestalozzi *„ist leidenschaftlich davon durchdrungen, dass alle Sittlichkeit immer nur Sache der Einzelnen ist“*[171]. Mit Pestalozzi ist der Gedanke einer Volkserziehung für Kinder aller Schichten verbunden. Er suchte nach einem Modell der Armenerziehung, das in seiner pädagogischen Beziehungsgestaltung über die bei Francke praktizierte Form von Erzieherliebe als Stilmittel hinausgehen sollte. Pestalozzi entwickelte für seine Arbeit eine sogenannte Elementarmethode. Ihr liegt die Auffassung zugrunde, dass Kompliziertes aus Einfachem zusammengesetzt ist. Demnach müsse es darum gehen, das Kind in einem geplanten Prozess von der ersten sinnlichen Anschauung zu begrifflicher Erkenntnis zu führen. Das Kind müsse hierfür an die Anschauung der einzelnen Elemente, aus denen das Ganze besteht, herangeführt werden. Dieses *Anschauungsprinzip* erfreute sich unter den Erziehern seinerzeit zunehmender Beliebtheit.[172] Pestalozzis Pädagogik lässt sich aber nicht auf die Elementarmethode reduzieren. Für Pestalozzi stand die christliche Liebe (agape) als völlige Hingabe des Erziehers an das bedürftige Kind im Zentrum seiner Pädagogik. Eine Sichtweise, mit der er sich selbst in seinen Einrichtungen nicht ohne Selbstüberforderung immer wieder ins Zentrum seiner Erziehungs- und Lehrtätigkeit stellte. Er galt als der erste, der den neuzeitlichen Bildungs- und Erziehungsgedanken mit dem Grundgedanken der Hilfeleistung verknüpfte. Auch stellvertretende, ersetzende Erziehung sollte sich dabei an dem Modell der Familie orientieren. An einer Entwicklung und Verbesserung der Lebenslage der Armen war aber auch bei Pestalozzi nur im Rahmen der von ihm akzeptierten Standesgrenzen gedacht. Auch seine Vorstellung – ähnlich wie schon bei Francke –, dass die Kinder für ihren eigenen Unterhalt arbeiten sollten, war selbst für diese Zeit mittlerweile befremdlich geworden.[173]

Pestalozzi gründete seine erste Einrichtung in Neuhof (1774–1780). Seine zweite Einrichtung war das Waisen- und Armenhaus in Stans. Die Erfahrungen, die er dort machte, sind in seinen in der Fachwelt berühmt gewordenen *Stanser Briefen* von 1799 dokumentiert. Weitere Institute folgten in Burgdorf (1800–1804) und Yverdon (1804–1825).

Bis in die heutige Zeit ist die Grundfigur der familienorientierten Erziehung in der Sozialen Arbeit präsent. Mit der Orientierung an dem Familienideal begann in der Fremderziehung eine „morphologische Lüge“[174], wie Josef M. Niederberger es etwas drastisch beschreibt. Kritisiert wird damit die Tatsache, dass eine Erziehung, die sich am Familienideal orientiert, niemals dieses Ideal auch glaubhaft praktizieren kann. Diese Form der Erziehung gibt – durchaus in guter Absicht – vor, Familie zu sein. Sie kann es rein faktisch aber nicht umsetzen, da sie die Qualität elterlicher und geschwisterlicher Beziehungen letztlich berufsmäßig

171 Nohl 1960, c1958, S. 30.
172 Vgl. Arbeitsgruppe Pädagogisches Museum 1981, S. 33.
173 Vgl. Röper 1976, S. 172.
174 Niederberger 2002, S. 174.

nicht herstellen kann. Bei Pestalozzi ist der Vorwurf der Lüge sicher nicht angemessen. Man kann jedoch von einem Irrtum sprechen, denn Lüge geschieht stets vorsätzlich und wider besseren Wissens. Bei Pestalozzi war der Glaube an das Familienideal aber durchaus von der Überzeugung einer pädagogisch organisierten Übertragbarkeit getragen.
Pestalozzi erzielte mit seinen pädagogischen Schriften viel Erfolg. Zu seinen Lebzeiten bezog man sich auf seine Schriften, so z.B. auch *Friedrich Wilhelm Christian Carl Ferdinand von Humboldt* (1767–1835)[175], auf den die Einführung des bis heute bei uns bestehenden dreigliedrigen Schulsystems zurückzuführen ist.[176] Aber nicht nur Humboldt ist ein Beispiel für die Wirkung, die von Pestalozzi ausging. Pestalozzi wurde zu einer Zentralfigur der Pädagogikgeschichte. Seine zahlreichen pädagogischen Schriften, besonders die Niederschriften seiner pädagogischen Arbeit im Kloster Stans (Stanser Briefe, 1799) und sein vierteiliger Volksroman *Lienhard und Gertrud* (1781/1787) mündeten in der zweiten Hälfte des 19. Jahrhunderts in den Diskurs der Pädagogik ein, der Anfang des 20. Jahrhunderts schließlich unter dem Begriff *Sozialpädagogik* geführt wurde. In seiner praktischen Arbeit hingegen scheiterte Pestalozzi letztlich an seinen eigenen Ansprüchen. Er musste alle Einrichtungen nach relativ wenigen Jahren wieder schließen. Sein zuletzt gegründetes Erziehungsinstitut in Yverdon hielt sich zwar über zwanzig Jahre, zerbrach aber schließlich an den Streitigkeiten über seine Nachfolge und wurde geschlossen.

Abb. 10: Friedrich Wilhelm Fröbel

Ein bis heute bekanntes Erfolgsmodell legte hingegen *Friedrich Wilhelm August Fröbel* (1782–1852) vor. Fröbel, oft als Jünger Pestalozzis bezeichnet, erfand den Kindergarten. Eigentlich war dies ein Nebenprodukt seiner Arbeit. Im Kern ging es ihm um die Entwicklung einer umfassenden Erziehungslehre und Spieltheorie. So entwickelte er z.B. eine Lehre von den Phasen der kindlichen Entwicklung. Er unterschied zwischen Säuglingsphase, Kleinkindphase und Knabenphase. Die Phasen begriff er als Entwicklungsstufen des Kindes und er ordnete ihnen spezifische Formen des Erlebens von *Ich* und *Welt* zu. Die in den Stufen gegebenen Bildungsaufgaben koppelte er eng an die phasenabhängigen Bedürfnisse des kindlichen Spiels. Hieraus entstanden die bis heute bekannten Fröbelschen Lehr- und Beschäftigungsmittel als Mittel der Fremd- und Selbstbildung (*Fröbelsche Spielgaben*). Bezeichnenderweise beschrieb Fröbel seine 1817 gegründete Allgemeine deutsche Erziehungsan-

175 Geläufig unter dem Namen: Wilhelm von Humboldt
176 In Humboldts Plänen waren dies die Elementarschulen, die Gymnasien und die Universitäten. Heute versteht man unter Dreigliedrigkeit des Schulsystems das System der weiterführenden Schulen nach dem Besuch der Grundschule (Hauptschule; Realschule, Gymnasium).

stalt (zunächst in Grießheim, dann nach Keilhau bei Rudolfstadt verlegt) auch als *„Anstalt zur Pflege des Beschäftigungstriebes für Kindheit und Jugend*"[177]. Auch ist mit Fröbel die Entstehung des Berufes der Kindergärtnerin, dem Vorläufer der heutigen Erzieherinnenausbildung, verbunden. Seine Erfahrungen und Ideen publizierte Fröbel werbewirksam in den *Kleinen Keilhauer Schriften*. Der in der heutigen Diskussion geforderte Gedanke des Bildungsauftrages als ein Merkmal der Qualifizierung von Pädagogik in Kinder- und Tageseinrichtungen kann durchaus an Fröbels Erziehungslehre anknüpfen.

Der von der Aufklärung und Romantik stark beeinflusste Fröbel erweckte bald den Argwohn der preußischen Regierung. Hierfür war nicht nur die Namensverwechselung mit seinem politisch aktiven Neffen Karl Fröbel verantwortlich. Sein Erziehungsideal des freien, selbsttätigen, denkenden Menschen brachte ihn in den Ruf eines Demagogen, Atheisten und Aufrührers. Der Begriff von der vorschulischen Erziehung wurde von Fröbel geprägt. In allen Landesteilen entstanden neue Kindergärten und bestehende Einrichtungen reorganisierten sich nach dem Fröbel-System. Die Revolution (1848), die Fröbel ausdrücklich begrüßte, scheiterte hingegen. Mit dem preußischen Kindergartenverbot, dem sich auch weitere deutsche Staaten anschlossen, wurde Fröbels Lebenswerk als sozialistisch denunziert und zu seinen Lebzeiten zerstört. Erst acht Jahre nach seinem Tod wurden Kindergärten wieder zugelassen (1860).

Kontrapunkt: So sehr Kindheit im 18. und 19. Jahrhundert zunehmend zur Projektionsfläche von Erziehung und Errettung wurde, so wenig ist damit gesagt, dass sich die Situation von Kindheit und Jugend grundlegend verbessert hätte. Eine kleine Auswahl von Erziehungsschriften zeigt dies deutlich:[178]

„Aufforderung zur Unterwerfung" (Friedrich Eberhard von Rochow, 1772)

„Die Konsequenz der Erziehung ist die Erziehungsdiktatur" (Johann Bernhard Basedow, 1773)

„Notwendige Willkür des irdischen Vaters als Vertreter des himmlischen" (Joachim Heinrich Campe, 1779)

„Erklärung des pädagogischen Totalitarismus" (Ernst Christian Trapp, 1784)

„Wodurch man das Geständnis der Onanie erlangt" (Peter Villaume, 1787)

„Einkreisung eines fehlerhaften Kindes" (Joachim Heinrich Campe, 1788)

„Warum Kinder verzichten sollen und Erwachsene genießen dürfen" (C.F. Weisse, 1791)

„Der erzieherische Wert einer Hinrichtung" (C.F. Weisse, 1791)

„Eine Inszenierung des Strafaktes" (Christian Gotthilf Salzmann, 1796)

„Untergang der Welt durch Onanie" (Johann Sailer, 1809)

„Die Erziehung, ein ewiger, doch heiliger Krieg" (Johann Sailer, 1809)

177 Vgl. Reble 1980, S. 228.

178 Vgl. Rutschky 1977, in o.g. Reihenfolge S. 4, 97, 83, 150, 19, 183, 282, 6, 392, 322, 149, 303, 292, 65.

„Die Indizien für onanistische Betätigung" (August Hermann Niemeyer, 1810)
„Die Stahlarznei der Männlichkeit"[179] (Jean Paul, 1811)
„Der Erzieher ist ein Organ der Gottheit" (B. Blasche, 1828)

So müssen die von Rousseau inspirierten Philanthropen Basedow, Salzmann, Campe, Trapp und Rochow, der Humanist Jean Paul, die Volkserzieher Pestalozzi und Fröbel – wie viele andere aus der Zeit der deutschen Aufklärungspädagogik auch – nicht nur aus der Perspektive ihrer reformerischen Kraft, sondern auch aus dem Blickwinkel der damit neu geschaffenen Probleme gesehen werden. Diese lagen vor allem in der für diese Zeit nicht untypischen Sexualfeindlichkeit und – Fröbel ausgenommen – körperlichen und psychischen Züchtigung. Hiervon sind weder Pestalozzi noch Salzmann auszunehmen. Obwohl sie auf die Liste *schwarzer Pädagogik* zu setzen sind, ist ihre ideengeschichtliche Wirkung auf die weitere Geschichte der Sozialpädagogik und Sozialarbeit nicht zu unterschätzen. Ihre publizistische Tätigkeit machte letztlich ihre Erfolgsgeschichte aus.
Gelegentlich wird in historischen Analysen festgestellt, dass die in der Geschichte der Pädagogik und Sozialen Arbeit als Klassiker hochgehaltenen Pädagogen des Pietismus und Philanthropismus in der praktischen Erziehungsarbeit scheiterten.[180] Was ihre praktischen Erziehungskompetenzen anging, waren sie sinnbildlich in gewisser Weise ihrem Vorbild J.J. Rousseau sehr ähnlich. Rousseau ließ praktische Erziehungskompetenz in eigener Zuständigkeit offensichtlich missen, er gab jedes seiner fünf Kinder im Findelhaus ab. Nun ist die Feststellung des Scheiterns in derartigen Analysen stets bemüht, sich nicht naiv und damit ahistorisch an den Maßstäben heutiger Vorstellungen und Theorien einer vernünftigen Pädagogik auszurichten. Alles andere wäre unwissenschaftlich und unredlich. So sind z.B. Beschwerden der Eltern über die drastischen Erziehungsmethoden Franckes und auch die ablehnende Verwunderung von Dorfbewohnern über die häufigen Prügelstrafen Pestalozzis belegt.[181] Unbestreitbar leuchten jedem die psychologisch verheerend wirkenden Folgen der Erziehungspraktiken dieser Zeit als plausible Kennzeichen einer letztlich scheiternden Pädagogik ein.[182] Dennoch muss man fragen, ob mit dem moralisch aufgeladenen Begriff des Scheiterns ein Erkenntnisgewinn verbunden sein kann. Einer Analyse der pädagogischen Wirkungsgeschichte stehen moralische Kategorien jedenfalls im Wege. Historische Positionen müssen stets auch danach befragt

179 Hierunter verstand man verdeckt inszenierte Degen- und Mantelstücke, wie z.B. den plötzliche Überfall der friedlich durch die Heide wandernden Familie (Der Übeltäter war ein vom Vater gekaufter Schauspieler, der vor den Augen der nichtsahnenden Ehegattin und ihren Kindern vom todesmutigen Vater in die Flucht geschlagen wurde. So sollten die Kinder Mut und Ehre aus erster Hand erlernen).

180 Für die Einordnung in die Pädagogikgeschichte vgl. allgemein bei Rutschky 1980. Zu Salzmann vgl. Niederberger 1997, S. 78; zu Pestalozzi vgl. a.a.O., S. 84ff; zu Francke vgl. a.a.O., S. 66ff. und Röper 1976, S. 119.

181 Vgl. Röper und Niederberger a.a.O.

182 Vgl. Rutschky a.a.O.

werden, ob es in der Zeit ihrer Entwicklung schon progressivere Positionen mit einer weiterreichenden Praxis gegeben hat.[183] Aus dieser Perspektive kann man dann vom Scheitern der hier behandelten Personen nicht sprechen.

Zusammengefasst
Kindheit, Jugend und gesellschaftliche Reaktion:

- Vorstellungen einer kindspezifischen Emotionalität und Bedürfnislage setzen sich immer mehr durch. Hiervon sind überwiegend die Kinder der oberen Schichten betroffen.
- Arme Kindheit gerät hingegen kaum in den gesellschaftlichen Schonraum von Bildung und Erziehung und fällt weiterhin einer gewissen pädagogischen Gleichgültigkeit und den Verwertungsinteressen von Anstaltspädagogik zum Opfer.
- Man macht sich zum Anwalt des Kindes:
  - Mit Pestalozzi wird der Grundgedanke der Erziehung mit dem Grundgedanken von Hilfe verbunden. Der Begriff von der vorschulischen Erziehung wird von Fröbel geprägt. Salzmann tritt als vehementer Gegner und Kritiker der Anstaltserziehung auf und wird zum ideengebenden Protagonisten des ersten Waisenhausstreites.
  - Pietistische und philanthropische Erziehungsideale werfen hingegen ihre Schatten pädagogischer Selbstüberschätzung voraus und hinterlassen eine Pädagogik voller Irrtümer (*schwarze Pädagogik*). ◀

5.4 Armut, Hilfebedürftigkeit und gesellschaftliche Reaktion

Merkantilisierung[184] und insbesondere in Preußen die Militarisierung waren die Ursachen für einen gesamtgesellschaftlichen Disziplinierungsprozess. Die Disziplinierung der Menschen durch Gutsherrenschaft und Heereswesen strahlte auf eine Sozialdisziplinierung des gesamten Armenwesens aus.
Die gewinnorientierte Landwirtschaft beeinflusste die landwirtschaftliche Produktion. Die Kartoffel trat in der zweiten Hälfte des 18. Jahrhunderts ihren Siegeszug in Deutschland an, in München nicht zuletzt durch die Initiative des englischen Offiziers und Erfinders der sogenannten Armensuppe, dem späteren Reichsgrafen von Rumford, *Benjamin Thompson* (1753–1840)[185]. Kartoffeln sowie der Anbau

183 Vgl. Müller 1999, S. 119.

184 Der Merkantilismus war im absolutistischen Europa die herrschende Wirtschaftsform. Ziel war die Erhaltung bzw. Vermehrung der Geldmenge im eigenen Land. Das Mittel hierfür war die positive Handelsbilanz der Gesamtwirtschaft, d.h.: Der Export soll den Import von Gütern übertreffen. Entsprechend werden Exporte staatlich gefördert, Importe durch Zölle gehemmt.

185 Thompson war ein Mann mit einer etwas schillernden Karriere: Kaufmännische Lehre, Gelegenheitsarbeiten und wandernder Schulmeister in Amerika, Besuch von Physikvorlesungen in Har-

von Flachs, Tabak, Hopfen und besonders Getreide sowie der gleichzeitige Rückgang der Viehwirtschaft gaben der feudal-agrarischen Gesellschaft Auftrieb und verschlechterten die Ernährungslage der Bevölkerung drastisch. Bauern wurden mit einer unerträglichen Abgabenlast an Grundherrn, Leibherrn, Gerichtsherrn, Landesherren, Kirchen sowie Leistungen zur Erhaltung gemeindlicher Einrichtungen (u.a. Wege, Brücken, Schulen und Armenkassen) überzogen. Preissteigerungen und stagnierende, teilweise fallende Löhne, trugen zur Verarmung bei.

Die zunehmende Manufakturarbeit[186] zerstörte immer mehr kleine Handwerksunternehmen, so dass es den Handwerkszünften nicht mehr gelang, die soziale Sicherung ihrer Mitglieder sicherzustellen. Das preußische Militär verschlang viele junge Menschen, die der Landwirtschaft und dem Gewerbe fehlten. Frauen und Kinder wurden zunehmend in die gewerbliche Produktion gezwungen. Verarmte Bauern, Handwerker, Witwen, Waisen, Kranke und Verkrüppelte, insbesondere Preußens aktive und ehemalige Soldaten, bildeten fortan die wachsende Armenbevölkerung. So stieg die Armutsbevölkerung in Berlin z.B. in der Zeit von 1750–1801 um das Neunfache.[187] Hinzu kam die wachsende Zahl der umherziehenden Armen. Unter ihnen bildeten sich auch zunehmend organisierte Diebesbanden, die in Deutschland erstmals zwischen der zweiten Hälfte des 18. Jahrhunderts und dem beginnenden 19. Jahrhundert auftraten.

Nach der französischen Revolution (1789–1799) galt der Grundsatz der Staatsarmenpflege. Im ausgehenden 18. Jahrhundert kam es in einer Reihe deutscher Städte zu Reformen in der Armenhilfe für Erwachsene. Das eingangs erwähnte Prinzip der Disziplinierung spielte hierbei eine tragende Rolle. So stand die Einführung der Arbeitsverpflichtung in den folgenden Armenreformen im Vordergrund. Ein weiteres Reformkennzeichen war die Einführung des Ehrenamtes. Ausgangspunkt war die Gründung der Hamburger Armenanstalt von 1788 und die bürgerliche Armenpflege in Elberfeld. Die Armenpflege in Elberfeld hatte 1800 als geschlossene Armenpflege begonnen. Sie war Vorläufer des späteren offenen Elberfelder Systems.

vard, Heirat einer reichen Witwe, Flucht zu den britischen Truppen, Reise nach England und Militärkarriere, danach Wechsel in den Dienst des bayrischen Kurfürsten, was ihn später zum Kriegsminister und Reichsgrafen werden ließ. Thompson war ein Erfinder und Tüftler. Er trug zur Weiterentwicklung der Wärmelehre (im Zusammenhang mit Öfen) und der Verbesserung von Schusswaffen (im Zusammenhang mit Schwarzpulver) bei, regte den Bau des sogenannten „Englischen Gartens" an, der zur Erholung der Soldaten und der Verbesserung ihrer landwirtschaftlichen Fähigkeiten aber auch als allgemein zugänglicher Park dienen sollte. Thompson erfand unter anderem auch die angeblich nahrhafte sogenannte Rumfordsche Armensuppe (Knochenbrühe, Hülsenfrüchte, Graupen, Kartoffeln, Wurzeln, Essig und ggf. Fleisch). Die Suppe fand Verbreitung in den Armenanstalten ganz Europas (Vgl. Sachße 1983, S. 279).

186 In erster Linie Seide, Samt, Gold, Silber, Porzellan; vgl. a.a.O., S. 95.

187 A.a.O., S. 101.

Zentrale Merkmale der Reform waren:

- Arbeitszwang,
- kommunale Arbeitsbeschaffung,
- Dezentralisierung durch Bezirkseinteilung,
- Hausarmenpflege und
- ehrenamtliche Wahrnehmung der Aufgaben der Armenfürsorge.

Auch die Hamburger Kinder- und Jugendfürsorge orientierte sich an dem Prinzip des Arbeitszwanges für erwachsene Arme. Die Hamburger Armenreform ist als das erste bürgerschaftlich organisierte Engagement zur Verbesserung der Kinderfürsorge bekannt. Unter der Leitung des Hamburger Handelskaufmanns *Caspar Voght* (1752–1839) wurde die Kinderfürsorge gesondert nach dem Muster der Hamburger Armenanstalt weiterentwickelt. Unterricht und Arbeitserziehung wurden für alle Armenkinder Hamburgs verbindlich. Die Idee des Arbeitszwangs für Kinder war aber nicht neu, wenn wir uns an Pestalozzi erinnern. Auch in der Erwachsenenfürsorge ist uns dies bereits bei J.J. Vives begegnet. Neu hingegen ist, dass sich der Staat dieses Prinzips bedient. Die Hamburger Armenreform von 1788 – hier insbesondere durch den Theologen, Mathematiklehrer und Gründer der Hamburger Handelsakademie *Johann Georg Büsch* (1728–1800) getragen – fand Nachahmung in Bremen (1779), Lübeck (1801) und Braunschweig (1805).
Die napoleonischen Kriege und die französische Besatzung führten zum Ende der Hamburger Armenreform. Nach Kriegsende (1814) wurde das Modell nicht weiter verfolgt. Liberalistische Ideen aus England nahmen nun Einfluss auf die Armenfürsorge. Zunehmend fand eine Bevölkerungstheorie Anerkennung, die sich strikt gegen private und erst recht staatlich gelenkte Wohltätigkeit wandte. *Thomas Robert Malthus* (1766–1834), ein britischer Ökonom – vormals Pfarrer – versuchte mathematisch zu belegen, dass das Bevölkerungswachstum gleich einem naturgesetzlichen *„struggle for existence“*[188] stets überproportional zum Wirtschaftswachstum steigt. Mit seinem Bevölkerungsgesetz versuchte Malthus nachzuweisen, dass staatliche Interventionen zur Bekämpfung von Armut selbige nur verschärfen würden, da sie dazu beitrügen, den Kinderreichtum armer Bevölkerungsschichten noch zu verstärken. Nur die Nicht-Unterstützung und Abschaffung der Armenfürsorge würde zu einem quasi evolutiven Ende der Armut führen.[189] Malthus Gedanken führten in England zu einer Verschärfung der Armengesetzgebung und zu Sanktionen für hilfesuchende Antragsteller. Wer öffentliche Unterstützung durch die Armenhilfe bezog, verlor die bürgerlichen Ehrenrechte und damit auch das Wahlrecht für das Kommunal- und das Landesparlament. Außerdem musste er die Einweisung in ein Arbeitshaus zwecks Feststellung

188 Charles Robert Darwin (1808–1882), einer der Mitbegründer der Evolutionstheorie, übertrug übrigens diese ökonomische Analyse von Malthus auf die biologische Evolution als „survival of the fittest“ (nicht umgekehrt!).

189 Vgl. Malthus 1977 (1798), S. 20–27 und S.45f.

seines Arbeitswillens fürchten. Das Arbeitshaus wurde 1865 obligatorisch in England und Wales eingeführt. Die geplante abschreckende Wirkung war enorm.[190]
Für die deutsche Entwicklung geht man davon aus, dass Malthus' Ideen zur Entwicklung liberaler Gesellschaftspolitik und in den politischen Bestrebungen zur Schaffung eines liberalen Rechtsstaates beigetragen haben. Liberale Politik sieht sich einer Haltung verpflichtet, die staatliche Eingriffe in das Leben von Gesellschaft, Wirtschaft und Familie weitestgehend ablehnt.[191]

Zusammengefasst
Armut, Hilfebedürftigkeit und gesellschaftliche Reaktion:

- Merkantilisierung und Militarisierung lassen den Anteil der Armutsbevölkerung drastisch ansteigen.
- Nach der französischen Revolution (1789–1799) gilt der Grundsatz der Staatsarmenpflege. Die Folge ist eine Armenreform mittels verstärkten Aufbaus einer systematischen, kommunalen Armenfürsorge.
- Die Einführung der Arbeitsverpflichtung steht in den Armenreformen im Vordergrund.
- Das Prinzip des Arbeitszwanges setzt sich endgültig durch.
- Armenverordnungen und Armengesetzgebungen werden fortan im Geiste liberaler Gesellschaftspolitik verschärft. ◀

5.5 Zusammenfassung: Klassik

Wie kann die allgemeine gesellschaftliche Charakteristik der jeweiligen Epoche beschrieben werden?

Die Zeit der Klassik wird der Aufklärungsepoche zugerechnet. Mit der klassisch-idealistischen Epoche sind Veränderungen im wirtschaftlich-politischen aber auch im literarisch-philosophischen Bereich angesprochen. Die Gesellschaft erlebt einen weiteren Aufstieg des Bürgertums und den langsamen Abbau von Standesunterschieden. Gleichzeitig verarmen die Arbeiter und Bauern zunehmend (Frühproletariat). Mit den veränderten Einstellungen zum Staat wird das Volk stärker als Subjekt des politischen Geschehens gedacht (Französische Revolution, Freiheitskriege usw.). Der Staat wandelt sich ansatzweise zum Kultur- und Verfassungsstaat. Erste verfassungs- und wohlfahrtsstaatliche Ansätze werden erkennbar. In der Dichtkunst stehen der Mensch und sein Verlangen nach Individualität im Mittelpunkt.

---

190 Vgl. Müller 1999, S. 32ff.
191 Vgl. Scherpner 1979, S. 114–118. Vgl. auch Engelke 2002, S. 179–188.

Von welchem Weltbild und welcher Philosophie ist diese Zeit geprägt, und welche geistigen Protagonisten und Ideengeber sind maßgebend in der Behandlung der sozialen Fragestellung?

Der rationale Geist der Aufklärung trifft gegen die Ideen des *Sturm-und-Drang*, der *Klassik* und der späteren *Romantik*. Im *Sturm-und-Drang* und der späteren Romantik formiert sich eine geistige Gegenbewegung. Nicht die einseitige Betonung des rationalen, sondern die Betrachtung der irrationalen Seite des Mensch-Seins finden stärkere Beachtung (Gefühle, Liebe, Ängste, Zorn usw.). Das Individuum wird stärker im Spannungsfeld von gesellschaftlichen und eigenen Bedürfnissen wahrgenommen.

Welche Einstellungen zur Kindheit und Jugend allgemein sowie zu ihren Beschädigungen im Speziellen herrschen in dieser Zeit vor, und wie drückt sich dies organisatorisch und programmatisch im Erziehungs- und Bildungsverständnis aus?

Vorstellungen einer kindspezifischen Emotionalität und Bedürfnislage setzen sich immer mehr durch. Hiervon sind überwiegend die Kinder der oberen Schichten betroffen. Arme Kindheit gerät hingegen kaum in den gesellschaftlichen Schonraum von Bildung und Erziehung und fällt weiterhin einer gewissen pädagogischen Gleichgültigkeit und den Verwertungsinteressen von Anstaltspädagogik zum Opfer. Salzmann tritt als vehementer Gegner und Kritiker der Anstaltserziehung auf und wird zum ideengebenden Protagonisten des ersten Waisenhausstreites. Mit Pestalozzi schließlich wird der Grundgedanke der Erziehung mit dem Grundgedanken von Hilfe verbunden. Der Begriff von der vorschulischen Erziehung wird von Fröbel geprägt. Man macht sich zum Anwalt des Kindes. Pietistische und philanthropische Hilfe- und Erziehungsideale werfen hingegen ihre Schatten pädagogischer Selbstüberschätzung voraus und hinterlassen eine Pädagogik der Irrtümer (*schwarze Pädagogik*).

Welche Einstellungen zur Armut und Hilfebedürftigkeit prägen diese Zeit, und wie drücken sich diese organisatorisch und programmatisch im Umgang mit Armut aus?

Merkantilisierung und Militarisierung lassen den Anteil der Armutsbevölkerung drastisch ansteigen. Nach der französischen Revolution (1789–1799) gilt der Grundsatz der Staatsarmenpflege. Eine Armenreform mittels verstärkter Bestrebungen nach dem Aufbau einer systematischen, kommunalen Armenfürsorge ist die Folge. Die Einführung der Arbeitsverpflichtung steht in den Armenreformen im Vordergrund. Das Prinzip des Arbeitszwanges setzt sich endgültig durch. Armenverordnungen und Armengesetzgebungen werden fortan im Geiste liberaler Gesellschaftspolitik verschärft.

5.6 Reflexionsvorschläge

Heim oder Pflegefamilie, ist das die Frage? Bereits im 18. Jahrhundert entbrannte der erste Streit um die bessere Ersatzerziehungsform: Pflegefamilie oder Heim? Einer der schärfsten Kritiker der Waisenanstalten war derzeit der deutsche Rousseau, der evangelische Pfarrer und Pädagoge Christian Gotthilf Salzmann. Die letzte große Auseinandersetzung in dieser Frage wurde in den 1970er Jahren mit der sogenannten *Heimkampagne* („Holt die Kinder aus den Heimen") geführt. Heimerziehung wurde aber nicht abgeschafft. Vielmehr wurde sie reformiert und hat sich zu einem sehr differenzierten Erziehungs- und Betreuungssystem entwickelt. Unter anderem hat man sich hierbei auch an familienanalogen Betreuungsangeboten orientiert (Wohngruppe, sozialpädagogische Pflegestelle usw.). Lässt sich die Frage nach der besten Erziehungshilfe mit der Frage „Familie oder Heim?" beantworten? *(Stichworte: Heimrevolte und Heimkampagne; Differenzierung der Heimerziehung; Pflegefamilien, Pflege- und Adoptionsvermittlung)*

Weshalb sollte Soziale Arbeit eine selbstreflexive Profession sein? Christian Gotthilf Salzmann war einer der heftigsten Kritiker der Erziehungspraxis seiner Zeit. Er lenkte vor allem die Aufmerksamkeit auf die Rolle der Erziehenden. Salzmann sprach von der Notwendigkeit einer „Erziehung der Erzieher". Darunter verstand er aber weniger die von außen herangetragenen Versuche einer beruflichen Qualifizierung. Vielmehr forderte Salzmann, dass jeder Erzieher der Einsicht folgen solle, sich selbst erziehen zu müssen. Salzmanns Vorstellungen von Selbsterziehung waren noch sehr an der Orientierung an bestimmten Tugenden gebunden. Mit heutigen Worten könnten wir Salzmanns Aufforderung zur Selbsterziehung mit der Entwicklung einer selbstreflexiven Professionshaltung beschreiben. Worin liegt ihre Bedeutung für professionelle Soziale Arbeit? *(Stichworte: reflexive Sozialpädagogik, Supervision, berufsbezogene Selbsterfahrung)*

Familienorientierung – eine Fiktion? Bei Pestalozzi war der Glaube an das Familienideal von der Überzeugung getragen, dass sich dieses Ideal auch auf die Fremderziehung übertragen lässt. Bis in die heutige Zeit ist die Grundfigur der familienorientierten Erziehung in der Kinder- und Jugendhilfe anzutreffen. Diese Form der Erziehung gibt vor, neben der Herkunftsfamilie eine weitere Familie, ggf. sogar Familienersatz sein zu können. Sie kann diesem Anspruch aber nur schwer gerecht werden, da sie nicht über die strukturellen Gestaltungsmöglichkeiten von Familie verfügt, bzw. diese berufsmäßiger Organisation widersprechen müssen. Mit der Orientierung an dem Familienideal begann in der Fremderziehung eine Kritik an der Leistungsfähigkeit von Fremderziehung. Sollte Fremderziehung auf das Familienideal besser verzichten? *(Stichworte: Pflegefamilie, Heimerziehung, Kleinstheime, Wohngruppen, Familienbegriff in der Moderne)*

III Moderne Gesellschaft – Von der Erziehungsarbeit bis zur Lebensbewältigung und Lebensführung

Moderne Gesellschaftsformen umspannen in etwa die Zeit der *Frühmoderne*, der Industrialisierung sowie der Moderne und Spätmoderne. Wir verwenden den Begriff der Moderne hier doppelt. Zum einen bezeichnet er die sozialevolutive Entwicklung in Abgrenzung zur archaischen und späteren hochkultivierten Gesellschaft. Zum anderen wird er in der Geschichte in der Regel als Epochenbegriff verwendet. Als solcher ist er etwas unscharf. Er wird mit der Überwindung des mittelalterlichen Denkens in Verbindung gebracht, also in etwa mit dem späten Mittelalter und Beginn der Neuzeit (1250–1450). Gelegentlich findet man hierfür auch den Begriff *Frühmoderne*. Überwiegend wird die Moderne jedoch mit Entwicklungen in Verbindung gebracht, die im 18. und 19. Jahrhundert begannen:

- geistesgeschichtlich mit der Aufklärung,
- politisch mit der Französischen Revolution,
- ökonomisch mit der Industrialisierung.

Der Begriff *Moderne Gesellschaft* ist – wie eingangs festgestellt – sozialevolutiv abgrenzbar vom Begriff der *hochkultivierten Gesellschaft*. Mit ihm ist der Wandel von Gesellschaft als Umbruch in allen Bereichen des individuellen, gesellschaftlichen und politischen Lebens gegenüber der Tradition markiert und wäre hiernach bereits mit der Aufklärungsepoche anzusetzen. Dieser Umbruch ist jedoch eher geistesgeschichtlich und weniger als bereits konsolidierte Gesellschaftsform erkennbar. Dies geschieht erst mit der Industrialisierung und den von ihr ausgelösten tiefgreifenden, gesellschaftlichen Strukturveränderungen. Daher wird die beginnende Moderne, die Herausbildung der sogenannten modernen Gesellschaft also, mit der Industrialisierungsepoche markiert. Die Moderne wird nachfolgend in drei Abschnitten behandelt:

a) Industrialisierung (beginnende Moderne, ca. 1820–1900),
b) Anfang bis Mitte 20. Jahrhundert (Moderne, ca. 1900–1945),
c) Mitte 20. Jahrhundert bis heute (Spätmoderne/Postmoderne, ab 1945).

Moderne Gesellschaft bildet einen neuen Erwartungstyp von Hilfe aus. Wir sprechen jetzt von einem funktional-strukturellen Erwartungstyp. Das bedeutet, dass Hilfe nun zur sicher erwartbaren gesellschaftlichen Leistung wird. Sie erfolgt aber ausschließlich auf der Grundlage gesellschaftlich definierter Hilfebedarfe und dazu passender Hilfeprogramme. Nur der Vergleich von Tatbestand und Programm löst Hilfe aus. Ursprüngliche, wechselseitige Hilfe verbleibt im Privatleben.
Bevor wir in die drei oben genannten Zeitabschnitte der Moderne gehen, soll, wie in den beiden vorlaufenden gesellschaftlichen Entwicklungsstufen (I. und II.) geschehen, ein Überblick über die sozialevolutive Charakteristik und die Form des Bedarfsausgleiches gegeben werden.

1 Sozialevolutive Charakteristik

Aus den hochkultivierten Lebens- bzw. Gesellschaftsformen heraus entwickelten sich die industrialisierten Gesellschaften. In ihrer Folge von Technologisierung, Ökonomisierung und damit auch Globalisierung erreichen sie ein hohes Maß gesellschaftlicher Differenzierung. Moderne Gesellschaften sind in Zeiten der Industrialisierung noch stark stratifikatorisch, d.h. nach Schichten differenziert. Gleichzeitig ist jedoch die Ausbildung einer funktionalen Differenzierung beobachtbar. Es bilden sich immer mehr eigene, relativ autonome Funktionssysteme zur Bearbeitung ungleicher gesellschaftlicher Aufgaben aus. Beispiele für solche Funktionssysteme sind das Recht, die Wirtschaft, die Politik, die Wissenschaft, die Bildung und Erziehung, die Religion, die Medizin, die Kunst und die Massenmedien. Diese bearbeiten relativ eigenständig ihre jeweiligen Aufgaben für die Gesellschaft. Die für hochkultivierte Gesellschaften typischen Schichtendifferenzierungen sind zwar nicht aufgehoben, stellen aber nicht mehr die dominierende Grundlage der weiteren gesellschaftlichen Ausdifferenzierung und Strukturbildung dar.
Im Zusammenhang funktionaler Differenzierung gewann die *Organisation* eine besondere Bedeutung. Organisationen sind die Einheiten, die die Aufgaben der Funktionssysteme bearbeiten Der Begriff der Organisation als eine Form gesellschaftlichen Handelns ist mit dem 19. Jahrhundert eng verbunden. „Die moderne, nachrevolutionäre Gesellschaft sucht ihre eigene Form – teils im Unterschied zu den Adelsgesellschaften der europäischen Tradition, teils als Abwehrbegriff gegen die Unruhen, die die Französische Revolution nach sich gezogen hatte. Es geht um den Wiederaufbau auf neuen, zukunftsträchtigen Grundlagen“[192]. Diese Grundlagen fanden ihre Form in der Ausbildung von spezialisierten Organisationen. Differenziert nach den drei Sinndimensionen ergibt sich für die Moderne Gesellschaft folgendes Bild:
Zeitdimension: Die Moderne Gesellschaft umfasst in etwa die Zeitepoche von der Industrialisierung bis heute. Evolutionär betrachtet sind moderne Gesellschaften hoch entwickelte Gesellschaften, bestehend aus einer Vielzahl unterschiedlicher, autonomer sozialer Systeme. Moderne Gesellschaften ‚zerfallen‘ sozusagen in eine Vielzahl unterschiedlicher gesellschaftlicher Teilsysteme. Die Teilsysteme bilden sich weniger vertikal, im Sinne einer Rangordnung, aus. Vielmehr stehen sie eher horizontal nebeneinander, im Sinne einer gleichberechtigten Bearbeitung ungleicher gesellschaftlicher Aufgaben und Probleme. Kommunikation erfolgt oral über Sprache sowie über Verbreitungsmedien (Massenmedien, wie Zeitungen, Fernse-

192 Luhmann 2006, S. 13.

hen, Radio und Internet). Hinzu bilden sich symbolische Kommunikationsmedien aus, die die Wahrscheinlichkeit des Erfolges von Kommunikation erhöhen (z.B. Geld, Macht, Glaube, Liebe). Individualität wird einerseits zum gesellschaftlichen Erfordernis, da die Gesellschaft dem Individuum keinen festen Platz in der Gesellschaft mehr zuordnet; andererseits wird Individualität auch als Ganzheit von den Teilsystemen ausgeschlossen, da die einzelnen gesellschaftlichen Teilsysteme (z.B. das Wirtschaftssystem, das Rechtssystem, das Wissenschaftssystem oder das Erziehungs-Bildungssystem) zur Teilnahme nur die jeweils für sie funktionserforderlichen Kommunikationseigenschaften einbeziehen (z.B. zahlungsfähig, rechtmäßig, wahrheitsfindend oder erziehungs- bzw. bildungsfähig). Kein System interessiert sich für alle Individualeigenschaften, es adressiert nur die systemspezifischen Eigenschaften. Die Gesellschaftszugehörigkeit des Einzelnen ist über die kommunikative Anschlussfähigkeit zu unterschiedlichen gesellschaftlichen Teilsystemen gekennzeichnet (Inklusion).

Sachdimension: Im Vergleich zur archaischen und hochkultivierten Gesellschaft sind moderne Gesellschaften funktional differenzierte Gesellschaften. Sie bilden Einheiten unter dem Gesichtspunkt der Sicherung ungleicher, spezialisierter Problembearbeitung für das Gesamtsystem aus (gesellschaftliche Funktionssysteme, wie z.B. Wissenschaft, Recht, Politik, Wirtschaft, Religion, Familie). Diese bearbeiten jeweils eigenständige Aufgaben für die Gesellschaft. Die gesellschaftlichen Funktionssysteme sind für sich gegenseitig Umwelt. In funktional differenzierten Gesellschaften ist das Ziehen von System/Umwelt-Differenzen über einzelne Segmente (Stämme, Sippen) oder über Stratifikationen (Schichtungen) nicht mehr möglich. Vielmehr müssen sich infolge der Zunahme gesellschaftlicher Komplexität Systeme unter dem Gesichtspunkt der Sicherung ungleicher und spezialisierter Problembearbeitung für das Gesamtsystem bilden. Moderne Gesellschaften stellen demnach ungleiche, funktional differenzierte Einheiten auf hoher Entwicklungsstufe mit einer nicht mehr überschaubaren Vielfalt des Erlebens und Handelns, d.h. mit höchster Komplexität, dar. Die Identität des einzelnen Menschen ist nicht primär – allenfalls untergeordnet – durch die Zugehörigkeit zu seinem Stamm (Clan, Familie) oder zu einem sozialen Stand (Schicht, Klasse) gegeben. Diese alten Identitätsmodelle brechen in modernen Gesellschaften immer mehr weg. Identität wird zur Privatsache in der Suche nach Individualität. Der Mensch kommt nur noch als Träger von Kommunikationseigenschaften vor; er wird zur sozialen Adresse. Nicht der ganze Mensch, sondern die von den Funktionssystemen erforderten Kommunikationseigenschaften werden in das System aufgenommen. Werden diese Kommunikationseigenschaften nicht erbracht, ist eine Teilnahme an dem Teilsystem nicht möglich. Dieser Ausschluss (Exklusion) führt zu einem sozialen Problem, da die gesellschaftlichen Teilsysteme die Folgeprobleme ihres eigenen Systemausschlusses nicht mehr bearbeiten.

Sozialdimension: Helfen als Form des Bedarfsausgleiches gestaltet sich in modernen und spätmodernen Gesellschaften zunehmend funktional. Die Armenpflege geht in der modernen Gesellschaft endgültig an den Staat über. Hilfe wird in Form organisierter und spezialisierter Sozialsysteme geleistet und wird zu einer erwartbaren Leistung. „Weder beruht unsere Gesellschaft auf Interaktionen, die als Helfen charakterisiert werden könnten, noch integriert sie sich durch entsprechende Bekenntnisse; aber sie konstituiert eine Umwelt, in der sich organisierte Sozialsysteme bilden können, die sich aufs Helfen spezialisieren. Damit wird Hilfe in nie zuvor erreichter Weise eine zuverlässig erwartbare Leistung"[193]. Die Daseinsvorsorge wird von der Wirtschaft übernommen, die Daseinsnachsorge ist Sache organisierter Hilfeleistungen. Für soziale Organisationen ist typisch, dass sie nicht an der Änderung von gesellschaftlichen Strukturen arbeiten, die Hilfebedürftigkeit erzeugen. Sie verhindern daher nicht die „Problemfälle", sondern arbeiten an deren „Beseitigung". Das heißt nicht, dass sie auf Prävention verzichten. Ihre Präventionsprogramme können sich aber nur auf individuelles Verhalten und Erleben richten, nicht aber auf die gesellschaftlich erzeugten Ursachen.

Zusammengefasst
Das dominante Strukturprinzip moderner Gesellschaften wird als funktionale Differenzierung bezeichnet. Kennzeichen sind:

- Relativ gleiche, voneinander unabhängige Einheiten auf hoher Entwicklungsstufe.
- Nicht mehr überschaubare Vielfalt des Erlebens und Handelns mit oraler, schriftlicher und medialer Kommunikation mit höchster Komplexität.
- Sicherung ungleicher und spezialisierter Problembearbeitung für das Gesamtsystem.
- Ausdifferenzierung in gesellschaftliche Funktionssysteme (Politik, Recht, Wirtschaft, Wissenschaft, Familie usw.) mit relativ gleicher Macht.
- Der Mensch wird zur sozialen Adresse und von den Teilsystemen nur als Person identifiziert.
- Identität wird zur Privatsache in der Suche nach Individualität.
- Nur die von den Funktionssystemen verarbeitbaren Kommunikationseigenschaften werden in das System aufgenommen (Inklusion), nicht der ganze Mensch
- Nicht erbrachte Kommunikationseigenschaften führen zur Exklusion der Person.
- Exklusion führt zu sozialen Folgeproblemen, die von den gesellschaftlichen Teilsystemen nicht bearbeitet werden.
- Helfen wird zur zuverlässig erwartbaren Leistung von sozialen Organisationen.
- Hilfe von sozialen Organisationen geschieht nur im Vergleich von Tatbestand und Hilfeprogramm.
- Soziale Organisationen arbeiten nicht an den strukturellen Ursachen, die zur Hilfebedürftigkeit führen. ◀

193 Luhmann 1973, S. 32.

2 Bedarfsausgleich

Was für die Ausdifferenzierung der beginnenden modernen Gesellschaft allgemein gilt, gilt auch für die Ausdifferenzierung ihrer Hilfeformen. Fürsorge wird fortan als planmäßige, rational organisierte Hilfeleistung zur gesellschaftlich erwartbaren Konstante. Die Moderne Gesellschaft „... konstituiert eine Umwelt, in der sich organisierte Sozialsysteme bilden können, die sich aufs Helfen spezialisieren. Damit wird Hilfe in nie zuvor erreichter Weise eine zuverlässig erwartbare Leistung“[194].

Die Armenpflege geht sukzessive an den Staat über. Die Daseinsvorsorge wird von der Wirtschaft übernommen, während die Daseinsnachsorge Sache organisierter Hilfeleistungen wird. Hilfe wird in Form organisierter und spezialisierter Sozialsysteme geleistet. Auf der Organisationsebene differenziert sich ein System der privaten (bürgerlichen und kirchlichen) und öffentlichen (kommunalen und staatlichen) Wohlfahrt aus. Dazu gesellt sich die Ausdifferenzierung einer Armenpolitik mit rechtlichen Programmen (Sozialgesetzen, Sozialversicherungen). Sie entwickelt Programme der Problembearbeitung in Form von Gesetzes- und Versicherungswerken, beruflichen Funktionen und Spezialisierungen, Handlungskonzepten und Methoden. Die Organisationen arbeiten nicht an der Änderung von Strukturen, die Hilfebedürftigkeit erzeugen. Letztlich können sie die „Problemfälle“ nicht verhindern, sondern arbeiten an deren „Beseitigung“[195] Hilfe wird zur gesellschaftlich erwartbaren Leistung. In der modernen Gesellschaft des 20. Jahrhunderts differenzieren sich die gesellschaftlichen Funktionssysteme weiter aus. Im Kontext des Helfens sind es hier besonders die Funktionssysteme Politik, Recht und Wissenschaft, die stets neue Programme entwickeln. Das sind die Funktionssysteme, die an der Frage der Problemverhinderung arbeiten (z.B. Präventionsprogramme).

Zusammengefasst
Bedarfsausgleich in modernen Gesellschaften:

- Armenpflege geht an den Staat über.
- Hilfe wird in Form organisierter und spezialisierter Programme geleistet.
- Daseinsvorsorge wird von der Wirtschaft übernommen, Daseinsnachsorge ist Sache organisierter Hilfeleistungen.

194 Luhmann 1973, S. 32.
195 A.a.O., S. 35.

- Organisationen arbeiten nicht an der Änderung von Strukturen, die Hilfebedürftigkeit erzeugen.
- Sie verhindern daher nicht die „Problemfälle", sondern arbeiten an deren „Beseitigung".
- Hilfe wird zur gesellschaftlich sicher erwartbaren Leistung. ◄

Die Himmel erzählen nicht mehr die Ehre Gottes,
sondern die Ehre Galileis, Keplers und Newtons.
(Auguste Comte,1842)

3 Industrialisierung – Von der Erziehungsarbeit bis zur Zwangsarbeit und Ausbeutung

Die Zeit des Idealismus und der Romantik sowie der ihnen vorausgegangenen Klassik sollte im 19. Jahrhundert ein vorläufiges Ende finden. Religiöse und metaphysische Betrachtungen traten in den Hintergrund und wurden durch das zunehmende Interesse an den naturwissenschaftlichen und technischen Erfolgen verdrängt. Unter dem Druck der neuen Produktionsverhältnisse entstanden Proletariat und Massenarmut einerseits sowie das verstärkte Interesse an der Realisierung von Individualitätsidealen andererseits.[196]

3.1 Allgemeine gesellschaftliche Charakteristik

Die Zeit der Industrialisierung wird hier von ca. 1820–1900 datiert. Die deutschen Städte – bis 1830 relativ wenig gewachsen – entwickeln sich explosionsartig. Wissenschaftliche Erkenntnisse zur Bedeutung der Hygiene im Alltag setzen sich immer mehr durch. Die ersten Ingenieurlösungen in der Entwicklung eines städtischen Abwasserkanalsystems finden hohe Akzeptanz. Die Städte werden sauberer und der Wohnraum verteuert sich hierdurch. Arme können sich Stadtwohnungen immer weniger leisten und werden in die Gebiete mit billigem Wohnraum verdrängt.
Das 19. Jahrhundert ist ein Jahrhundert der Monopolbildungen. Die Entwicklungen relativ überschaubarer Lebensräume zu massenhaften Ballungszentren des Zusammenlebens und Arbeitens wird durch den Aufbau industrieller Produktionszentren und durch das enorme Bevölkerungswachstum forciert. Zwischen 1830 und 1900 verdoppelt sich die Bevölkerungszahl von ca. 24 auf ca. 60 Millionen Menschen. Die kapitalistische Produktionsweise – in Form der Arbeitsteilung in den Manufakturen des 18. Jahrhunderts schon bekannt – erreicht mit der Erfindung der Werkzeugmaschine und später der Dampfmaschine[197] ihren verhängnis-

---

196 Vgl. Richter 2001, S. 58.

197 Sie wurde bereits 1712 von Thomas Newcomen (1663–1729 erfunden und 1769 von James Watt (1736–1819) zum Patent angemeldet. In der Landwirtschaft und in den Fabriken kam sie in der zweiten Hälfte des 18. Jahrhunderts immer mehr zum Einsatz und beförderte letztlich den Industrialisierungsschub im 19. Jahrhundert.

vollen Verlauf.[198] Es begann eine schicksalhafte Beziehung zwischen Mensch und Maschine.

Die Entwicklung der Wirtschaft verlief im Europa des 19. Jahrhunderts rasant. Die Zahl der Fabrikarbeiter verdoppelte sich in der Zeit von der Gründung des Deutschen Kaiserreiches (1871) bis 1900 von sechs auf zwölf Millionen. Besonders in der zweiten Hälfte des 19. Jahrhunderts setzten die Ausbreitung der Städte und die folgende sogenannte Landflucht ein. Die wachsende Industrie in den neu entstandenen Ballungszentren übte eine Anziehungskraft auf große Teile der armen Landbevölkerung aus.[199] 1910 schließlich hatten zwei Drittel der Bevölkerung ihren Wohnsitz in der Stadt.[200] Mit den Gründerjahren des Kaiserreiches kam auch ein wirtschaftlicher Aufschwung. Die Klassengegensätze lösten sich aber nicht auf, und die Spannungen der europäischen Nationalstaaten nahmen untereinander zu. Die im ersten Jahrzehnt des neuen Jahrhunderts sich verschärfende ökonomische Situation und der Militarismus des deutschen Kaiserreichs führten schließlich mit zum Ersten Weltkrieg.

Im Zuge der Industrialisierung und des zunehmenden Interesses an naturwissenschaftlichen und technischen Erfolgen, geriet der Arbeiter immer mehr ins Hintertreffen. Durch die kapitalistische Produktionsweise entstand schließlich eine Klassengesellschaft, in der die Unterschiede zwischen Arm und Reich immer größer wurden. Zunehmende Landflucht und immer größer werdende Städte und Ballungszentren führten dazu, dass überschaubare Lebensräume gänzlich verschwanden.

Bis zum Ausgang des 19. Jahrhunderts ist ein Teil der Bevölkerung existenziell durch die Industrie zerrüttet und zum Proletariat abgesunken. Das Privateigentum an immer mehr Produktionsmitteln, die zunehmende Verunsicherung der Lebensgrundlage der Arbeiter, die Entfremdung der Arbeit und die Enthumanisierung der Arbeitsprozesse sind Ursachen sozialer Spannungen und politischer Befreiungskämpfe. Die von *Karl Marx* (1818–1883) entwickelte Analyse der ökonomischen Verhältnisse führte zum Aufruf an die proletarischen Massen, ihre entfremdeten Lebensbedingungen durch die revolutionäre Mobilisierung der Arbeiterklasse und die Abschaffung des Privateigentums aufzuheben. Der Aufruf führte nicht zur Revolution. Das Leben im Zeitalter der Industrialisierung wurde durch die Macht der Unternehmer und die Armut der Arbeiter bestimmt. Vor diesem historischen Hintergrund entstand die Arbeiterbewegung.

Seit *Klaus Mollenhauer* wird die Geburtsstunde der beruflichen Sozialarbeit/Sozialpädagogik in der Industrialisierung lokalisiert.[201] Mit der Entkoppelung von Produktion und Sozialisation steigen die Reproduktionsrisiken der Menschen. Auch wenn es das Urphänomen *Hilfe* schon immer gegeben hat, so wird ihm mit den

198 Vgl. Reble 1980, S. 246f. u. vgl. Hofmann 1979, S. 95.

199 A.a.O., S. 243f.

200 Vgl. Sachße/Tennstedt 1998, S. 179.

201 Vgl. Mollenhauer 1958.

Anfängen der Industrialisierung offensichtlich eine besondere Rolle zugewiesen. Die Wiederherstellung menschlichen Arbeitsvermögens und die Unterstützung bei der Sicherung und Erziehung der Nachkommenschaft ist nunmehr Aufgabe des Staates. Dies operativ umzusetzen, wird Aufgabe vergesellschafteter Hilfe. Hilfe ist nunmehr endgültig in die Form von Organisation gegossen. *Sozialarbeit, Sozialpädagogik, Soziale Arbeit* werden die Bezeichnungen dieser organisationalen Hilfeformen sein.[202]

Zusammengefasst
Allgemeine gesellschaftliche Charakteristik:

- Das 19. Jahrhundert ist das Jahrhundert der Monopolbildungen (Dampfmaschinen-Jahrhundert).
- Das gesellschaftliche Interesse an naturwissenschaftlichen und technischen Erfolgen nimmt rapide zu.
- Die kapitalistische Produktionsweise führt zu Urbanisierung, Wanderungsbewegungen, Rückgang überschaubarer Lebensräume und Zunahme von Ballungszentren.
- Ergebnisse sind die Klassengesellschaft und die Proletarisierung der Massen, Verarmung, Entfremdung und existenzielle Zerrüttung.
- Die Industrialisierung befördert die Idee der Sozialpädagogik/Sozialarbeit zu einer beruflich erbrachten Leistung von sozialen Organisationen. ◀

3.2 Weltbild und Philosophie

Der philosophische Idealismus der Klassik und Romantik wird abgelöst durch das Wissenschaftsideal von Forschung und Technik. Naturalismus und Materialismus sind nunmehr das Credo. Der Satz des französischen Mathematikers, Philosophen und Mitbegründers sowie Namensgebers der Soziologie, *Auguste Comte* (1798–1857) *„Die Himmel erzählen nicht mehr die Ehre Gottes, sondern die Ehre Galileis, Keplers*

202 Der Begriff Sozialpädagogik wurde erstmals 1846 von Karl Mager (1810–1858) gebraucht. Er bezeichnete aber nicht spezifische Handlungsfelder erzieherischer oder fürsorgerischer Praxis. Dies geschah erst mit Herman Nohl (1879–1960) und Gertrud Bäumer (1873–1954) (*„alles was Erziehung, aber nicht Schule und nicht Familie ist"*). Mager reklamierte den Begriff in Abgrenzung zu einer Individualpädagogik als eine Gesellschaftserziehung im Sinne einer Staatspädagogik. Paul Natorp (1854–1924) legte später (1899) einen systematischen Entwurf einer Sozialpädagogik vor. Sozialpädagogik bezeichnet hierin die Schaffung der Voraussetzung im Individuum zum Leben in der Gemeinschaft – der Herstellung eines Gemeinschaftssinns durch Erziehung – und war an alle Kinder und Jugendlichen gerichtet. Das an Herman Nohl und Gertrud Bäumer anknüpfende Verständnis von Sozialpädagogik wird sich schließlich durchsetzen (vgl. Kessl/Otto 2007, S. 4f.). In den Fürsorgewissenschaften (Sozialarbeit) wird sich die Gründung von sozialen Frauenschulen durchsetzen. Protagonistinnen dieser Entwicklung werden vor allem Alice Salomon (1872–1948) und in Österreich Ilse Arlt (1876–1960) sein.

und Newtons“[203] gibt einen Eindruck von dem Prozess der „Selbstvergottung des einzelnen Ich“[204]. Den Naturwissenschaften gleich streben auch die Psychologie und die Soziologie sowie die Geschichtswissenschaften mit empirischer Forschung nach der Entdeckung allgemeiner Gesetze der Kulturentwicklung. Der selbstbewusste Rationalismus und Optimismus der Aufklärung kehrt mit dem Bewusstsein von Technik und Naturwissenschaft wieder. Die Wissenschaften sind fortan von einem mechanisierenden, atomisierenden Weltbild geprägt. Naturwissenschaften und technischer Fortschritt läuten eine neue Ära ein: die Ära der modernen Gesellschaft, die Moderne. Das Maschinenzeitalter hat begonnen.
Charles Robert Darwin (1809–1882), der Begründer der modernen Evolutionstheorie, erklärte die Entwicklung des Menschen als einen naturgesetzlichen Vorgang von Variation, Selektion und Stabilisierung. *Karl Marx* sieht in den politisch-ökonomischen Verhältnissen von Gesellschaft die kulturentscheidenden Kräfte. Seine Kulturkritik und sein politisches Gegenprogramm blieben zu dieser Zeit noch relativ wirkungslos.

Zusammengefasst
Weltbild und Philosophie:

- Der philosophische Idealismus der Klassik und Romantik wird durch eine mechanistische, atomistische Welterklärung abgelöst.
- Man nimmt an, dass es allgemeingültige Gesetze der Kulturentwicklung gibt, die nur über empirische Forschung entdeckt werden können.
- Exakte Wissenschaften drängen den Stellenwert von Religion und Metaphysik zurück.
- Karl Marx sieht in den politisch-ökonomischen Verhältnissen von Gesellschaft die kulturentscheidenden Kräfte.

3.3 Kindheit, Jugend und gesellschaftliche Reaktion

Kindheit im 19. Jahrhundert bedeutet die Zunahme bürgerlicher, aber besonders auch proletarischer Kindheit. Das Bürgertum versuchte sich nach zwei Seiten zu separieren, auf der einen Seite vom Adel, auf der anderen vom gemeinen Volk. Eine spezifische proletarische Kindheits- und Jugendphase scheint sich erst dort abzuzeichnen, wo die Separation der Kinder und Jugendlichen aus dem Prozess der gesellschaftlichen Produktion beginnt und die Kinder und Jugendlichen „… *einem forma-*

203 Comte zit. in Reble 1980, S. 245 (Isidore Marie Auguste François Xavier Comte, kurz Auguste Comte (1798–1857), war ein französischer Philosoph und Mathematiker und u.a. ein Mitbegründer der Soziologie).

204 Richter 2001, S. 35.

lisierten, gesellschaftlichen Erziehungsprozess unterworfen werden"[205]. Beide Prozesse, die Separation aus der Produktion, und der Aufbau gelenkter Erziehung, lösten sich nicht unmittelbar voneinander ab, sondern verliefen lange Zeit parallel. Sie bewirkten aber letztlich die zunehmende Abhängigkeit der Jugend von ihren Eltern.

Zwei Folgen hatte diese Separation der Kinder und Jugendlichen aus dem Erwerbsleben: einerseits wurden sie in die materielle und später auch emotionale Abhängigkeit ihrer Eltern gebracht, andererseits verbesserte sich ihre gesundheitliche Situation.[206] Das Verbot der Kinderarbeit in Deutschland (1869) setzte den ruinösen Folgen der Industriearbeit – auch der Kinderselbstmord wurde langsam bekannt – vorerst bei Kindern ein Ende.[207]

Im 19. Jahrhundert wurde die Sozialisation der Kinder und Jugendlichen durch einen zunehmenden Abhängigkeitsstatus von der Familie beeinflusst. Es ist die Zeit der Entdeckung des Jugendalters.[208] Wir erleben einen weiteren Wandel der Einstellungs- und Verhaltensmodellierung in den Eltern-Kind-Beziehungen. Dieser Wandel hängt mit der Entwicklung von der Produktions- zur Konsumtionsfamilie zusammen. In dem Maße, wie die Funktionen häuslicher Produktion aus der Familie hinausverlagert wurden, entwickelte sich die häusliche Zurückgezogenheit der bürgerlichen Frau.[209] In der bürgerlichen Familie entstand eine gewisse sentimentale Auffüllung durch die häusliche Zurückgezogenheit der Frau. Das hatte für das Kind die Ambivalenz zur Folge, einerseits als ein ‚Wert-an-Sich' betrachtet zu werden, andererseits der Elternliebe ausgeliefert zu sein. Das machte sich auch in den Einstellungen zur Kindersexualität bemerkbar. So entwickelte sich besonders im Deutschland des 18. und 19. Jahrhunderts der Nährboden sexualfeindlicher Einstellungsweisen. Waren bis zum Ende des 18. Jahrhunderts die Schlafgemeinschaften in der Unterschicht noch üblich, so starben sie in der Mittel- und Oberschicht langsam aus. Die nächtliche Isolation hatte die Entwicklung von Scham und Moral und ihre später hinzutretenden Rationalisierungen zur Folge. Die Familie wurde zunehmend zu einem Ort der Intimität und Isolation, „einem Kinderzimmer der Tugend"[210]. Auch das Interesse der Väter an Erziehung wurde größer.[211] Die Schulpflicht, zur Zeit der Aufklärung in vielen deutschen Landesteilen zumindest rechtlich etabliert, wurde nun auch in Bayern (1802) und in Sachsen (1835) eingeführt. Auch die Schulbesuchsdauer wurde ausgedehnt.

In Berlin wurden kommunale Armenschulen gegründet (die erste 1827), die den regelmäßigen Schulbesuch besonders der Arbeiterkinder sicherstellen sollten. Die bereits bestehenden Privatschulen wurden unter kommunale Aufsicht gestellt. Da-

---

205 Schuhmann/Korff/Schuhmann 1976, S. 166.
206 Vgl. Johansen 1978, S. 133f.
207 Vgl. Zenz 1979, S. 34.
208 Vgl. Gillis 1980, S. 105ff.
209 Vgl. Weber – Kellermann 1980, S. 141.
210 Vgl. Ussel zit. in Schèrer 1973, S. 71.
211 Vgl. deMause 1980, S. 84.

mit wurde ihr vorläufiges Ende eingeläutet. Immer mehr Privatschulen, meist als Nebenerwerb von arbeitslosen Handwerkern gegründet, gaben ihre Arbeit auf und wurden von der Stadt übernommen. Das vom preußischen Bildungsreformer *Wilhelm von Humboldt* (1767–1835) übernommene Konzept Pestalozzis, die gestufte Einheitsschule, stand hierbei Pate. Stufung des Lehrplans, Schulbesuchskontrolle, planmäßige Ausbildung, Prüfung und Bezahlung der Lehrer, all dies entwickelte sich zunehmend zum Standard von Armenschulen.[212]

Die von der Klassik und Romantik inspirierten Ideen der Selbstbildung und Entwicklung zur Selbständigkeit, die Freiheitsidee einer ästhetischen Erziehung scheinen jedoch im technischen Denken des 19. Jahrhunderts immer mehr zu verstummen. Die Wissenschaft zieht sich in Ablehnung jeglicher Metaphysik auf empirische Forschung durch Ausdifferenzierung von Einzelwissenschaften zurück. Nach dem Vorbild der Naturwissenschaften und der Annahme allgemeingültiger Entwicklungsgesetze entsteht schließlich ein positivistisches Bildungsideal. Dieser Entwicklung parallel verliefen die Bemühungen der Herbartianer um eine methodisch-didaktische Systematik der Unterrichtspraxis. *Johann F. Herbart* (1776–1841) entwickelte erstmals ein psychologisch begründetes, pädagogisches System, das der ethischen Zwecksetzung alle Aufgaben der Erziehung und Bildung unterordnete.[213] Kern seiner Pädagogik ist die von ihm entwickelte *Formalstufentheorie*, die den Prozess von Bildung als systematische Folge – von der Wissensaufnahme bis zur Wissensanwendung – beschreibt. Neben der methodisch angelegten Wissensvermittlung war für Herbart der Begriff der Zucht elementare Voraussetzung eines erziehenden Unterrichtes. *Zucht* stand für eine ständige, unmittelbare Willenserziehung. Sie sollte von der Person ausgeführt werden, die für den *Zögling* Identifikations- und Unterwerfungsfigur zugleich darstellen konnte.[214]

Herbarts Ideen wurden nach seinem Tode, in der zweiten Hälfte des 19. Jahrhunderts, wirksam. Einige seiner Anhänger – die sogenannten Herbartianer – versuchten eine allgemeingültige Schulmethodik zu etablieren. Dieser Versuch mündete in den Formalismus und Schematismus eines erstarrten Unterrichts, vornehmlich in der Volksschulbildung. Aber auch die höheren Schulen wurden durch den Herbartianer Otto Frick beeinflusst. Der Vorwurf von Formalismus und Erstarrung muss allerdings eher die sich in der Nachfolge Herbarts wissenden didaktischen und methodischen Verregelungen treffen, als die pädagogischen Ideen Herbarts selbst. Die Etablierung der Pädagogik als eigenständige universitäre Disziplin gilt als ein Verdienst der Herbartianer.

---

212 Vgl. Arbeitsgruppe Pädagogisches Museum 1981, S. 24f.

213 Vgl. Günther/Hofmann u.a. 1976, S. 255 u. Reble 1980, S. 233.

214 „Vielmehr findet die Zucht nur in dem Maße Platz, wie eine innere Erfahrung dem ihr Unterworfenen zuredet, sie sich gern gefallen zu lassen.“ (Herbart zit. in Reble 1971, S. 406).

Im Zuge der Etablierung einer wissenschaftlichen Pädagogik wurde der Begriff *Social-Pädagogik* eingeführt. Er wurde erstmals 1844 von dem Schulpädagogen und Herbartianer *Karl Wilhelm Eduard Mager* (1810–1858) verwendet. *Social-Pädagogik* war nach Mager ein Gegenbegriff zur Individualpädagogik. Damit kritisierte er die Sichtweisen einer Pädagogik, wie sie beispielsweise von Locke, Rousseau, Pestalozzi oder Herbart vertreten wurde. Sie waren nach Ansicht Magers zu einseitig an der Entwicklung des Individuums orientiert und ließen die Gesellschaft – hier die deutsche Kulturnation – außer Acht. Aufgabe der Erziehung sei daher die Entwicklung eines gesellschaftlichen Bewusstseins. Sozialpädagogik sei demnach eine Volkserziehung, der sich jede Einzelerziehung unterzuordnen habe.
Der Schulpädagoge *Friedrich Adolph Wilhelm Diesterweg* (1790–1866) wandte sich gegen eine zu stark kirchliche und auch staatliche Einflussnahme auf Erziehung. Pädagogik hatte nach seinem Verständnis die Erziehung zu einem kritischen und mündigen und – ähnlich wie bei Mager – gleichzeitig sich dem Gemeinwohl der Gesellschaft verpflichtenden Staatsbürger zum Gegenstand. Den Begriff der *Sozialpädagogik* verwendete Diesterweg 1851 als eine Pädagogik, die sich mit den Erziehungsaufgaben zu beschäftigen habe, die mit dem durch die industrielle Entwicklung entstandenen Pauperismus (Verarmung) entstanden sind.
Ein gemeinsamer Nenner der Bildungsidee des Idealismus, die Nationalerziehung und Bildung und Erziehung aller, kehrte in den schulpolitischen und pädagogischen Kämpfen des mittleren 19. Jahrhunderts zurück.[215] Im Laufe der folgenden drei Jahrzehnte wurde aber das Misstrauen seitens der preußischen Regierung gegenüber den Forderungen nach einer allgemeinen Volksbildung immer größer. Konservative Kräfte sahen in den Bestrebungen eines einheitlichen Aufbaus des Schulwesens aufklärerisch-kirchenfeindliche Tendenzen, die es zu bekämpfen galt. Nach der gescheiterten 1848er Revolution[216] wurde das gesamte Volksbildungswesen radikal vereinfacht. So konnte sich eine Volksbildung als System sozialer Kontrolle durchsetzen. Bereits in der ersten Hälfte des 19. Jahrhunderts verselbständigte sich eine amtlich verordnete Schuldisziplin gegen die Erziehungs- und Lehrinhalte. Diese Entwicklung spitzte sich nach der Revolution zu. Die preußischen Regulative von 1854 inthronisierten das Fach Religion als das Erziehungsmittel, sahen die einklassige Volkshochschule vor und reduzierten den Fächerkanon allgemein auf religiös-sittliche Inhalte.[217]
Fortan wurden Erziehung und Bildung zunehmend immer mehr zu einem Instrument der Sozialdisziplinierung. Die uns mittlerweile bekannte Liste einer schwar-

215 Vgl. Günther/Hofmann u.a. 1976, S. 203, 205, 289 u. vgl. Reble 1980, S. 230 u. 237f.

216 Erhebung demokratischer, liberaler und auch sozialistischer Kreise im Bürgertum, denen sich verarmte Bauern und Arbeiter (Bauern- und Weberaufstände) – sprich das zunehmende heranwachsende Proletariat – im Jahr 1848 anschlossen. Der Aufstand mündete u.a. in den Versuch, einen deutschen Nationalstaat mit demokratischer Verfassung zu gründen. Die Revolution scheiterte an der Niederschlagung dieses Versuches durch österreichische und preußische Truppen.

217 Vgl. Schumann/Korff/Schumann 1976, S. 122.

zen Pädagogik muss auch für die Pädagogik unter dem Zeitgeist der Industrialisierung fortgesetzt werden. Einige Titel gängiger Erziehungsschriften dieser Zeit sollen dies illustrieren:[218]

„Die Demütigung als Erziehungsmittel“ (Handbuch, 1851)
„Selbstverleugnung, die Tugend des Erziehers“ (Handbuch, 1874)
„Der Erzieher in der Nachfolge Jesu“ (Heinrich Gräfe/Julius Schumann, 1878)
„Zur Metaphysik von Zucht und Strafe“ (Handbuch, 1887)
„Pädagogische Schläge sind Schläge des Liebhabers“ (Handbuch, 1887)
„Die Militarisierung der Schulsprache“ (H.F. Kahle, 1890)
„Strafen sind natürlich, Belohnungen künstlich“ (H.F. Kahle, 1890)
„Die Kindheit als Krankheit“ (Ludwig von Strümpell, 1890)
„Altklug, Frühreif, Blasiert, Überklug“ (Handbuch, 1895)
„Entartungen der Elternliebe“ (A. Matthias, 1902)

Kindheit und Jugend werden wie eine synthetische, formbare Masse betrachtet. Erziehung erscheint als ein Projekt der Aufklärung, das die Befreiung des Menschen aus seiner Unmündigkeit nur in der Überwindung seiner für schlecht befundenen Natur erkennt. Rousseaus Vorstellung, dass der Mensch von Natur aus gut sei, ist hier nicht mehr zu entdecken. Verwaiste, verwahrloste, arme und proletarische Kindheit wurde weiterhin Zielgruppe verstärkter pädagogischer Bemühungen und Ausgrenzungen. Für das 19. Jahrhundert ist die Herausbildung von drei Formen typisch:

a) die Rettungshausbewegung,
b) die staatliche Zwangserziehung,
c) die Heilpädagogik.

Abb. 11: Johann Hinrich Wichern

Rettungshäuser: Verwaiste und verwahrloste Kinder fanden weiterhin das Interesse der in der Tradition von Pietismus und Philanthropismus stehenden privaten Wohltätigkeit. *Johann Hinrich Wichern* (1808–1881) knüpfte an diese Tradition an. Wichern war ein evangelischer Theologe. Er besuchte als Kind eine Privatschule, in der nach der Pädagogik Pestalozzis unterrichtet wurde. Sein Werk war eng mit den Problemen des frühindustriellen Zeitalters verbunden. Wichern sah die Ursache der Verwahrlosung von Kindern und Jugendlichen nicht im Kapitalismus selbst begründet. Die aufstrebende Industriegesellschaft sah er vielmehr

---

218 Vgl. Rutschky 1977, in o.g. Reihenfolge S. 412, 82, 73, 377, 433, 243, 46, 140, 114 u. 52.

im Kontext eines Verfalls der Sitten und einer Verflachung christlicher Werte. Der Staat schien ihm unverdächtig, was mit einem seiner Kommentare zu dem von ihm gegründeten Rettungshaus für Kinder – dem *Rauhen Haus* in Hamburg (1833) – deutlich wurde: *„Die Anstalt trachtet danach, dem Wohle des Staates … förderlich zu sein, ohne ihm je lästig werden zu wollen"*[219]. Wicherns Staatstreue beleuchtet aber nur die eine Seite. Umgekehrt achtete er strengstens darauf, dass sich der Staat aus seiner Arbeit heraushielt. So betrachtete er seine Einrichtung nicht als ein Jugendgefängnis oder als eine der seinerzeit üblichen *Korrektionsanstalten*. Ganz im Geiste Pestalozzis ging es ihm um die Vorbereitung junger Menschen auf ein selbständiges Leben. Anders als Pestalozzi, dessen persönliches Scheitern für Wichern ein sicheres Zeichen für eine zu stark weltlich ausgerichtete Pädagogik schien[220], ging es Wichern um die Errettung der Seelen. Wicherns Pädagogik wurde von einer missionarischen Errettungsidee getragen. Das Familien- und Gemeinschaftsideal bestimmte Wicherns erzieherische Absichten, die er in seiner Anstaltserziehung verfolgte. Der Weg der Erlösung des Menschen zum Guten führt über seine Errettung vom Bösen, hier als Schutz der Kinderseelen vor Verwahrlosung und sittlichem Verfall (*Rettungshausbewegung*). Mit der Orientierung an dem Familienideal setzte Wichern das auf Pestalozzi zurückzuführende Familienprinzip fort. Dabei wollte Wichern nicht die noch von Francke geforderte Züchtigung an die erste Stelle von Erziehung setzen. Stattdessen führte er das wöchentliche pädagogische Gespräch ein. Neben dem *Rauhen Haus* in Hamburg entstanden weitere Rettungshäuser in Württemberg und in Weimar. Seit 1842 vertrat Wichern den Gedanken der *Inneren Mission* und gab 1848 den Anstoß zur Gründung eines Verbandes, der heute unter dem Namen *Diakonisches Werk* zu einem der sechs großen Wohlfahrtsverbände in Deutschland gehört. Das *Rauhe Haus* existiert heute noch als eine der modernsten Einrichtungen der Kinder- und Jugendhilfe.

Die Gründung der sogenannten Rettungshäuser war in erster Linie eine von der evangelischen Seite getragene Bewegung. Das katholische Fürsorgeerziehungswesen zog – wenn auch zögerlich – mit der Ausbreitung des katholischen Ordenswesens, hier in erster Linie der Schwesternkongregationen, ab 1848 nach. Das Bild vom *Zögling* veränderte sich in der Pädagogik der katholischen Einrichtungen jedoch eher nachteilig. Einen großen Einfluss auf die Ausrichtung der Erziehungsprinzipien hatte seinerzeit der katholische Moral- und Pastoraltheologe, Domdekan *Johann Baptist von Hirscher* (1788–1865). Hirscher verurteilte die Folgen der Industrialisierung und forderte das Verbot der Kinderarbeit. Noch bis ins 19. Jahrhundert hinein wurden Kinder aus Waisenhäusern als Arbeitskräfte an Manufakturbetriebe ‚vermietet'.

Für die *Rettungsarbeit* forderte Hirscher strengere Prinzipien und eine direkte Anbindung an die Bischofsleitung. Das Bild vom *Zögling* bekam jedoch eine eher negative Färbung vom *„bösartigen, widerspenstigen, feindseligen, rohen und verlogenen*

219 Wichern zit. in Hamburger, in: Thole 2005, S. 763.
220 Vgl. Henseler 2000, S. 203.

Kind"[221]. Das Kind galt primär als verdorben und korrektionsbedürftig. Strenge, Härte, Zucht und Ordnung waren hierfür die gebotenen Mittel. „Aus den Rettungshäusern Wicherns wurden ‚Zuchthäuser für Kinder', … aus der kleinen, altersheterogenen Familiengruppe wurde eine Saalgemeinschaft von Zöglingen"[222]. Diese Entwicklung verschränkte sich mit dem nun aufkommenden Interesse des Staates an der Einführung der Zwangserziehung.

Zwangserziehung: Im letzten Drittel des 19. Jahrhunderts betritt ein neuer Akteur die Bühne: der Staat, repräsentiert durch die öffentliche Zwangserziehung. Im zweiten Drittel des 19. Jahrhunderts erhalten materielle und die damit verbundenen psycho-sozialen Notlagen erhöhte politische Aufmerksamkeit. Eine intensive Diskussion über die Einführung von Zwangserziehung wurde in den 1860er Jahren im Großherzogtum Hessen geführt. Die Landtagsabgeordneten Friedrich Küchler und Wilhelm Klingelhöffer beantragten ein öffentliches Zwangserziehungsgesetz für das Großherzogtum Hessen mit den folgenden Worten:

> „Der Staat darf nicht länger zusehen, wie auf solche Weise eine böse Saat in seinem Schoß aufschießt, welche, anstatt ihm nützliche Bürger zu schaffen, nur zu lästiger Bevölkerung der Zuchthäuser dient".[223]

Die Diskussionen bewegten sich zwischen den unvereinbaren Vorstellungen von staatlicher Erziehungshilfe auf der einen und privater Wohltätigkeit auf der anderen Seite. Man konnte sich zunächst nicht einigen und gründete verstärkt Rettungshäuser nach dem Vorbild Wicherns. Mit diesem Vorbild hatten sie jedoch nicht viel zu tun, da sie sich größtenteils über öffentliche Zuschüsse refinanzierten und auch unter der Aufsicht der Gemeindeverwaltungen standen.[224]

Einige Jahre nach der Gründung des Deutschen Kaiserreiches (1871) wurden in einigen Mitgliedstaaten Zwangserziehungsgesetze eingeführt, so auch 1887 in Hessen.[225] Für die dort intensiv geführte Diskussion über die Einführung der Zwangserziehung mag dies spät gewesen sein. Allerdings ging man in Hessen weit über das Zwangserziehungsgesetz Preußens von 1878 hinaus. So wurde in Hessen die Herausnahme von Kindern und Jugendlichen im Alter zwischen 6 und 16 Jahren aus der Familie erlaubt, wenn sie *„… eine Verwahrlosung an den Tag legen, welche die erzieherische Einwirkung der Eltern und der Schule als unzureichend erscheinen lässt*"[226]. Diese Regelung griff dem späteren Bürgerlichen Gesetzbuch (BGB) von 1900 weit vor.

Die öffentliche Zwangserziehung sah die Ursachen von Verwahrlosung erstmals in den sozial-strukturellen Zusammenhängen – Armut, Wohnverhältnisse, Er-

221 Röper 1976, S. 199.
222 A.a.O., S. 211 u. S. 229.
223 Uhlendorff 2003, S. 47.
224 Vgl. a.a.O., S. 52f.
225 Preußen (1878), Baden (1886), Hamburg (1887), Hessen (1887).
226 Uhlendorff 2003, S. 67.

nährung, Gesundheit, Geburts- und Sterblichkeitsraten – begründet. Dieser Umstand darf aber nicht darüber hinwegtäuschen, dass mit der öffentlichen Zwangserziehung – der Zwangsarbeit in *Korrektionsanstalten* – eine Gemeinschaftserziehung verfolgt wurde, deren sozialdisziplinierende Absicht sich nahtlos in das staatliche Erwachen eines Interesses an einer gesellschaftlichen Verwertung von Pädagogik einfügt. Wie wir schon festgestellt haben, gab es bereits seit dem Mittelalter die Tradition der nicht-staatlichen Waisen- und Findelhäuser. Diese Form privater Wohltätigkeit setzte sich in den pietistischen und philanthropischen Traditionen der Aufklärungszeit und späteren Klassik fort. Die Armen- und Waisenhauspädagogik bekam in Zeiten von Industrialisierung, Reichsgründung und mit den Anfängen einer gemeinsamen Sozialpolitik schließlich das Gesicht einer staatlich gelenkten Jugendfürsorge, die *Detlev Peukert* (1950–1990) in seiner sozialgeschichtlichen Analyse der Entstehung der deutschen Jugendfürsorge (1878–1932) treffend zusammenfasst:

> „Jugendfürsorge ist ein Kind der Moderne. Als öffentliche Angelegenheit wurde der korrigierende Umgang mit Minderjährigen, deren normale Sozialisation gestört schien, wie ihr gesellschaftlich auffälliges Verhalten zeigte, zuerst in der Zeit der Aufklärung und des Absolutismus begriffen, sodann, nach einer Phase liberaler Gesellschaftspolitik, in der sich laissez faire und Privatwohltätigkeit ergänzen sollten, in den 1880er Jahren konzentriert angegangen, als sich der Gedanke staatlicher ‚Socialpolitik' in ersten gesetzlichen und institutionellen Regelungen niederschlug. Solche ‚Socialpolitik' aber und mit ihr die beginnende Jugendfürsorge, sollte über den Notbehelf hinaus gesellschaftlich restrukturierend wirken. Hinter dem vielgebrauchten Schlagwort stand eine Vision menschenfreundlicher Intervention in gestörte soziale Zustände, pädagogisch bemühter Hebung jener Gruppen, die auf der Soll- statt auf der Habenseite des Fortschrittes gelandet waren. Zivilisationspathos und Fortschrittsoptimismus waren Geburtshelfer einer Jugendfürsorge, die sich als sozialpädagogischer Zweig reformierter Sozialpolitik begriff"[227].

Die seit dem Mittelalter bestehenden, überwiegend privaten Erziehungsanstalten beauftragten sich mit der Wahrnehmung der Erziehungsgewalt im Wesentlichen selbst. Mit dem Zwangserziehungsgesetz kam die Verleihung der Erziehungsgewalt aber plötzlich von außen, vom Staat.[228] Das Kind wurde zum gesellschaftlich definierten „Fall." Hiermit begann ein Prozess, der der Sozialpädagogik bis heute ein Doppelgesicht verleiht: „Zuwendung zu den Erziehbaren und Ausgrenzung der Unerziehbaren gemeinsam bildeten das Janusgesicht der modernen Sozialpädagogik"[229].

Heilpädagogik: Eine Sonderheit des 19. Jahrhundert muss noch in den Blick genommen werden: die Entstehung der Heilpädagogik. Der Begriff „Heil" leitet sich von dem griechischen „holos" = „ganz" ab, wobei „ganz" auch „Glück"

227 Peukert 1986, S. 306.
228 Vgl. Röper 1976, S. 212f.
229 Peukert 1986, S. 307.

bedeutet. Die Heilpädagogik versteht sich allgemein als ein Zweig der Sonderpädagogik. So geht die Heilpädagogik bereits auf den Begründer des Schulunterrichtes für Taubstumme, *Charles Michel de l'Épée* (1712–1789), und für Blinde, *Valentin Haüy* (1745–1822), zurück.[230] Der Begriff *Heilpädagogik* entstand jedoch erst im 19. Jahrhundert im Kontext der Arbeiten des Arztes und Pädagogen *Jan-Daniel Georgens* (1823–1886) und des Pädagogen *Heinrich Marianus Deinhardt* (1821–1880). Georgens und Deinhardt gingen zunächst von einem sehr pragmatischen Verständnis einer bestimmten Form pädagogischer Hilfe aus: *„… die Praxis kann nicht warten, bis die Wissenschaft fertig ist"*[231]. Heilpädagogik wurde derzeit – im Sinne heilender Prozesse und Einflüsse – als eine der Medizin nachschreitende Pädagogik gesehen. Diese Sichtweise stand in der Tradition der französischen Ärzte *Marc Gaspard Itard* (1774–1838) und *Edouard Séguin* (1812–1880). In dieser Tradition stehend gründeten Georgens und Deinhardt eine Heil- und Erziehungsanstalt mit dem Namen *„Levana"*[232]. In dieser Einrichtung sollten geistig und körperlich behinderte Kinder mit einem erhöhten pädagogischen Aufwand betreut werden. Man sprach hier durchaus schon von Individualisierung, die in der üblichen Pädagogik bei Nichtbehinderten nicht möglich sei. Georgens und Deinhardt veröffentlichten 1861 und 1863 ihr zweibändiges Werk *„Die Heilpädagogik mit besonderer Berücksichtigung der Idiotie und der Idiotenanstalten"*[233].

Das Verständnis einer heilenden Pädagogik wurde später bei *Maria Montessori* (1870–1952), *Hans Asperger* (1906–1980) und *Theodor Hellbrügge* (1919) weitergeführt, jedoch in der weiteren Entwicklung der Heilpädagogik kontrovers diskutiert. „Heil" in Heilpädagogik ist nach heutigem Verständnis nicht mehr ‚heilen' im nach-medizinischen Sinne, also die Wiederherstellung eines gesunden, beeinträchtigungsfreien Zustandes. Heilpädagogik wird heute im Sinne einer durch eine professionelle Grundhaltung vermittelten Verganzheitlichung und Erfüllung von Lebenssinn verstanden.[234] Heilpädagogik war in seinen Ursprüngen jedoch nicht nur ein konzeptioneller Begriff. Mit ihr verband sich schnell die Herausbildung eigener praktischer und wissenschaftlicher Handlungsfelder. Sie entsprang einer pädagogisch motivierten Behindertenhilfe für Kinder und später auch für Erwachsene, aus der sich eigene Praxisfelder und eine eigene Profession und Wissenschaft entwickelten.

230 Vgl. Möckel 2007, S. 30–64.

231 Georgens/Deinhardt 1861, S. 24.

232 Levana = altröm. Göttin, die von den Müttern angerufen wurde, damit der Vater das zur Gewinnung von Wachstumskraft auf den Erdboden gelegte Neugeborene aufhebe (lat. levare) und damit anerkenne. Nach ihr benannte Jean Paul 1806 seine Erziehungslehre „Levana".

233 Vgl. Gröschke 1997, S. 87ff.

234 Vgl. Faust 2007, S. 22.

Zusammengefasst
Kindheit, Jugend und gesellschaftliche Reaktion:

- Kindheit wird als eigenwertiger Entwicklungsprozess separiert.
- Eltern zeigen ein zunehmendes Interesse am Erziehungsgeschehen und Erziehungserfolg ihrer Kinder. Der Erziehungsauftrag wird durch zunehmende institutionalisierte Erziehung und Bildung vom Erziehungsauftrag der Eltern separiert.
- Kindheit wird zunehmend zum Objekt nostalgischer Idealisierung, Gehorsamserziehung, Sexualunterdrückung und Sozialdisziplinierung.
- Nach dem Vorbild der Naturwissenschaften und der Annahme allgemeingültiger Entwicklungsgesetze entsteht ein positivistisches Bildungsideal in Verbindung mit einem vordergründigen Interesse an industriell verwertbarer Bildung. Zu dieser Entwicklung parallel verliefen die Bemühungen um eine methodisch-didaktische Systematik der Unterrichtspraxis (Johann F. Herbart).
- Eine Stärkung der Volksschulen, aber auch wachsendes Misstrauen gegen eine allgemeine Volksbildung, treffen aufeinander.
- Eine Vereinfachung der Volksbildung als soziale Kontrolle ist die Folge.
- Kindheit und Jugend unter dem Zeichen der Industrialisierung bedeuteten vor allem proletarische Kindheit und Jugend.
- Verwaiste, verwahrloste, arme und proletarische Kindheit wird Zielgruppe verstärkter pädagogischer Bemühungen. Für das 19. Jahrhundert ist die Herausbildung von drei Formen typisch: die Rettungshausbewegung, die staatliche Zwangserziehung und die Heilpädagogik.
- Der Begriff der Sozialpädagogik wird als Mittel der Volkserziehung und Bekämpfung der durch Verarmung entstehenden Erziehungsaufgaben eingeführt.
- Die Tradition der privaten Kinderfürsorge wird mit dem Zwangserziehungsgesetz von 1878 gebrochen.
- Neben die private Jugendfürsorge tritt die kommunale, staatliche Jugendfürsorge mit der Gründung eigener Einrichtungen.
- Die Armen- und Waisenhauspädagogik bekommt schließlich das Gesicht einer staatlich gelenkten Jugendfürsorge.
- Abweichende Kindheit wird zum gesellschaftlich definierten „Fall“ von Anpassung und Ausgrenzung.
- Das Interesse an der Erziehung und Bildung behinderter Kinder kann sich mit der Heilpädagogik eigene Wege suchen. ◀

3.4 Armut, Hilfebedürftigkeit und gesellschaftliche Reaktion

Das Ausmaß der Armut zur Zeit der Industrialisierung wurde wohl am besten von *Friedrich Engels* (1820–1895) beschrieben. In seinem 1845 erschienenen Werk *„Die Lage der arbeitenden Klasse in England“* beschrieb er die hoffnungslos verarmten Le-

benslagen des Industrie-, Bergwerks- und Ackerbauproletariats Englands. England gilt als das Mutterland des industriellen Kapitalismus, und Engels Beobachtungen waren auf die Situation anderer Industrieländer, so auch Deutschland, übertragbar. Die Arbeits- und Lebensverhältnisse waren auch nach derzeitigem Maßstab menschenunwürdig. Das Proletariat lebte in sozialen und wirtschaftlichen Verhältnissen, die entweder direkte Armut oder die ständige Bedrohung von Armut und das Abrutschen in das von Marx und Engels sogenannte *Lumpenproletariat* (Bettler, Vagabunden, Prostituierte) bedeuteten. Wie eingangs unter der allgemeinen Gesellschaftscharakteristik schon festgestellt, führte der Aufruf von Karl Marx und Friedrich Engels in Deutschland nicht zu einer revolutionären Umgestaltung von Gesellschaft oder zur politischen Bekämpfung Armut verursachender Gesellschaftsstrukturen. Vielmehr differenzierte sich in Deutschland das bis dahin gewachsene System privater und öffentlicher Wohlfahrtspflege weiter aus.
Mit dem 19. Jahrhundert entwickelte sich neben einem System der offenen Armenpflege ein System der geschlossenen Armenpflege im öffentlichen (kommunalen und staatlichen) und freien (privaten und kirchlichen) Bereich. Es setzte eine starke Ausdifferenzierung der privaten und staatlichen Hilfeorganisation mit jeweils eigenen Programmen ein. Wie schon erwähnt, wurde öffentliche Fürsorge durch die Französische Revolution und mit der *„Erklärung der Menschenrechte“* von 1793 zur Pflicht der Städte und Landgemeinden: Dem Staat kommt es zu, für die Ernährung und für die Verpflegung derjenigen Bürger zu sorgen, die sich ihren Unterhalt nicht selbst verschaffen und denselben auch von unterhaltspflichtigen Angehörigen, welche nach besonderem Gesetz dazu verpflichtet sind, nicht erhalten können. Das *Allgemeine Landrecht Preußens* (Teil II, Artikel 19 von 1794) folgte dieser Regelung.[235] Bis heute hat sich an diesem Prinzip nichts geändert.
Zunehmend griffen rechtliche Programme in das gesamte System der bereits bestehenden freien und emporkommenden öffentlichen Wohlfahrtspflege ein. Politische und pädagogische Interessen sollten sich in der Folgezeit immer mehr miteinander verschränken.[236] Im 19. Jahrhundert vollzog sich die private Wohltätigkeit zunächst noch relativ fern vom kommunalen staatlichen Armenwesen. Erst im letzten Drittel des 19. Jahrhunderts kam es mit der Politik der Arbeitsversicherungen zu einer stärkeren Indienstnahme der Privatwohltätigkeit für die kommunale Armenpflege.[237] Es sind Anfänge einer Armenpolitik in dem Maße erkennbar, wie der Anteil des Industrieproletariats zunahm. Armenpolitik wurde durch Arbeiterpolitik ergänzt. Diese bestand vor allem in Bestrebungen zur Einführung eines Sozialversicherungsprinzips zum Schutz vor den Risiken der Krankheit und Invalidität und der Versorgung im Alter (Abb. 11).

---

235 Wendt 1995, S. 115.
236 Vgl. Kessl/Otto 2007, S. 6.
237 Vgl. Sachße/Tennstedt 1998, S. 222f.

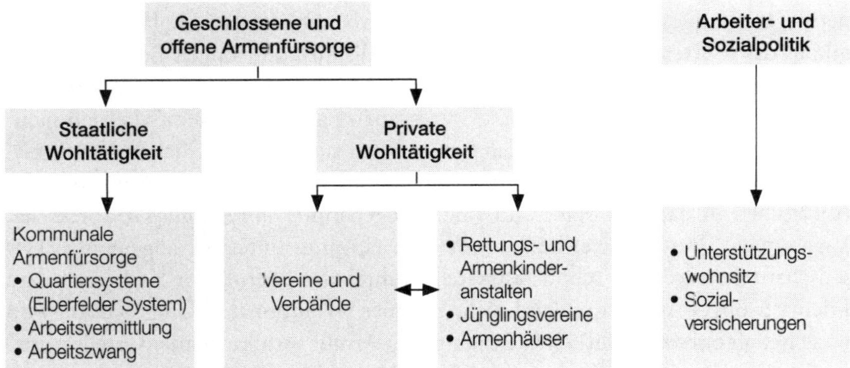

Abb. 12: Staatliche Armenfürsorge im 19. Jahrhundert

Offene Armenpflege im privaten Bereich: Die durch Kriege und Revolution hervorgerufenen politischen Umbrüche, kirchlich-religiöse Erneuerungsbestrebungen und die bürgerliche Frauenbewegung waren die Motoren der Privatwohltätigkeit im 19. Jahrhundert. In der offenen Armenpflege bildeten sich unterschiedliche Vereinigungen der Privatfürsorge aus. Zu nennen sind hier vor allem:

- die sogenannten *Vaterländischen Frauenvereine,*
- das *Deutsche Rote Kreuz,*
- die kirchliche Armenpflege in der katholischen *Caritas*, der evangelischen *Diakonie* und der *Jüdischen Wohlfahrtspflege,*
- die *Wanderarbeitsstätten* und *Arbeiterkolonien.*

Vaterländische Frauenvereine: Die angesichts der Befreiungskriege Preußens gegen Napoleon eingeführte Wehrpflicht (1813) brachte ein Engagement religiös motivierter Frauen für die Armen- und Krankenpflege hervor. Ihr Engagement sollte durch den preußisch-österreichischen Krieg (1866) und den deutsch-französischen Krieg (1870/71) weiteren Anschub bekommen. Die sogenannten *Vaterländischen Frauenvereine* und die später im *Deutschen Frauenverbund* zusammengeschlossenen Frauenvereine erlebten im 19. Jahrhundert einen deutlichen Aufschwung. In Friedenszeiten verpflichteten sich die Vereine zur Linderung von Notständen, die durch Krankheit, Epidemien, Naturkatastrophen, Feuersbrünste, Teuerungen usw. entstanden. Die Gründung der *Vaterländischen Frauenvereine* erfolgte zeitlich etwas versetzt zur Gründung des *Deutschen Roten Kreuzes*[238].

Deutsche Rote Kreuz (DRK): Der Schweizer Kaufmann *Henry Dunant* (1828–1910) war von der Not und dem Elend der auf dem Schlachtfeld zurückgelassenen Verwundeten tief erschüttert und organisierte mit Dorfbewohnern zivile Hilfe. Dunat gilt als Begründer der Internationalen Rotkreuz- und Rothalbmond-Bewegung,

238 Vgl. Sachße/Tennstedt 1998, S. 223f.

wofür er 1901 den Friedensnobelpreis erhielt. 1863 wird in Genf das *Komitee der Fünf* gegründet, der Vorläufer des heutigen *Internationalen Komitees vom Roten Kreuz*. Die Rotkreuz- und die muslimische Rothalbmondbewegung agieren international. Die 1864 beschlossene Genfer Konvention[239] geht wesentlich auf Vorschläge Dunants zurück. Zur Privatwohltätigkeit des 19. Jahrhundert darf man die Vereine des Roten Kreuzes streng genommen nicht hinzurechnen. Erst in der Weimarer Republik standen karitative und wohlfahrtsorientierte Friedensaufgaben im Vordergrund, was 1921 in Deutschland zur Gründung des *Deutschen Roten Kreuzes* führte. Heute ist das DRK in vielen Feldern des Rettungswesens, der Katastrophen-, Gesundheits-, Alten-, Jugend- und Sozialhilfe tätig.

Kirchliche Armenpflege: Die kirchliche Armenpflege suchte ihre Form ebenfalls in der verbandlich organisierten Caritas und Diakonie. Bereits aus der Apostelgeschichte war mit der *Einsetzung der Sieben* für die Organisation der Armenunterstützung eine Form bekannt, die letztlich neben der wörtlichen Verkündigung und Verbreitung des Glaubens durch die Apostel die ebenso christliche tätige Verkündigung des Glaubens in der Funktion des Diakons für die tägliche Armenunterstützung erlaubte.[240] Die evangelische Kirche brachte mit der Gründung vieler Einzelinitiativen als erste ihre Aktivitäten der Armenpflege in die Form des diakonischen Dienstes. Sie wurde mit dem Gesamtverband der *Inneren Mission* (Diakonisches Werk) gebündelt. Diesem Vorbild folgte die katholische Kirche knapp fünfzig Jahre später mit der Gründung der Caritasverbände und ihrer Zusammenführung in den *Deutschen Caritasverband*.

Das Diakonische Werk (Innere Mission): Vor dem Hintergrund der sozialen Not des 19. Jahrhunderts gründeten evangelische Christen an vielen Orten in Deutschland Vereine und Anstalten für Krankenpflege, Kindererziehung, Seelsorge und Mission. Der Hamburger Theologe *Johann Hinrich Wichern* fasste diese Einzelinitiativen mit seinem Programm der *Inneren Mission* zu einer breiten Bewegung zusammen. Die Geschichte der verbandlich organisierten Diakonie begann 1848. Wichern entwarf beim Wittenberger Kirchentag das Programm der *Inneren Mission gegen geistliche und materielle Armut sowie soziale Not*. Der *Centralausschuß für die Innere Mission* der Deutschen Evangelischen Kirche wurde gebildet. Danach entstanden überall in Deutschland Verbände der *Inneren Mission* mit teilweise rechtlich selbständigen, sozialpädagogischen, fürsorgerischen und pflegerischen Heimen, Anstalten und Einrichtungen.

Deutscher Caritasverband: Die Gründung des Caritasverband für das katholische Deutschland im Jahr 1897 geht auf den katholischen Priester *Lorenz Werthmann* (1858–1921) zurück. Vorbild war ihm hierbei die von protestantischer Seite bereits 1848 gegründete Innere Mission. Ähnlich wie vor ihm bereits Wichern nahm

239 Das international geltende Genfer Abkommen schützt Verwundete, Kranke und Schiffbrüchige, Kriegsgefangene und Zivilpersonen in Kriegszeiten.

240 Vgl. Engelke 2004, S. 42ff.

Werthmann eine gewisse Distanz zum Staat ein. Neben der staatlichen Wohlfahrtspflege sollte stets eine freie Wohlfahrtspflege betrieben werden. Dabei waren aus Werthmanns Sicht soziale Gesetze und wirkungsvolle Organisationen sowie Fachlichkeit allein nicht die hinreichenden Voraussetzungen zur Lösung der sozialen Frage. Solange die Caritas nicht das Bewusstsein eines jeden Menschen in Gesellschaft antreiben könne, waren Hilfe und Fürsorge in seinen Augen wirkungslos. Werthmann leitete 23 Jahre lang den *Charitasverband für das katholische Deutschland*, der 1921 in *Deutscher Caritasverband* umbenannt wurde.

Jüdische Wohlfahrtspflege: In Berlin wurde 1899 der *Verband für die jüdische Wohlfahrtspflege* gegründet. Er folgte der *Zedaka*, dem hebräischen Begriff für Wohltätigkeit im religiösen Judentum.[241] Die Überwindung von Armut als ein „Erzübel" ist Konsens in der rabbinischen Tradition.[242] Ähnliche Zentralen bildeten sich in Frankfurt, Breslau, Hamburg, Köln, Hannover, Königsberg, Mainz, Wiesbaden, Stettin, Darmstadt, Stuttgart und Leipzig sowie als Landesverbände in Württemberg, Baden, Hessen-Nassau, Hessen-Darmstadt und Westfalen. Heute ist die *Zentralwohlfahrtsstelle der Juden in Deutschland* (ZWST) neben dem *Zentralrat der Juden* die zweite öffentliche Institution der jüdischen Gemeinden in Deutschland. Als Dachorganisation der jüdischen Gemeinden in Deutschland ist sie gesamtverantwortlich für die Unterstützung der jüdischen Gemeinden in ihrer Sozial- und Jugendarbeit.

Wanderarbeitsstätten: Die vom frühen Mittelalter bis zur Moderne zu beobachtende Organisation von Hilfe als Form des menschlichen Bedarfsausgleichs folgte einem selbstorganisierenden Prozess. Ein exemplarisches Beispiel selbstorganisierender privater Wohlfahrtspflege zur Zeit der Industrialisierung sind nicht nur die gerade vorgestellten Wohlfahrtsvereine- und -verbände, die bis heute existieren. Weitere Beispiele lassen sich innerhalb dieser großen Wohlfahrtsverbände auch auf der Ebene der ihnen angeschlossenen Einrichtungen aufzeigen, so wie die bis heute noch in beeindruckender Größe bestehenden *Von Bodelschwinghschen Anstalten Bethel. Friedrich von Bodelschwingh* (1831–1910) war ein evangelischer Pastor und Theologe. Er arbeitete in der auf J.H. Wichern zurückgehenden Tradition der Inneren Mission. 1872 wurde v. Bodelschwingh Leiter der 1867 gegründeten *Evangelischen Heil- und Pflegeanstalt für Epileptische* bei Bielefeld. Die von ihm 1874 in *Bethel* (hebräisch: Haus Gottes) umbenannte Anstalt machte er zu einer der bedeutendsten Einrichtungen der *Inneren*

Abb. 13: Friedrich von Bodelschwingh

241 Grundgedanke der „Zedakah" ist „Gerechtigkeit als Quelle des Wohltuns." Sachße/Tennstedt 1998, S. 232.

242 Vgl. Sacks in ZEDAKA 1992, S. 14ff.

Mission. Im Auftrag Bielefelder Kaufleute nahm sich v. Bodelschwingh auch armer, umherziehender Männer an. Nach seinem Motto *Arbeit statt Almosen* gründete er in Deutschland die schon aus Belgien bekannten Arbeiterkolonien (Wanderarbeitsstätten). Dort sollten die durch die Industrialisierung entstandenen Wanderarbeiter Unterkunft und Arbeit finden: eine auch später von der katholischen Kirche und den jüdischen Gemeinden übernommene Idee, die sich in heutiger Zeit mit unterschiedlichen Beschäftigungs-, Arbeits-, Wohn- und Betreuungsangeboten an obdachlose, wohnungslose Männer und Frauen richtet. Heute sind die *Von Bodelschwinghschen Anstalten* primär in der ambulanten und stationären Behinderten- und Altenhilfe, Jugend- und Wohnungslosenhilfe sowie gemeindenahen psychiatrischen Versorgung tätig. Zu ihr gehören Akutkrankenhäuser, psychiatrische Kliniken und Ausbildungsstätten.

Offene Armenpflege im öffentlichen Bereich: Die größeren Städte, die oftmals auch Industriestandorte waren, mussten sich mit einer stark wachsenden Armenbevölkerung auseinandersetzen. Am stärksten war hiervon die Stadt Elberfeld betroffen. Bereits 1800 versuchte diese Stadt die zunehmende Bettelei mithilfe der Errichtung eines „allgemeinen Armeninstituts" abzuschaffen. Dieses geschlossene Armenhaus kam jedoch durch die stark ansteigende Zahl der Armenbevölkerung bald an seine Grenzen. Die Bettelei nahm zu. Unter Mitwirkung des Elberfelder Bankiers *Daniel von der Heydt* (1802–1874) wurde 1853 schließlich ein offenes System der Armenpflege eingeführt. Hierbei stand eine Idee des Pfarrers, Theologen und Begründers der freien Kirche Schottlands, *Thomas Chalmers* (1780–1847), Pate.[243] Er gilt als Erfinder eines Systems ehrenamtlicher Hausbesuche mit dezentraler Bezirksstruktur, später *friendly visitors* genannt. Chalmers empfand das Almosengeben als entwürdigend für die Bittsteller. Besonders beklagte er, dass sich hierdurch an ihrer Situation nichts nachhaltig ändert. So trat Chalmers für die Haltung *No alms* und den Aufbau eines ehrenamtlichen Besucher- und Patensystems ein, was er in seiner Pfarrgemeinde auch einführte. Chalmers teilte seine Gemeinde in kleinere Bezirke ein. Ehrenamtliche Helfer überprüften die Bedarfslage der Hilfebedürftigen. Danach wurde recherchiert, ob sich Verwandte, Freunde oder Nachbarn für sie einsetzen konnten. Fiel diese Möglichkeit aus, wurden Paten in der begüterten Schicht gesucht.

Abb. 14: Thomas Calmers

Daniel von der Heydt hatte sich vor Ort einen Eindruck von Chalmers Konstruktion der *friendly visitors* verschafft. Das System der Bezirksaufteilung und der Ehrenamtlichkeit war bereits in Ansätzen auch in der Hamburger Armenreform

243 Vgl. Beutel 2007, S. 234–254.

von 1788 angelegt, die – wenn auch mit großen Schwierigkeiten – eine ehrenamtliche und dezentrale Organisationsstruktur hervorgebracht hatte. Bis auf das Patenschaftensystem übernahm Heydt die Konstruktion von Chalmers und der Hamburger Armenreform. Man teilte die Stadt Elberfeld in 252 Quartiere ein. Je 15 dieser Quartiere wurden zu einem Bezirk zusammengefasst. Jeder Bezirk bekam einen ehrenamtlichen *Bezirksvorsteher* und ebenso bekam jedes Quartier einen ehrenamtlichen *Armenpfleger* bzw. *Provisor*. Ehrenamtliche Bezirksvorsteher und Armenpfleger bildeten die Bezirksverwaltung, die in regelmäßigen Abständen, meist vierzehntägig, mit der Armenverwaltung die Hilfebedarfe berieten. Diese bestanden aus Nahrungsmittelgutscheinen, Kleidung und Einrichtungsgegenständen, selten auch Geldzahlungen. Die ehrenamtlichen Armenpfleger der Bezirksverwaltung wurden auf Vorschlag der Kirchen benannt, und sie mussten ihr Amt drei Jahre lang ausüben. Es war ein hoheitliches Amt, dem man sich nicht einfach entziehen konnte. Die Arbeit der Arbeitsverwaltung wurde nebenamtlich von Mitgliedern der Stadtverwaltung übernommen. Die Armenverwaltung führte die Rechtsaufsicht und das Rechnungs- und Kassenwesen. Arbeitsfähige Arme versuchte man durch Arbeitsvermittlungen an Privatunternehmen und eigene, kommunale Arbeitsbeschaffungen mit Arbeit zu versorgen.[244]
Das **Elberfelder System** baute die private Fürsorge in die behördliche Organisation ein. Mit diesem System wurde endgültig die Unterscheidung arbeitsunfähiger/arbeitsfähiger Armer vollzogen. Das System nahm die bis hierhin in der kirchlichen und bürgerlichen Armenpflege entwickelten Regelungen als Grundsätze seiner Organisationsprinzipien auf:

a) Ehrenamtliche Arbeit freiwilliger Helferinnen,
b) Dezentralisierung der Armenpflege,
c) Selektion zum Zwecke der Überprüfung und Kontrolle von Bedürftigkeit durch Beschluss von Hilfebedürftigkeit in den Bezirksversammlungen (nicht mehr als vier Familien oder Alleinstehende pro Helfer),
d) zeitliche Befristung von Unterstützung zwecks Vermeidung von Dauerleistungen (14 Tages-Frist) und
e) Arbeitszwang durch Arbeitsbeschaffung und Arbeitsvermittlung.

Das Elberfelder System wurde zu einem Vorbild in der Organisation der Armenpflege und von vielen weiteren Städten übernommen.[245]

Öffentliche Wohlfahrtspflege und ihr Verhältnis zur freien Wohlfahrtspflege: Ende des 19. Jahrhunderts setzten verstärkte Bestrebungen ein, die staatlich-kommunale Armenpflege und die kirchliche und bürgerliche Privatwohltätigkeit aufeinander abzustimmen. In der Privatwohltätigkeit sah man Entwicklungen, die der öffent-

244 Vgl. Klumker 1918, S. 55ff.
245 So z.B. von Bremen, Breslau, Dresden, Gotha, Köln, Krefeld, Leipzig und Münster.

lichen Armenpflege zuwiderliefen. Seitens der öffentlichen Armenpflege beklagte man unkontrollierbare, teilweise auch konkurrierende Unterstützungsleistungen, Doppelunterstützungen, Missbrauch, Planlosigkeit bei der Almosenvergabe und denunzierte die Wohltätigkeit als eine Art Modeerscheinung. Man forderte den Aufbau von Hilfen, die koordinierte, aufeinander abgestimmte Vorgehensweisen zwischen öffentlicher und privater Wohlfahrt ermöglichten. Als beispielgebend wurde auf das Elberfelder System hingewiesen. Schließlich führten auch die Ausbreitung und das starke Wachstum der beiden dezentral operierenden Wohlfahrtsverbände – Innere Mission und Caritasverband – zu einer lobbyistischen Haltung der Privatwohltätigkeit gegenüber der staatlich-kommunalen Armenpflege. Auch dies weckte und förderte die Haltung und das Interesse an einer öffentlichen Wohlfahrtspflege als eine kontrollierende und steuernde Instanz.[246]

Geschlossene Armenpflege: Neben der offenen, sowohl privat als auch öffentlich organisierten Armenpflege, hatte die geschlossene Armenpflege im 19. Jahrhundert einen eigenen Stellenwert. Im privaten Bereich hatten sich bereits die besprochenen Waisenanstalten und die Anstalten für Behinderte und Kranke (s.a. Heilpädagogik) herausgebildet. Im öffentlichen Bereich wurde das Prinzip der Arbeitshäuser und Arbeitsanstalten weiter ausgebaut. Hinzu kam, dass man Arbeitslosigkeit nun im Falle von Armut mit öffentlichen Sanktionsmitteln begegnen konnte. Zum einen setzten sich polizeiliche Zwangsmaßnahmen durch. Der *armenpolizeiliche Arbeitszwang*, seinerzeit als *Detention* bezeichnet, autorisierte zum Gewahrsam in einer Arbeitsanstalt auch ohne ein Verschulden im strafrechtlichen Sinne. Zielgruppe waren die Obdachlosen. Zum anderen setzte sich die Sichtweise durch, dass Arbeitsverweigerung im Kontext von Armut als Straftatbestand zu bewerten sei. Bereits im preußischen Strafgesetzbuch (1843) wurde der Begriff des *arbeitsscheuen Armen* verwendet und strafrechtlich geregelt. Diese Regelung wurde im Strafgesetzbuch des Deutschen Reiches übernommen:

> „Mit Haft wird bestraft, wer, wenn er aus öffentlichen Armenmitteln eine Unterstützung empfängt, sich aus Arbeitsscheu weigert, die ihm von der Behörde angewiesene, seinen Kräften angemessene Arbeit zu verrichten“[247].

Arbeitshaus und Arbeitszwang spielten bei der Durchsetzung der Industrialisierung und den Kapitalinteressen eine zweitrangige Rolle. Die noch im Frühkapitalismus des 18. Jahrhunderts verfolgte Idee, Arbeitshäuser als Mittel der Produktivitätssteigerung einzusetzen, ging in den Zeiten der Großindustrie des 19. Jahrhunderts nicht auf. In den Arbeitshäusern fand Arbeit zunehmend als Selbstbeschäftigung statt, die abgekoppelt von der ökonomischen Entwicklung letztlich keinen industriellen Nutzen hervorbrachte. Arbeitshaus und Arbeitszwang spielten stattdessen die Rolle des gesellschaftlichen Misstrauens gegen Arme und entwickelten sich zu einer Form der staatlichen Sanktion gegen den angeblichen Missbrauch öffentlicher Mittel.

246 Vgl. Sachße/Tennstedt 1998, S. 241ff. (dort als „Funktionssyndrome“ beschrieben; a.a.O., S. 242).
247 § 361 Nr. 5 u. 10 RStGB; zit. in Sachße/Tennstedt 1998, S. 247.

Arbeiterpolitik und staatliche Versicherungssysteme: Ein wesentliches Merkmal in den Einstellungen zur Armut des 19. Jahrhunderts kann in der Entdeckung armer Menschen für die Interessen der Kapitalakkumulation gesehen werden. Die Produktion industriellen Aufschwungs fraß ein Heer von Tagelöhnern und Gelegenheitsarbeitern, das leicht einsetzbar mit niedrigem Lohn und geringer bis völlig fehlender sozialer Absicherung überall dort verfügbar gemacht wurde, wo die Herausbildung industrieller Ballungszentren dies erforderte. Die freie Binnenwanderung armer Menschen, ihre „innerstaatliche Migration“ [248] wurde praktisch zur strukturellen Voraussetzung für die industrielle Entwicklung. So wurden Beschränkungen des Armenrechtes, die Arme an ihren Wohnort banden, mit der Armen- und Freizügigkeitsgesetzgebung Preußens (1842) zugunsten eines freien Arbeitsmarktes aufgehoben (Wohnortprinzip). Fortan galt das Prinzip des Unterstützungswohnsitzes.[249] Mit der Gründung des Deutschen Reiches (1871) wurde es in fast allen Staaten des Deutschen Reiches mit dem Gesetz über den Unterstützungswohnsitz (UWG) eingeführt. Unterstützungsberechtigt war fortan jeder, der zwei Jahre seinen neuen Wohnsitz beibehielt und dies nachweisen konnte. Man konnte also – positiv formuliert – eine Art freies Niederlassungsrecht erwerben und war im Bedarfsfall nicht mehr an seinen Herkunftswohnsitz gebunden. Letztlich stellte diese Regelung ein Instrument zur Förderung der Arbeiterbinnenwanderung dar. Eine Folge war, dass sich Leistungsbeziehungen zwischen Bürger und Staat als eine wechselseitige Beziehung entwickelten. Sozialleistungen wurden mit Erwartungen von Loyalität verknüpft.[250] Die Entstehung wohlfahrtsstaatlicher Leistungsbeziehungen ist auf die Armen- und Freizügigkeitsgesetzgebung Preußens zurückzuführen. Das Prinzip des Unterstützungswohnsitzes gilt im Grunde heute noch und wird bei der Frage der Abklärung von sozialgesetzlichen Ansprüchen als „gewöhnlicher Aufenthalt“ bezeichnet. Eine bestimmte Frist wird dabei nicht automatisch zugrunde gelegt, vielmehr werden in der Regel sechs Monate als allgemeine Orientierungsgröße angenommen.

Der Anteil der Proletarier an der Gesamtbevölkerung nahm im Kapitalismus des 19. Jahrhunderts rapide zu. Die durch den Kapitalismus individualisierten Lebensrisiken wurden von den Produktionsbetrieben nicht aufgefangen. Eine alternative Armenpolitik wurde erforderlich. Das Versicherungsprinzip spielte hierbei eine zentrale Rolle. Wie man Armut und Bettelei durch die Einführung von Versicherungen verhindern kann, hatte man bereits im 17. Jahrhundert gelernt. Mit der Einführung einer privaten Risikoversicherung gegen Brand- und Wasserschäden sah man eine rechtliche Grundlage, das Betteln von derart geschädigten Personen gesetzlich zu verbieten. Auch der bereits in der Hamburger Armenre-

248 A.a.O., S. 205.

249 A.a.O., S. 23. Vgl. auch Sachße/Tennstedt 1998, S. 205.

250 Vgl. Bommes/Scherr 2000, S. 117f.

form von *Caspar Voght* (1752–1839) verbreitete Gedanke zur Einführung von *Pensionskassen* war bekannt. Der Versicherungsgedanke wurde nun angesichts des ansteigenden Proletariats aus staatlicher Sicht funktional interessant. So beginnt mit den 80er Jahren des 19. Jahrhunderts ein Prozess der Einführung einer Arbeiterversicherungsgesetzgebung in der Form eines gesetzlich geregelten Versicherungszwangs.[251]

Eine bis in die heutige Zeit aktuelle sozialstaatliche Institution wurde mit den ersten sogenannten Bismarck'schen Sozialversicherungswerken eingeleitet. Mit den Pflichtversicherungen gegen Krankheit (1883), industrielle Unfälle (1884) sowie Invalidität und Alter (1889) reagierte das Deutsche Reich unter seinem ersten Reichskanzler *Fürst Otto von Bismarck* (1815–1898) als erstes europäisches Land auf die veränderten sozialökonomischen und politischen Folgen von Bevölkerungswachstum, Verstädterung und Industrialisierung. Damit fand eine strategische Maßnahme ihren Ausdruck, die von politischen Motiven geleitet war. Sozialistische und revolutionäre Entwicklungen sollten durch die geschickte Steuerung einer Politik *mit Zuckerbrot und Peitsche* abgewendet werden. Der deutsche Sozialstaat ist also kein Kind der Arbeiterbewegung, sondern das Ergebnis konservativer Politik im Kaiserreich. Die Einflüsse der erstarkenden Arbeiterbewegung sollten abgewehrt werden. Die Bismarck'schen Sozialgesetzgebungen waren für diese Politik das Zuckerbrot und die Sozialistengesetze[252] (1878) die Peitsche.

Wissenschaft: Die Gestaltung des Sozialen geriet zunehmend in den Blick politischer Interessen. Mit Gestaltung ist aber auch das Interesse an Gestaltbarkeit und damit die Frage nach den Möglichkeiten und Notwendigkeiten sozialer Reformen aufgeworfen. Adressat für diese Fragen wurde zunehmend die Wissenschaft, derzeit insbesondere die „Nationalökonomie und Hygienewissenschaft"[253]. Nationalökonomie (heute in Volkswirtschaft und Sozialwissenschaft aufgeteilt) war die Wissenschaft, die der Politik klare, empirisch gesicherte Entscheidungsgrundlagen liefern sollte. Hierbei sollte sie nicht nur erklären, wie die Dinge zusammenhängen. Vielmehr sollte sie auch Lösungen erarbeiten, die den Vorstellungen einer gemeinsamen, deutschen Kulturnation dienen konnten, orientiert an den Normen von *Sittlichkeit und Gerechtigkeit.* Wissenschaft hatte somit eine normative, einheitsstiftende Funktion, und wurde als ethische Basis politischen Entscheidens und Handelns betrachtet.

Zusammengefasst stellen wir fest: Armenfürsorge steht im 19. Jahrhundert zunehmend im Interesse von Wohlfahrtspflege, Politik und Wissenschaft.

---

251 Vgl. Sachße/Tennstedt 1998, S. 263.

252 Das „*Gesetz gegen die gemeingefährlichen Bestrebungen der Sozialdemokratie*" verbot sozialdemokratische und sozialistische Aktionen und Organisationen.

253 Sachße/Tennstedt 1988, S. 19.

Wohlfahrtspflege, Politik und Wissenschaft mit Blick auf Armut

- **Offene Armenpflege im privaten Bereich**
  Frauenvereine, Deutsches Rotes Kreuz, kirchliche Wohlfahrtsverbände, Wanderarbeitsstätten.
- **Offene Armenpflege im öffentlichen Bereich**
  Hamburger Armenreform, Elberfelder System.
- **Geschlossene Armenpflege**
  Arbeitshäuser und Arbeitszwang.
- **Verhältnis öffentlicher und freier Wohlfahrtspflege**
  Stärkere Verbindungen zwischen privater und öffentlicher Wohlfahrt werden gesucht.
- **Arbeiterpolitik und staatliche Versicherungssysteme**
  Unterstützungswohnsitz (UWG).
  Erste Sozialversicherungen (Otto v. Bismarck).
- **Wissenschaft**
  Nationalökonomie.
  Hygienewissenschaft.

Zusammengefasst
Armut, Hilfebedürftigkeit und gesellschaftliche Reaktion:

- Armenpflege differenziert sich als offene Armenfürsorge sowohl in der privaten (freien) als auch in der öffentlichen (kommunalen) Wohlfahrtspflege weiter aus. Beide Seiten nehmen immer mehr Verbindung miteinander auf. Parallel dazu entwickelt sich ein System geschlossener Armenpflege.
- Die Politik stellt Fragen der Gestaltung des Sozialen. Beschränkungen des Armenrechtes, die Arme an ihren Wohnort binden, werden mit Einführung des Prinzips des Unterstützungswohnsitzes (1842) aufgehoben. Erste Sozialversicherungen werden gesetzlich vorgeschrieben.
- Der UWG wird zugunsten eines freien Arbeitsmarktes, die Sozialversicherungen zur Abwendung von Sozialismus und Revolution eingeführt.
- Die Wissenschaft schließlich stellt Fragen der Gestaltbarkeit des Sozialen als Fragen von Ökonomie und Hygiene.
- Die Einstellungen zur Armenfürsorge bewegen sich damit in der Bandbreite von religiöser, sozialreformerischer und politisch-ökonomischer Motivation. Strategisch wird die soziale Befriedung von Gesellschaft über vier Ansätze versucht:
  - Arbeit wird immer mehr zum Integrationsideal. Das gilt folglich auch für die Bemühungen, die die Schaffung der persönlichen Voraussetzungen zur Erbringung dieses Integrationsideals zum Ziel hatten. Erziehung zur Arbeit, Ausdauer, zu Fleiß, zur Ordnung und Pünktlichkeit stehen somit ganz im Zeichen einer zunehmenden Sozialdisziplinierung armer Bevölkerungsschichten.

- Selektion von Hilfebedürftigkeit (Abschreckung, Abstandsgebote zu unteren Lohnverhältnissen, Reduzierung öffentlicher Ausgabenlast).
- Arbeiterpolitik und Sozialversicherungen als präventiver Schutz vor den jetzt durch Kapitalismus individualisierten Lebensrisiken.
- Nutzung der Wissenschaft als ethische Basis des Handelns. ◀

3.5 Zusammenfassung: Industrialisierung

Wie kann die allgemeine gesellschaftliche Charakteristik der jeweiligen Epoche beschrieben werden?

Das 19. Jahrhundert ist das Jahrhundert der Monopolbildungen (Dampfmaschinen-Jahrhundert). Das gesellschaftliche Interesse an naturwissenschaftlichen und technischen Erfolgen nimmt rapide zu. Die kapitalistische Produktionsweise führt zu Urbanisierung, Wanderungsbewegungen, Rückgang überschaubarer Lebensräume und Zunahme von Ballungszentren. Ergebnisse sind: Klassengesellschaft, Proletarisierung der Massen, Verarmung, Entfremdung und existenzielle Zerrüttung. Die Industrialisierung befördert die Idee der Sozialpädagogik/Sozialarbeit.

Von welchem Weltbild und welcher Philosophie ist diese Zeit geprägt, und welche geistigen Protagonisten und Ideengeber sind maßgebend in der Behandlung der sozialen Fragestellung?

Der philosophische Idealismus der Klassik und Romantik wird durch eine mechanistische, atomistische Welterklärung abgelöst. Man nimmt an, dass es allgemeingültige Gesetze der Kulturentwicklung gibt, die über empirische Forschung entdeckt werden können. Exakte Wissenschaften drängen den Stellenwert von Religion und Metaphysik zurück. Karl Marx sieht in den politisch-ökonomischen Verhältnissen von Gesellschaft die kulturentscheidenden Kräfte.

Welche Einstellungen zur Kindheit und Jugend allgemein sowie zu ihren Beschädigungen im Speziellen herrschen in dieser Zeit vor, und wie drückt sich dies organisatorisch und programmatisch im Erziehungs- und Bildungsverständnis aus?

Kindheit wird als eigenwertiger Entwicklungsprozess separiert. Eltern zeigen ein zunehmendes Interesse am Erziehungsgeschehen und Erziehungserfolg ihrer Kinder. Der Erziehungsauftrag wird durch zunehmende institutionalisierte Erziehung und Bildung vom Erziehungsauftrag der Eltern separiert. Kindheit wird zunehmend zum Objekt nostalgischer Idealisierung, Gehorsamserziehung, Sexualunterdrückung und Sozialdisziplinierung. Nach dem Vorbild der Naturwissenschaften und der Annahme allgemeingültiger Entwicklungsgesetze entsteht ein positivistisches Bildungsideal in Verbindung mit einem vordergründigen Interesse an industriell verwertbarer Bildung.

Zu dieser Entwicklung parallel verlaufen die Bemühungen um eine methodisch-didaktische Systematik der Unterrichtspraxis. (Johann F. Herbart). Eine Stärkung der Volksschulen, aber auch wachsendes Misstrauen gegenüber einer allgemeinen Volksbildung, treffen aufeinander. Eine Vereinfachung der Volksbildung – praktisch als eine Form sozialer Kontrolle – ist die Folge. Kindheit und Jugend unter dem Zeichen der Industrialisierung bedeuten vor allem proletarische Kindheit und Jugend. Verwaiste, verwahrloste, arme und proletarische Kinder werden Zielgruppe verstärkter pädagogischer Bemühungen (Johann H. Wichern). Für das 19. Jahrhundert ist die Herausbildung von drei Formen typisch: die Rettungshausbewegung, die staatliche Zwangserziehung und die Heilpädagogik. Der Begriff der Sozialpädagogik wird als Mittel der Volkserziehung und Bekämpfung der durch Verarmung entstehenden Erziehungsaufgaben eingeführt (Karl W.E. Mager, Friedrich A.W. Diesterweg). Die Tradition der privaten Kinderfürsorge wird mit dem Zwangserziehungsgesetz von 1878 gebrochen. Neben die private Jugendfürsorge tritt die kommunale, staatliche Jugendfürsorge mit der Gründung eigener Einrichtungen. Die Armen- und Waisenhauspädagogik bekommt schließlich das Gesicht einer staatlich gelenkten Jugendfürsorge. Abweichende Kindheit wird zum gesellschaftlich definierten „Fall" von Anpassung und Ausgrenzung. Das Interesse an der Erziehung und Bildung behinderter Kinder kann sich mit der Heilpädagogik eigene Wege suchen.

Welche Einstellungen zur Armut und Hilfebedürftigkeit prägen diese Zeit, und wie drücken sich diese organisatorisch und programmatisch im Umgang mit Armut aus?

Armenpflege differenziert sich als offene Armenfürsorge sowohl in der privaten (freien) als auch in der öffentlichen (kommunalen) Wohlfahrtspflege weiter aus. Beide Seiten nehmen immer mehr Verbindung miteinander auf. Parallel dazu entwickelt sich ein System geschlossener Armenpflege. Die Politik stellt Fragen der Gestaltung des Sozialen. Beschränkungen des Armenrechtes, die Arme an ihren Wohnort binden, werden mit Einführung des Prinzips des Unterstützungswohnsitzes (1842) aufgehoben. Erste Sozialversicherungen werden gesetzlich vorgeschrieben. Das Gesetz über den Unterstützungswohnsitz wird zugunsten eines freien Arbeitsmarktes eingeführt, ebenso die ersten Sozialversicherungen zur Abwendung von Sozialismus und Revolution. Die Wissenschaft schließlich stellt Fragen der Gestaltbarkeit des Sozialen als Fragen von Ökonomie und Hygiene. Die Einstellungen zur Armenfürsorge bewegen sich damit in der Bandbreite von religiöser, sozialreformerischer und politisch-ökonomischer Motivation. Strategisch wird die soziale Befriedung von Gesellschaft über vier Ansätze versucht:

1. Arbeit und Sozialdisziplinierung armer Bevölkerungsschichten als Integrationsideal,
2. Selektion von Hilfebedürftigkeit,
3. Arbeiterpolitik und erste Sozialversicherungen als Schutz vor Sozialismus und Arbeiterkampf,
4. Nutzung der Wissenschaft als ethische Basis des Handelns.

3.6 Reflexionsvorschläge

Muss sich Soziale Arbeit für freie Zuwanderung einsetzen? Das Prinzip des Unterstützungswohnsitzes (eingeführt in Preußen 1842) brachte Erleichterung für die Bürger, die infolge Armut umherzogen (Armutswanderung). In der Regel hatte man Anspruch auf Hilfe, wenn man sechs Monate in einer Stadt lebte. Freizügigkeit in der Mobilität des Bürgers ist heute durch den Begriff des „gewöhnlichen Aufenthaltes (GWA)“ weitestgehend gegeben. Auf europäische Ebene haben wir das Gesetz über die allgemeine Freizügigkeit von Unionsbürgern (EU-Freizügigkeitsgesetz). Armutswanderung gibt es heute immer noch, und sie nimmt zu. Wie können auf globaler Ebene Sozialrechte für alle Menschen verbindlich festgeschrieben werden? Brauchen wir ein gesondertes Einwanderungsgesetz? *(Stichworte: Europäisierung, Globalisierung, Arbeitsmarkt; Armutswanderungen; UN-Menschenrechtskonvention, UN-Kinderrechtskonvention)*

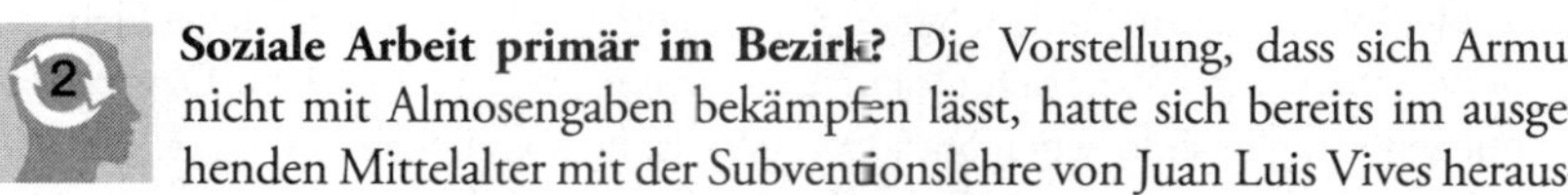

Soziale Arbeit primär im Bezirk? Die Vorstellung, dass sich Armut nicht mit Almosengaben bekämpfen lässt, hatte sich bereits im ausgehenden Mittelalter mit der Subventionslehre von Juan Luis Vives herauskristallisiert. Sehr viel später hatte der Theologe und Begründer der freien Kirche Schottlands, Thomas Chalmers ein System ehrenamtlicher Hausbesuche mit dezentraler Bezirksstruktur erfunden, *friendly visitors* genannt. Chalmers deckte das Almosengeben als entwürdigend für die Hilfesuchenden auf. Besonders beklagte er, dass sich hierdurch an ihrer Situation nichts nachhaltig ändert. So trat Chalmers für die Haltung No alms ein, stattdessen sollte persönliche, ortsnahe Hilfe in Form von Betreuung und Förderung die Lage bessern. Chalmers Konzept wurde später kopiert und weiterentwickelt (Elberfelder System, Straßburger System). Man könnte sagen, es war der Vorläufer einer sozialbezirksorientieren Sozialen Arbeit. Können soziale Probleme immer innerhalb eines Sozialbezirkes bearbeitet werden? *(Stichworte: Quartiersentwicklung, soziale Milieus, Lebenswelt, Sozialraum, Milieubildung, Spezialisierung; De-Zentralisierung versus Zentralisierung)*

Lassen sich soziale Probleme mit den Methoden Sozialer Arbeit ausreichend bearbeiten? Mit der Frage nach der Bedürftigkeit bzw. ihrer Feststellung, wird der Mensch zum „Fall“. An diese Entscheidung knüpft sich die Frage nach der Methodisierung von Hilfe. Erste Überlegungen hierzu lieferte Chalmers mit seinem Konzept der „friendly visitors“ sowie später das Ehepaar Barnett mit ihrem Settlement-House. An die englische Settlement-Bewegung knüpfte dann Jane Addams an und brachte sie nach Amerika. Später sollte die Ausdifferenzierung in die sogenannten klassischen Methoden Sozialer Arbeit (soziale Einzelfallhilfe, soziale Gruppenarbeit und Gemeinwesenarbeit) folgen. Lassen sich die sozialen Probleme durch einen Kanon ausgefeilter Methoden Sozialer Arbeit lösen? Sind sie der „Königsweg“ oder sind sie nur Hilfsmittel, die die professionelle Beziehungsarbeit nicht ersetzen können? *(Stichworte: Methodenkanon der Sozialen Arbeit, Soziale Diagnostik; Technologiedefizit von Pädagogik und Sozialer Arbeit; Konzepte und Methoden Sozialer Arbeit)*

Kommt Soziale Arbeit ohne Zwang aus? Das Prinzip der Zwangserziehung (auch Zwangsarbeit) setzte sich bereits im ausgehenden Mittelalter, spätestens jedoch in der Neuzeit durch. Bis in die Moderne hinein war auch der Gedanke der Fürsorge und Erziehung unmittelbar mit dem Gedanken der Sozialdisziplinierung, dem Versuch der Anpassung abweichenden Verhaltens an gesellschaftliche Erwartungen der eigenen Subsistenzsicherung gebunden. Staatliche Zwangserziehung setzte sich im 19. Jahrhundert endgültig durch. Erst mit Beginn der antiautoritären Bewegung in der zweiten Hälfte des 20. Jahrhunderts geriet Zwang als Mittel sozialer Anpassung in der Sozialarbeit und Sozialpädagogik in Verruf und wurde spätestens mit der Reform des Jugendwohlfahrtsgesetzes (JWG) bzw. mit der Einführung des Kinder- und Jugendhilfegesetzes (KJHG von 1991) abgeschafft. In spätmodernen Zeiten scheint Zwang als pädagogisches Mittel – vielleicht auch als Reflex auf die Enttäuschungen antiautoritärer Erziehungserfolge – wieder salonfähig zu werden. Wenngleich es offiziell keine geschlossene Heimerziehung geben darf, haben sich Diskurse zu diesem Thema entwickelt. Dass es Heime mit zeitweilig geschlossenen Stationen gibt, ist kein Geheimnis mehr. Kann Soziale Arbeit auf Zwang – als eine Form der Ausübung von Macht – konstruktiv für die Verwirklichung ihrer sozialpädagogischen Ziele zurückgreifen oder fällt sie damit hinter ihren eigenen Entwicklungsfortschritt zurück? *(Stichworte: Soziale Arbeit in Zwangskontexten, geschlossene Heimerziehung; Intensivpädagogik)*

Was kann die Wissenschaft Soziale Arbeit für Gesellschaft leisten? Mit der Epoche der Industrialisierung setzte sich ein positivistisches Bildungsideal durch, das bis in die heutige Zeit hinein Gültigkeit beansprucht. Nach dem Vorbild der Naturwissenschaften und mit der Annahme allgemeingültiger Entwicklungsgesetze (Positivismus) gerät die Nutzung der Wissenschaft zur ethischen Basis von Erziehung, Bildung (hier in der Pädagogik mit Herbart) und Sozialer Arbeit. Auch wenn die positivistische Ausrichtung durch weitere Ansätze, wie z.B. der Kritischen Theorie und dem Konstruktivismus, einen Dämpfer bekam, scheint heute überwiegend Einigkeit darin zu bestehen, dass die gesellschaftliche Sorge um den Menschen nur auf der Basis wissenschaftlichen Erkenntnisfortschritts geschehen kann. Die wissenschaftliche Reflexion sozialer Probleme stellt der Sozialen Arbeit eine Vielzahl von Beiträgen verschiedener Wissenschaftsdisziplinen (aus Psychologie, Soziologie, Wirtschafts-, Rechts- Politik-, Kultur- und Erziehungswissenschaften, Philosophie, Anthropologie, Theologie und Medizin) zur Verfügung. Hinzu kommt eine Vielzahl unterschiedlicher Theorien und Theorieentwürfe Sozialer Arbeit, die dem Ganzen einen wissenschaftlich fundierten Integrationsrahmen geben sollen. Ist der Beitrag von Wissenschaft und Theorie für Soziale Arbeit unverzichtbar oder ein uferloses Unterfangen, das ihr nur stets neue Ungewissheit, statt klare Orientierung beschert? Was kann Soziale Arbeit als Wissenschaft für die Gesellschaft leisten? *(Stichworte: Bezugswissenschaften Sozialer Arbeit; Theorienvielfalt; Theorie-Praxis-Verhältnis, Funktion von Theorien für die Praxis)*

Ein geistiges Wesen ist also nicht mehr trieb- und umweltgebunden, sondern umweltfrei, und, wie wir es nennen wollen, weltoffen. Ein solches Wesen hat Welt.

(Max Scheler, 1928)

4 Moderne und Niedergang – Von der Zwangsarbeit und Ausbeutung bis zum Rückfall in die Barbarei

Wir hatten den Beginn der Moderne mit den ökonomischen Umbrüchen der Industrialisierung markiert. Mit der Industrialisierung wurde die stratifikatorische Differenzierung von Gesellschaft von der Ebene feudalistisch monarchischer Strukturen auf die Ebene von politisch-ökonomischen Schichten und Klassen verlagert. Dabei bildete sich ein neues gesellschaftliches Strukturprinzip aus. Neben die stratifikatorische tritt die funktionale Differenzierung. Damit ist der Prozess der allmählichen Entwicklung voneinander unabhängiger gesellschaftlicher Teilsysteme gemeint. Die feste Zugehörigkeit von Menschen zu bestimmten Schichten bzw. Klassen verliert in diesem Prozess der gesellschaftlichen Entwicklung zunehmend an Bedeutung. An die Stelle von Klassenbildungen tritt allmählich die Ausbildung autonomer Funktionssysteme, wie Recht, Wirtschaft, Politik, Erziehung und Bildung, Religion usw. Der Begriff der Moderne also mit dem Zeitpunkt verbunden, bei dem die stratifikatorische Differenzierung weitestgehend von einer funktionalen Differenzierung abgelöst wird. Funktionale Differenzierung bezeichnet damit auch einen Umbruch in allen Bereichen des individuellen, gesellschaftlichen und politischen Lebens gegenüber der Tradition. Die Moderne hat sich sozusagen selbst erreicht. Politisch lässt sie sich etwa an der Ablösung des Deutschen Kaiserreiches durch die Weimarer Republik verorten.

Nachdem wir den Beginn der Moderne mit der Industrialisierung (etwa 1820–1900) und der Gründung des Kaiserreiches (1871) in den Blick genommen haben, schauen wir uns die Moderne nun in vier weiteren Schritten an:

a) Untergang der Ära Bismarcks im deutschen Kaiserreich, Erster Weltkrieg sowie Ende des Kaiserreiches (1890–1918),
b) Beginn bis Verfall der Weimarer Republik (1918–1933),
c) Machtübernahme durch die Nationalsozialisten bis zum Ende des Zweiten Weltkrieges (1933–1945),
d) Wiederaufbau nach 1945 bis heute.

Wie man sieht, gestaltet sich die Entwicklung der Herrschaftsverhältnisse in den genannten Zeitabschnitten immer komplexer. Das liegt vor allem daran, dass sich in dieser Zeit drei politische Systeme abwechselten. Das Deutsche Kaiserreich geht seinem Ende entgegen und ist mit dem Ersten Weltkrieg am Boden, die Weimarer Republik steigt auf, verfällt aber nach relativ kurzer Zeit wieder und das Chaos des Nationalsozialismus mit dem Zweiten Weltkrieg bricht aus.
Die Verortung der Geschichte der Sozialen Arbeit in der Zeit der NSDAP (1920–1945) bereitet allgemein Probleme. Die Zeit des Nationalsozialismus in Deutschland war ein gewaltsamer Bruch mit allem, was die Geschichte von Hilfe, Fürsorge und Sozialarbeit an positiven Ansätzen bis dahin hervorgebracht hatte. Daher wird es notwendig sein, die Situation der Sozialen Arbeit im Nationalsozialismus gesondert zu betrachten.

4.1 Allgemeine gesellschaftliche Charakteristik

Deutschland erlebte die erste Hälfte des 20. Jahrhunderts in einer dichten Folge politischer, ökonomischer und sozialer Katastrophen. Im ersten Drittel des 20. Jahrhunderts bildeten sich umfassende politische, ökonomische und geistige Krisenlagen heraus. Getreu dem kapitalistischen Wirtschaftsliberalismus einer sich selbst ordnenden Welt entstand die Kartellindustrie mit ihrer gesamten Überproduktion und Expansion auf den sich der Konkurrenz verschließenden Weltmärkten. Die sich verschärfende ökonomische Situation und der Militarismus des deutschen Kaiserreichs führten schließlich zum Ersten Weltkrieg. Damit wurde auch der hoffnungsvolle Aufschwung der Zeiten des späten Kaiserreiches zunichte gemacht. Die internationalen Verflechtungen lassen den Österreichisch-Serbischen Konflikt zum Weltkrieg werden. Dieser Krieg forderte um die 17 Millionen Todesopfer.
Die Konzentration der industriellen Produktion in die Rüstungsindustrie reduzierte die Konsumgüterproduktion. Volksvermögen floss in die Rüstungsindustrie, um auf den Schlachtfeldern des Ersten Weltkrieges verpulvert zu werden. Die kapitalistische Monopolbildung von Produktionsmitteln gaben die Arbeiter jeglicher Ausbeutung und existenzieller Bedrohung schutzlos preis. Karl Marx' Prophezeiung der absoluten Verelendung der arbeitenden Schichten nahm konkrete Gestalt an. Die Weltwirtschaftskrise (1929) nahm ihren Anfang im Zusammenbruch der New Yorker Börse und zog einen Kollaps der Volkswirtschaften in allen Industrienationen mit Massenverelendungen und Massenarbeitslosigkeit nach sich. Die Hauptgläubigerrolle der USA für die Kredite an Frankreich und England und die Reparationspflichten Deutschlands aus dem Ersten Weltkrieg ließen Amerika als materiellen Sieger aus dem Ersten Weltkrieg hervorgehen. Der zeitweilige, scheinbare Wiederaufstieg der deutschen Wirtschaft durch US-Kredite, konnte in der

Weltwirtschaftskrise die hohe Staatsverschuldung nicht einholen. Im Laufe der wirtschaftlichen Depression verfiel die junge hoffnungsvolle Weimarer Demokratie Deutschlands von 1919, die sogenannten „goldenen Zwanziger Jahre", der faschistischen Allmachtsideologie.

Die Partei der Nationalsozialisten (NSDAP) errang 1928 nur 2,6% der Wählerstimmen, 1930 waren es bereits 18,3 und 1932 waren es 37,4 % bzw. kurz darauf 33,1%. 1933 waren es schließlich 43,9%. Damit wurde die NSDAP stärkste Partei im Reichstag. Mit dem Ermächtigungsgesetz von 1933 (444 Abgeordnete stimmten dafür, 94 – alle von der SPD – stimmten dagegen) sowie den bereits vorangegangenen zwei Notverordnungen gab der Deutsche Reichstag den Nationalsozialisten (NS) freie Hand für die Gleichschaltung und damit die faktische Unterwerfung aller Organe und relevanten Gruppen unter ihre NS-Herrschaft. Sicher waren viele Abgeordnete in ihrem Wahlverhalten schon durch den nationalsozialistischen Terror eingeschüchtert. Dennoch darf man den Machtwechsel an die Nationalsozialisten nicht nur aus der Perspektive der Machtübernahme begründen. Auch die Perspektive der Machtübergabe ist zu beleuchten. Der Zulauf in den nationalsozialistischen Aufbauorganisationen, hier besonders der Nationalsozialistische Deutsche Ärztebund (NSDÄB), der Bund Nationalsozialistischer Deutscher Juristen (BNSDJ) und der Nationalsozialistische Lehrerbund (NSLB), und auch die Unterstützung durch Wirtschaft und Industrie, sind hierbei zu bedenken.

Die hoffnungsvollen wohlfahrtsstaatlichen Ideen der Weimarer Republik (1918–1933) erfuhren ihren Untergang mit der Übergabe der Macht an die Nationalsozialisten (1933) und dem bald folgenden, vernichtenden Zweiten Weltkrieg (1939–1945). Dieser Krieg forderte an die 60 Millionen Todesopfer. Erst im Wiederaufbau, in der zweiten Hälfte des 20. Jahrhunderts, entfaltete sich die Idee des Wohlfahrtsstaates als ein verfassungsrechtliches Element.

Zusammengefasst
Allgemeine gesellschaftliche Charakteristik:

Die erste Hälfte des 20. Jahrhunderts ist von tiefgreifenden politischen und ökonomischen Katastrophenerfahrungen geprägt:

- Industriegesellschaft, Kartellindustrie, Verelendung der arbeitenden Schichten,
- Erster Weltkrieg und Ende des Kaiserreiches (über 17 Millionen Todesopfer),
- Weimarer Republik,
- Weltwirtschaftskrise, Massenarbeitslosigkeit,
- Faschismus, Nationalsozialismus,
- Zweiter Weltkrieg und Holocaust (bis zu 60 Millionen Todesopfer),
- Wiederaufbau aus den geistigen und materiellen Trümmern.

4.2 Weltbild und Philosophie

Das Europa der Jahrhundertwende brachte in seinem ungebrochenen Willen zur Welteroberung ein Weltbild hervor, das der geistigen Erfassung des Menschenwesens neue Rätsel aufzugeben schien. Der Mensch war offensichtlich zu bewundernswerten technologischen Kulturleistungen und gleichermaßen unter ihrer Verwendung zur Zerstörung seiner eigenen Existenz befähigt; ein Dualismus, der den späten *Sigmund Freud* (1856–1939) zur Annahme eines sich im Menschen im ständigen Widerstreit befindenden Lebens- und Todestriebes führte.[254]
Einen Vorausblick in das sich anbahnende Chaos gab der deutsche Philosoph *Friedrich Wilhelm Nietzsche* (1844–1900) bereits zum Ende des 19. Jahrhunderts:

> „Was ich erzähle, ist die Geschichte der nächsten zwei Jahrhunderte. Ich beschreibe, was kommt, was nicht mehr anders kommen kann: die Heraufkunft des Nihilismus. Diese Geschichte kann jetzt schon erzählt werden: denn die Notwendigkeit selbst ist hier am Werke. Diese Zukunft redet schon in hundert Zeichen, dieses Schicksal kündigt überall sich an; für diese Musik der Zukunft sind alle Ohren bereits gespitzt. Unsere ganze europäische Kultur bewegt sich seit langem schon mit einer Tortur der Spannungen, die von Jahrzehnt zu Jahrzehnt wächst, wie auf eine Katastrophe los: unruhig, gewaltsam, überstürzt: einem Strom ähnlich, der ans Ende will, der sich nicht mehr besinnt, der Furcht davor hat, sich zu besinnen"[255].

Nietzsche, gleichermaßen als faschistisch missbrauchter Prophet gerettet[256] und Wegbereiter für den faschistischen Rassismus verurteilt[257], zeichnete in seiner Vorrede zu seinem *Versuch einer Umwertung aller Werte* das Bild einer Untergangsstimmung, das sich angesichts der folgenden zwei Weltkriege so unzweifelhaft wie dramatisch bestätigte. Der Nährboden des Faschismus hatte neben der ökonomischen sicherlich auch eine geistige Komponente. Die Überwindung des metaphysischen Denkens zugunsten der materialistischen Welteroberung förderte den Fortschrittsglauben an Wissenschaft und Technik. Ein *kulturelles Unbehagen* machte sich bereits um die Jahrhundertwende bemerkbar. Ähnlich wie die *Sturm-und-Drang-Bewegung* dem Rationalismus ihrer Zeit entgegentrat, wandte sich in Deutschland die *Jugendbewegung* gegen die Monopolbildung der Industrialisierung und deren künstliche „Asphaltkultur"[258].
Auch die Naturwissenschaften stießen auf erste Grenzen, die aufzeigten, dass sich die Natur nicht in letzter Konsequenz durch objektive Gesetzmäßigkeiten erklären lässt. Die Kausalmethodik mechanistischer Welterklärung geht nicht zu hundert Prozent auf.[259] Dies beförderte einen Wandel im naturwissenschaftlichen

254 Vgl. Freud 1979, S. 107.
255 Bonsel, Einleitung zu Nietzsche 1959, S. 13.
256 Vgl. a.a.O., S. 12.
257 Vgl. Richter 1979, S. 58.
258 Vgl. Reble 1980, S. 267.
259 Beispiele hierfür sind Plancks Quantentheorie, Einsteins Relativitätstheorie, Heisenbergs Unsicherheitsrelation.

Denken. Philosophie und Naturwissenschaften rückten wieder näher zusammen. Die Lebensphilosophie bezieht metaphysische und religiöse Fragen wieder mit ein und der Neukantianismus erkennt die „Grenzen der naturwissenschaftlichen Begriffsbildung“[260]. Verfechter der Eigenständigkeit der Sozial- und Geisteswissenschaften, insbesondere auch der Erziehungswissenschaften und der Psychologie, bekamen Auftrieb. Ein psychoanalytisches Interesse am Menschen wurde wach.

In allen Bereichen menschlichen Fortschritts erfuhr der aufgeklärte, sich aus dem metaphysischen Dasein des Mittelalters befreite Verstandesmensch – das notwendig gewordene Individuum – empfindliche Grenzsetzungen. Aus psychoanalytischer Sicht kann die Geschichte des Individuums auch als eine Geschichte der Illusion von der menschlichen Allmacht verstanden werden; dem Ausbruch des Menschen aus dem Mittelalter und seiner auf dem Weg der Welteroberung erlittenen narzisstischen Kränkungen. Oder anders gesagt: eine Geschichte des beschädigten Individuums. Der Psychoanalytiker *Horst-Eberhard Richter* (1923) zeigt auf, wie im 19. Jahrhundert die Chancen zur Realisierung großer Individualitätsideale unter dem Druck der neuen Produktionsverhältnisse und ihrem Versagen zu schwinden begannen und wie sich ganze Generationen des Bürgertums auf ihrem Weg in den Ersten Weltkrieg und dem darauf schnell verfallenden hoffnungsvollen Neuanfang der Weimarer Republik – mit der hieraus folgenden Marschrichtung zum Nationalsozialismus – in den Visionen vom „Übermenschen“ des Philosophen Nietzsche wiederfinden konnten. „An Nietzsches Übermenschvision teilzuhaben, bot wenigstens eine gewisse phantasierte Entschädigung für den Bedeutungsschwund des Individuums im heraufdämmernden Zeitalter der Vermassung, der Verbürokratisierung, der Verwertung des Menschen als Ware“[261].

Nun dürften Nietzsches philosophische Gedanken den breiten Massen in der vereinfachten und verfälschten Interpretation einer Einteilung der Menschheit in edle Herrenmenschen und eher tierähnliche Untermenschen nicht bekannt gewesen sein. Und auch die Überlieferung, dass Nietzsche angeblich einer von Hitlers Lieblingsphilosophen gewesen sei, kann nicht zu dem Schluss führen, dass Nietzsche den philosophischen Nährboden für den Nationalsozialismus gelegt habe oder gar geistiger Urheber des Faschismus gewesen sei. Aber Nietzsches Gedanken können als ein Spiegel der damaligen gesellschaftlichen Situation und des sich darin ausbreitenden geistigen Klimas gesehen werden. Das 19. Jahrhundert ist für die Menschen mit einem ungeheuren Komplexitätsaufbau verbunden. Der Mensch sieht sich auf vielfältige Weise in neu entstandene soziale Systeme eingespannt. Er ist in ein ihm kaum überschaubares Feld gesellschaftlicher, wirtschaftlicher und politischer Zusammenhänge und die darin gegebenen Rollenanforderungen gestellt. Diese Funktionalisierung des Menschen bereitet in ihm die Ambivalenz von Ohnmacht, ein Gefühl des Ausgeliefertseins an anonyme Systeme auf der einen und den Willen zur

260 A.a.O., S. 269.
261 Richter 1979, S. 58.

Selbstbestimmung in der Frage der Mitgestaltung von Gesellschaft auf der anderen Seite. Diese Ambivalenz wird zur Frage der Selbstbewahrung. Eine Frage, die weder politisch, ökonomisch, sozial noch philosophisch oder pädagogisch einfach zu beantworten ist. In jedem Fall aber bekommt diese Frage auf allen Ebenen starken Auftrieb, gerade weil sie auf so verschiedenartige Weise strittig wurde.[262]

Zusammengefasst
Weltbild und Philosophie:

- Untergang großer Individualitätsideale unter dem Druck der Produktionsverhältnisse.
- Blüte der Jugend- und Wandervogelbewegung.
- Erfahrung der Grenzen von Naturwissenschaften (Neukantianismus).
- Ambivalenz von Gefühlen des Ausgeliefertseins an anonyme Systeme auf der einen und vom Willen zur Selbstbestimmung in der Frage der Mitgestaltung von Gesellschaft auf der anderen Seite. ◀

4.3 Kindheit, Jugend und gesellschaftliche Reaktion

Im 19. Jahrhundert wird eine Tendenz zur nostalgischen Idealisierung von Kindheit erkennbar. Mit dem Bild von Kindheit sind die Suche und die Sehnsucht nach besseren Zeiten verbunden. Kindheit wird zur Projektionsfläche der Erwachsenenwelt und ihren bürgerlichen Erziehungsidealen für eine bessere Welt. Der Kindheitsstatus verändert sich mit all den problematischen aber auch verbessernden Begleiterscheinungen. Die Beschreibungen glücklicher Kindheiten – was immer in der jeweiligen Zeit als hierfür benennbare Merkmale angesehen wurde – tauchten erstmals im 19. Jahrhundert auf. Diese Tendenz setzte sich in den Autobiographien des 20. Jahrhunderts fort, aber auch die ersten psychoanalytischen und soziologischen Distanzierungen, die das Bild glücklicher Kindheiten als idyllisierende Kindheitsbeschreibung in Frage stellten.[263]

Bereits das ausgehende 19. Jahrhundert liefert Hinweise für die Annahme einer veränderten kindlichen Psyche, die ihre eigenen Reaktionsweisen auf die sie umgebende und eindringende Umwelt herausgebildet hatte. So entwickelten sich allmählich auch neue Formen psychischer Gegenwehr, wie bspw. der Kinderselbstmord, der erstmals statistisch ermittelt werden konnte.[264] Die Separation von Kindheit als eigenwertiger Entwicklungsprozess war allgemein bewusst. Zum Ende des 19. Jahrhunderts konnte ein spezieller Zweig der Psychologie, die Kinderpsychologie, als

262 Vgl. Reble 1980, S. 270f.

263 Hardach-Pinke/Hardach 1978, S. 50.

264 Vgl. Johansen 1978, S. 160f.

systematische Wissenschaft von sich reden machen. Zu nennen ist hier das Werk des englischen Physiologen (sic!) *Wilhelm Thierry Preyer* (1841–1897).[265] Ein tieferes Verständnis über die Bedeutung früher Kindheitserlebnisse brachte schließlich die Triebtheorie von *Sigmund Freud* (1856–1939). Er führte die drei Instanzen *Ich, Es* und *Über-Ich* ein. Sein Modell der ontogenetischen Entwicklung benannte die Eltern als die zentrale Vermittlungsinstanz von Normen und Werten, die für die intrapsychische Entwicklung des Kindes in direkter Weise wirksam werden. Freuds Libidotheorie brachte neue Einblicke in die menschliche Triebstruktur und Erkenntnisse über ihre Zusammenhänge mit neurotischen und psychotischen Erkrankungen hervor. Die riskante und komplexe Rolle von Erziehung, als unmittelbare Versagungsinstanz, wurde damit deutlich.

Kindheit im beginnenden 20. Jahrhundert stand besonders in Deutschland nicht nur unter dem Vorzeichen eines zunehmenden psychologischen Interesses, sondern sie wurde auch unter dem Zeichen politischer Verwendungsinteressen – sowohl von links als auch von rechts – wahrgenommen. So standen die *Selbsterziehungs- und Selbstpolitisierungsideen* innerhalb der sozialistischen und marxistischen Arbeiterjugendbewegung, beispielsweise in den *Kinderrepubliken* der *Kinderfreundebewegung*, ganz unter dem Zeichen der Hoffnung, neue organisierte Mitkämpfer gewinnen zu können.[266] Diese Bewegung in der Zeit der Weimarer Republik konnte ihren Nachwuchs jedoch nicht besonders wirksam organisieren, ganz im Gegensatz – wie wir noch sehen werden – zur faschistischen Organisation der *„Hitler-Jugend"* nach der Machtübernahme (1933).

Erziehung, Bildung und Schule: Die Pädagogik befand sich im beginnenden 20. Jahrhundert in einer eigentümlichen Lage. Es war die Zeit der wissenschaftlichen Pädagogik und der sie bekämpfenden Reformpädagogik einerseits sowie die Zeit der ersten hoffnungsvollen Ideen einer geisteswissenschaftlichen Pädagogik andererseits. Und es war die Zeit der Einverleibung jeglicher Pädagogik durch den Nationalsozialismus.

Bis zur Jahrhundertwende entwickelte sich bereits ein gefächertes Schulsystem. Einen Aufschwung erfuhr angesichts des technisch orientierten Jahrhunderts das Realschulwesen, welches dem Bedürfnis nach arbeitsmarktverwertbarem Nachwuchs entgegenkommen sollte. Die formale Gleichberechtigung der höheren Schulformen – Gymnasium, Oberrealschule und Realgymnasium – wurde bis 1900 erreicht.[267] Bis zur Jahrhundertwende hatte sich das öffentliche Schulwesen schon stark verzweigt. Neben der Volksschule und den sogenannten höheren Schulen

---

265 W. Th. Preyer: Die Seele des Kindes. Beobachtungen über die geistige Entwicklung des Menschen in den ersten Lebensjahren. Leipzig [1882]. Preyers Werk bildete die Grundlage der modernen Entwicklungspsychologie.

266 Freud 1940, S. 94 u. S. 132f.

267 Vgl. Reble 1980, S. 259f.

hatte sich eine Reihe von Fach- und Fortbildungsschulen gebildet, wie z.B. auch verschiedene Sonderschultypen.
Für die armen Kinder und Jugendlichen des neu entstandenen Proletariats machte sich eine neue Erfindung auf den Weg. Sie bestand darin, Erziehung und Bildung für die Interessen der Industrie einzusetzen. In sogenannten Industrieschulen sollten Kinder für die Erfordernisse des industriellen Erwerbslebens vorbereitet werden. *Rudolf Joseph Lorenz Steiner* (1861–1925), eher bekannt durch die heutigen anthroposophischen Waldorfschulen, war einer der Protagonisten in Deutschland. 1919 wurde in Stuttgart die erste Waldorfschule als eine Betriebsschule für die Kinder der Arbeiter und Angestellten der *Waldorf-Astoria-Zigarettenfabrik* gegründet. Die Verbindung manueller Arbeit und schulischer Erziehung geht bereits auf Pestalozzi zurück. Die Industrieschulen setzten sich aber aus ökonomischen Gründen nicht durch. Anders hingegen die Versuche der Etablierung einer „industriellen Wohlfahrtspflege" seit 1900: Die Allgemeine Elektrizitätsgesellschaft AEG, die Bayerwerke in Leverkusen und die Kruppwerke in Essen stellten die ersten „Fabrikpflegerinnen" ein, später (1929) als „soziale Betriebsarbeit" bezeichnet und heute noch unter der Bezeichnung „Betriebssozialarbeit" bekannt.[268]
Die Nationalsozialisten schließlich führten 1938 eine allgemeine Schulbesuchspflicht für deutsche Kinder ein. Jedoch war das entsprechende Reichsschulpflichtgesetz naheliegender weise nicht von einem aufgeklärt-pädagogischen Impetus getragen, sondern von der politisch-ideologischen Absicht einer völkischen Gleichschaltung.
Erziehung als Wissenschaft: Die Zucht-und-Ordnungs-Pädagogik der Herbartianer hatte inzwischen ihre Wirksamkeit entfaltet und erfuhr scharfe Kritik seitens der emporkommenden Schulreformbewegung. Diese Bewegung bezog ihre geistige Grundlage aus der von der schwedischen Pädagogin *Ellen Karolina Sophie Key* (1849–1926) maßgeblich initiierten Reformpädagogik. Die reine, durch Auswendiglernen und ohne selbständiges Denken gekennzeichnete Wissensvermittlung war aus Sicht der Reformpädagogen nicht kindgemäß. Die öffentlichen Schulen kamen ihr wie Strafanstalten vor und kamen „Seelenmord"[269] *gleich.* Die Vertreter der Reformpädagogik forderten mehr Selbständigkeit und Freiheit für die Lernenden und die Ausrichtung der Lehrmethoden an den Bedürfnissen und Fähigkeiten der Kinder. Die beiden gegensätzlichen pädagogischen Richtungen standen wiederum in einer gewissen Nähe zu den sich anbahnenden Erziehungsprinzipien des Nationalsozialismus: das herbartianische Prinzip züchtigender Erziehung auf der einen sowie die der Erbgesundheitslehre nahestehende Reformpädagogik Ellen Keys auf der anderen Seite. Auch die stärker gewordene geisteswissenschaftliche Pädagogik nahm eine eher ambivalente, größtenteils verständnisvolle, kleinerenteils ablehnende Haltung gegenüber dem Faschismus ein.[270]

268 Vgl. Jente u.a. 2001, S. 15ff.
269 Key zit. in Andresen 2000, S. 35.
270 Vgl. Rang 1986, S. 50.

Sozialpädagogik: Von der normativen, überzeitlichen Erziehungswissenschaft Herbarts auf der einen und den ebenso überzeitlichen Überzeugungen der Reformpädagogik auf der anderen Seite setzte sich die geisteswissenschaftliche Pädagogik ab. Sie wurde im sozialpädagogischen Kontext vor allem von *Herman Nohl* beeinflusst. Der Mitte des 19. Jahrhunderts eingeführte Begriff der Sozialpädagogik wurde vor Nohl besonders von *Paul Gerhard Natorp* (1854–1924) bearbeitet. Für den Philosophen Natorp stand der Gemeinschaftsgedanke im Vordergrund. Natorp entwickelte 1907 seine theoretische Konzeption von Sozialpädagogik als Antwort auf die soziale Frage. Sozialpädagogik sah er nicht als eigenständigen Erziehungsbereich, sondern – ähnlich wie bei Mager – als Gegensatz zur Individualpädagogik. Daher knüpfte er auch an die volkserzieherischen Gedanken Pestalozzis und nicht an die individualpädagogischen Ideen Rousseaus an. Für Natorp war Sozialpädagogik jegliche Erziehung und Bildung zur Gemeinschaft durch Gemeinschaft. Insofern ist für Natorp letztlich Sozialpädagogik der Versuch einer Neubegründung der Disziplin Pädagogik einerseits und der Etablierung von Sozialpädagogik jenseits von Wohlfahrt und Fürsorge.[271] Natorps Begriff von Sozialpädagogik setzte sich jedoch nicht durch. Der Diskurs über eine Sozialpädagogik wurde in der weiteren Entwicklung vor allem von seinem Kritiker *Alois Fischer* (1880–1937) weitergeführt. Er arbeitete insbesondere den Zusammenhang einer Sozialpädagogik mit den Fragen und Erkenntnissen der Sozialwissenschaften und Psychologie sowie den weiteren Forschungsbedarf heraus.[272] Der weitere sozialpädagogische Diskurs wurde vor allem aber von dem Pädagogen und Philosophen *Herman Nohl* (1879–1960) beeinflusst. Nohl gilt als der Großvater der Sozialpädagogik. Nohl griff auf die philosophische Pädagogik von *Friedrich Schleiermacher* (1768–1834) und *Wilhelm Dilthey* (1833–1911) zurück. Sie kann als erste und einzige Pädagogik ihrer Zeit gelten, die die Geschichtlichkeit von Pädagogik erkannte.[273] Sie war auch der Impulsgeber für die theoretische und berufsethische Orientierung der sozialpädagogischen Bewegung der *Weimarer Zeit* (1918–1933). *Herman Nohl* war der erste Lehrstuhlinhaber in Deutschland, der sich dem Bereich der Jugendhilfe in Theorie und Praxis widmete. Seine Analyse über die Entstehung der Sozialpädagogik – aus den unterschiedlichsten gesellschaftlichen Einflüssen heraus – ermöglichte es ihm, die auf Schulfragen verengte Pädagogik für gesellschaftliche Entwicklungen und damit für die „soziale Frage" zu öffnen. Die Idee der „Volkserziehung", die bei ihm auch die Familien-, Schul- und Sozialpädagogik umfasste, konnte er auf diese Weise wei-

Abb. 15: Herrmann Nohl

271 Vgl. Henseler 2000, S. 202 und Niemeyer 2010, c1998, S. 107–111.
272 Vgl. Henseler 2000, S. 172f.
273 Wulf 1978, S. 15f.

terentwickeln. So sollte nach Nohls Verständnis z.B. das Jugendamt nicht nur eine helfende, sondern vor allem eine sozialisierende Funktion entfalten.

Sozialpädagogische Bewegung: Die *sozialpädagogische Bewegung* steht in einem engen Zusammenhang mit der *Jugendbewegung*. Mit der um die Jahrhundertwende entstandenen Jugendbewegung erhielt die Jugendfrage im ersten Drittel des 20. Jahrhunderts einen zunehmenden gesellschaftlichen Stellenwert. Den pädagogischen Reformeifer der *Weimarer Zeit* begleitete eine Diskussion um die Sozialpädagogik als eine Form der Pädagogisierung der gesamten Wohlfahrtspflege und eine neue, gerechte Sozialpolitik. 1925 wurde die *Gilde Soziale Arbeit* gegründet, ein Zusammenschluss jugendbewegter Schüler Herman Nohls – z.B. *Curt Bondy* (1894–1972) und *Erich Weniger* (1894–1961) – und ehrenamtlicher und beruflich tätiger Menschen in der sozialen Arbeit. Soziale Arbeit war für sie identisch mit sozialer Verantwortlichkeit. Im Zentrum der Reformüberlegungen stand die Reform der Fürsorgeerziehung. Ihre Perspektive war eine rein pädagogische.[274] Im Jahr der Machtübernahme durch die Nationalsozialisten löste sich die Gilde selbst auf. 1947, zwei Jahre nach Kriegsende, nahm die Organisation ihre Arbeit wieder auf, und sie besteht bis heute.

Der sozialpädagogischen Bewegung ging es um die Institutionalisierung der Jugendwohlfahrt und die Verberuflichung der Wohlfahrtspflege und Jugendarbeit. Vor allem Herman Nohls Verständnis einer Pädagogik, die die Veränderung des Menschen und damit indirekt der kulturellen Erneuerung der Gesellschaft in das Zentrum pädagogischer Bemühungen rückte, fand großen Anklang. „Der gemeinsame Nenner der sozialpädagogischen Bewegung lag letztlich in der Überzeugung, dass der Pädagogik für die Lösung der gesellschaftlichen Probleme eine neue und stetig wachsende Bedeutung zukomme …“[275]. Die geisteswissenschaftliche Pädagogik und die Reformpädagogik erhielten jedoch auch heftige Kritik, insbesondere durch den österreichischen Psychoanalytiker und Pädagogen *Siegfried Bernfeld* (1892–1953). Seine Worte zu den Grenzen der Erziehung (1925) fanden aber (noch) kein Gehör.[276]

---

274 Vgl. Henseler 2000, S. 184ff.

275 Schnurr 1997, S. 11.

276 Bernfeld versuchte Erkenntnisse der Psychoanalyse mit dem Marxismus zu verbinden. Er war führend in der österreichischen Jugendbewegung und einer der wichtigsten Wissenschaftstheoretiker in der psychoanalytischen Bewegung. Er verband marxistische Grundgedanken mit der Psychoanalyse Freuds zu einer klassenkämpferischen „neuen Erziehungswissenschaft“. In dem von ihm geleiteten *Kinderheim Baumgarten* (Wien1921) versuchte er seine Vorstellungen zu verwirklichen. 1922 eröffnete er seine psychoanalytische Praxis in Wien. 1925 ging er an das psychoanalytische Institut. 1934 emigrierte er in die USA und war dort am psychoanalytischen Institut tätig. In Deutschland wurde Bernfeld als Vorläufer der antiautoritären Erziehung (wieder) bekannt. Sein bis heute bekanntes Werk *„Sisyphos oder die Grenzen der Erziehung“* (1925) zeigt seine antipädagogische Sicht der Dinge. Bernfelds damalige geringe akademische Akzeptanz wird an seinen zu seiner Zeit als Handicap geltenden Eigenschaften festgemacht: Er war Marxist, Psychoanalytiker und Jude. Dies und seine wissenschaftlich fundierte Ausführung über die ideelle Selbstüberschätzung der Pädagogik machten ihn zur Unperson im pädagogischen Diskurs seiner Zeit. Erst nach seinem Tod wurde Bernfeld insbesondere durch Mollenhauer in den Diskurs der Pädagogik gehoben (vgl. hierzu Niemeyer 2010, c1998, S. 197).

Die faktische Wirkung der sozialpädagogischen Bewegung war in den von ihr intendierten Handlungsfeldern – vor allem in der Heimerziehung, den Wohlfahrtsämtern, den Volkshochschulen und der Jugendarbeit – eher gering. Umso höher jedoch war ihre publizistische Ausstrahlung in der fachlichen und öffentlichen Diskussion. Auch ihre Wirkung in der Ausbildung von Wohlfahrts- und Jugendpflegerinnen, insbesondere auch -pflegern, die aus der Jugendbewegung kamen, wird eher hoch eingeschätzt. Es zeichnete sich – neben Schule – ein weiteres pädagogisches Berufsethos ab; ein sozialpädagogisches.[277] Dies wurde zunächst von den Folgen der Weltwirtschaftskrise (1929) überrannt. In den Zeiten des Verfalls der Weimarer Republik verband sich schließlich der Rest der sozialpädagogischen Bewegung ideell mit den neuen Hoffnungen, die durch den aufkommenden Nationalsozialismus vermittelt wurden, statt diesen – anscheinend nicht richtig erkannten Feind – zu bekämpfen.
Fürsorgeerziehung: Das im Deutschen Reich eingeführte Zwangserziehungsgesetz (1878) brachte nichts Gutes. Arme Kindheit wurde zum „Fall" abweichenden Verhaltens. In den Jahren zwischen 1912 und 1931 erschien eine Vielzahl von Publikationen in Form von Anklageschriften, Selbstzeugnissen, Romanen und Bühnenstücken zu den Auswüchsen staatlicher Zwangserziehung. Die Liste der Anklagen war lang: Mangel an qualifizierten Erziehungspersonen, überbordende Strenge, Zucht und Ordnung, Zwang, sinnlose Beschäftigung, Demütigungen, Gewaltanwendung, sexuelle Unterdrückung, Hospitalisierungen, drakonische Bestrafungsaktionen wie Einzel- und Dunkelhaft u.v.m. füllten die Liste einer schwarzen Anstaltspädagogik.
Ein Novum trat mit der Pädagogisierung des Jugendstrafvollzuges hinzu. Nach dem Vorbild der angloamerikanischen Jugendgerichte entstanden mit dem Inkrafttreten des Reichsjugendgerichtsgesetzes (RJGG) von 1923 Jugendgerichte und die Jugendgerichtshilfe. Die dunkle Zeit der Anstaltserziehung kannte zudem erste Ansätze einer Heimdifferenzierung. Hintergrund hierfür waren Erkenntnisse in der Medizin, der Psychiatrie und Psychologie. Erste Ansätze einer reformierten „Anstaltspädagogik" mit koedukativen, berufsvorbereitenden und später auch psychoanalytischen Elementen werden erkennbar.[278] Ein Vorbild war hier die Arbeit von *August Aichhorn* (1878–1949), der in Österreich eine Einrichtung auf der Grundlage eines psychoanalytisch-pädagogischen Konzeptes führte. Versuche jugendbewegter Fürsorgeerziehungspraxis waren vor allem mit dem Namen des der Reformpädagogik verpflichteten *Karl Wilker* (1885–1980) verbunden. Seine Pädagogik der Fürsorgeerziehung in der Erziehungsanstalt *Der Lindenhof* verstand sich als erfrischend fürsorgekritischer sowie erfahrungs- und sinnenfreudiger Versuch gegen den *„Sumpf verlogener Kultur, sich prostituierender Gesellschaft, raffgierigen Kapitalismusses"*[279]. Weitere Namen, wie

277 Schnurr 1997, S. 12.
278 Vgl. Scherpner 1979, S. 177f.
279 Wilker zit. in Niemeyer 2010, c1998, S. 184 (Anmerkung: Gleichwohl stand auch Wilker, ähnlich wie Ellen Key, dem eugenischen Gedanken sehr nahe. Vgl. a.a.O., S. 193).

Walter Hermann und Curt Bondy (Jugendstrafvollzug bzw. Gefängnispädagogik) sind in diesem Zusammenhang zu nennen.
Auch die Medizin entdeckte die Fürsorgeerziehung. Sie trat jedoch schnell in eine standespolitische Konkurrenz zu den Pädagogen. Der in Münster wirkende Gerichts- und Sozialmediziner *Heinrich Többen* (1880–1951) setzte sich bereits zur Zeit der Entstehung des Reichsjugendwohlfahrtsgesetzes (RJWG) für eine obligatorische und kategorische medizinische Diagnostik bei der Feststellung von Fürsorgeerziehung ein.[280] Tatsächlich waren diese Diagnostik und die Einrichtung von *Sonderanstalten für Unerziehbare* auch im Entwurf des RJWG in Artikel 70 (2) vorgesehen. Többen hatte 1921 in einem über 1000 Seiten umfassenden Buch über *„Die Jugendverwahrlosung und seine Bekämpfung"* die Psychiatrisierung der Jugendfürsorge vorangetrieben.[281] Seine Vorstellungen fanden ihren Niederschlag im geplanten Artikel 70 (2), der aber aus finanziellen Gründen nicht in das RJWG aufgenommen wurde.[282] Insgesamt muss man feststellen, dass es in dieser Zeit nicht zu einer durchgreifenden Reform der Fürsorgeziehung kam.[283] Die Medizin hingegen sollte unter den Vorzeichen des aufkommenden Nationalsozialismus noch einen zunehmenden, gleichwohl unheilvollen Stellenwert in der Jugendfürsorge bekommen.

Zusammengefasst
Kindheit, Jugend und gesellschaftliche Reaktion:

- Psychologisches Verständnis von Kindheit und Jugend.
- Die Triebtheorie Sigmund Freuds bringt ein tieferes Verständnis über die Bedeutung früher Kindheitserlebnisse hervor.
- Fürsorge einerseits, Sozialdisziplinierung andererseits.
- Zucht-und-Ordnungs-Pädagogik erfährt scharfe Kritik seitens der emporkommenden Schulreformbewegung.
- Beide Erziehungsrichtungen – hier Strenge und Zucht, dort Naturverbundenheit und Eugenik – stehen in einer gewissen Nähe zu den sich anbahnenden Erziehungsprinzipien des Nationalsozialismus.
- Kindheit steht nicht nur unter dem Vorzeichen eines zunehmenden psychologischen Interesses, sondern auch unter dem Zeichen politischer Verwendungsinteressen der Arbeiterjugendbewegung zur *Weimarer Zeit* und später der Indoktrination von Jugend in Schulen, Universitäten, Hitlerjugend und anderen nationalsozialistischen Erziehungsstätten.

280 Vgl. Dudek 1999, S. 169.
281 Vgl. Fischer 1994, S. 526.
282 Vgl. Dudek 1999, S. 169.
283 Vgl. Röper 1976, S. 241.

- Mit der um die Jahrhundertwende entstandenen Jugendbewegung erhält die Jugendfrage im ersten Drittel des 20. Jahrhunderts einen zunehmenden gesellschaftlichen Stellenwert.
- Den pädagogischen Reformeifer der *Weimarer Zeit* begleitet eine Diskussion um die Sozialpädagogik als eine Form der Pädagogisierung der gesamten Wohlfahrtspflege und eine neue, gerechte Sozialpolitik.
- Die wissenschaftliche Sozialpädagogik geht vor allem auf *Paul Natorp* und *Herman Nohl* zurück.
- Die von Nohl beeinflusste sozialpädagogische Bewegung findet u.a. in der 1925 gegründeten *Gilde Soziale Arbeit* ihren Ausdruck.
- Ihr Anliegen ist die Pädagogisierung der gesamten Wohlfahrtspflege und Verwirklichung einer neuen, gerechten Sozialpolitik.
- Zu einer durchgreifenden Reform kommt es nicht.
- In den Zeiten des Verfalls der Weimarer Republik verbinden sich Teile der sozialpädagogischen Bewegung ideell mit den neuen Hoffnungen, die durch den aufkommenden Nationalsozialismus vermittelt werden, statt diesen – anscheinend nicht richtig erkannten Feind – zu bekämpfen. ◀

4.4 Armut, Hilfebedürftigkeit und gesellschaftliche Reaktion

Mit Beginn der 1890er Jahre begann ein Ausbau der Fürsorgemaßnahmen über die klassische Armenfürsorge hinaus. Damit entwickelte sich auch ein neues Verständnis über die gesellschaftlichen Aufgaben öffentlicher Fürsorge. Planvolles, wissenschaftlich begründbares Handeln war nun immer mehr gefragt. In den 1920er Jahren wurde der Begriff der Fürsorge zu einem universellen Instrument materieller Existenzsicherung auf minimalem Niveau. Da die individuelle Daseinsvorsorge durch die Wirtschaft versagte, wurde der Staat zum Wohlfahrtsstaat mit der Folge der Herausbildung einer Armenverwaltung in den Kommunen. Neben der weiteren Ausdifferenzierung der privaten Wohlfahrtspflege setzten eine Etablierung der kommunalen Fürsorge und ein Ausbau der staatlichen Rechtsprogramme ein.
Mit den ersten drei Jahrzehnten des 20. Jahrhunderts setzte sich die Ausdifferenzierung der Wohlfahrtspflege des 19. Jahrhunderts fort. Sie mündete in einen Prozess der Zentralisierung der privaten Wohltätigkeit, die nun in Abgrenzung zur staatlichen *Öffentlichen Wohlfahrtspflege* als *Freie Wohlfahrtspflege* bezeichnet wurde. Das Verhältnis öffentlicher und freier Wohlfahrtspflege wurde zunehmend als regulationsbedürftig thematisiert und schließlich als ein Nebeneinander funktionaler Arbeitsteilung harmonisiert.[284]

284 Vgl. Sachße 2003, S. 75.

Mit dem Ausbau der öffentlichen und freien Wohlfahrtspflege setzte ein Prozess der Verwissenschaftlichung und Verberuflichung des Sozialen ein. Dieser Prozess fand seine Anfänge bereits in den Zeiten des Kaiserreiches und erfuhr nun im ersten Drittel des 20. Jahrhunderts weiteren Auftrieb. Das Zusammenwachsen der öffentlichen und privaten Wohlfahrt zum Ende des 19. Jahrhunderts nahm seine weitere Entwicklung in dem Übergang zu einem Wohlfahrtsstaat. Mit der Weimarer Reichsverfassung (WRV) von 1919 wurde der neue Staat als parlamentarische Republik, als Rechts- und Sozialstaat geboren.[285] Wohlfahrtspflege und Volksbildung sollten seine Integrationsformeln sein. Mit dem Verfall der Weimarer Republik und der Zeit des Nationalsozialismus war das vorläufige Ende eines hoffnungsvollen Reformprozesses Sozialer Arbeit gekommen. Die hier schon angedeutete komplexe Entwicklung soll nachfolgend in einigen Schlaglichtern veranschaulicht werden.

Zusammenschlüsse und Neugründungen in der freien Wohlfahrtspflege:
Neben den bereits Ende des 19. Jahrhunderts entstandenen Wohlfahrtsverbänden (Deutsches Rotes Kreuz, Innere Mission, Deutscher Caritasverband und jüdische Hilfswerke) kamen die Arbeiterwohlfahrt (1919), der Paritätische Wohlfahrtsverband (1920) und der Zentrale Wohlfahrtsausschuss der christlichen Arbeiterschaft (1921) als weitere Verbände der freien Wohlfahrtspflege hinzu. Mit dem Zusammenschluss der jüdischen Hilfewerke (1917) und der Anerkennung des Zusammenschlusses der Caritasverbände durch die Deutsche Bischofskonferenz (1916) waren die Zentralisierungsbestrebungen der jüdischen und katholischen Hilfeorganisationen vollzogen. Die **Zentralwohlfahrtsstelle der deutschen Juden (ZWST)** – 1917 gegründet – sollte die vielfältigen jüdischen Hilfswerke und sozialen Einrichtungen der jüdischen Gemeinschaft koordinieren und sich um die jüdischen Kriegsteilnehmer und ihre Hinterbliebenen kümmern. In der Zeit der Weimarer Republik war die ZWST in die Deutsche Liga der freien Wohlfahrtspflege eingebunden.[286] Die Zentralwohlfahrtsstelle der jüdischen Gemeinden in Deutschland wurde zur Dachorganisation der jüdischen Gemeinden in Deutsch-

285 Die Begriffe Wohlfahrtsstaat und Sozialstaat sind nicht identisch. Mit dem Begriff Sozialstaat wird ein Verständnis von Staat ausgedrückt, in dem der Staat seinen Bürgerinnen und Bürgern lediglich in nicht mehr aus eigener Kraft zu bewältigenden Notsituationen hilfreich zur Seite springt. Der Begriff Wohlfahrtsstaat ist hingegen weitreichender. Der Begriff der Wohlfahrt hat seinen Ursprung in den christlichen Gedanken von Karitas und Diakonie. Mit ihm ist die planmäßige, Allgemeinwohl fördernde Sorge für notleidende und gefährdete Menschen gemeint. Mit der Verbindung zum Wort Wohlfahrts-Staat wird die Auffassung vertreten, dass der Staat die Rolle für die Herstellung des Allgemeinwohls seiner Bürger zu übernehmen habe. Hierbei ist zwischen dem Begriff des absolutistischen und liberalen Wohlfahrtsstaates zu unterscheiden. Ersterer griff mit staatlichen Vorstellungen von „Freiheit und Glückseligkeit" dirigistisch in die Privatsphäre seiner Bürger ein, zweiterer versucht durch rechtsstaatliche Prinzipien und marktwirtschaftliche Eingriffe die Freiheit seiner Bürgerinnen und Bürger zu schützen. Der Wohlfahrtsidee haftet somit ein gewisses staatsinterventionistisches Verständnis weiterhin an.

286 A.a.O., S. 302.

land und als solche gesamtverantwortlich für die Unterstützung der Gemeinden in ihrer Sozialarbeit, wie auch für die Organisation und Koordination der Jugendarbeit. Vor der ZWST waren bereits ihre drei Gründungsorganisationen in der Wohlfahrtspflege aktiv.[287] Als nicht-politische Vertretung der jüdischen Gemeinden ist sie heute neben dem Zentralrat der Juden die zweite öffentliche Institution der jüdischen Gemeinden in Deutschland.

Arbeiterwohlfahrt (AWO): Die Arbeiterwohlfahrt war ein Element der sozialdemokratischen Arbeiterbewegung im Übergang vom 19. zum 20. Jahrhundert. Das Deutsche Reich war nach dem Ersten Weltkrieg zerstört, politisch instabil, wirtschaftlich und sozial ruiniert. Millionen Menschen waren in Not und hungerten. Die Kriegsversehrten, die Opfer des Krieges, die Witwen, die Waisenkinder waren ohne soziale Hilfen. Eine bisher nicht gekannte Massenverelendung in Deutschland forderte die Selbsthilfe und die praktische Solidarität vieler freiwilliger Helferinnen und Helfer heraus. Der Gedanke lag nahe, aus den verschiedenen Organisationen der Arbeiterbewegung eine sozialdemokratische Wohlfahrtsorganisation zu bilden. Die Sozialdemokratin *Marie Juchacz*[288] (1879–1956) rief im Dezember 1919 den *Hauptausschuss für Arbeiterwohlfahrt in der SPD* ins Leben. So wurde neben der bürgerlichen Wohltätigkeit, z.B. den Frauenvereinen, ein sozialdemokratischer Wohlfahrtsverband aufgebaut, der sich sowohl als politische Interessengemeinschaft für soziale Gerechtigkeit und sozialen Fortschritt als auch als konkrete Hilfeorganisation für die Arbeiterschaft verstand.

Deutscher Paritätischer Wohlfahrtsverband (DPWV): 1920 schlossen sich nicht-konfessionelle, gemeinnützige Krankenanstalten zu einer Vereinigung der freien gemeinnützigen Kranken- und Pflegeanstalten Deutschlands zusammen. Parteipolitisch und weltanschaulich neutral wollten sie ihre Selbständigkeit gegen eine drohende Kommunalisierung und Verstaatlichung verteidigen. Dem Verband schlossen sich auch andere freie soziale Einrichtungen an, die ihre Existenz bedroht sahen. 1924 wurde der Wohlfahrtsverband unter dem Namen *Vereinigung der freien privaten gemeinnützigen Wohlfahrtseinrichtungen Deutschlands* gegründet und 1932 in *Deutscher Paritätischer Wohlfahrtsverband* umbenannt.

Kommunale Wohlfahrtspflege und staatliche Programme: Die Ausdifferenzierung der kommunalen Armenfürsorge hatte mit Schwierigkeiten zu kämpfen. Das Reichsgesetz von 1871 bestimmte mit seiner Regelung des Unterstützungswohnsitzes (UWG) die Gemeinden und Gutsbezirke als die Ortsarmenverbände. Schwierigkeiten machten sich sukzessive auf verschiedenen Ebenen bemerkbar.

---

287 Deutsch-Israelitische-Gemeinde-Bund (D.I.G.B), der unabhängige Orden B'nai Brith (U.O.B.B.) und der Jüdische Frauenbund (vgl. ZEDAKA 1993, S. 293).

288 Juchacz war Frauensekretärin beim Parteivorstand der SPD, Vorkämpferin für das Frauenwahlrecht in Deutschland, Mitglied der Weimarer Nationalversammlung und erste parlamentarische Rednerin in diesem ersten frei gewählten deutschen Parlament.

a) Es entstanden viele kleine, wenig leistungsfähige Ortsarmenverbände. Insbesondere auf dem Lande konnten sie ihren – teilweise auch gesetzlich schon vorgeschriebenen – Aufgaben nicht mehr gerecht werden. Die Bildung von Landesarmenverbänden war rechtlich zwar vorgesehen, entwickelte sich aber nur zögerlich.
b) Der Verlust des bürgerlichen Wahlrechtes und drohende Zwangsarbeit in den Arbeitshäusern führten zur fortschreitenden Nichtinanspruchnahme der Armenfürsorge und zum Negativimage der kommunalen Armenfürsorge.
c) Die Rechtsstellung unterstützungsberechtigter Personen war durch die Arbeiterversicherung angehoben worden. Diese Leistungen reichten aber oft nicht aus, so dass sie auf zusätzliche kommunale Unterstützung angewiesen waren. Dies machte die Leistungsberechtigten wieder zu Bittstellern.
d) Rechtsansprüche auf Renten und Krankenversorgung aus einer Arbeiterversicherung und die Konsequenzen für eine verbleibende Bedürftigkeit erforderten immer mehr Sachkenntnisse bei den Quartierspflegern.
e) Die Städte wurden immer größer und es bildeten sich spezielle Armen- und Reichenviertel. Nachbarschaftliche Quartiersarmenpflege war so kaum noch möglich.
f) Die Ermittlung des Unterstützungswohnsitzes wurde infolge der ansteigenden Mobilität der Menschen immer schwieriger und aufwendiger.

Das System der kommunalen Armenfürsorge sah sich mit Problemen konfrontiert, die sowohl quantitativ als auch qualitativ ihre Möglichkeiten überschritten. Eine Reaktion auf diesen Problemdruck geschah bereits 1880 durch den Zusammenschluss überwiegend städtischer Armenverwaltungen, Organisationen der privaten Wohlfahrt und Einzelpersonen im *Deutschen Verein für Armenpflege und Wohltätigkeit (DV)*. Weitere Reaktionen waren die Reorganisation der kommunalen Armenfürsorge, insbesondere der Modifikation des Elberfelder Systems und der Ausdifferenzierung der kommunalen Fürsorge in Gesundheits-, Jugend-, Wohnungs- und Erwerbslosenfürsorge. Die bürgerliche Frauenbewegung und die Entstehung sozialer Frauenberufe gehörten ebenfalls zu dieser Reaktionsbildung.

Reorganisation der kommunalen Armenfürsorge: Unter der Mitwirkung des Straßburger Bürgermeisters *Rudolf Schwander* (1868–1950) wurde das Elberfelder System zu einem halbprofessionellen Quartiersystem ausgebaut. Das **Straßburger System** (1905) gab das Prinzip der reinen Ehrenamtlichkeit auf und unterschied nun sehr deutlich zwischen den beruflichen und den ehrenamtlichen Aufgaben. Die polizeilich-administrativen Aufgaben wurden nun von Berufspflegern der Armenverwaltung wahrgenommen. Die beratenden, betreuenden und unterstützenden Tätigkeiten verblieben weiterhin bei den ehrenamtlichen Bezirkspflegern. Mit dem Straßburger System trat erstmalig ein Prozess der Abstimmung unterschiedlicher Profilbildungen, den individuell betreuenden und den sachlich entscheidenden Ins-

tanzen, aufeinander. Kommunale Sozialpolitik gewann an Bedeutung und es setzte ein dynamischer Prozess der Ausdifferenzierung kommunaler Wohnungs-, Erwerbslosen-, Kinder-, Jugend- und Gesundheitsfürsorge sowie Kriegsopferpflege ein.
Wohnungsfürsorge: Bis 1913 waren in etwa 30 deutschen Großstädten Wohnungsämter eingerichtet worden. Sie arbeiteten teilweise schon mit hauptamtlichem Personal, überwiegend jedoch in der Kombination von ehren- und hauptamtlichen Mitarbeitern. Sie traten eher in der Funktion von Aufsicht und weniger in der Funktion von Fürsorge auf. Örtlich geltende Wohnungsordnungen legten Mindestgrößen der Wohnungen und hygienische Vorschriften fest. Die Wohnungsämter sollten vor allem der Entwicklung von Übernachtungshäusern und Schlafstellen entgegenwirken.
Fürsorge für erwerbslose Personen: Außerhalb und in Ergänzung der Armenfürsorge wurden bis 1914 in immer mehr deutschen Städten Vorläufer des Arbeitsamtes eingerichtet. Es wurden kommunale Einrichtungen gebildet, die von Arbeitnehmern und Arbeitgebern paritätisch besetzt waren und Arbeitsnachweise außerhalb der Armenfürsorge führten.[289]

Gesundheitsfürsorge und Gesundheitsamt: Als ein besonders dynamisches Feld der Entwicklung kommunaler Wohlfahrt stellte sich die Gesundheitsfürsorge dar. Bereits zum Ende des 19. Jahrhunderts bildeten sich in den Großstädten spezifische Dienste aus, die sich mit den von der mittlerweile bestehenden gesetzlichen Krankenversicherung nicht abgedeckten Risiken von Krankheit, Behinderung und gesundheitlichen Gefährdungen befassten. Die Anlaufstellen für die Gesundheitspflege, wie z.B. die *„Fürsorgestellen für Säuglinge, Schwangere, Tuberkulose“*[290] waren praktisch die Vorläufer des heutigen Gesundheitsamtes. Die *Weimarer Zeit* war angesichts der wirtschaftlichen Not nach dem Ersten Weltkrieg die Blütezeit der öffentlichen Gesundheitspflege. Am weitesten entwickelte *Marie Baum* (1874–1964) das Konzept einer Bezirksfamilienfürsorge. Sie forderte die Schaffung einer Einheitsfürsorge, die die Wirtschafts-, Gesundheits- und Erziehungsfürsorge zusammenfassen und die Fallbearbeitung in eine Hand legen sollte.
Kinder- und Jugendfürsorge, RJWG und Jugendamt: Die Entwicklung der Kinder- und Jugendfürsorge vollzog sich weitestgehend außerhalb der kommunalen Armenfürsorge. Das im Deutschen Reich eingeführte Zwangserziehungsgesetz (1878) erfuhr mit dem preußischen *Gesetz für die Fürsorgeerziehung Minderjähriger* (1900) eine ideelle Wendung. Dieses Landesgesetz schaffte formal die Zwangserziehung ab. In Verbindung mit dem ebenfalls in 1900 in Kraft getretenen Bürger-

289 Vgl. Sachße/Tennstedt 1988, S.37. (Anmerkung: In Frankreich wurde die Vermittlung von Arbeitssuchenden bereits 1631 aufgenommen. Als erste Anlaufstelle eröffnete das „Bureau d'Adresse“ in Paris eine gebührenpflichtige Vermittlung von Arbeitssuchenden und Arbeitgebern. Seit 1639 wurde dort die Meldung von Arbeitslosen zur polizeilichen Pflicht.).

290 Vgl. Kühn 1994, S. 10.

lichen Gesetzbuch (BGB) war die Anordnung von Fürsorgeerziehung im rechtlich prophylaktischen und nicht repressiven Sinne möglich.[291] Dass die repressive Wirkung hingegen auf pädagogischer Seite zur vollen Entfaltung kam, dafür sorgte die Anstaltserziehung, wie wir bereits weiter oben feststellen konnten.

Die Zwangserziehungsgesetze der Länder aus den 1880er Jahren verschärften den Streit zwischen staatlicher Erziehungsintervention auf der einen und privater Wohltätigkeit auf der anderen Seite. Einerseits war mittlerweile ein Recht des Kindes auf Erziehung allgemein anerkannt. Andererseits sahen besonders die Vertreter der privaten Wohlfahrtspflege mit dem staatlichen Eingriffsrecht die Gefahr eines Erziehungsstaates emporkommen. Die Rettungsformel in dieser Interessenkollision von Staat und Bürgerlichkeit sah man in dem Prinzip der Subsidiarität. Es ließ dem Staat die Funktion der Aufsicht und Überwachung der Ersatzerziehung zukommen, bei weitest gehendem Verzicht auf die Gründung eigener Anstalten. So räumte es den Vorrang der bereits bestehenden privaten Wohlfahrtseinrichtungen vor der Gründung öffentlicher Einrichtungen ein. Das Subsidiaritätsprinzip entsprach der liberalen Gesellschaftsauffassung des 19. Jahrhunderts und den Grundsätzen der katholischen Soziallehre (Sozialenzyklika von 1931). Auch der durch den Soziologen und Philosophen *Ferdinand Tönnies* (1855–1936) eingeführte Begriff der *Gemeinschaft*, die immer vor Gesellschaft stehe, mag eine gewisse ideengeschichtliche Rolle gespielt haben.

Der Vorrang von Familienerziehung vor der Ersatzerziehung und die Ablösung einer disziplinierend-polizeilichen durch eine pädagogische Handlungsleitung erforderte letztlich auch eine Neuorganisation der Administration. Als Vorläufer der späteren Jugendämter bildeten sich in der Zeit bis vor dem Ersten Weltkrieg in vielen deutschen Großstädten Jugendfürsorgebehörden (Jugendfürsorgeämter, Waisen- und Kinderfürsorgeämter) heraus, die eine enge Vernetzung mit den Wohlfahrtsvereinen und privaten Einrichtungen herstellen sollten.

In den Jahren des Ersten Weltkrieges gerieten die reformerischen Kräfte ins Hintertreffen. Konservative Vorstellungen einer Jugend unter dem Dach des Vaterlandes gewannen vor allem auf dem Feld der Jugendpflege (Tagesgruppen, Kindergärten, Horte, Jugendvereine, Berufsvorbereitung) Oberhand. Jugendpflege und Jugendfürsorge waren konzeptionell nicht vernetzt. Zum Ende des Krieges wurde besonders auf die Initiative des *Deutschen Vereins für Armenpflege und Wohltätigkeit (DV)* die Diskussion um die Gestaltung und Entwicklung der Jugendhilfe vorangetrieben. Insbesondere von *Herman Nohl* und *Gertrud Bäumer* wurde die Einrichtung von Jugendämtern als eigenständige pädagogische Fachbehörden gefordert.[292]

Die organisatorische Zuordnung der kommunalen Jugendfürsorge wurde intensiv diskutiert. Mit der Einführung der Fürsorgeerziehung in Preußen (1900) und damit in der Intention auch der Abschaffung von Zwangserziehung, war auf Lan-

291 Vgl. Sachße/Tennstedt 1988, S. 33f.

292 Vgl. Henseler 2000, S. 129.

desebene der Vorläufer für spätere reichseinheitliche Regelungen im Reichsjugendwohlfahrtsgesetz von 1922 (RJWG) gelegt. Das RJWG von 1922 schließlich war die Geburtsstunde der Jugendämter. Infolge der Finanznot fiel die Gründung von Jugendämtern jedoch in eine krisenhafte Zeit und konnte erst zwei Jahre später, mit Inkrafttreten des RJWG, Fahrt aufnehmen. Man konnte sich nur schwer auf eine verbindliche Organisationsform für das Jugendamt einigen. Grund hierfür war, dass mit der Fürsorgeerziehung, dem Armen- und Pflegekinderwesen und der Kinder- und Jugendpflege sich bis zum Ersten Weltkrieg bereits eigenständige Bereiche einer Jugendhilfe herausgebildet hatten. Die Bearbeitung der Problematik verwahrloster und gefährdeter Kindheit sowie später die Disziplinierung sogenannter dissozialisierter Jugendlicher, hatten besonders durch die Industrialisierung heftigen Auftrieb erhalten. In der mittlerweile sehr ausdifferenzierten Landschaft standen die Interessen vieler freier Träger den Interessen einer staatlich gelenkten öffentlichen Jugendhilfe gegenüber. Letztlich ging es nicht nur um die Durchsetzung des Vorrangs der Familienerziehung vor der staatlichen Fürsorgeerziehung, sondern um die Gestaltung der Jugendhilfe als eigenständige, von der Armenpflege abgekoppelte Aufgabe. Jugendpflege und Jugendfürsorge sollten organisatorisch unter einem Dach vereint werden. Zudem ging es auch um die Einführung des Rechtes des Kindes auf Erziehung und die Etablierung eines Systems zur Überwachung der Erziehung aller Minderjährigen. Dies hatte auf der konzeptionellen Ebene zwangsläufig die Eingliederung der bereits bestehenden freien Wohlfahrtspflege zur Folge. Ergebnis der Suche nach einem politischen Kompromiss zwischen freier und öffentlicher Wohlfahrt – oder besser liberaler und konfessioneller versus sozialdemokratischer und verstaatlichender Politik – war ein Konstrukt, das sich von den bestehenden üblichen Verwaltungsstrukturen bestehender Ämter (hier der Wohlfahrtsämter und der Gesundheitsämter) abheben musste. Man fand es mit der Einführung von Demokratisierungselementen. Das bereits im Grundsatz bis dahin bereits anerkannte Subsidiaritätsprinzip[293] wurde offiziell in das Gesetz aufgenommen. Weiterhin wurde der hauptamtlichen Jugendamtsleitung ein ehrenamtliches und stimmberechtigtes Gremium mit Vertreterinnen und Vertretern der freien Wohlfahrtspflege zur Seite gestellt. Dieses Konstrukt war ein Vorläufer des heutigen zweigliedrigen Jugendamtes.

Zwei Jahre nach Verabschiedung des RJWG wurde mit Blick auf die Finanznot in einem Einführungsgesetz zum RJWG geregelt, dass es den Städten freigestellt ist, ob sie Jugendämter einrichten oder diese Aufgaben in anderen Ämtern unterbringen würden. In der Folge wurden nicht nur wegen finanzieller Schwierigkeiten, sondern auch ob des gefürchteten neuen demokratischen Zuschnittes von Verwaltung nur

293 Berührt in diesem Zusammenhang das Verhältnis von Staat und freier Wohlfahrt als Regulativ. Freie Wohlfahrt soll im Tätigwerden Vorrang vor der öffentlichen haben, während die öffentliche Wohlfahrt anregend, fördernd, beaufsichtigend und nur im Fall des Ausfalls freier Wohlfahrt selbst tätig wird.

wenige Jugendämter eingerichtet, die zudem in der NS-Zeit ihrer pädagogischen Funktionen enthoben und auf eine reine Eingriffsverwaltung reduziert wurden.[294]

Kriegswohlfahrtspflege, Versorgungsämter: Abgekoppelt von der kommunalen Armenfürsorge entwickelte sich die Kriegsfürsorge. Sie oblag den Stadt- und Landkreisen. Waren die Kommunen an das Gesetz über den Unterstützungswohnsitz (UWG) gebunden – mit all seinen Einschränkungen von Rückerstattungsansprüchen, absolutem Mindestbedarf und bürgerrechtlichen Repressionen – so intendierte die Kriegswohlfahrtspflege den sozialen Statuserhalt der Kriegsteilnehmer und ihrer Angehörigen. Nach dem deutsch-französischen Krieg (1870/71) wurde die Kriegsopferfürsorge fest etabliert und nach dem Ersten Weltkrieg (1914–1918) mit dem Reichsversorgungsgesetz (1920) ausgebaut, so z.B. die Renten für Kriegsbeschädigte und Kriegshinterbliebene. Kriegswohlfahrtspflege verfolgte das Ziel, ihre Adressaten nicht auf den Status der Armenfürsorge fallen zu lassen und setzte damit eine Zielmarke, die reformerische Kräfte auch für die kommunale Armenfürsorge anstrebten, aber nie erreichen konnten.[295]

Der Ausbau der Kriegsfürsorge bewirkte einen Ausbau der Aktivitäten der bestehenden freien Wohlfahrtsorganisation. Besonders die Frauenorganisationen *(Vaterländische Frauenvereine)* und das *Deutsche Rote Kreuz* profitierten hiervon. Aber nicht nur die Organisationen für die Kriegsfront, die vornehmlich die Truppenfürsorge zur Aufgabe hatten, sondern vor allem die *Deutschen Frauenvereine* bekamen Auftrieb. Sie machten sich die Kriegsfürsorge der Kriegsbeschädigten in der Heimat als *Nationalen Frauendienst* zur Aufgabe. Die Dachorganisation der bürgerlichen Frauenbewegung, der *Bund Deutscher Frauenvereine (BDF)*, sah nun eine Möglichkeit, die gesellschaftliche Rolle der Frau zu stärken und ihren bürgerlichen Vorstellungen von Frauenemanzipation Raum zu geben. Auch sah man jetzt einem großen Betätigungsfeld für die mittlerweile ersten in den sozialen Frauenschulen qualifizierten Absolventinnen entgegen. So rief die Frauenrechtlerin und Impulsgeberin der Sozialpädagogik *Gertrud Bäumer* (1873–1954) 1914 zu einer gemeinsamen Konferenz der angeschlossenen Frauenverbände auf, um mit dem *Vaterländischen Frauenverein*, dem *Deutschen Roten Kreuz* und den anderen freien Wohlfahrtsverbänden sowie den zuständigen Wohlfahrtsbehörden die Organisation einer vernetzten Kriegsfürsorge abzustimmen. Der Plan ging auf. Er wurde vom Ministerium gebilligt. Die bald folgende Nachricht der Mobilmachung beschleunigte die Entstehung *„Nationaler Frauendienste"*[296] unter dem Dach *Bund Deutscher Frauenvereine* in fast allen großen deutschen Städten. Nach dem Zweiten Weltkrieg (1939–1945) wurden mit dem *Bundesversorgungsgesetz* (1950) und dem *Gesetz über die Errichtung der Verwaltungsbehörden der Kriegsopferversorgung* (1951) eigene Versorgungsämter auf kommunaler Ebene und auf Landesebene eingerichtet.

---

294 Vgl. Uhlendorff 2003, S. 307ff. Vgl. auch Wagner in Kreft/Mielenz 1996, S. 299f.

295 Vgl. a.a.O., S. 89ff. und 1992, S. 184ff.

296 Vgl. Sachße/Tennstedt 1988, S. 56ff.

Ausbildungsanstalten und Frauenbewegung: Der Erste Weltkrieg beförderte den Anstieg der Nachfrage nach sozialer Berufsarbeit, nicht zuletzt durch die steigenden Bedarfe der Kriegsfürsorge. Das hatte auch Auswirkungen auf die sozialen Frauenschulen, deren Bestand sich in den letzten beiden Kriegsjahren (1916–1918) deutlich erhöhte.[297] Im ausgehenden Kaiserreich entdeckte die bürgerliche Frauenbewegung die sozialen Frauenberufe als das zu erobernde *„Amerika der Frau"*[298]. Die Entwicklung von Ausbildungsmodellen für die zunehmend in der sozialen Arbeit engagierten Frauen und die Gründung von Schulen für Wohlfahrtspflege waren ein Ergebnis des Engagements bürgerlicher Frauen, das die Professionalisierung der Sozialen Arbeit vorantrieb.

Nach der Aufhebung des Verbots von Kindergärten in Preußen (1860) expandierte die Anzahl der öffentlichen Einrichtungen der Kleinkinderziehung. Bis 1916 verfünzehnfachte sich die Anzahl von ca. 480 auf ca. 7500.[299] Mit dem reichsweiten Zusammenschluss der Fröbelvereine (1873) nahm auch die Anzahl der Ausbildungsseminare für Kindergärtnerinnen zu. Mit der Ausweitung der Kleinkinderziehung, z.B. auf die Kindererholung und Kinder mit einer Behinderung, kamen neue Berufsbilder, wie z.B. die Kinderpflegerin, Hortnerin und heilpflegerische Hilfskräfte hinzu. Neben diesen öffentlichen Ausbildungsberufen gab es bereits Ausbildungseinrichtungen für Kleinkinderziehung, insbesondere bei der evangelischen Kirche (evangelische Diakonissen) und – teilweise durch den Kulturkampf[300] geschwächt – bei der katholischen Kirche (katholische Schwestern).

Eine analoge Entwicklung im Bereich der Kinder- und Jugendfürsorge blieb jedoch weitestgehend aus. Auch mit der Einführung des Zwangserziehungsgesetzes (1878), das die teilweise leer stehenden Rettungshäuser wieder kräftig füllte, änderte sich hieran nichts. Die hohen Ausbildungsanforderungen einer vierjährigen Ausbildungszeit, die Wichern für sein *Rauhes Haus* festlegte, waren eher die Ausnahme und wurden zu der Zeit auch nicht von allen Diakoniehäusern einheitlich übernommen. Hingegen kam es in einigen Großstädten zur Einrichtung von Jugendpflegerschulen der Diakonie.

297 Vgl. Amthor 2003, S. 269.

298 Salomon zit. in Fassmann, 1996, S. 258.

299 Vgl. Amthor 2003, S. 209.

300 Im sogenannten Kulturkampf der Jahre zwischen Reichsgründung (1871) und den Friedensgesetzen Preußens (1887) ging es um die Auseinandersetzung der preußischen Regierung mit dem Vatikan. Der Vatikan (Papst Pius IX.) begründete das Dogma der Unfehlbarkeit des Papstes und die Ablehnung moderner theologischer und gesellschaftlicher Vorstellungen. Preußen (Bismarck) ging es um eine strikte Trennung von Kirche und Staat und die Befreiung von politischen und kulturellen Einflüssen der Kirche, insbesondere der katholischen. Dies hatte u.a. zur Folge, dass bis auf die Krankenpflegeorden das gesamte katholische Bildungs- und Erziehungswesen verboten und beseitigt wurde. Mit dem Friedensgesetz von 1887 nahm Preußen seine diplomatischen Beziehungen zum Vatikan wieder auf, was zu einer Aufhebung der Repressionen führte. Die Trennung von Kirche und Staat war mit dem Kulturkampf jedoch endgültig etabliert.

Während sich bereits im 19. Jahrhundert ein Ausbildungswesen – wenn auch mit völlig unzureichenden Verdienstmöglichkeiten – in der Kleinkinderziehung und marginal in der Jugendpflege etablieren konnte, blieb eine vergleichbare Entwicklung in der Armenfürsorge bis dahin aus. Armenfürsorge war bis zum Ende des 19. Jahrhunderts ehrenamtlich und zudem männlich dominiert. Die Mitarbeit von Frauen wurde nur eingeschränkt in pflegerischen und hauswirtschaftlichen Bereichen zugelassen. Dies sollte sich mit der bürgerlichen Frauenbewegung ändern.

Bürgerliche Frauenbewegung und Entstehung eines sozialen Frauenberufes: Erste Ansätze einer organisierten Frauenbewegung in Deutschland entwickelten sich im Zusammenhang der Revolution von 1848. Vorbild hierfür waren politische Frauenvereine, die sich in Frankreich bereits im ausgehenden 18. Jahrhundert gebildet hatten.

Die Frauenbewegung organisierte sich in den unterschiedlichsten bürgerlichen Lagern (insbesondere Kaufleute, Gewerbetreibende und Lehrerinnen). Sie waren in den Anfängen noch durch männliche Vorstände dominiert. Die Gruppe der Frauenorganisationen, formal 1894 im *Bund Deutscher Frauenvereine (BDF)* zusammengefasst, schloss die ebenfalls sich zunehmend bildenden sozialistischen Frauenorganisationen aus ihrem Bündnis aus. Hintergrund war nicht nur die Tatsache, dass das preußische Gesetz Frauen die Mitgliedschaft in politischen Vereinen verbot und speziell das Sozialistengesetz diese politische Richtung verbot. Vielmehr betrachtete man sich auch als Gegnerinnen. Im Vordergrund der sozialistischen Frauenbewegung standen die staatsbürgerliche Stellung der Frau und die *Arbeiterfrage*, soll heißen: die Systemfrage. Entsprechend muteten ihr die Ziele der bürgerlichen Frauenbewegung als wenig ernst zu nehmende *„luxurierende Frauenrechtlerei"*[301] an. Es konnte ihr nicht nur um die Rechtsstellung der Frau gehen, wenn für sie das gesamte System infrage zu stellen war. Dies kann auch als der Grund dafür angenommen werden, weshalb die sozialistische Frauenbewegung den bürgerlichen Frauenorganisationen die konzeptionelle Ideenentwicklung zur sozialen Fürsorge überließen und sich selbst hieran nicht beteiligten.

Die bürgerliche Frauenbewegung thematisierte einen Grundwiderspruch bürgerlicher Gesellschaft. Die Forderung nach Freiheit und Gerechtigkeit bei gleichzeitigem Ausschluss gleicher Rechte für die Hälfte ihrer Gesellschaftsmitglieder. Die zentralen Themen waren: die Stellung der Frau in Beruf und Bildung, in der Ehe und Familie und in der Politik. Auch innerhalb der bürgerlichen Frauenbewegung gab es unterschiedliche Flügel. Der radikale Flügel trat für ein volles Frauenwahlrecht[302] und eine Reform des Abtreibungsverbotes ein, während der gemäßigte und zahlenmäßig überlegene Flügel dies als *formale Gleichberechtigung* und *Frauenrechtlerei* abtat. Hierzu zählte auch Gertrud Bäumer. Nicht formale Gleichheit, sondern die kulturelle Gleichbewertung *des männlichen und weiblichen Prinzips in der Gesellschaft* war ihre

301 Vgl. Sachße 2003, S. 96.
302 Im Oktober 1918 wurde das aktive und passive Stimmrecht für Frauen beschlossen.

Forderung. Die unterschiedlichen Prinzipien sah man aus einer wesensmäßigen Verschiedenheit der Geschlechter begründet. Während dem Mann wesensmäßig eher Rationalität und Aktivität zukomme, sei das Wesen der Frau eher durch Wärme und Emotionalität bestimmt. Was sich – aus dieser Sicht – für die Geschlechter jeweils einzeln betrachtet als Unvollkommenheit darstellte, wurde erst durch die Familie zur Vollkommenheit und konnte so *als natürliche Ordnung des Zusammenlebens*, als Arbeitsteilung der Geschlechter in Familien, begründet werden.[303]

Die bürgerliche Frauenbewegung transportierte im Wesentlichen die Ideen einer kulturellen Mission der Frauen zur Durchsetzung des *weiblichen Prinzips Mütterlichkeit.* Das Motiv der kulturellen Gleichwertigkeit konnte sich entsprechend nicht auf die Funktion in Familie beschränken. Für die gesamtgesellschaftliche Verwirklichung des *weiblichen Prinzips* bot sich daher das Feld der Fürsorge mit den vielfältigen Möglichkeiten sozialer Hilfstätigkeit an. Erschwerend kam allerdings hinzu, dass die Wohlfahrt bis zu dieser Zeit bereits männlich dominiert war. Zur Einordnung der kulturellen Leistungen der bürgerlichen Frauenbewegung ist dieser Hinweis nicht unwichtig.

Mit dem Gründungskomitee der *Mädchen- und Frauengruppen für soziale Hilfsarbeit* (1893) in Berlin ist ein Ausgangspunkt für die Entstehung von Vereinen für soziale Hilfstätigkeit markiert. Für die bürgerlichen Frauen boten die Frauenvereine eine Möglichkeit, aus ihrer kultivierten häuslichen Langeweile herauszukommen. *„Man fütterte Kanarienvögel, begoss Blumentöpfe, stickte Tablettdecken, spielte Klavier und wartete"*[304]. Soziale Hilfsarbeit wurde zum sinnstiftenden Ausweg aus der Not bürgerlicher Isolation. Die praktische, ehrenamtliche Tätigkeit der Mädchen- und Frauengruppen wurde in Zusammenarbeit mit den bestehenden Wohlfahrtseinrichtungen abgestimmt und war überwiegend im Bereich der Kindergärten, Horte, Blindenanstalten und öffentlichen Waisen- und Armenpflege angesiedelt. Neben der Vermittlung der zunehmenden Zahl ehrenamtlicher Kräfte trat das Bedürfnis nach theoretischen Unterweisungen als ein weiteres Element planmäßiger und qualifizierter Hilfe hinzu.

Für die Entwicklung eines eigenständigen Ausbildungswesens setzte sich besonders die Sozialreformerin *Alice Salomon* (1872–1948) ein. Salomon war eine zentrale Gestalt der bürgerlichen Frauenbewegung und gilt heute als eine Wegbereiterin einer wissenschaftlichen Sozialarbeit.[305] Alice Salomon stammte aus einer assimilierten jüdischen Familie, die seit vielen Generationen in Deutschland (Pommern) gelebt hatte. Salomon widmete sich früh der Frauenbewegung, hier besonders der Frage des Arbeiterinnenschutzes. 1893 wurde Alice Salomon Mitglied der *Mädchen- und Frauengruppen für soziale Hilfsarbeit* und übernahm 1899 den Vorsitz. Sie organisierte ab 1899 Jahreskurse in der Wohlfahrtspflege und suchte verstärkt den Kontakt zu Wohlfahrtseinrichtungen. Aus diesen Kursen entstand 1908 die Soziale Frauenschule im

303 Vgl. Sachße 2003, S. 99.
304 Alice Salomon zit. in Sachße 2003, S. 107.
305 Vgl. Kuhlmann 2008.

Abb. 16: Alice Salomon

Pestalozzi-Fröbel-Haus in Berlin, die dann eine zweijährige Ausbildung mit dem Ziel einer Qualifizierung Sozialer Arbeit als Ehrenamt anbot.

Von 1902 bis 1906 studierte Alice Salomon Nationalökonomie an der Friedrich-Wilhelms-Universität in Berlin, obwohl sie kein Abitur und – wie es für Mädchen damals üblich war – die Schule nur neun Jahre besucht hatte. Im Jahre 1900 trat sie dem *Bund Deutscher Frauenvereine* bei, wurde später zur stellvertretenden Vorsitzenden gewählt und blieb dies bis 1920 (Vorsitzende war Gertrud Bäumer). Ihre Publikationen wurden als Voraussetzung für den Besuch der Universität anerkannt. Salomon promovierte 1908 zur Doktorin der Philosophie und gründete im selben Jahr die *Soziale Frauenschule in Berlin-Schöneberg* (seit 1932 *Alice Salomon-Schule,* heute *Alice Salomon Fachhochschule für Sozialarbeit und Sozialpädagogik Berlin – ASFH Berlin*). Ein Jahr später wurde Salomon Schriftführerin im *Internationalen Frauenbund.* 1914 trat sie vom Judentum zur evangelischen Kirche über. 1917 wurde sie zur Vorsitzenden der von ihr gegründeten *Konferenz sozialer Frauenschulen Deutschlands* gewählt. 1920 kam es zum Rücktritt aus dem Vorstand *Bund Deutscher Frauenvereine (BDF)*, nachdem sie aus Angst vor antisemitischer Propaganda vom Vorsitz des BDF übergangen wurde und an ihrer Stelle die Soziologin *Marianne Weber* (1870–1954) zur Vorsitzenden gewählt wurde.

1925 gründete Salomon die *Deutsche Akademie für soziale und pädagogische Frauenarbeit* (geleitet von *Hilde Gudilla Lion* (1893–1970) und 1929 die *International Association of Schools of Social Work (IASSW)*, der sie als Vorsitzende vorstand. 1932 wurde ihr der Dr. med. h.c. durch die medizinische Fakultät der Berliner Universität verliehen und sie wurde für ihre vielfältigen Verdienste durch das preußische Staatsministerium geehrt. 1933 wurde sie von den Nationalsozialisten aus allen öffentlichen Ämtern verdrängt und 1937 zur Emigration gezwungen. Alice Salomon emigrierte über England in die USA, wo sie in New York lebte und 1948 verstarb.

Angloamerikanische Inspirationen: Alice Salomons Engagement wurde stark von der Settlement-Bewegung in England geprägt. Bis 1900 gab es allein in der Hauptstadt London zwanzig *Settlements* mit unterschiedlichen konfessionellen und sozialen Zielsetzungen. Die Settlements gehen in England auf das Engagement von Arnold Toynbee (1852–1883) bzw. des Pfarrerehepaares *Samuel Augustus Barnett* (1844–1913) und *Henrietta, geb. Rowland* (1851–1936) zurück. Toynbee war Nationalökonom und engagierte sich in seinen Vorträgen für die Arbeiterklasse. Er besuchte oft die Slums von Whitechapel, einem der ärmsten Viertel Londons. Hier machte sich Toynbee ein Bild von den Lebensverhältnissen der Menschen und nahm Kontakt zu ihnen auf. Arnold Toynbee kannte das Pfarrerehepaar Barnett aus Whitechapel (Ost-London). Die Barnetts waren sozial sehr engagiert. Henrietta hatte bereits Erfahrun-

Abb. 17: Henrietta und Samuel AugustBarnett

gen als *friendly visitor* gemacht. Im Pfarrhaus hielten sich öfter Arme und Studenten auf, die vor Ort das Leiden mit den Armen teilten, um so eine persönliche Beziehung zu ihnen zu gewinnen. Samuel Barnett regte das Interesse der Studenten an, in seinem Gemeindehaus 1884 eine erste Settlement-Einrichtung ins Leben zu rufen. So entstand die erste Universitätsniederlassung in einem Elendsviertel im Osten Londons. Zu Ehren des sozial engagierten Historikers und Nationalökonomen Arnold Toynbee nannten sie ihre Einrichtung *Toynbee Hall*. Kern der Idee war die Umsiedlung von Angehörigen der bürgerlichen Intelligenz (Pfarrer, Professoren, Studenten usw.) in Armen- und Arbeiterviertel. Die *Settler* sollten sich zu Nachbarn der Ausgestoßenen machen und diese im kulturellen Austausch (Ausstellungen, Gemeinschaftsaktivitäten, Feste, Konzerte) inspirieren und aktivieren: „Education by Permeation“ [306], wie Samuel Barnett es ausdrückte. Die Gründung der *Toynbee Hall* markierte den Beginn der Settlement-Bewegung in Großbritannien, Nordamerika und auch Deutschland. Während eines Aufenthaltes in London (1896) bekam Alice Salomon Anregungen durch die dortige Settlement-Bewegung und gründete nach deren Vorbild mit anderen Frauen das erste Arbeiterinnen-Heim in Berlin (1898).

Bereits acht Jahre vor dem Besuch Alice Salomons hatten die Barnetts *Jane Addams* (1860–1935) zu Gast. Addams, eine der bekanntesten amerikanischen Sozialreformerinnen und spätere Nobelpreisträgerin, gründete ein Jahr nach ihrem Besuch der *Toynbee Hall* zusammen mit *Ellen Gates Starr* (1859–1940) eine ähnliche Einrichtung in Chicago unter dem Namen *Hull House* (1889).[307] Jane Addams besuchte nach dem Ende des Ersten Weltkrieges auch Alice Salomon und die *Soziale Frauenschule* in Berlin. Sie war zusammen mit Alice Hamilton und Carolina Wood im Auftrag der nordamerikanischen *Society of Friends* (Quäker) unterwegs, um Hilfsmaßnahmen für deutsche Kinder zu

Abb. 18: Jane Addams

306 Zitiert in Müller 2006, S. 51, FN 4.

307 Vor ihr gründete bereits Stanton Coit (1857–1944) das *Neighborhood Guild* in *New York*, heute bekannt als das *University Settlement House N.Y.*

Abb. 19: Mary Ellen Richmond

organisieren.[308] Umgekehrt lernte Alice Salomon 1923 und 1924 in den USA die dortige Settlement-Arbeit kennen. Besonders beeindruckt aber war Salomon von Mary Richmond, insbesondere auch von ihrem Lehrbuch *Social Diagnosis* (1917). *Mary Ellen Richmond* (1861–1928) ist mit Jane Addams eine der prominentesten Figuren nordamerikanischer Sozialarbeit. Ihre Karriere als Sozialarbeiterin begann sie in Baltimore, wo sie als Schatzmeisterin der *Charity Organization Society* (COS) arbeitete und eine Zentrale für Einzelfallhilfe aufbaute. Ihr Interesse und Engagement galt besonders der Reorganisation der COS und der Entwicklung und Einführung neuer Methoden, insbesondere der sozialen Einzelhilfe (*case work*). Richmonds Forderung nach einer regulären Ausbildungsstätte für angewandte Philanthropie wurde von der COS New York 1898 in die Tat umgesetzt (*Summer School of Philanthropy, heute als School of Social Work Teil der Columbia University*).

Richmond und Addams vertraten grundsätzlich verschiedene, eher sogar gegensätzliche Programme. Für Richmond war die Rekonstruktion individueller Lebens-, Erziehungs- und Arbeitsfähigkeit durch ehrenamtliche Helferinnen als Methode des individuellen Lernens handlungsleitend. Ganz im Gegensatz hierzu standen für Addams die Verbesserung der Infrastruktur im Wohnquartier und die politische Veränderung der Arbeitsbedingungen (z.B. Gewerkschaften, Arbeitsgesetzgebung) als Methode der Sozialreform im Zentrum der Hilfeorientierung (Abb. 19).

Abb. 20: Angloamerikanische Entwicklung der Methoden

308 Vgl. Rappaport 2001, S. 6.

Über die beiden Handlungsansätze lassen sich auch die weiteren Entwicklungen zu den heutigen klassischen Methoden Sozialer Arbeit zurückverfolgen. Über Richmonds Individualansatz wurde die Einzelfallhilfe weiterentwickelt. Addams sozialreformerischer Ansatz mündete hingegen in die Soziale Gruppenarbeit und Gemeinwesenarbeit (Abb. 20).

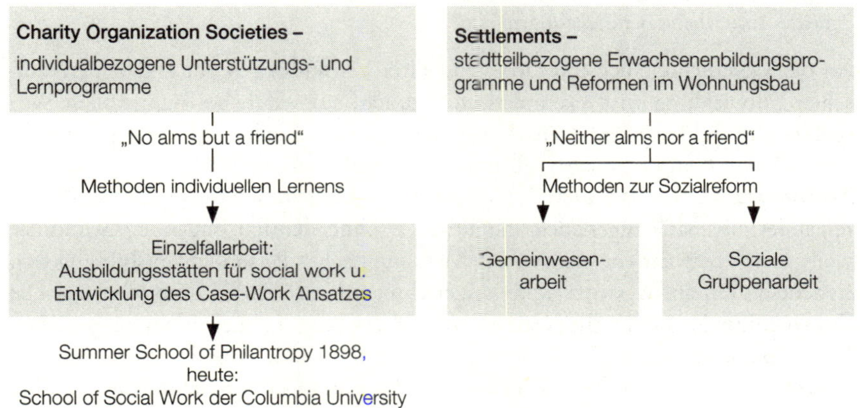

Abb. 21: Entwicklung der drei klassischen Methoden

Richmond übernahm Thomas Chalmers Leitspruch *no alms*, den er in seinem System des *friendly visitors* zur Vermeidung von Almosenabhängigkeit und Förderung der Selbsttätigkeit eingeführt hatte. Richmond ergänzte den Leitsatz um den Aspekt einer, wie wir heute sagen würden, *helfenden Beziehung*. *No alms, but a friend* wurde zum Wahlspruch der COS. Jane Addams hingegen sah mit dieser Ergänzung den Bedarf nach den aus ihrer Sicht dringend nötigen strukturellen Veränderungspraktiken Sozialer Arbeit nicht aufgehoben. Sie antwortete entsprechend mit ihrem Wahlspruch: *Neither alms, nor a friend*. Ihre Ergänzung *but a good neighbor* wird in heutigen Zitationen oft vergessen, hebt aber genau auf den genannten programmatischen Aspekt von Bildung und politischen Reformen ab.[309]

1926 brachte Salomon ihr Buch *Soziale Diagnose* heraus. Sie lehnte sich an ganze Abschnitte von Mary Richmonds Lehrbuch an. Allerdings ging es ihr nicht allein um eine objektivierbare Fundierung der Bedürftigkeitsermittlung durch Hausbesuche. Stattdessen war ihr daran gelegen, die Anpassungsleistung sowohl auf Seiten der Hilfeerbringung als auch auf Seiten der Hilfenahme zu reflektieren. Neben der Veränderung der äußeren Lebensumstände (Arbeit, Ausbildung, Ernährung, Wohnraum usw.) ging es ihr um die Frage der Veränderung der – wenn man so will – inneren Lebensumstände, der Frage einer Einflussnahme und Veränderung

309 Ehrenreich 1985, S. 62. Vgl. auch Müller 1999, S. 112.

von Haltungen und Einstellungen der Klienten durch die Fürsorgerin.[310] So lautete denn auch ein Resümee Alice Salomons über die angloamerikanische Sozialarbeit:

> „Man hat in England auf die Bedeutung der Umwelt, der wirtschaftlichen Zustände zu viel Wert gelegt, während man in Amerika in der anderen Richtung, der Beachtung des persönlichen Faktors, der menschlichen Angelegenheiten zu weit geht. Die praktische Arbeit hat es mit beiden zu tun; und eine zweckmäßige soziale Ausbildung sollte daher beides ausreichend berücksichtigen"[311]

An der Geschichte Alice Salomons und ihrer Verbindungen zur angloamerikanischen Entwicklung wird exemplarisch deutlich, auf welch hoffnungsvollen Weg sich die Entwicklung der Sozialarbeit in der *Weimarer Zeit* befand.[312] Eine Entwicklung, die mit dem Nationalsozialismus ihr vorläufiges Ende fand.[313]

Ausbildung an Hochschulen: Die ersten Ausbildungsstätten für soziale Berufe waren außeruniversitär angesiedelt und dies nicht ohne identitätsbildenden Grund. Sie wollten sich bewusst von den – ihrer Meinung nach – Persönlichkeitsbildung fern stehenden, nur auf Wissenserwerb ausgerichteten Universitäten unterscheiden. Die Entwicklung des spezifischen, auf *geistiger Mütterlichkeit* abhebenden bürgerlichen Emanzipationsideals der Frauenbewegung begründete im Kontext von Ausbildung schließlich ihren besonderen Charakter als Einübung sozialen Handelns. Es ging ihr um einen *Eignungsberuf*, nicht um einen Erwerbs- oder reinen Wissensberuf. Während des Krieges kam es zu einer Welle von Schulgründungen und damit zu einer Heterogenität in den Schulformen, Ausbildungsgängen und Ausbildungsinhalten. Die auf Initiative Alice Salomons 1917 einberufene *Konferenz der Sozialen Frauenschulen Deutschlands* – derzeit waren es elf Schulen – hatte zum Ziel, nach Wegen zur Vereinheitlichung der Ausbildungsstandards zu suchen. Dies war die Zeit, in der der weibliche Sozialberuf für Männer geöffnet wurde. Soziale Arbeit begann sich als männliche Berufstätigkeit und als Erwerbsberuf herauszubilden. Wenngleich die Nachfrage zunächst gering war, war hiermit und mit den Versachlichungsbestrebungen der öffentlichen Wohlfahrtspflege die besondere Identität der sozialen Frauenschulen – der Sozialen Arbeit als Strategie bürgerlich-weiblicher Emanzipation – bedroht. Der Funktionswandel von der bürgerlichen Frauenbewegung zu einem etablierten Beruf mit eigenen gesetzlichen Grundlagen, staatlicher Ausbildungsreglementierung und berufsständischen Interessenvertretungen wurde damit unübersehbar. Gleichwohl hielt man an dem Selbstverständnis des Eignungsberufes fest. Dieses Selbstverständnis prägte die Wohlfahrtsschulen nach ihrem Wiederaufleben nach dem Zweiten Weltkrieg. So wurden in der Informationsbroschüre der Westfälischen Wohlfahrtsschule Münster, eine der Vorläuferein-

310 Vgl. Müller 1999, S. 145f.

311 Salomon zit. in Neuffer 1990, S. 40 und zit. in Sachße 1992, S. 47.

312 Braches-Chyrek 2013.

313 Wieler 1987.

richtungen der Katholischen Hochschule NRW, die Aufnahmebedingungen von der damaligen Leiterin *Idamarie Solltmann* (1989–1979) präzise benannt:

„Voraussetzung für die Aufnahme in die Schule ist persönliche Eignung und persönlicher Entschluss für den Beruf. Er darf nicht in erste Linie als Erwerbsmöglichkeit gesehen, sondern soll aus echter Berufsneigung gewählt werden. Der soziale Beruf stellt in charakterlicher und geistiger Hinsicht hohe Anforderungen. Die Ausbildung muss diesen Anforderungen entsprechen. Sittlicher Ernst, geistige Beweglichkeit, Fähigkeit, Kontakt mit den Mitmenschen herzustellen, Bereitschaft zu selbstloser Hingabe müssen bei der Berufsanwärterin anlagemäßig vorhanden sein. Solche Anlagen können während der Ausbildung weiterentwickelt werden; sie dürfen aber im Charakterbild nicht fehlen“[314].

Die insbesondere durch das Betreiben von *Alice Salomon* aufgebauten Sozialen Frauenschulen hatten bis 1920 ein einheitliches Ausbildungsprogramm mit eigener Prüfungsordnung erreicht. Es standen drei Ausbildungsschwerpunkte zur Wahl; *Gesundheitsfürsorge, Jugendfürsorge und Allgemeine und wirtschaftliche Fürsorge.* Die zweijährige Ausbildung schloss mit der staatlichen Anerkennung und der Berufsbezeichnung *Wohlfahrtspflegerin* ab. Insbesondere die Arbeiten von *Siddy Wronsky* (1883–1947) – teilweise zusammen mit Alice Salomon – trugen zu einer Systematisierung des Unterrichtsmaterials bei.[315] Die Wohlfahrtspflegeschulen wurden ausdrücklich auch für Absolventinnen der Volksschule geöffnet. Dies entsprach dem gewünschten Leitbild einer praxisorientierten Ausbildung und einem gewissen Trend „weg von der Universität“[316]. Die Ausbildungsorte Universität und soziale Schulen entwickelten sich in Deutschland – ganz im Gegensatz zu den USA und England – getrennt. In der Konsequenz wurden die sozialen Schulen auf akademisch niedrigerem Niveau angesiedelt. Sie spielten jedoch gegenüber den Universitäten die hauptsächliche Rolle in der Entwicklung sozialer Arbeit zum Ausbildungsberuf. Die Universität tauchte in dieser Zeit nur am Rande auf.

Professuren für Pädagogik waren um die Jahrhundertwende noch schwach vertreten und zudem auf die Lehrerausbildung konzentriert. Das erste Hochschulstudium für soziale Berufe ging dementsprechend auch nicht auf die Erziehungswissenschaften bzw. die damalige Pädagogik zurück, sondern auf die Verwaltungswissenschaft. 1912 wurde an der Kölner *Hochschule für kommunale und soziale Verwaltung* ein viersemestriges Frauen-Hochschulstudium für leitende Stellen in der Wohlfahrtspflege mit dem Abschluss *Diplom-Sozialbeamtin* in Abgrenzung zu den sozialen Frauenschulen eingerichtet. Eine ähnliche Entwicklung gab es in Breslau und in

314 Solltmann zit. in Schaefer-Hagenmeier 1992, S. 43. Wohlfahrtsschulen sollten für Solltmann und viele ihrer Zeitgenossinnen Stätten der „Persönlichkeits- und Gesinnungsbildung“ sein. Ein Selbstverständnis, das nach ihrer Wahrnehmung – sicher auch mit Blick auf die Erfahrungen mit dem Nationalsozialismus – ausschließlich von kirchlichen Schulen gewährleistet werden könne und gegen die Einrichtung staatlicher Wohlfahrtsschulen sprach. Vgl. a.a.O., S. 46.

315 Vgl. Eggemann u. Hering 1999, S. 258.

316 Amthor 2003, S. 351.

Münster. An der Westfälischen Wilhelms-Universität in Münster wurde 1921 im Institut für Wirtschafts- und Sozialwissenschaften eine zweisemestrige Ausbildung für bereits abgeschlossene Akademikerinnen eingerichtet. Das Programm konnte sich mangels Teilnahme nicht über acht Jahre halten. *Herman Nohl* war ein heftiger Streiter für die Reklamation von Pädagogik als Grundlagenwissenschaft in der Ausbildung von Sozialpädagogen.[317] Seine Idee sollte sich erst später in den 1960er Jahren durchsetzen.[318] Sein Kursus für *sozialpädagogische Wohlfahrtsbeamte* wurde nach einmaligem Durchlauf mangels staatlicher Anerkennung 1924 wieder eingestellt. An der Universität Freiburg folgte 1925 die Einrichtung eines Instituts für Caritaswissenschaft.[319]

Wilhelm Merton (1848–1916), Mitbegründer der Frankfurter Universität, richtete bereits um die Jahrhundertwende ein *Seminar für Fürsorgewesen* beim *Frankfurter Institut für Gemeinwohl* ein.[320] Aus ihm ging die spätere Gründung der *Akademie für Sozial- und Handelswissenschaften* (1901) hervor. Mertons zentrales Anliegen war es, einen wissenschaftlich fundierten Fürsorgebegriff zu etablieren, der sich deutlich vom mittlerweile etablierten polizeilich-repressivem Fürsorgeverständnis einerseits sowie unreflektierter, spontan privater und karitativer Hilfstätigkeit andererseits distanzierte.[321] Mertons Akademie wurde schließlich in die sozial- und wirtschaftswissenschaftliche Fakultät der von Merton mitbegründeten Frankfurter Universität integriert (1914). *Christian Jasper Klumker* (1868–1942) war dort der erste Lehrstuhlinhaber und wurde als Extraordinarius für *Armenpflege und Soziale Fürsorge* berufen. 1920 wurde ein ordentlicher *Lehrstuhl für Fürsorgewesen und Sozialpädagogik* eingerichtet.[322] Fürsorge betrachtete Klumker unter der Perspektive gesellschaftlicher, genauer gesagt: ökonomischer und nationaler Verwertungsinteressen. Entsprechend wollte er die Notwendigkeit zur Hilfe aus ihrer moralisch religiösen Motivbindung herauslösen und sie an die Frage nach dem Nutzen für wirtschaftliche und nationale Interessen binden. Fürsorge sollte gesellschaftlichen Selektionsinteressen nutzbar gemacht werden. Klumker war hingegen kein Anhänger des Nationalsozialismus, er sprach sich 1933 öffentlich gegen ihn aus.

Die Etablierung Sozialer Arbeit als Gegenstand wissenschaftlicher Forschung und Lehre konnte sich an den Universitäten hingegen noch nicht etablieren. Fragen der

317 Vgl. Amthor 2003, S. 394.

318 So z.B. das von Curt Bondy an der Universität Hamburg Anfang der 1960er Jahre eingerichtete „Sozialpädagogische Zusatzstudium". Es richtete sich vor allem an Pädagogen, Psychologen, Mediziner, Juristen, Berufsberater, Soziologen, Volkswirte und Theologen mit praktischer Tätigkeit in sozialen Einrichtungen und Arbeitsfeldern (vgl. Bodensieck 1965, S. 474–478).

319 Vgl. Sachße 2003, S. 225f. Vgl. auch Amthor 2003, S. 392ff.

320 Wilhelm Merton war Unternehmer in Frankfurt am Main. Er trat überdies als Initiator, Gründer und Mitstifter verschiedener sozialpolitischer Einrichtungen hervor, schließlich auch der Stiftungsuniversität und späteren Johann Wolfgang Goethe-Universität.

321 Sachße 2003, S. 73ff.

322 Vgl. Amthor 2003, S. 395.

Fürsorge hatten schließlich „mit der disziplinären Aufspaltung der Nationalökonomie in Rechts-, Wirtschafts- und Sozialwissenschaften an der Universität keinen Platz mehr“[323].

Weimarer Wohlfahrtsstaat in der Krise: Mit der Idee des Wohlfahrtsstaates übernahm der Staat die Verantwortung für das soziale Wohlergehen seiner Bürger. Eine Verfünffachung der Sozialausgaben in den Jahren 1913–1929 (von 20,5 auf 101,5 Mark pro Kopf) war die Folge.[324] Sozial- und arbeitspolitische Fortschritte wurden errungen. So wurde 1918 die Tarifautonomie gesetzlich anerkannt und mit dem Betriebsrätegesetz von 1920 war ein allgemeines Mitbestimmungsgesetz geschaffen. In der Wohnungspolitik gab es erste Ansätze zur öffentlichen Unterstützung des Wohnungsbaus. 1922 wurde das Reichsjugendwohlfahrtsgesetz (RJWG) sowie 1924 auf Initiative des *Deutschen Vereins* (DV) *Reichseinheitliche Grundsätze in der gemeindlichen Armenpflege* (RFV) eingeführt. Die RFV nahm die Fürsorgeaufgaben, die durch die freien Verbände wahrgenommen wurden, und die Tätigkeitsbereiche der Jugendämter auf und regelte das Verhältnis der freien zur öffentlichen Wohlfahrt als jeweils selbständige Bereiche. Tendenzen einer Unterordnung der freien unter die öffentliche Wohlfahrtspflege waren damit beseitigt. Weitere Fortschritte wurden 1923 mit der Knappschaftsversicherung und einer einheitlichen Alters-, Invaliditäts- und Krankenversicherung für die Bergleute erzielt. Zwei Jahre später wurde die Ausdehnung der Unfallversicherung auf Wegeunfälle und gewerbliche Berufskrankheiten beschlossen. Mit der staatlichen Arbeitslosenversicherung im Jahr 1927 wurde schließlich ein vorläufig letzter Baustein in das staatliche System der sozialen Risikoabsicherung eingeführt.

In der *Weimarer Zeit* erfuhr der Ausbau der Wohlfahrtspflege einen kräftigen Schub, besonders auch im Vergleich zur Kaiserzeit. Die in der Weltwirtschaftskrise gipfelnden, ökonomisch ungünstigen Bedingungen brachten den Wohlfahrtsstaat doch bald in eine Finanzierungskrise.[325] Besonders die bereits 1911 im Kaiserreich mit der RVO zusammengefasste gesetzliche Kranken-, Unfall- und Rentenversicherung und das 1927 in der Weimarer Republik eingeführte Arbeitslosenversicherungsgesetz wurden nun heftig attackiert, sowohl politisch als auch in einer Reihe vorgelegter wissenschaftlicher Studien. Die Kritik – besser: Denunziation – richtete sich nicht nur auf die Finanzierbarkeit. Sie trat nun besonders moralisierend auf. So mutmaßte man im Sozialversicherungssystem den Effekt „moralischer Entartung“[326], der sich als systematische Schwächung von Selbstverantwortung von Hilfeadressaten und als linkspolitischer Protektionismus äußere.

Kritik und Warnungen vor Überspannungen der Staatsaufgaben (so z.B. die Befürchtungen des DV) und Befürchtungen einer Schwächung familiärer und nach-

323 Sachße 2003, S. 226.
324 Vgl. Sachße/Tennstedt 1988, S. 211.
325 Vgl. a.a.O., S. 217.
326 Zit. in Sachße/Tennstedt 1992, S. 47.

barschaftlicher Selbstverantwortung (so z.B. Salomon) wurden auch von Seiten der Interessenvertretung Sozialer Arbeit erhoben.[327] Dennoch blieb man bei den Systemerrungenschaften. Man wollte nicht ihre Abschaffung, umso mehr aber ihren vermeintlichen, kulturell negativen Auswirkungen entgegentreten. Diese sah man in einem anonymisierenden Charakter öffentlicher Wohlfahrtspflege und dem ihr zugeschriebenen Verlust von Gemeinschaftsbezug. Keine grundsätzliche Systemveränderung, sondern eine innere moralisch geistige Erneuerung durch Rückbesinnung auf die Tradition der bürgerlichen Sozialreform des Kaiserreiches, war mithin die politische Konsensformel. Eigenverantwortung und Subsidiarität waren wieder stärker gefragt. Unter dem Druck der Weltwirtschaftskrise wurde die Kritik jedoch heftiger und gewann an systemverändernder Kraft. Die Idee des Weimarer Wohlfahrtsstaates wurde zum „Inbegriff sozialdemokratisch-marxistischer Verirrungen“[328]. Die sozialpolitischen Vorstellungen des Nationalsozialismus fanden hier erste Anknüpfungspunkte. Grundideen der Rassenhygiene, die bereits in der Kaiserzeit bekannt waren, bekamen auf diese Weise Auftrieb.

Zusammengefasst
Armut, Hilfebedürftigkeit und gesellschaftliche Reaktion:

- Neben den bereits Ende des 19. Jahrhunderts entstandenen Wohlfahrtsverbänden (DRK, IM, DCV und Jüdisches Hilfswerk) kommen die AWO (1919), der DPWV (1920) und der Zentrale Wohlfahrtsausschuss der christlichen Arbeiterschaft (1921) hinzu.
- Mit dem Reichsgesetz des Unterstützungswohnsitzes von 1871 (UWG) differenziert sich das System der öffentlichen Armenfürsorge aus und gerät in der Koordination mit der freien Wohlfahrtspflege an Grenzen.
- Eine Reaktion auf diesen Problemdruck ist 1880 der Zusammenschluss der öffentlichen und privaten Wohlfahrt im Deutschen Verein für Armenpflege und Wohltätigkeit (DV).
- Eine weitere Konsequenz ist die Ausdifferenzierung der kommunalen Fürsorge in Gesundheits-, Jugend-, Wohnungs- und Erwerbslosenfürsorge. Gesondert wird die Kriegswohlfahrtspflege ausgebaut.
- Das Reichsjugendwohlfahrtsgesetz (RJWG) von 1922 ist die Geburtsstunde der Jugendämter.
- Mit dem Ausbau der Wohlfahrtspflege setzt ein Prozess der Verwissenschaftlichung und Verberuflichung des Sozialen ein.
- Die Entstehung und der Aufbau von Ausbildungsstätten für soziale Berufe und eines sozialen Frauenberufes geht auf die bürgerliche Frauenbewegung zurück. Eine ihrer bekanntesten Protagonistinnen ist Alice Salomon. Sie vertritt eigene

327 Vgl. a.a.O., S. 46.
328 Vgl. a.a.O., S. 48.

Konzepte der Sozialarbeit, die u.a. auch von der angloamerikanischen Sozialarbeit geprägt sind, insbesondere von *Mary Ellen Richmond* und *Jane Addams*.
- In der *Weimarer Zeit* erfährt der Ausbau der Wohlfahrtspflege einen kräftigen Schub, besonders im Vergleich zur Kaiserzeit. Die Weltwirtschaftskrise bringt den Wohlfahrtsstaat schließlich in eine Finanzierungskrise.
- Die Idee des Weimarer Wohlfahrtsstaates wird als sozialdemokratisch-marxistische Verirrung denunziert. Konservative Kräfte gewinnen die Oberhand und sozialpolitische Vorstellungen des Nationalsozialismus finden erste Anknüpfungspunkte. ◀

4.5 Nationalsozialismus: Der Untergang der sozialpädagogischen Idee

Mit der Frage nach dem Übergang der sozialpädagogischen Bewegung der *Weimarer Zeit* in den NS-Staat ist die Frage nach der Kontinuität und Diskontinuität der Geschichte der Sozialen Arbeit aufgeworfen.[329] Wenngleich sich hiermit eine Forschungsfrage aufwerfen mag, die weiterer, hier nicht leistbarer Vertiefung bedarf, so muss eines bereits gesagt sein: Mit der Übernahme der Macht durch die Nationalsozialisten wird eine Wohlfahrtspflege etabliert, die ausschließlich einer erbbiologisch begründeten Rassenauslese dient. Der damalige Amtsleiter des *Hauptamtes für Volkswohlfahrt*, Hermann Althaus (1899–1966), benannte 1937 – vier Jahre nach der Machtübergabe – das Verständnis vom *Volkswohlfahrt* präzise:

> „Ihr gilt nicht der Satz von der Gleichheit der Staatsbürger. Sie weiß, dass die Erbanlage die Menschen ungleich in ihrem Wert für das Wohl des Ganzen macht. Eine Wohlfahrtspflege, die auf das Wohl des Volkes ausgerichtet ist, wird im Gegensatz hierzu die Minderwertigen in einer ausmerzenden Erbpflege zurückdrängen“[330].

Der Begriff der Volkswohlfahrt hatte mit dem Wohlfahrtsstaat der industriegesellschaftlichen Moderne also absolut nichts mehr zu tun. Er brach mit dem zentralen Entwicklungstrend der Moderne, der *„Freisetzung der Individuen als gleiche Rechtssubjekte“*[331]. Dieser Bruch soll nun skizziert werden. Die Geschichte Sozialer Arbeit im Nationalsozialismus kann dabei nicht befriedigend und umfassend rekonstruiert werden. Im Folgenden werden nur Bezugspunkte zu den bis zur *Weimarer Zeit* errungenen Fortschritten und ihre Vernichtung durch den Nationalsozialismus dargestellt.

Weltbild: Das Weltbild des Nationalsozialismus wendet sich radikal sowohl gegen eine kommunistische als auch eine demokratische Gesellschaftsordnung. Mit dem Nationalsozialismus wird die Durchsetzung einer Gesellschaft verbunden, in der nur

329 Vgl. Schnurr 1997, S. 19.
330 Zit. in Amthor, 2003, S. 303.
331 Sachße/Tennstedt 1992, S. 276.

sogenannte rassenreine Menschen ihren Platz haben. Der Nationalsozialismus nutzte den Begriff des *Ariers* zur Kennzeichnung einer Herrenrasse. Nur ihr sollte eine Existenzberechtigung zugestanden werden. Abweichungen von der Herrenrasse und der dahinterliegenden Ideologie wurden jede Existenzberechtigung abgesprochen. So war auch das Weltbild Adolf Hitlers (1889–1945) – nachzulesen in seinem Buch *Mein Kampf* – eng an den Krieg gebunden: „Wer leben will, der kämpfe also, und wer nicht streiten will, in dieser Welt des ewigen Ringens, verdient das Leben nicht“[332].

Gleichschaltung der Wohlfahrtspflege: Die Weimarer Anfänge eines dualen Systems der öffentlichen und freien Wohlfahrtspflege wurden durch ein gleichgeschaltetes System zentralisiert. Der *öffentliche Gesundheitsdienst* (öGD) übernahm zentrale Aufgaben der bestehenden Jugendämter und stellte sie in den Dienst rassistischer Auslese. Die sozialpolitischen Parteiorganisationen *Deutsche Arbeitsfront* (DAF) mit der von ihr vereinnahmten größten deutschen Versicherungsgesellschaft Volksfürsorge, sowie die *Nationalsozialistische Volkswohlfahrt* (NSV) und die *Hitlerjugend* (HJ) übernahmen das Monopol für die Gestaltung einer zentralisierten Wohlfahrtspflege. Die nationalsozialistische Vorstellung von Wohlfahrtsstaat diente letztlich der Einführung und Stabilisierung rassistisch definierter Ungleichheit und der radikalen Unterordnung des Subjektgedankens unter eine holistische Weltsicht.[333]

Nationalsozialistische Volkswohlfahrt (NSV): Ziel der NSV war die zentrale Einbindung und Steuerung der gesamten freien Wohlfahrtspflege. Der Wohlfahrtsausschuss der *Christlichen Arbeiterschaft* und die *Arbeiterwohlfahrt* wurden – ebenso wie die Sozialdemokratische Arbeiterpartei und die Gewerkschaften – verboten. Nach der Machtübergabe wurde der *Paritätische WohlfahrtsverBand* 1934 zunächst mit der *Nationalsozialistischen Volkswohlfahrt* gleichgeschaltet und dann von sich aus aufgelöst. Die Arbeit der *Zentralwohlfahrtsstelle der deutschen Juden* wurde anfangs von den Nationalsozialisten noch geduldet. 1937/38 wurden die Juden von der deutschen Winterhilfe der Nationalsozialisten ausgeschlossen. Mit Kriegsausbruch wurde der VerBand 1939 zwangsaufgelöst. Die Mitarbeiter wurden in Konzentrationslager deportiert. Die Arbeit des *Deutschen Roten Kreuzes*, der *Inneren Mission* und des *Deutschen Caritasverbandes* – letzterer geschützt durch das *Reichskonkordat*[334] von 1933 – wurde mit der NSV weitestgehend gleichgeschaltet.

Untergang der sozialpädagogischen Bewegung: Die sozialpädagogische Bewegung der *Weimarer Zeit* begegnete dem Aufstieg der *Nationalsozialistischen Deutschen Arbeiter Partei* (NSDAP) zunächst indifferent und ließ sich schließlich von der Aufbruchsstimmung mitreißen. Eine kollektive Organisation gegen die Bestre-

---

332 Plöckinger 2006, S. 415.

333 Vgl. a.a.O., S. 273–278.

334 Mit dem Reichskonkordat wird das Verhältnis zwischen dem Deutschen Reich und der römisch-katholischen Kirche geregelt. Wenngleich die Nationalsozialisten den Verbandskatholizismus weiter bekämpften, verlieh dieser Vertrag der katholischen Kirche und ihren Verbänden eine gewisse Eigenständigkeit, verhinderte zumindest die völlige Gleichschaltung mit dem NS-Staat.

bungen der NSDAP in der Phase des Machtaufbaus sowie eine irgendwie geartete gemeinsame Opposition in der Zeit des Machtantritts hat es nicht gegeben. *„Von der antisemitisch und politisch motivierten Ausgrenzungspolitik, … war auch die Sozialpädagogik betroffen“*[335]. Ihr derzeitiges Leitbild von Gesundheit, Gemeinschaft und Tüchtigkeit, der Stärkung der deutschen Kultur, kollidierte zumindest auf den ersten Blick nicht mit den Interessen des Nationalsozialismus. So bekundete bereits *Gertrud Bäumer*, die Begründerin der sozialen Frauenschule in Hamburg, bei der Eröffnung der Schule im Jahr 1917:

> „Auch die soziale Arbeit dient letzten Endes […] der Stärkung der deutschen Volkskraft, der Pflege deutschen Volkstums und deutscher Kultur. Auch die soziale Arbeit gewinnt ihre eigentliche Kraft erst aus dem Verständnis für das Wesen der nationalen Gesamtentwicklung“[336].

Nun war Bäumer in der Zeit der von 1933–1945 installierten Herrschaft der Nationalsozialisten keine explizite Anhängerin des Nationalsozialismus, zudem war sie erklärte Gegnerin des Antisemitismus.[337] Ihre indifferente Haltung gegenüber dem nationalsozialistischen Umbau und ihre aus politischem Kalkül bestimme Grundhaltung, antisemitischen Grundströmungen nachzugeben, sind aber nicht zu leugnen. So können z.B. ihre Strategie, dass eine Jüdin nicht ihre Nachfolge der Vorsitzenden des Bund Deutscher Frauen (BDF) übernehmen sollte[338] und ihr Versuch, deutsche Vorschläge von Jüdinnen für den Vorstand des Frauenweltbundes *International Council of Women* (ICW) zu unterbinden, als Belege dafür herangezogen werden, wie sehr die Verfolgung des eigenen sozialpädagogischen Ideals daran hinderte, politische Machtentwicklungen richtig einzuschätzen. Bereits unter dem Druck der Weltwirtschaftskrise fand in liberalen und konservativen Kreisen eine Rückbesinnung auf moralische Werte und nationales Gemeinschaftsgefühl statt. Die sozialpolitischen Vorstellungen des Nationalsozialismus fanden hier Anknüpfungspunkte.[339] Nicht allein Angst vor Repression, vielmehr eine weitestgehende Übereinstimmung mit den wohlfahrts- und erziehungspolitischen Schwerpunktsetzungen des nationalsozialistischen Umbaus sorgte für den volksgemeinschaftlichen Konsens, den sich die sozialpädagogische Bewegung mehrheitlich anschloss und unterordnete.[340]

---

335 Schnurr 1997, S. 202.

336 Bäumer zit. in Rothmaler 1989, S. 17.

337 Bäumer war „1919 in den Ausschuss des ‚Verein zur Abwehr des Antisemitismus‘“ gewählt worden (Schaser 2010, S. 275) und unterzeichnete 1930 „als einzige Frau einen Aufruf gegen die ‚Kulturschande des Antisemitismus‘“ (a.a.O., S. 276). Schließlich war Bäumer, wenn auch zu dem Zeitpunkt nicht mehr im Amt, leidenschaftliche Gegnerin des Ermächtigungsgesetzes, das den Nationalsozialisten 1933 zur Machtübernahme verhalf (a.a.O., S. 283).

338 Das zielte gegen Alice Salomon, die Bäumer als ihre Nachfolgerin im Vorsitz des BDF aus besagtem Grund ausschloss (vgl. Schaser 2010, S. 274).

339 Vgl. Sachße 1992, S. 48 und Schnurr 1997, S. 16ff.

340 A.a.O., S. 203f.

Aufhebung von Kindheit und Jugend: Der dramatisch ansteigende Wählerzulauf zur NSDAP in den Jahren zwischen 1928 und 1932 ist nicht nur als Reaktion auf wirtschaftliche Not zurückzuführen. Mit ihm verbanden sich auch naive Hoffnungen auf Besserung in allen Feldern von Erziehung und Bildung. Ein Hebel zur Begeisterung der Jugend für die Ideale des Nationalsozialismus war der bewusste Zugriff auf den Kindheitsstatus und seine Deformation zugunsten staatlich ideologischer Interessen.

Nationalsozialistische Ideologie erhob konsequent den Kindheitsstatus in den Erwachsenenstatus. Ein Zitat des damaligen Reichsjugendführers Baldur von Schirach verdeutlicht dies: *„Mit ‚Kinder' bezeichnen wir die nichtuniformierten Wesen niedriger Altersstufen, die noch nie einen Heimabend oder einen Ausmarsch mitgemacht haben"*[341]. Die von bürgerlichen Zwängen und auch materiellen Entbehrungen proletarischer Verhältnisse umgebene Welt der Kinder wurde durch die faschistische Ideologie in das die Befreiung verheißende Spiel mit der Macht hineingelockt. Gleichsam perfide wusste der aufkommende Nationalsozialismus, wie er sich das narzisstisch gekränkte Individuum durch die Übergabe militärischer Machtsymbolik einverleiben konnte und Aggressionsabfuhr zu legitimieren, indem er sie rassistisch kanalisierte und politisch legitimierte. *Deutsches Jungvolk* (DJ), *Jungmädel* (JM), *Hitlerjugend* (HJ), *Bund Deutscher Mädel* (BDM) sowie die Jungerwachsenen-Organisation Glaube und Schönheit waren – neben Schule und Elternhaus – die Organisationen mit einem eigenen Erziehungsauftrag zur Produktion der gewünschten, systemerhaltenden Staatsjugend.

Zu dieser Gleichschaltungspädagogik gehörte auch die Einführung der Schulbesuchspflicht, die erstmalig 1938 für alle deutschen Kinder und Jugendlichen eingeführt wurde. Die Liberalisierungsbestrebungen der Schulreformpädagogik, die Bemühungen der Herbartianer um eine wissenschaftliche Pädagogik und die Bemühungen seitens der geisteswissenschaftlichen Pädagogik, eine relative Autonomie der Pädagogik zu begründen, fanden mit der Zentralisation des gesamten Schul- und Bildungswesens durch die NSDAP ein jähes Ende. Entlassungen, speziell an den Hochschulen für Lehrerbildung (60%),[342] Gefängnis und Konzentrationslager, Emigration und Opportunismus waren gleichsam die Folge nationalsozialistischer Inquisition und das Ende des vielversprechenden Erziehungs- und Bildungswesens der Weimarer Republik.

Die Gleichschaltung der Kindergärten – hier insbesondere die Umdeutung Fröbels zum *„völkisch-politischen Erzieher"*[343], der Schulen und Universitäten zu nationalsozialistischen Erziehungsstätten (1934) und der Aufbau der Hitlerjugend, die 1936 obligatorisch wurde und zu der Zeit schon 60% der Jugend organisiert hatte,[344] bil-

341 Mausbach/Mausbach-Bromberger in „Neue Gesellschaft für bildende Kunst" 1980, S. 273f.

342 Günther/Hofmann u.a. 1976, S. 606.

343 Amthor 2003, S. 324.

344 Rovan in Grosser 1977, S. 85ff.

deten das perfekte Netz faschistischer Indoktrination und damit die rechtsradikale Variante der Konzentration auf Kindheit, Jugend und junge Erwachsene.

Gleichschaltung der Jugendpflege und Jugendfürsorge: Insbesondere die Medizin wurde im nationalsozialistischen Deutschland zur Leitdisziplin Sozialer Arbeit und in den Dienst arischer Auslesepraktiken gestellt. Auslese heißt Ausgrenzung und eines ihrer Instrumente war die NSV. So lehnte die NSV auch die mit dem RJWG (1922/24) zusammengeführte Jugendpflege und Jugendfürsorge und den dort grundgelegten Erziehungsgedanken ab. Es ging ihr nicht um die Entfaltung des Individuums, sondern um die Entfaltung eines *rassereinen Volkskörpers*, zu dem nur passte, wer arischer Abstammung war. Entsprechend sprach man von *Volkspflege*, die durch Auslese der *arisch Erbgesunden von den Minderwertigen* zu bewirken sei. *Minderwertige* hatten insofern nur noch die Funktion, dem Aufbau eines nordisch-germanischen *Volkskörpers* dienlich zu sein. So wurden Zwangssterilisationen bei ca. 12% der Jugendlichen in der Fürsorgeerziehung durchgeführt. Es wurden *Beobachtungsheime* unter psychiatrischer Leitung zwecks Differenzierung des Schweregrades der *Erbbelastung* und Jugendkonzentrationslager für die sogenannten *Unerziehbaren* geschaffen. Erbgesunde Fälle mit positiver Prognose wurden in neu errichteten *NS-Jugendheimstätten* untergebracht. Sie wurden nicht mehr *Zöglinge* genannt, sondern *Heimkameraden* und *Heimkameradinnen*. Die Erzieher wurden zu *Heimscharführern*.[345] Die offizielle Fürsorgeerziehung folgte en gros, von wenigen Widerständen im Alltag abgesehen, der rassenhygienisch nationalsozialistischen Diktion. Vom Euthanasiemord besonders betroffen waren die Einrichtungen für geistig behinderte Menschen.

Das im Grunde reformpädagogisch orientierte RJWG wurde durch die Nationalsozialisten bekämpft. Ein neues RJWG wurde nicht in Kraft gesetzt. Stattdessen wurde durch Rechtsverordnung die Mütter- und Säuglingsfürsorge dem *öffentlichen Gesundheitsdienst* (öGD) unterstellt, obwohl diese in § 4 RJWG eindeutig der Jugendfürsorge zugeordnet war. Ähnliches geschah mit der Jugendarbeit. Die Förderung der Jugendpflege war gemäß RJWG dem Jugendamt zugeordnet. Mit dem *Gesetz über die Hitlerjugend* wurde die Jugendarbeit der HJ unterstellt. Weiterhin wurde die kollegiale Leitungsorganisation der Jugendämter, die in den §§ 9 und 14 RJWG geregelt war, abgeschafft. Die reformpädagogischen Intentionen des Gesetzes wurden im Rahmen der Vereinheitlichung der nationalsozialistischen Volkswohlfahrt niedergemacht. Das betraf auch die *Jugendgerichtshilfe*. Das reformpädagogisch inspirierte *Jugendgerichtsgesetz* (JGG) von 1923 wurde 1943 durch ein neues *Reichsjugendgerichtsgesetzes* (RJGG) drakonisch auf seine Strafaspekte reduziert und verschärft. Hierzu zählen z.B. die Herabsetzung der Strafmündigkeit von vierzehn auf zwölf Jahre, die Einführung der Todesstrafe und der lebenslangen Haftstrafe für Jugendliche bzw. Kinder.[346]

345 Kuhlmann 2008, S. 98f. u. Kuhlmann 2001 in Knab u.a. 2001, S. 7–19.
346 Vgl. Hubert 2001.

Eliminierung von Armut und Hilfebedürftigkeit: Mit dem Verfall der Weimarer Republik und der Zeit des Nationalsozialismus war in Deutschland auch das vorläufige Ende sozialreformerischer Kräfte Sozialer Arbeit gekommen. Die Armen-, Jugend- und Gesundheitsfürsorge wurde zum Gegenstand einer *Volkswohlfahrt.* Die hoffnungsvollen Anfänge der sozialpädagogischen Reformbestrebungen, besonders der *Weimarer Zeit,* kamen unter die Räder von Faschismus und Zweitem Weltkrieg. Die errungenen kulturellen Leistungen der Wohlfahrtspflege wurden von Hitler als *„ebenso lächerliche wie zwecklose Wohlfahrtsduselei"*[347] diffamiert.
Noch im selben Jahr der Machtübergabe an die Nationalsozialisten (1933) veranstalteten die Polizei, die SA und die SS der NSDAP die sogenannten *Bettlerjagden.* Man verhaftete zehntausende von Wohnungslosen (von den Nationalsozialisten als *Nichtsesshafte* bezeichnet) und solche Menschen, die man dafür hielt. Ebenfalls im Jahr der Machtergreifung wurde das *Gesetz zur Verhütung erbkranken Nachwuchses* (GzVeN) verkündet und ein halbes Jahr später in Kraft gesetzt. Es führte zu ca. 300.000 Sterilisationen und 70.000 Euthanasieopfern, unter ihnen 3.000 Kinder. Bei der Durchsetzung einer nationalsozialistischen Sozialordnung nahm die Sozialarbeit freiwillig und auch in den Fällen von Unfreiwilligkeit letztlich eine aktive Rolle ein. Die mittlerweile mit Akribie betriebene *soziale Diagnose* brachte der Familien- und auch der Anstaltsfürsorge genaue Kenntnis über die Lage ihrer Klientel und führte schließlich zu jenen Informationen an die 1934 entstandenen Gesundheitsämter, denen die Erfassung des Gesundheitszustandes der deutschen Bevölkerung auferlegt wurde und die die Verfolgungsmaßnahmen in Gang setzen konnten. Mit dem *Gesetz zur Vereinheitlichung des Gesundheitswesens* (GVG) von 1934 mussten in allen Stadt- und Landkreisen Gesundheitsämter im Sinne der Gleichschaltung von *Erb- und Rassenpflege* eingerichtet werden.
Bereits die *Weimarer Zeit* war angesichts der wirtschaftlichen Not nach dem Ersten Weltkrieg die Blütezeit der öffentlichen Gesundheitspflege. Rassehygieniker, Eugeniker und Sozialhygieniker der *Weimarer Zeit,* wie Alfred Grotjahn (1869–1931), Eugen Fischer (1874–1967), Otmar von Verschuer (1896–1969) und Ernst Rüdin (1874–1952) waren die methodischen und ideologischen Wegbereiter der *erbbiologischen Bestandsaufnahme,* die sich nach dem Ersten Weltkrieg mit Zuspitzung der wirtschaftlichen und sozialen Krisen unter dem Nationalsozialismus radikal entfaltete.[348] Der diagnostische Gedanke ging weit über den medizinischen Bereich hinaus. Geradezu enthusiastisch wurde die neue Methode der sozialen Diagnostik von führenden Vertretern deutscher Fürsorge, wie z.B. Wilhelm Polligkeit (1876–1960) propagiert. Die *soziale Diagnostik* wurde im Nationalsozialismus schließlich in den Dienst der sogenannten *Rassenhygiene* gestellt.
Wenngleich es immer wieder Beispiele von individuellen Widerstandshandlungen gegeben hat, so wurde die Rolle der Familienfürsorge als *wertvolle Mithilfe* von Wohl-

347 Aus: „Mein Kampf" zit. in Müller 1999, S. 214.
348 Vgl. Rothmaler 1989, S. 16f.

fahrts- und Jugendamt zur Durchführung des GzVeN immer wieder bestätigt.[349] Die Zielrichtung des GzVeN war nur vordergründig eine medizinische Diagnostik. Faktisch diente sie dem Zweck einer rein sozialen Diagnostik zwecks Selektion sogenannter *gemeinschaftsschädigender* und damit unerwünschter Bevölkerungsschichten und stand damit im Dienst der rassistischen Doktrin des Sortierens, Züchtens und Vernichtens. Die Erfassung zur Zwangssterilisation durch die Hamburger Fürsorge ist hierfür ein beispielhafter Beleg, mit welcher Bereitwilligkeit sich die Fürsorge in das totalitäre Erfassungs- und Vernichtungssystem einordnete. Bereits zwei Jahre vor den 1940 reichsweit eingeführten *Richtlinien zur erbbiologischen Beurteilung der Bevölkerung* erließ Hamburg eigene Richtlinien für die *Durchführung der Fürsorge und Behandlung Gemeinschaftswidriger*. Die Unterstützungsempfänger wurden eingeteilt in *sozial Vollwertige, sozial nicht Vollwertige* und *Gemeinschaftswidrige*. Familienfürsorgerinnen erstellten im Rahmen ihrer Hausbesuche sogenannte Lebensbilder von Fürsorgeempfängern. Diese *Lebensbilder* wurden systematisch mittels eines standardisierten Fragebogens erstellt und maschinell ausgewertet. Das als *Hollerith-Verfahren* bezeichnete System (Lochkartenlesemaschine) war somit ein Vorläufer computergestützter *sozialer Diagnostik*. So kamen zwei Drittel der Anzeigen aus den Hamburger Behörden (Gesundheits-, Jugend-, Arbeits- und Sozialverwaltungen), dem schulärztlichen Dienst, dem vertrauensärztlichen Dienst der Versicherungen und den Gefängnissen.[350] Über die Hälfte der im Rahmen der erbbiologischen Bestandsaufnahme für die Zwangssterilisation angezeigten Personen kamen aus der sozial- und bildungsbenachteiligten Unterschicht.[351] Armut und Arbeitslosigkeit, Alkohol- und psychische Erkrankung, Wohnungslosigkeit, Prostitution sowie Lernbehinderung wurden auf diese Weise zu Risikomerkmalen einer *sozialen Diagnostik* mit anschließender Einleitung von Zwangsmaßnahmen wie Sterilisation oder Internation.

Gleichschaltung der Ausbildungsstätten und Emigration: Das insbesondere auf Alice Salomons sozialer Frauenschule basierende System der Wohlfahrtspflegeschulen wurde gleichgeschaltet. Die *Konferenz der sozialen Frauenschulen Deutschlands* wurde in den Reichszusammenschluss der staatlich anerkannten *Schulen für Volkspflege* umbenannt, und Alice Salomon musste ihren Vorsitz abgeben. Ihre Nachfolgerin, *Elisabeth Nietzsche* (1888–1964), Dozentin an der Sozialen Frauenschule der *Inneren Mission*, führte den Vorsitz ganz im Sinne der NSV. Wohlfahrtspflegerinnen hießen

---

349 Hardtmann 1989, S. 50ff. u. Rothmaler, a.a.O., S. 10ff.

350 Vgl. Rothmaler 1988, S. 16–36.

351 Nach dem GzVeN konnte zwangsweise sterilisiert werden, wer an „angeborenem Schwachsinn, Schizophrenie, manisch-depressivem Irresein, Chorea Huntington, Epilepsie, angeborener Blindheit, Taubheit, schweren körperlichen Missbildungen und schwerem Alkoholismus litt." Darüber hinaus wurden für das Symptom „erbgesund" willkürliche Integrationsmerkmale festgelegt. Gängige Merkmalsbezeichnungen im Rahmen der sozialen Diagnosen zur Feststellung „sozial nicht Vollwertiger und Gemeinschaftswidriger" waren z.B. „arbeitsunlustig", „moralischer Schwachsinn", „geistiger und charakterlicher Tiefstand", „sexuelle Triebhaftigkeit, „soziale Ungenügsamkeit", „Schwachsinnigkeit", „erbgefährlich", „asozial", „gemeinschaftsschädigend".

nun *Volkspflegerinnen*, und der Zugang zu den F*rauenschulen für Volkspflege* wurde nicht-arischen Bewerberinnen versagt.[352] Die wenigen, den Nationalsozialismus ablehnenden Wohlfahrtsschulen wurden geschlossen oder gleichgeschaltet. Die Bereitschaft zur Kooperation mit dem Nationalsozialismus schien hingegen bei den meisten gegeben. *„Die Schulen nahmen lebhaften Anteil am sozialen Aufbauprogramm des neuen Staates und halfen vielfach im Winterhilfswerk mit"*[353]. Auch die kirchlichen Ausbildungsstätten waren nicht frei von der nationalsozialistischen Aufbruchsstimmung.[354] Die Zahl der konfessionellen und privaten Schulen ging dennoch zurück. Insgesamt stieg jedoch die Anzahl der Frauenschulen von 34 im Jahr 1933 auf 51 im Jahr 1944. Die NSV gewann als Ausbildungsträger immer mehr Boden.

1933 wurde *Alice Salomon* von den Nationalsozialisten aus allen öffentlichen Ämtern verdrängt und 1937 nach Verhören durch die Gestapo im Alter von 65 Jahren zur Emigration gezwungen. Bis dahin hatte sie in einem Hilfskomitee für jüdische Emigranten gearbeitet. Alice Salomon emigrierte über England in die USA, wo sie in New York lebte. 1939 wurden ihr die deutsche Staatsbürgerschaft und die beiden Doktortitel aberkannt. 1944 erwarb sie die amerikanische Staatsbürgerschaft.

Mit Alice Salomon verschwanden neben vielen weiteren Persönlichkeiten (Siddy Wronsky, Siegfried Bernfeld) die Protagonisten einer sozialpädagogischen Idee, die die Soziale Arbeit sowohl in ihren gesellschaftlichen Ursachen als auch in ihren individuellen Verarbeitungsformen in den Blick genommen hatten und einer systematischen, d.h. wissenschaftlichen Untersuchung zugänglich machen wollten. Mit dem Übergang zum Nationalsozialismus fand diese hoffnungsvolle Reformentwicklung der *Weimarer Zeit* ihr Ende.

Zusammengefasst
Nationalsozialismus und Untergang der sozialpädagogischen Idee:

- Mit der Übernahme der Macht durch die Nationalsozialisten wird eine Wohlfahrtspflege etabliert, die ausschließlich einer erbbiologisch begründeten Rassenauslese dient.
- Die Weimarer Anfänge eines dualen Systems der öffentlichen und freien Wohlfahrtspflege werden im Nationalsozialismus durch ein gleichgeschaltetes System (NSV) zentralisiert.
- Nationalsozialistische Ideologie hebt den Kindheitsstatus in den Erwachsenenstatus.
- Der Begriff *Wohlfahrtspflege* wird durch den Begriff *Volkspflege* ersetzt. Hierbei geht es nicht um die Entfaltung des Individuums, sondern um die Entfaltung eines *rassenreinen Volkskörpers*, zu dem nur passt, wer arischer Abstammung ist.

352 Amthor 2003, S. 365f.

353 Zit. aus einer Dissertation von 1937 von Glaenz, in: Amthor 2003, S. 364.

354 Vgl. Schaefer-Hagenmeier 1992, S. 33.

- *Alice Salomon* wird von den Nationalsozialisten aus allen öffentlichen Ämtern verdrängt und 1937 nach Verhören durch die Gestapo im Alter von 65 Jahren zur Emigration gezwungen.
- Wohlfahrtspflegerinnen heißen nun *Volkspflegerinnen* und der Zugang zu den *Frauenschulen für Volkspflege* wird nichtarischen Bewerberinnen versagt.
- *Soziale Diagnostik* wird im Nationalsozialismus in den Dienst der sogenannten *Rassenhygiene* gestellt.
- Mit Alice Salomon verschwinden neben vielen weiteren Persönlichkeiten die Protagonistinnen und Protagonisten einer sozialpädagogischen Idee und die hoffnungsvolle Reformentwicklung der *Weimarer Zeit* findet ihr vorläufiges Ende. ◀

4.6 Zusammenfassung: Moderne und Niedergang

Wie kann die allgemeine gesellschaftliche Charakteristik der jeweiligen Epoche beschrieben werden?

Die erste Hälfte des 20. Jahrhunderts ist von tiefgreifenden politischen und ökonomischen Katastrophenerfahrungen geprägt: Rasanter Aufbau der Industriegesellschaft und Entwicklung zur Kartellindustrie, massive Verelendung der arbeitenden Schichten, Erster Weltkrieg und Ende des Kaiserreiches, Weltwirtschaftskrise, Massenarbeitslosigkeit, Weimarer Republik und Verfall, Faschismus, Nationalsozialismus, Zweiter Weltkrieg und Holocaust und schließlich der Wiederaufbau aus den geistigen und materiellen Trümmern.

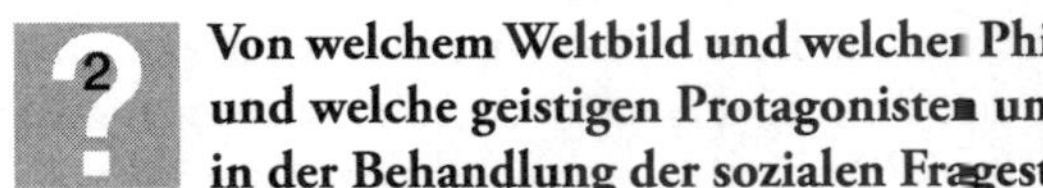

Von welchem Weltbild und welcher Philosophie ist diese Zeit geprägt, und welche geistigen Protagonisten und Ideengeber sind maßgebend in der Behandlung der sozialen Fragestellung?

Das Europa der Jahrhundertwende erlebt sich in der Ambivalenz von welteroberndem Fortschrittsglauben durch Wissenschaft und Technik sowie kulturellem Unbehagen. Ähnlich wie die *Sturm-und-Drang*-Bewegung dem Rationalismus ihrer Zeit entgegentrat, wendet sich in Deutschland nun die Jugendbewegung gegen die Monopolbildung der Industrialisierung und deren künstliche Asphaltkultur. Die Jugend- und Wandervogelbewegung erlebt ihre Blütezeit. Die Naturwissenschaften stoßen auf erste Grenzen und die Sozial- und Geisteswissenschaften, insbesondere auch die Erziehungswissenschaften und die Psychologie, bekommen Auftrieb. Ein psychoanalytisches Interesse am Menschen wird wach. Die Geschichte des Individuums wird zu einer Geschichte des beschädigten Individuums, des Unterganges großer Individualitätsideale unter dem Druck der Produktionsverhältnisse. Das gesamte 19. Jahrhundert ist für die Menschen mit einem ungeheuren gesellschaftlichen Komplexitätsaufbau verbunden. Der Mensch sieht sich auf vielfältige Weise in neu entstandene soziale Systeme eingespannt. Er ist in ein ihm kaum überschaubares Feld gesellschaftlicher, wirtschaftlicher und politischer Zusammenhänge und den darin gegebenen Rollenanforderungen gestellt. Dieses Spannungsfeld bereitet eine Ambivalenz von Gefühlen des Ausgeliefertseins an anonyme Systeme auf der einen und vom Willen zur Selbstbestimmung in der Frage der Mitgestaltung von Gesellschaft auf der anderen Seite.

Welche Einstellungen zur Kindheit und Jugend allgemein sowie zu ihren Beschädigungen im Speziellen herrschen in dieser Zeit vor, und wie drückt sich dies organisatorisch und programmatisch im Erziehungs- und Bildungsverständnis aus?

Im 19. Jahrhundert wird eine Tendenz zur nostalgischen Idealisierung von Kindheit erkennbar. Mit dem Bild von Kindheit sind die Suche und die Sehnsucht nach besseren Zeiten verbunden. Kindheit wird zur Projektionsfläche der Erwachsenenwelt und ihren bürgerlichen Erziehungsidealen für eine bessere Welt. Der Kindheitsstatus verändert sich mit all den problematischen aber auch den in den Generationenbeziehungen verbessernden Begleiterscheinungen. Aber Kindheit im beginnenden 20. Jahrhundert steht besonders in Deutschland nicht nur unter dem Vorzeichen eines zunehmenden psychologischen Interesses. Sie wird politisch sowohl von links als auch von rechts unter dem Zeichen ideologischer Verwendungsinteressen wahrgenommen. Die Pädagogik befindet sich im beginnenden 20. Jahrhundert in einer eigentümlichen Lage. Es ist die Zeit der wissenschaftlichen Pädagogik und der sie bekämpfenden Reformpädagogik einerseits, sowie die Zeit der ersten hoffnungsvollen Ideen einer geisteswissenschaftlichen Pädagogik andererseits. Und es ist die Zeit der Einverleibung jeglicher Pädagogik durch den Nationalsozialismus. Die Zucht-und-Ordnungs-Pädagogik des 19. Jahrhunderts erfährt scharfe Kritik seitens der emporkommenden Schulreformbewegung. Doch beide Erziehungsrichtungen – hier Strenge und Zucht, dort Naturverbundenheit und Eugenik – stehen in einer gewissen methodischen Nähe zu den sich anbahnenden Erziehungsprinzipien des Nationalsozialismus. Kindheit steht nunmehr nicht nur unter dem Vorzeichen eines zunehmenden psychologischen Interesses, sondern auch unter dem Zeichen politischer Verwendungsinteressen der Arbeiterjugendbewegung zur *Weimarer Zeit*. Mit der um die Jahrhundertwende entstandenen Jugendbewegung erhält die Jugendfrage im ersten Drittel des 20. Jahrhunderts einen zunehmenden gesellschaftlichen Stellenwert. Den pädagogischen Reformeifer der *Weimarer Zeit* begleitet eine Diskussion um die Sozialpädagogik als eine Form der Pädagogisierung der gesamten Wohlfahrtspflege und eine neue, gerechte Sozialpolitik. Die wissenschaftliche Sozialpädagogik geht vor allem auf *Paul Natorp* und *Herman Nohl* zurück. Natorps Theorie einer Sozialpädagogik als integratives Prinzip jeder Erziehung setzt sich jedoch nicht durch. Stattdessen entwickelt sich eine Sozialpädagogik, die auf Nohls Theorie einer Sozialpädagogik als eigenständige Pädagogik außerhalb von Familie und Schule aufbaut. Die von Nohl beeinflusste sozialpädagogische Bewegung findet u.a. in der 1925 gegründeten *Gilde Soziale Arbeit* ihren Ausdruck. Ihr Anliegen ist die Pädagogisierung der gesamten Wohlfahrtspflege und Verwirklichung einer neuen, gerechten Sozialpolitik. Zu einer durchgreifenden Reform kommt es nicht. Sozialpädagogik kann ihre Janusköpfigkeit als Jugendfürsorge einerseits und Sozialdisziplinierung andererseits noch nicht überwinden. In den Zeiten des Verfalls der Weimarer Republik verbinden sich Teile der sozialpädagogischen Bewegung ideell mit den neuen Hoffnungen, die durch den aufkommenden Nationalsozialismus vermittelt werden, statt diesen – anscheinend nicht richtig erkannten Feind – zu bekämpfen. Die Indoktrination von Jugend in Schulen, Universitäten, Hitlerjugend und anderen Erziehungsstätten in der Zeit des anschließenden Nationalsozialismus nahm ihren freien Lauf.

Welche Einstellungen zur Armut und Hilfebedürftigkeit prägten diese Zeit, und wie drückten sich diese organisatorisch und programmatisch im Umgang mit Armut aus?

Neben den bereits Ende des 19. Jahrhunderts entstandenen Wohlfahrtsverbänden (DRK, IM, DCV und jüdische Hilfswerke) kammen die AWO (1919), der DPWV (1920) und der Zentrale Wohlfahrtsausschuss der christlichen Arbeiterschaft (1921) als weitere Verbände der freien Wohlfahrtspflege hinzu. Mit dem UWG von 1871 differenzierte sich das System der öffentlichen Armenfürsorge aus und geriet in der Koordination mit dem System der freien Wohlfahrtspflege an Grenzen. Eine Reaktion auf diesen Problemdruck war 1880 der Zusammenschluss der öffentlichen und privaten Wohlfahrt im DV. Eine weitere Konsequenz war die Ausdifferenzierung der kommunalen Fürsorge in Gesundheits-, Jugend-, Wohnungs- und Erwerbslosenfürsorge. Gesondert wurde die Kriegswohlfahrtspflege ausgebaut. Das RJWG von 1922 schließlich war die Geburtsstunde der Jugendämter. Mit dem Ausbau der Wohlfahrtspflege setzte ein Prozess der Verwissenschaftlichung und Verberuflichung des Sozialen ein. Entstehung und Aufbau von Ausbildungsstätten für soziale Berufe und eines sozialen Frauenberufes sind auf die bürgerliche Frauenbewegung zurückzuführen. Eine ihrer bekanntesten Protagonistinnen war Alice Salomon. Sie vertrat eigene Konzepte der Sozialarbeit, die u.a. auch von der angloamerikanischen Sozialarbeit geprägt waren, insbesondere von Mary Ellen Richmond und Jane Addams. In der *Weimarer Zeit* erfuhr der Ausbau der Wohlfahrtspflege einen kräftigen Schub, besonders im Vergleich zur Kaiserzeit. Die in die Weltwirtschaftskrise gipfelnden, ökonomisch ungünstigen Bedingungen brachten den Wohlfahrtsstaat bald in eine Finanzierungskrise. Die Idee des Weimarer Wohlfahrtsstaates wurde zum *Inbegriff sozialdemokratisch-marxistischer Verirrungen.* Konservative Kräfte gewannen die Oberhand und sozialpolitische Vorstellungen des Nationalsozialismus fanden ihre Anknüpfungspunkte. Mit der Übernahme der Macht durch die Nationalsozialisten wurde eine Wohlfahrtspflege etabliert, die ausschließlich einer erbbiologisch begründeten Rassenauslese dienten. Die Weimarer Anfänge eines dualen Systems der öffentlichen und freien Wohlfahrtspflege wurden im Nationalsozialismus durch ein gleichgeschaltetes System (NSV) zentralisiert. Nationalsozialistische Ideologie hob konsequent den Kindheitsstatus in den Erwachsenenstatus. Wohlfahrtspflege wurde durch den Begriff *Volkspflege* ersetzt. Es ging ihr nicht um die Entfaltung des Individuums, sondern um die Entfaltung eines *rassenreinen Volkskörpers*, zu dem nur passte, wer arischer Abstammung war. Wohlfahrtspflegerinnen hießen nun *Volkspflegerinnen* und der

Zugang zu den Frauenschulen für Volkspflege wurde nicht-arischen Bewerberinnen versagt. *Soziale Diagnostik* wurde im Nationalsozialismus in den Dienst der sogenannten *Rassenhygiene* gestellt. Alice Salomon wurde von den Nationalsozialisten aus allen öffentlichen Ämtern verdrängt und 1937 nach Verhören durch die Gestapo im Alter von 65 Jahren zur Emigration gezwungen. Mit Alice Salomon verschwanden neben vielen weiteren Persönlichkeiten die Protagonisten einer sozialpädagogischen Idee und die hoffnungsvolle Reformentwicklung der *Weimarer Zeit* fand ihr vorläufiges Ende.

4.7 Reflexionsvorschläge

Ehrenamt und professionelle Soziale Arbeit – ein Gegensatz? Bereits Thomas Chalmers (1780–1847) hatte mit seinem System der *friendly visitors* ein Hilfesystem auf ehrenamtlicher Basis entwickelt. Dies wurde in verschiedenen Entwicklungen aufgegriffen: Elberfelder System, Straßburger System, Settlement Bewegung (Jane Addams), *Charity Organizations* (Mary Richmond), Entwicklung zu einem sozialen Frauenberuf auf ehrenamtlicher Basis (Alice Salomon). Aus diesen Entwicklungen ist die Professionalisierung Sozialer Arbeit als Standard gesellschaftlich organisierter Hilfe entstanden. Heute zählen die Verbände der freien Wohlfahrtspflege ca. 3 Mio. Ehrenamtliche in ihren Reihen. Die Förderung des Ehrenamtes – auch auf europäischer Ebene – ist zu einem wichtigen Bestandteil der Sozialpolitik geworden. Braucht moderne Soziale Arbeit ehrenamtliche Helfer oder steht Ehrenamtlichkeit einer Professionalisierung Sozialer Arbeit entgegen? *(Stichworte: Ehren- versus Hauptamtlichkeit; Qualifizierung des Ehrenamtes; Kommunitarismus; Grenzen des Wohlfahrtsstaates).*

Was sind die Vor- und Nachteile des Subsidiaritätsprinzips? Trotz aller staatlicher Eingriffe wurde das Subsidiaritätsprinzip in der *Weimarer Zeit* beibehalten und es bestimmt bis heute als Strukturprinzip das Verhältnis der öffentlichen und freien Wohlfahrtspflege. Die Rolle des Staates hat in unserer Gesellschaft eine unterstützende, aber auch kontrollierende Rolle. Solange die Bürgerinnen und Bürger selbst in der Lage sind, gesellschaftlich als notwendig erachtete Hilfe zu organisieren, soll sich der Staat zurückhalten. Er übernimmt die Finanzierung der Sozialen Arbeit zu einem Großteil und führt auch in bestimmten Bereichen die Aufsicht. Die konkrete Arbeit soll aber nicht vom Staat, sondern von den zivilgesellschaftlichen Organisationen (Wohlfahrtsverbänden) übernommen werden. Worin liegen die Vorteile dieses Unterstützungsprinzips? Gibt es auch Nachteile? *(Stichworte: Subsidiaritätsprinzip, Sozialstaat; Wächteramt des Staates)*

Kann sich Soziale Arbeit als Disziplin und Profession vor ideologischer Instrumentalisierung schützen? Der noch relativ junge sozialpädagogische Schwung der *Weimarer Zeit* hatte nicht dazu ausreichen können, sich gegen die Einverleibung durch den Nationalsozialismus wehren zu können. Familien- und Anstaltsfürsorge als Organisation haben keine Opfer verhindert. Ihre *soziale Diagnostik* wurde vielmehr in den Dienst der Verfolgung und Vernichtung sogenannter Erbkranker gestellt. Gibt es Möglichkeiten, wie Soziale Arbeit sich selbst und Ihre Klientel vor politischer Gewaltherrschaft schützen kann? *(Stichworte: Soziale Diagnostik, Professionalisierung, Menschenrechtsprofession, Berufsverbände, Fachverbände, Hochschulen, Forschung)*

Es wird in der Welt mehr gedacht, als man denkt.
(Helmuth Plessner, 1955)

5 Spätmoderne und Zukunft – Von dem Rückfall in die Barbarei bis zur Lebensführung

Die komplexen Entwicklungen nach dem Zweiten Weltkrieg erfordern ein eigenständiges Kapitel, das hier als Spätmoderne bezeichnet wird. Die funktionale Differenzierung setzt sich gegenüber dem stratifikatorischen Differenzierungsprinzip zunehmend durch. Der Begriff der Klassengesellschaft hat als gesellschaftsstrukturierendes Differenzierungsmuster weitestgehend ausgedient. Stratifikatorische wird durch funktionale Differenzierung abgelöst, und an Stelle der gegenseitig nicht substituierbaren Klassen tritt in modernen Gesellschaften die Ausdifferenzierung von sich gegenseitig nicht ersetzbar machenden Funktionssystemen. Funktionale Differenzierung bedeutet aber nicht, dass es sich dabei um die Aufhebung oder das Verschwinden sozialer Schichtungen und Ungleichheit und damit um die Entwicklung zu einer sozial gerechten Gesellschaft handelt: „Eine funktionale differenzierte Gesellschaft ist alles andere als eine harmonische Gesellschaft mit inhärenten Stabilitätsgarantien" (Luhmann 1995, S. 572). Modernisierung heißt weiterhin das Schlagwort, mit dem Gesellschaft ihre Probleme zu lösen versucht und dabei an Komplexität rasant zunimmt. Neben Modernisierung stellt sich eine eher skeptische Geisteshaltung, die sich als postmodern bezeichnet.

5.1 Allgemeine gesellschaftliche Charakteristik

Nach dem Zweiten Weltkrieg schauten die Menschen auf die Folgen nationalistischen Größenwahns: Die Trümmerfelder der Städte, weltweit über 60 Millionen Tote, davon um die 6 Millionen in Konzentrationslagern umgebrachte Juden, Sinti und Roma, Polen, Geistliche, politisch verfolgte Russen und Serben, Homosexuelle und sogenannte *Asoziale, Wehrkraftzersetzer,* Wohnungslose (genannt: *Nichtsesshafte*) und eine ungezählte Anzahl der durch Krieg, Gefangenschaft und Internierung psychisch und physisch schwer verletzter Menschen. Wie konnte es angesichts dieser Schreckensbilanz weitergehen?

Weder der durch zwangskommunistische Staaten dokumentierte Sozialismus, noch der in die blutige Hitlerdiktatur eingemündete Monopolkapitalismus erschienen als vertrauenswürdige Zukunftsperspektiven. Gleichwohl wurde der Kapitalismus als das vermeintlich kleinere Übel eingeschätzt. „Der darauf gegründete Hausfrieden und die Kooperation der Klassengegner haben weitgehend dazu beigetragen, die kapitalistische Wirtschaft des Westens nach dem Weltkrieg wieder so schnell aufzubauen“[355]. Die Nachkriegseuphorie über die Wiederaufbauleistungen war jedoch kurz. Das sich schnell herausgebildete Establishment geriet erstmals in den 1960er Jahren in das Kreuzfeuer der Studentenbewegung. Die Moderne in der zweiten Hälfte des 20. Jahrhunderts wurde durch Bestrebungen der Jugend nach Emanzipation und Befreiung aus politisch-gesellschaftlichen Rollenzwängen einer kapitalistischen Gesellschaft geprägt. Die Hauptströmung der technischen und wirtschaftlichen Entwicklung war hingegen vom globalen Fortschritts- und Wachstumsglauben und Wohlstandsdenken bestimmt.

Wiederaufbau und Protest: Die Auswirkungen der beiden Weltkriege und wirtschaftlichen Depressionen auf die Entwicklung der Nachkriegsgesellschaft sind sehr vielschichtig. Ein grober Umriss soll an dieser Stelle genügen. Der Soziologe *Helmut Schelsky* (1912–1984) analysierte den Wandel der deutschen Nachkriegsfamilie und stellte ihre vornehmliche Konzentration auf den sozialen Wiederaufstieg heraus. Diese bestand aus dem Streben nach Besitz als Grundlage sozialer Sicherheit, sowie dem Festhalten an alten sozialen Leitbildern (Besitzstand, Bildungsstand). Eine gewisse Idealisierung der Vergangenheit begleitete diese Sicherheitsbestrebungen. Nach Schelsky mündete die veränderte Familienstruktur in die „Herausbildung einer nivellierten kleinbürgerlichen-mittelständischen Gesellschaft, die ebenso wenig proletarisch wie bürgerlich ist, d.h. durch den Verlust der Klassenspannung und sozialen Hierarchie gekennzeichnet wird“[356]. Neben dem Nivellement der sozialen Schichten trat das politische bzw. das „gesamtgesellschaftliche Desinteressement“. Schelsky verweist auf „jene Haltung der Interessenlosigkeit, des Misstrauens oder gar des Widerwillens gegenüber allen sozialen Angelegenheiten der Öffentlichkeit, gegenüber den Großorganisationen der Gesellschaft oder dem Schicksal der Gesamtheit“[357].

Das allgemein politische Desinteresse dieser Nachkriegsgesellschaft und die von ihr ausgehenden Zwänge von Konsum-, Anpassungs- und Leistungsfreudigkeit, riefen ein „Gegenmilieu“[358] verschiedener, oppositionell politischer und resignativ apolitischer „Subkulturen“[359] auf den Plan. Die Studentenbewegung der 1960er Jahre und der aus ihr hervorgegangenen *Neuen Linken* bezog aus der *Kritischen Theorie* der *Frankfurter Schule* ihre sich gegen Herrschaft, Unterdrückung, Verdinglichung und Entfremdung auflehnende Position. Hierbei wurden insbesondere die Familie und die Schule und der ihnen obliegende Erziehungsauftrag als Vermitt-

355 Biran 1979, S. 56.
356 Schelsky 1953, S. 218.
357 A.a.O., S. 122.
358 Ein Begriff, der von dem Wortführer der studentischen Neuen Linken, Rudi Dutschke (1940–1979), gebraucht wurde.
359 Schwendter 1973.

ler gesellschaftlicher Normen zum Gegenstand der Kritik.[360] Der Widerstand der Neuen Linken und ihrer radikalen Abspaltungen, der *Roten Armee Fraktion* (RAF), scheiterte. Letztlich setzte sich ein modifiziertes, kapitalistisches Gesellschaftskonzept, das der Idee einer *Sozialen Marktwirtschaft* folgte, durch. Die diesem Prozess beizufügenden Korrekturbemühungen nannte man Modernisierung, die in allen gesellschaftlichen Funktionssystemen ihren Raum suchen sollte.

Kultureller, politischer und ökonomischer Strukturwandel: Die weitere allgemeine gesellschaftliche Entwicklung in der Zeit nach dem Wiederaufbau ist vor allem durch dynamische Prozesse in der Bevölkerungs-, der Technologie- und der Arbeitsmarktentwicklung auf dem Hintergrund von Globalisierung und Durchkapitalisierung aller Lebensbereiche gekennzeichnet. Besondere Merkmale sind:

1. Der demographische Wandel (Altersentwicklung) und die Abwandlungen von Solidargemeinschaften, wie z.B. die Familie.
2. Die strukturelle Arbeitslosigkeit/Langzeitarbeitslosigkeit infolge Rationalisierung und Marktsättigung im Bereich der industriellen Massenproduktion, verschärfte Konkurrenzkämpfe auf internationaler, globaler Ebene, Armutsentwicklung.
3. Die Revolutionierung der Informations-, Kommunikations- und vor allem der Produktionstechniken durch die Mikroelektronik sowie damit einhergehende Rationalisierungseffekte.
4. Der wirtschaftliche Zusammenbruch in der ehemaligen Deutschen Demokratischen Republik (DDR) und die im Wege der Wiedervereinigung zusätzlich entstandenen neuen Armutsprobleme, wie Arbeitslosigkeit, Wohnungsverluste, Überschuldung.
5. Die Globalisierung der Weltmärkte und die Verlagerung von Produktionsstandorten in sogenannte Niedriglohnländer.
6. Die unterschiedlichen Konstruktionen der nationalen Sicherungssysteme in den Ländern der europäischen Union bzw. Bestrebungen der Anpassung im Zuge einer Vereinheitlichung europäischen Rechts.

---

360 Für dieses politische Gegenmilieu war der Einfluss der „Kritischen Theorie“ nicht gering. In den 1930er Jahren formulierte der Sozialphilosoph Max Horkheimer (1895–1973) bereits die dem Selbstverständnis der „Frankfurter Schule“ zugrundeliegenden Gedanken der Kritischen Theorie. Der wissenschaftlich-technische Fortschritt wurde nicht mehr als ein ausschließlich wissenschaftlicher, sondern als ein gesellschaftlicher Vorgang begriffen (vgl. Wulf 1978, S. 142). Horkheimers Position wurde von dem Philosophen Theodor W. Adorno (1903–1969) in der von ihm als „Positivismusstreit“ benannten Grundsatzdiskussion über die Logik der Sozialwissenschaften (1961) aufgenommen. In Adornos Kritik an dem durch Sir Karl R. Popper (1902–1994) vertretenen „Kritischen Rationalismus“ heißt es: „Der Verzicht der Soziologie auf eine Kritische Theorie der Gesellschaft ist resignativ: man wagt das Ganze nicht mehr zu denken, weil man daran verzweifeln muss, es zu verändern“(Adorno 1969, S. 27). Gleichwohl waren Adorno und später Habermas nicht die geistigen Führer der Neuen Linken. Beide hatten unter den Attacken der studentischen Bewegung auch persönlich sehr gelitten und sich von ihrem Stil deutlich distanziert.

7. Die Krise und der drohende Zusammenbruch der internationalen Finanzmärkte mit hochrezessiven Folgen für die nationalen und internationalen Wirtschafts- und Arbeitsmärkte.
8. Der wachsende Bedarf nach und Verbrauch von Primärenergien und Rohstoffen mit ökonomisch und ökologisch bislang ungelösten Folgeproblemen.
9. Konfrontation mit zunehmenden Flucht- und Zuwanderungsbewegungen infolge von Armut, Krieg, Vertreibung und Verfolgung.

Dies sind nur einige Punkte, die aufzeigen, mit welcher Fülle bzw. Komplexität gesellschaftlicher Entwicklung und Aufgaben der Risikobearbeitung soziale Ordnungsbildung in der zweiten Hälfte des 20. Jahrhunderts und darüber hinaus umzugehen hat.

Zusammengefasst

Allgemeine gesellschaftliche Charakteristik:
Die Spätmoderne in der zweiten Hälfte des 20. Jahrhunderts ist gekennzeichnet durch den wirtschaftlichen und sozialen Aufbau (Sozial- und Wohlfahrtsstaat) in den 1950er Jahren, mit eher geringem gesellschaftspolitischen Interesse auf Seiten der älteren Generation und – spätestens mit Beginn der 1960er Jahre – gesellschaftskritischen Bestrebungen auf Seiten der Jugend nach Emanzipation und Befreiung aus politisch-gesellschaftlichen Rollenzwängen einer kapitalistischen Gesellschaft. Es setzt sich ein sozialwirtschaftlich modifiziertes kapitalistisches Gesellschaftskonzept durch. Die diesem Prozess beizufügenden Korrekturbemühungen nennt man ‚Modernisierung', die in allen gesellschaftlichen Funktionssystemen ihren Raum sucht. Die gesellschaftlichen Modernisierungsbemühungen gehen einher mit der Bearbeitung von Problemen und Risiken zunehmender gesellschaftlicher Komplexität.

5.2 Weltbild und Philosophie

Das Weltbild in der Moderne des zwanzigsten Jahrhunderts hat sich in seiner zweiten Hälfte nach dem Wiederaufbau nicht grundlegend gewandelt. Der Begriff der Postmoderne macht hingegen zunehmend die Runde. Die Postmoderne kennzeichnet eine geistig-kulturelle Bewegung oder eher Haltung, die sich in der zweiten Hälfte des zwanzigsten Jahrhunderts als Gegenströmung zu einer zunehmend als steril empfundenen Moderne versteht. Der französische Philosoph und Literaturtheoretiker *Jean-François Lyotard* (1924–1998) bezeichnete die Moderne in einem viel beachteten Aufsatz als das Ende der „großen Erzählungen"[361]. Zeitlich gibt es verschiedene Einordnungen der Postmoderne; von ersten Anfängen in den 1960er Jahren, bis hin

361 Lyotard 2006, c1979.

zum Beginn der 1980er Jahre, wo sich die Postmoderne in der Architektur, besonders aber der Kunst und in Alltagsstilen (z.B. Mode, Popkultur) offen zu zeigen begann. Ob man nun von Postmoderne im Sinne einer abgrenzbaren Kulturepoche reden kann, ist zumindest zweifelhaft und wird sich allenfalls noch erweisen müssen. In der Theoriebildung der Sozialen Arbeit wird die Position der Postmoderne stellenweise vertreten.[362] Wenngleich Gesellschaft in der zweiten Hälfte des 20. Jahrhunderts weitere tiefe strukturelle Umbrüche erlebt, die mit dem Stichwort der Globalisierung gekennzeichnet werden können, so ist dennoch keine Zäsur in der Moderne festzustellen, die ihr Ende markiert. Trotz tiefgreifender, struktureller gesellschaftlicher Umbrüche sind alle Kennzeichen der Moderne weiterhin gegeben (z.B. Parteiendemokratie, an Kapital orientierte Ökonomie, positives Recht, altersgestaffelte Schulsysteme usw.).[363] Dennoch ist nicht zu übersehen, dass mit dem Wiederaufbau auch starke gesellschaftskritische Kräfte Auftrieb bekamen, die Zweifel an der grundsätzlichen Richtigkeit eines gesellschaftlichen Modernisierungsvorhabens aufkommen lassen. Ein Ausgangspunkt dieser Überlegung ist der Philosoph *Theodor W. Adorno* (1903–1969).

Expertenherrschaft und Widerstand: Aus Adornos Sicht sind Aufklärung und wissenschaftlicher Fortschritt nicht identisch mit der Zunahme von Freiheit.[364] In seiner „Dialektik der Aufklärung"[365] (1947) versuchte Adorno aufzuzeigen, wie Aufklärung und Emanzipation in ihr Gegenteil, als Macht verdinglicht, umschlagen konnten. Aufklärung und Emanzipation konnten die Schrecken von Weltkriegen und Holocaust nicht verhindern. Aufklärung schlug in ihr Gegenteil um.

Die Aufgabe der Sozialwissenschaften sei es, diesen Zusammenhang zu sehen.[366] Adorno legte seine Hoffnung zur Realisierung eines mündigen Menschen nicht mehr in die althergebrachte positive Dialektik der europäischen Aufklärung, sondern in das reflektierende, widersprechende und widerstrebende Subjekt (negative Dialektik). So rückte in den 1970er Jahren die These von den entmündigenden Auswirkungen der Aufklärung zunehmend in den Mittelpunkt einer Zivilisationskritik, die die verlorene Gewalt des Menschen über die gesellschaftliche Wirklichkeit zurückerobern will. *Lewis Mumford* (1895–1990), ein in den 1970er Jahren viel gehörter, amerikanischer Kulturkritiker, forderte „eine gründliche und letztlich weltweite Umorientierung der modernen Kultur, vor allem der schrecklichen neuen Kultur des zivilisierten Menschen"[367]. Die Forderung Mumfords konkretisierte sich vor allem bei dem Philosophen und Theologen *Ivan Illich* (1926–2002) in einer Sozialstaatskritik, die in der expandierenden Dienstleistungsgesellschaft und ihrer

362 Vgl. Kleve 2000.
363 Vgl. Luhmann 1997, S. 1143ff.
364 Vgl. Wulf 1978, S. 145.
365 Horkheimer/Adorno 2003, c1947.
366 Adorno 1969, S. 27.
367 Mumford 1966, S. 759.

Bedienung durch Experten eine fortschreitende Entmündigung des Menschen sah. Illich bezeichnete die ausgehende Epoche des 20. Jahrhunderts als „die Epoche der entmündigenden Expertenherrschaft, der *disabling professions*“[368]. In der Problemeinführung zur deutschen Ausgabe seines Buches greift er auf den von Mumford geprägten Begriff *Megamaschine* zurück.[369] Mumford bezeichnete mit diesem Begriff die Gewaltherrschaft einer Kultur, in der Ordnung und Rationalität von einem Maschinenmodell bestimmt werden. Die Megamaschine steuert die politischen, ökonomischen, bürokratischen und militärischen Abläufe industrialisierter Gesellschaften nach den Maßstäben mechanisierter Entscheidungsabläufe. Wissenschaftlicher und technischer Fortschritt haben den Übergang traditionsgebundener Gesellschaftsformen zur technologischen Anpassungsgesellschaft bewirkt, deren „herrschende Minderheit eine einheitliche, allumfassende, superplanetarische, automatisch funktionierende Struktur schaffen“[370]. Diese herrschende Minderheit sahen Mumford und in der Folge Illich u.a. in den Experten als eigentliche, geheime Entscheidungsträger über das Wohl und Weh gesellschaftlicher Entwicklungen.[371] Die Megamaschine selbst, man könnte auch sagen; das Weltbild mechanischer Effizienz, selektiert seine eigenen Führer nach dem Motto rationaler Fortschrittstheorie: „Man kann es tun, also muss man es tun“[372]. Mumford warnte vor dieser Entwicklung kollektiver Organisationen, in der die Beziehung des Menschen zur Technik nicht mehr von der Beherrschung der Naturkräfte, sondern durch die Ablösung vom „organischen Lebensraum“, nicht vom autonom handelnden, sondern vom passiven, von Maschinen abhängigen Menschen gekennzeichnet ist.[373]

In den 1970er Jahren sind soziale Gegenreaktionen auf diese von Mumford kritisierte Gesellschaftsentwicklung erkennbar. Die gesamte Öko- und Alternativbewegung, die Bürgerinitiativen, die Frauen- und Friedensbewegung bis hin zu den Anti-Globalisierungsbewegungen (z.B. *attac*); sie alle können letztlich als Ausdruck des von Mumford vertretenen organischen Weltbildes betrachtet werden. Sie sind, so wie ursprünglich Rousseau zur Zeit der französischen Aufklärung, die Vertreter eines Vitalismus, eine dem Mechanizismus entgegenwirkende Strömung.[374] Die Fronten dieser sozialen Bewegungen verliefen dabei nicht mehr primär zwischen

368 Illich 1979, S. 7.

369 Vgl. Huber a.a.O., S. 130.

370 Mumford 1966, S. 13.

371 John McKnight gibt hierfür ein Beispiel aus dem Bereich amerikanischer „Dienstleistungsphilosophie“. Er beschreibt, wie dort die Flut neu ausgebildeter Experten unter dem Deckmantel neu definierter Bedürfnisse nach mehr Erziehung, medizinischer und rechtlicher Versorgung (Educare, Medicare, Judicare) untergebracht werden. Der Extremfall wäre dort bspw. nicht der tatsächlich kranke, sondern ‚krank-definierte‘ Mensch. (vgl. Illich 1979, S. 41ff.).

372 Mumford 1966, S. 647.

373 A.a.O., S. 758.

374 A.a.O., S. 775f.

Liberalismus und Sozialismus, sondern *„zwischen den technokratischen Systemprotagonisten und ihren natur- und sozialökologisch orientierten Opponenten“*[375].
Der Widerstand gegen eine Expertenherrschaft forderte die Abkehr von sich verselbständigten Verhaltens- und Systementwicklungen und die Hinwendung zu einem Handeln, das letztlich an ethische Maßstäbe gebunden ist. Man suchte Wege aus einer überwiegend funktionalen Institutionenorientierung hin zu einem neuen Personalismus und zu einer neuen Wertschätzung des sozialen Gemeinschaftslebens. Ökonomisches Wachstum sollte nicht vor personalem und sozialem Wachstum stehen, was den Verzicht auf große gesellschaftliche Vereinheitlichung und eine Orientierung zur Vielfalt im Kleinen erforderlich machte. *Neuer Personalismus, personales Wachstum, individuelle Vielfalt, Abkehr von Manipulationsmentalität*, dies alles sind Schlagworte der 1970er Jahre.[376] Sie wurden in den sozialen Bewegungen lebendig und sind es dort heute noch. Enormen Auftrieb bekam der Gedanke der Selbsthilfe. Heute sind in ca. hunderttausend Selbsthilfegruppen Menschen organisiert, die von gesundheitlichen oder psycho-sozialen Problemen betroffen sind. In Form freier Zusammenschlüsse und aufbauender Netzwerke versuchen sie, sich gegenseitige Unterstützung und Hilfe zu geben.
Die Expertenkritik richtete sich auch gegen die Soziale Arbeit. Dies betraf sowohl das ursprünglich eher bürgerlich-liberale Verständnis von Sozialpädagogik als lebenslange Erziehung zum Gemeinsinn (Mager, Diesterweg, Natorp)[377] als auch die sich später durchsetzende Idee einer Sozialpädagogik als sozialreformpädagogische Idee (auf Nohl aufbauend).[378] Die in der Sozialpädagogik enthaltene pädagogische Hebung zu einem selbstbewussten, gebildeten Bürger als Grundlage einer solidarischen Gesellschaft, exkludierte gleichzeitig diejenigen, die diesen moralischen Ansprüchen nicht gerecht werden konnten. Partizipationsrechte wurden angeboten, gleichzeitig aber all diejenigen ausgeschlossen, die sich dem entzogen.[379] Auch in der reformpädagogischen Entwicklung der Sozialpädagogik verhielt sich das nicht anders. Im 19. Jahrhundert wurde das Abweichende zum *Fall*. Hiermit begann ein Prozess, der der Sozialpädagogik bis heute ein Doppelgesicht verleiht. Die „Zuwendung zu den Erziehbaren und Ausgrenzung der Unerziehbaren gemeinsam bildeten das Janusgesicht der modernen Sozialpädagogik“[380].
Das Thema wurde in der Sozialen Arbeit unter dem Stichwort bzw. der These von der sogenannten *Kolonialisierung der Lebenswelt* diskutiert. Diese These stammt von dem Sozialphilosophen *Jürgen Habermas* (1929). Seine Analyse richtete sich auf die gesellschaftliche Entwicklung, die seit der Industrialisierung zu einer zunehmenden

375 Huber in Illich 1979, S. 150.
376 A.a.O., S. 150.
377 Vgl. Dollinger 2007, S. 51–67.
378 Vgl. Peukert 1986; Müller 2001; Bommes/Scherr 2000, S. 51ff.
379 Z.B. Unterbringung von Bettlern und Landfahrern in den sogenannten Arbeiterkolonien sowie bei Jugendlichen in der Zwangserziehung.
380 Peukert 1986, S. 307.

Trennung zwischen Gesellschaftssystem und Lebenswelt der Menschen geführt hat. Habermas teilt in seiner kritischen Gesellschaftstheorie die Gesellschaft in *Systemwelt* und *Lebenswelt* ein. Die Systemwelt repräsentiert die über Macht, Recht und Geld operierenden großen Systeme der Gesellschaft (Politik, Recht, Wirtschaft, Verwaltung usw.). Dort herrscht instrumentelle Kommunikation vor, die an eine Zweck-Rationalität gebunden ist. Die Lebenswelt repräsentiert die privaten, vertrauten zwischenmenschlichen Beziehungen. Dort herrscht – so Habermas – verständigungsorientierte Kommunikation vor, die an eine Wert-Rationalität gebunden ist. Seine Kritik ist nun, dass das Gesellschaftssystem immer mehr mit eigenen Steuerungsmedien, wie Geld und Macht, in die Lebensbereiche der Menschen eindringt, die zu gestalten zuvor dem Individuum überlassen waren. Hierdurch werden Lebensbereiche des Menschen zerstört, da sie nicht mehr verständigungsorientiert zwischen System und Lebenswelt ausgetragen werden.[381] Die Übergriffe von System auf Lebenswelt nannte Habermas „Kolonialisierung der Lebenswelten"[382]. In diesem Zusammenhang spielte und spielt die Geschichte der Sozialpädagogik und Sozialarbeit mit ihren Eingriffen in die Lebenswelt der Menschen natürlich auch eine Rolle. Habermas kritisierte das Vordringen Sozialer Arbeit in die Lebenswelt der Klienten vor allem als Ausbreitung einer „Therapeutokratie"[383], die dem erklärten Ziel einer Wiederherstellung der Selbständigkeit des Klienten widerspreche. Die Kritik an der Macht- und Kontrolldimension Sozialer Arbeit wurde im Theoriediskurs breit aufgegriffen, und sie wird bis heute unter dem Blickwinkel einer Sozialarbeit zwischen Hilfe und Kontrolle reflektiert.[384]

Auf der Grundlage der Habermas'schen Kritik sind Einschränkungen des Betreuungs- und Beratungswesens seit den 1980er Jahren Bestandteil der wissenschaftlichen Politikberatung. Die politischen Modernisierungsbestrebungen um eine Reform des Sozialstaates mündeten schließlich mit Beginn des 21. Jahrhunderts in der programmatischen Politikformel des *aktivierenden Sozialstaates*. Gefragt sind fortan mehr Bürgersinn, zivilgesellschaftliches Engagement und eine höhere Selbstbeteiligung der Bürgerinnen und Bürger bei der Absicherung von Lebensrisiken.

Zusammengefasst
Weltbild und Philosophie:

- Technologischer und ökonomischer Wandel werden verstärkt auf dem Hintergrund der gesellschaftlichen Chancen und Risiken reflektiert.
- Gesellschaftliche Modernisierungsprozesse finden ihre Kritiker in sozialen Bewegungen und gesellschaftstheoretischen Analysen über die bedrohlichen Aus-

381 Vgl. Habermas 1985, S. 189.
382 Siehe hierzu: Habermas 1981, S. 521.
383 A.a.O., S. 533.
384 Vgl. Bommes/Scherr 2000, S. 51–5 und 2012, S. 79–85.

wirkungen gesamtgesellschaftlicher Entwicklungen und den damit folgenden Zerstörungen der persönlichen Lebensbereiche (Lebenswelt).
- Die politischen Modernisierungsbestrebungen um eine Reform des Sozialstaates münden mit Beginn des 21. Jahrhunderts in die programmatische Formel des aktivierenden Sozialstaates. ◀

5.3 Kindheit, Jugend und gesellschaftliche Reaktion

Mit Beginn der 1970er Jahre sind Versuche zu erkennen, die Bedingungen von Kindheit und Sozialisation im Kontext von Kindheit, Jugend und Erziehung neu zu überdenken. Mit wachsender Intensität wurde das Thema Kindheit im Zusammenhang mit seinen pädagogischen Grundlagen diskutiert. „Die Beziehungen zwischen Kindern und Erwachsenen, das primär pädagogisch bestimmte Verhältnis zwischen den Generationen, wurden überdacht und einer grundlegenden Revision unterzogen“[385].

Das intensive Interesse an Kindheit, das mit dem umstrittenen „Jahr des Kindes“ (1979) eine zusätzliche Betonung erfuhr, lässt sich aus einer allgemeinen Verunsicherung über die Sozialisationsbedingungen in modernen Gesellschaften erklären. So erschienen z.B. die veränderten Ausdrücke der Lebensform von Jugendlichen der Pop-Kultur rätselhaft. Man thematisierte sie einerseits unter dem Blickwinkel vorübergehender subkultureller Erscheinungsformen moderner Gesellschaft und andererseits als Ausdruck unterschiedlicher Sozialisationsdefizite.[386] Die eine Richtung kennzeichnete das Erscheinungsbild der Jugend der 1979er Jahre als politisch orientierungslos und unkritisch konsumfreudig. Ein neuer narzisstischer Sozialisationstypus sei angeblich geboren.[387] Eine andere Richtung deutete dieses Phänomen als Folge von entfaltungsverweigernden Lebensbedingungen einer Gesellschaft, deren technokratisches Bewusstsein die Organisation von Entwicklungsbedingungen und auch zukünftiger, noch zu planender Bedürfnisse bereits festgelegt habe und die Anpassung an diese als unabdingbare Sozialisationsleistung fordere. Diese „Entfaltungsverweigerung“[388] wurde unter anderem gerne mit dem von Adorno zur Sprache gebrachten Erfahrungsverlust von Kindern in industrialisierten Gesellschaften begründet. Man sprach von einer Generationenkluft und einem Generationenkonflikt.

Auch die Ergebnisse historischer Kindheitsforschung flossen in den erziehungswissenschaftlichen Diskurs der 1970er Jahre deutlich ein. Die Kindheitsforschung stellte einen grundlegenden Wandel in den Beziehungen zwischen den Genera-

385 Hengst 1977, S. 13.
386 Baake 1980, S. 24.
387 Vgl. Häsing/Stubenrauch/Ziehe 1980.
388 Esser 1979, S. 9.

tionen fest. Der Mentalitäts-Historiker *Philippe Ariès* (1914–1984) und der Psycho-Historiker *Lloyd deMause* (1931) verfolgten die Geschichte der Kindheit mit gegensätzlichen Ansätzen. Der zivilisationskritische Ansatz von Ariès kam zu dem Ergebnis, dass die fortschreitende Zivilisierung der Lebensverhältnisse zu einer Art Ghettobildung, einer künstlichen Herausnahme von Kindern aus den alltäglichen Lebensgemeinschaften geführt habe und für die Generationenkluft sorge. Der psychogenetische Ansatz von deMause bestritt diese These von der Kindheit als historisches Produkt. Er kam zu dem Ergebnis, dass im Laufe der Zivilisation eine zunehmende Sensibilität für die kindlichen Bedürfnisse, die Entwicklung von einfühlenden Reaktionen und Beziehungen zwischen den Generationen bewirkt habe und die Evolution der Eltern-Kind-Beziehung als unabhängige Quelle historischen Wandels anzusehen sei. Die beiden Ansätze der Geschichtsinterpretation sind damit völlig gegensätzlich. Ariès spricht sich für einen tendenziellen Abbau des Kindheitsstatus aus, da er Kindern in modernen Gesellschaften nur einen einschränkenden, künstlichen Erfahrungs- und Entwicklungsraum zubillige. Stattdessen spricht Ariès einer Erweiterung ungefilterter Erfahrungen als Alternative zum Status quo der Kindheit das Wort. DeMause hingegen plädiert für eine andere Form der Interaktion und größerer, einfühlsamerer Aufmerksamkeit.[389] Beide Positionen treffen sich hingegen wieder in der Feststellung, dass das Generationenverhältnis auf eine eher symmetrische, gleichberechtigte Ebene zu heben sei. Diese demokratische Sichtweise von Beziehungsgestaltung bestimmt den Tenor der Vorstellungen von Erziehung und Bildung im letzten Drittel des zwanzigsten Jahrhunderts.

Reflektierte Kindheit und Jugend: Kindheit wurde in der zweiten Hälfte des 20. Jahrhunderts in jeder Hinsicht interessant:

1) **Schulpädagogisch:** Die Bedeutung von Kindheit wurde seit dem Erscheinen des Werkes von Arnold Gehlen: „Der Mensch, seine Natur und seine Stellung in der Welt“ (1942) zunehmend erforscht und die Ergebnisse aus Anthropologie, Tiefenpsychologie, Klinischer Psychologie, Soziologie und Vergleichender Verhaltensforschung zu einer Entwicklungspsychologie zum Zwecke der Lehrerbildung und Lehrerfortbildung zusammengeführt.[390]
2) **Kulturanthropologisch:** Das Spiel des Menschen wurde als Kulturfaktor erkannt.[391]
3) **Familiensoziologisch:** Familie ist stärker an der Erziehung und Schulausbildung der Kinder für eine bessere Zukunft orientiert.[392]

389 Vgl. Hengst 1977, S. 21f.
390 Vgl. Schenk-Danzinger 1973, S. 5, 7 u. 9.
391 Vgl. Huizinga 1956, S. 11 u. 217 (Anmerkung: Spiel wird bei Huizinga nicht nur, aber auch im Kontext von Kindheit thematisiert).
392 Schelsky 1953, S. 178ff.

4) **Historisch:** Der gesellschaftliche Status von Kindheit und Jugend im Wandel gesellschaftlicher Entwicklungen.[393]
5) **Medizinisch:** Kinderheilkunde, Schwangerschaftsvorbereitungen, sanfte Geburt, natürliche Geburt. Mit der Geburt tritt das Kind in eine pädagogisch-medizinisch vorbereitete Welt ein. Teilweise wird der Zeitpunkt einer pädagogisch motivierten Einflussnahme auf noch ungeborene Kinder in die vorgeburtliche Phase verlegt.[394]
6) **Menschenrechtlich:** Erklärung der Menschenrechte für Kinder.[395]
7) **Privatrechtlich:** Kinder erhalten das Recht auf eine gewaltfreie Erziehung.[396]
8) **Klassenkämpferisch:** Kindheit und Jugend im Kampf gegen den Kapitalismus.[397]
9) **Sozialisationstheoretisch:** Die sich anbahnenden Bestrebungen nach einer interdisziplinären, „umfassenden Sozialisationsforschung", die die „menschliche Subjektwerdung" über die Kindheit und Jugend hinaus verfolgt.[398]
10) **Museumspädagogisch:** Z.B. Kindheit und Kinderelend im Heim, Heimkampagne in der Jugendhilfe.[399]
11) **Sozialpädagogisch:** Entwicklung pädagogischer Antworten auf die sich verändernden Lebenssituationen, denen die Kinder und Jugendlichen durch eine Vielzahl gesellschaftlicher Wandlungsprozesse ausgesetzt sind.[400]
12) **Künstlerisch kulturkritisch**: Kindheit wird idealisiert und das Recht auf freie Selbstentfaltung betont. Verbotsfreie Erziehung wird besungen.[401]
13) **Politisch:** Forderungen nach einer Wertedebatte angesichts gewaltorientierter Verhaltensentwicklungen von Kindern und Jugendlichen in den Schulen und Familien.[402]
14) **Massenmedial:** Die massenmediale Inszenierung von ratlosen und mit der Erziehung ihrer Kinder überforderten Eltern.[403]

---

393 Vgl. Ariès 1960 und deMause 1977.

394 Vgl. z.B. Janov 1974, S. 53: Janov sprach vom „prototypischen Geburtstrauma". „Das Geburtstrauma dürfte für die Neurosenentstehung von ausschlaggebender Bedeutung sein." (a.a.O., S. 54). Neuere Ergebnisse vgl. Schepper 2013.

395 In der Genfer Erklärung 1924 und durch die UNO Vollversammlung 1959 sowie in der Resolution der UNO Generalversammlung zum Internationalen Jahr des Kindes 1979.

396 08.11.2000 – Änderung im BGB: „[1] Kinder haben ein Recht auf gewaltfreie Erziehung. [2] Körperliche Bestrafungen, seelische Verletzungen und andere entwürdigende Maßnahmen sind unzulässig" [(§ 1631 (2)].

397 Vgl. Meinhof 1971 im Nachwort von Klaus Wagenbach, S. 100.

398 Vgl. Hurrelmann/Ulich 1980, S. 7.

399 Vgl. „Neue Gesellschaft für bildende Kunst" 1980, S. 215. („Holt die Kinder aus den Heimen").

400 Vgl. Mollenhauer 1959, Thiersch 1977ff. und Böhnisch 1994f.

401 Z.B. Kinder stark machen, in: „Sind so kleine Hände" von Bettina Wegner, 1978; Kinder ohne Schule, in: „The Wall – we don't need no education" von Pink Floyd, 1979; Alle Macht den Kindern, in: „Kinder an die Macht" von Herbert Grönemeyer, 1986).

402 Vgl. Bueb 2006 und Bueb 2008. Vgl. Winterhoff 2008 und 2009.

403 Z.B. „Die Super-Nanny", eine der ersten Erziehungssendungen des privatrechtlichen Fernsehens.

Erziehung und Bildung – Erziehungswissenschaft kontrovers: Die erziehungswissenschaftliche Forschung des 20. Jahrhunderts verbindet ein grundsätzliches Faktum. Der alte pädagogische Optimismus, wie er selbst bei Rousseau, bei den Philanthropisten und Romantikern und besonders auch in seiner negativen Form[404], der menschbildnerischen Hoffnung des *Wachsen-Lassens* auftritt, ist obsolet. An seiner Stelle findet sich eine Vielzahl unterschiedlicher pädagogischer Ansätze. Die Ursache dieser Entwicklung ist der allmähliche Zerfall originärer Sozialisationsgemeinschaften zu modernen Großgesellschaften, die mit fortschreitender Komplexität ihrer Lebenszusammenhänge gezwungen waren, synthetische Erziehungsleistungen zur gesellschaftlichen Integration ihrer nachfolgenden neuen Generationen zu erbringen. Die unterschiedlichen Positionen hinsichtlich der Einschätzungen pädagogischer Wirkungsfähigkeit gestalteten sich nicht grundsätzlich pessimistisch, sondern lediglich kontroverser und nüchterner. So thematisierte man das Phänomen der Nichtplanbarkeit in der Erziehung als eine Art realistische Wende innerhalb der Pädagogik, die „den Glauben an die Allmacht der Erziehung, von dem das klassisch-humanistische Bildungsdenken getragen war und der auch noch die Zeit zwischen den beiden Kriegen bestimmte, verloren hat“[405]. Dieser verlorene Allmachtsglaube, der auf die Überschätzung des menschlichen Selbstbewusstseins durch Wissenschaft zurückführen ist, ließ auf dem Hintergrund zweier Weltkriege nach den Grenzen von Erziehung fragen. „Der pädagogische Optimismus des Neuhumanismus wurde (bereits H.L) in den 20er Jahren erschüttert. Das, was bis dahin als selbstverständlich und absolut gesichert angesehen wurde, rückte in eine neue Sicht, die es gleichzeitig aus seiner absoluten Sicherheit verdrängte und fraglich erscheinen ließ“[406].

Erziehung und die Notwendigkeit zur Erziehung wurden dabei nicht in Zweifel gezogen. So hatten die Arbeiten des Schweizer Biologen, Anthropologen und Naturphilosophen *Adolf Portmann* (1897–1982) „Biologische Fragmente zu einer Lehre vom Menschen“ (1951) die vielzitierte[407] biologische Sonderstellung des Menschen, als ein instinktreduziertes „Mängelwesen“[408] entdeckt. Portmann beschrieb den Menschen als „physiologische Frühgeburt“ und „sekundären Nesthocker“. Die

404 Die negative Form der Erziehung geht auf Rousseau zurück. Gemeint ist damit eine Erziehung, die auf einen im Kinde angelegten Entwicklungsbauplan setzt, dessen Eigenkräfte nicht behindert werden dürfen. Das Interesse an pädagogischen Interventionen steht diesen Selbstentwicklungskräften entgegen und muss entsprechend dieser Logik negiert werden, bzw. kann nur insoweit eine Funktion übernehmen, wie es der Förderung der Selbstentwicklung des Kindes dient. Die Traditionslinien negativer Erziehung reichen von Rousseaus Begriff einer *natürlichen Erziehung* über die *antiautoritäre Erziehung* Neills bis hin zur *Antipädagogik* der 1980er Jahre.

405 Schloz 1966, S. 7. Einige Jahre später Luhmann/Schorr 1982, S. 11–40 und 1988, c1979.

406 Schloz 1966, S. 9.

407 Vgl. Brezinka 1957, S. 16, 17, 320, 322 u. 328 u. vgl. März 1980, Bd. I, S. 24, 28, 30, 31, 36, 37, 39, 48, 60, 61, 74, 77, 131, 163, 168, 169f., 229, 231, 232 u. Bd. II, S. 9.

408 Plessner 1975, S. XIV (von Gehlen 1940 verwendeter Herderscher Begriff des „Mängelwesen“, das aufgrund dieser Tatsache des Lernens bedarf).

Erkenntnis, dass der Mensch nicht nur erziehungsfähig ist, sondern auch der Erziehung bedarf, wurde damit auch aus biologisch-anthropologischer Sicht bestätigt. Auch die von der philosophischen Anthropologie (Max Scheler, Arnold Gehlen, Helmuth Plessner) verbreitete „Auffassung des Menschen als ein primär handelndes Wesen, wobei ‚Handeln' in erster Annäherung die auf die Veränderung der Natur zum Zwecke des Menschen gerichtete Tätigkeit heißen soll"[409], wies die „markantesten Anthropina"[410] als Beweis einer Lebensnotwendigkeit von Erziehung aus. Die philosophische und biologische Anthropologie wurden grundlegend für die Entwicklung einer pädagogischen Anthropologie.[411] Aber wie Erziehung denn nun nach dem Scheitern der europäischen Aufklärung (z.B. Holocaust) zu gestalten sei, wurde kontrovers diskutiert.

Pädagogische Expansion: Die zweite Hälfte des 20. Jahrhunderts kennzeichnet eine Expansion institutionalisierter und überinstitutioneller Erziehung.[412] „Pädagogismus und Anzeichen für eine Hypertrophie des geplanten Erziehungshandelns"[413] hatte zweierlei Formen: Zum einen äußerte sie sich in der Expansion organisierter Erziehung, wie Vorschule, Erwachsenenbildung, Freizeiterziehung und Karriereschulung, der *education permanente* die zur *education partout* strebte. Zum anderen zeigte sich das Denkmodell der institutionalisierten Erziehung im Alltagsleben, wie bspw. in Museen, im Theater und in den Massenmedien. Museumspädagogik, Aktionstheater, Tagespresse und Fernsehen wurden mit einem sozialen Erziehungs- und Aufklärungsauftrag versehen und damit auch zu einem Mittel und Instrument für personale Beeinflussung und Bildung.[414]

Diese Expansion von Erziehung im weitesten Sinne, die Anhäufung pädagogischer Theorien, populärer Erziehungsliteratur und Magazinsendungen, die zunehmend psychologische Fundierung von Sozialisation, die pädagogischen Gegenentwürfe, wie die sogenannten antiautoritären Erziehungskonzepte von *Alexander Sutherland Neill* (1883–1973), die Schul- und Bildungsreformen kurz: die u.a. von dem seinerzeit sehr stark rezipierten Philosophen und Soziologen *Herbert Marcuse* (1898–1979) propagierte *„new sensibility"*[415] hatte einerseits große Hoffnungen, andererseits eine gewisse Orientierungserschwernis und -unsicherheit hervorgebracht. Sie mündete schließlich in eine gewisse Ernüchterung über die sozialreformerischen Möglichkeiten der organisierten Erziehung und in einen „Abschied von der Aufbruchsstimmung und von den wirklichen oder vermeintlichen Illusionen der Reformära der späten 1960er und der frühen 1970er Jahre"[416].

---

409 Gehlen in Plessner 1975, S. XV.
410 Vgl. März 1980, Bd. I, S. 213f.
411 Vgl. Brezinka 1957, S. 321f.
412 Kob 1976, S. 97.
413 Ebenda.
414 Vgl. a.a.O., S. 99.
415 Vgl. Seiffert 1975, S. 112.
416 Prange 2006, S. 327.

Seitens der Systemtheorie wurde darauf aufmerksam gemacht, dass sich Erziehung und Bildung überschätzen. So wies *Niklas Luhmann* auf das sogenannte *„Technologiedefizit in der Erziehung"*[417] hin. Damit sollte geklärt werden, dass eine Übernahme kausal-analytischer Erklärungsmodelle in soziale Zusammenhänge zu kurz greife, da die Wechselwirkung von Ursache und Wirkung in Erziehung und Bildung nicht erfasst und somit ein rein kausales Verhältnis von Erziehung und Erziehungswirkungen nicht unterstellt werden könne. Die Bewertung von „Regelmäßigkeit, Stabilität und Konstanz … als Ausdruck gesetzmäßiger Zusammenhänge"[418] würde hierdurch fragwürdig. Ähnliche Zusammenhänge wurden auch in der Sozialpädagogik mit den Schlagworten der *Pädagogisierung* und *Therapeutisierung* und dem *Experten- und Spezialistentum* kritisiert.[419] Der Vorwurf: In dem Maße, wie sich Sozialpädagogik psychologisiert und medizinisiert, erkennt sie nicht die Grenzen der Erziehbarkeit und unterliegt damit ihrem *„totalitären Geltungsanspruch"*[420].
Das, was bisher in den anthropologischen Bedingungen von Erziehung gesehen wurde, wurde nun zunehmend als sozial abhängige und damit kontingente Konstruktion aufgefasst. Die anthropologische und die moraltheoretische Pädagogik vollzogen immer mehr die Wende zu einer sozialwissenschaftlich orientierten Pädagogik. Eine Erziehungswissenschaft als Beobachterin der Pädagogik brachte im letzten Viertel des 20. Jahrhunderts neue Themen hervor, wie z.B. die Schaffung gleicher Bildungschancen für Kinder und Jugendliche (Bildungsreform der 1980er Jahre) sowie die Öffnung von Bildungschancen für alle Lebensalter und die Infragestellung des ko-edukativen Prinzips durch geschlechtsspezifische Erziehungs- und Bildungskonzepte. Das Thema *Bildung* wurde nun als lebenslanges bzw. lebensbegleitendes Lernen entfaltet. Der Bildungsauftrag von Kindertageseinrichtungen, Bildung und Erziehung im Kindesalter sowie der Bildungsauftrag von Hochschulen für die dritte Lebensphase (Studium im Alter) sind weitere Beispiele hierfür. Der Stellenwert von Erziehung und Bildung, die Expansion von Organisationen und Konzepten für alle Lebensalter, die Frage nach den Bedingungen und den Wirkungen schulischer Bildung und Bildungsschichten – hier besonders im nationalen und internationalen Kontext[421] – all dies beschäftigte den pädagogischen Diskurs des ausgehenden 20. Jahrhunderts.
Gegenbewegungen: So wie sich die sozialen Systeme der verschiedenen geschichtlichen Epochen über ihre jeweiligen Formen der Institutionalisierung beschreiben lassen, so finden sich in den Phasen sozialen Wandels immer wieder bestimmte Gegenbewegungen, die als Ausdruck der in Krise geratenen Institutionen dieser

417 Luhmann/Schorr 1988, S. 118.
418 Ulich zit. a.a.O., S. 132.
419 Vgl. Birtsch/Blandow 1979.
420 Peukert 1986, S. 307.
421 PISA Studien der OECD. PISA ist die Abkürzung für „Programme for International Student Assessment"; d.h. internationale und nationale Schulvergleichsuntersuchungen.

Systeme in Erscheinung treten. Wie Sigmund Freud schon aufzeigte, stellt sich mit kultureller Entwicklung und gesellschaftlichem Fortschrittsdenken auch immer wieder ein Unbehagen ein, das die Menschen mit diesem Fortschritt haben. Dieses Unbehagen führt, sofern keine schnellen Lösungen in Sicht sind, zu krisenhaften Zuständen.

In den 1960er und 1970er Jahren traten derartige Krisen im Strafvollzug und in der psychosozialen Versorgung auf. *Karl Menninger* (1893–1990), einer der ideologischen Väter des Rehabilitationsgedankens, leitete durch seine Negation des *kriminellen Charakters* eine Wende innerhalb der Resozialisationstheorien ein, die fortan eine Reformbewegung der *Behandlung in Freiheit* ins Leben rief. Eine Idee, die mehr Entwurf blieb, als zu einem Reformschub zu führen. Die sich im Konzept des Antistrafvollzuges ausdrückende Krise der Kriminologie fand ihre Entsprechung im Bereich der psychosozialen Versorgung. Die italienischen Psychiater *Giovanni Jervis* (1933) und *Franco Basaglia* (1923–1980) erarbeiteten in den sechziger Jahren erstmals ein Konzept der *negierten Institution*, das unter der Bezeichnung *Demokratische Psychiatrie* Aufsehen erregte. Etwa zur gleichen Zeit entwickelte sich in England, ausgehend von den Psychiatern *Ronald David Laing* (1927–1989) und *David Graham Cooper* (1931–1986), eine massive Kritik an der Theorie und Praxis traditioneller Psychiatrie, deren Institutionen mittlerweile als *Drehtürenpsychiatrie* etikettiert wurden. Alternative Theorie und Praxis kritischer Psychiatrie wurden fortan unter der Sammelbezeichnung *Antipsychiatrie* geführt.[422]

Die Antipsychiatrie setzte sich besser durch, als die Reformideen des Strafvollzuges. Spätestens seit Mitte der 1970er Jahre verzeichnet auch Deutschland eine Psychiatriereform. Mit den Schlagworten Entinstitutionalisierung, E*nthospitalisierung, Normalisierung* und *Dezentralisierung* gestaltete sich eine neue Landschaft der sozialpsychiatrischen gemeindenahen Versorgung, bestehend aus Wohngruppen in gewachsenen, integrierten Wohnlagen, Tageskliniken, ambulanten Beratungsangeboten, individuellen und persönlichen Einzelbetreuungen, Arbeitsmöglichkeiten und Maßnahmen beruflicher Qualifikation und Integration.

Anfang der siebziger Jahre vertrat in Frankreich die belgische Kriminologin und Psychoanalytikerin *Maud Mannoni* (1923–1998) die antipsychiatrische Position gegen die institutionalisierte Kindererziehung. Das Konzept der *gesprengten Institution* der *Antipsychiatrie* tauchte in der Erziehungsdebatte unter dem Begriff der Antipädagogik auf.[423] Antipädagogik, auf theoretischer Seite untermauert von den Ergebnissen der noch relativ jungen historischen Kindheitsforschung und aus praktischer Erkenntnis forciert durch die hauptsächlich aus Amerika, Frankreich und Deutschland zusammenlaufende *Internationale Kinderrechtsbewegung*, wollte zeigen, dass jede erzieherische Absicht der Achtung der Menschenrechte zuwiderläuft und Pädagogik nicht mehr zu den Kulturnotwendigkeiten gehöre. Bekanntester

422 Vgl. Braun/Hergrüter 1980, S. 10f. u. 141.
423 Vgl. Mannoni 1973, S. 2.

deutscher Beitrag zur Kinderrechtsbewegung war das im Jahr 1975 erschienene Buch „Antipädagogik", von Ekkehard von Braunmühl, der diese auch weiterentwickelte.[424]
Ausgehend von der These der *präfigurativen Kultur*, die von der amerikanischen Anthropologin und Ethnologin *Margaret Mead* (1901–1978) aufgestellt wurde, stellte Braunmühl die Notwendigkeit und Legitimation jeglicher Pädagogik radikal in Frage. Eine von ihm mit antipädagogischem Aufklärungsauftrag versehene *Kinderrechtsbewegung* (*Freundschaft mit Kindern*) warb in den Medien und in Fachveröffentlichungen mit der plakativen Formel „Erziehung? Nein danke!" für die Abschaffung von Erziehung. Diese *Freundschaft mit Kindern*, basierend auf den drei Komponenten *Kinderrechtsbewegung*, *Antipädagogik*, und *Psychodynamik* organisierte antipädagogisch aufgeklärte Eltern und Lehrer, die sich von der Last der Erziehungsverantwortung zu befreien versuchten, ohne damit aber einen Laissez-faire-Stil oder eine Gleichgültigkeit gegenüber der Generationenfolge zu beabsichtigen.[425] Die antipädagogische Idee ließ sich stark von den Ergebnissen der Kindheitsforschung inspirieren. Hierbei griff sie auf die in den 1960er Jahren in Frankreich und erst 1978 in Deutschland übersetzte „Geschichte der Kindheit" von Philippe Ariès zurück. Seine Theorie begründete, dass sich Kindheit und die affektiven und edukativen Funktionen von Familie als Grundlage für ihr Zustandekommen, erst nach dem Zerfall der mittelalterlichen Gesellschaft herausbildeten. Man schloss daraus, dass Kindheit im Grunde nur eine „Erfindung" der Aufklärung sei und der Kindheitsstatus (also das Recht, ein Kind zu sein) letztlich zwar einige Vorteile böte, aber diese leider nur um den Preis gehöriger Nachteile in Kauf genommen werden könne, nämlich um den Preis der durch erzieherische Akte hervorgerufenen Unterdrückung der im Kinde angelegten Entfaltungsmöglichkeiten seiner Persönlichkeit.
Die antipädagogische Idee setzte sich nicht durch. Sie trug möglicherweise dazu bei, jene gegenüber Experten kritischen Tendenzen zu bestärken, die in den Reformbestrebungen der Schulpädagogik und der Kinder- und Jugendhilfe ohnehin schon eine Rolle spielten. Antipädagogik war weniger ein systematischer Entwurf einer Alternativpädagogik als viel mehr Ausdruck einer vom Zweifel gegenüber den positiven Wissenschaften getragenen Haltung. Das Subjekt von Hilfe und Pädagogik trat vor und der Experte zurück vor dem Hilfesubjekt als vermeintlich besserer Experte in eigener Sache. Auf der institutionellen Ebene fand diese von den Begrenzungen formeller Erziehbarkeit getragene Haltung ihren Ausdruck in der Forderung nach einer sogenannten alltags- und lebensweltorientierten Sozialpädagogik[426]; d.h. dezentral, nah am Bürger, partnerschaftlich und verständigungsorientiert unter Einbeziehung vorhandener Ressourcen. Jugendhilfestationen, „Sozi-

424 Vgl. Braunmühl 1975, 1978 und Braunmühl/Ostermeyer/Kupffer 1977.
425 Freundschaft mit Kindern e.V. 1980, S. 7 u. 26.
426 Vgl. Thiersch 1978 und 2009, c1992.

alarbeit aus einer Hand", „Hilfeplanung", „Kinderparlamente", „Kinderbeiräte", „Projektorientiertes Arbeiten in der Schule", „Modellschulen" sind einige Schlagworte dieser Entwicklung.

Eine weitere, gegenüber Expertentum kritische Position wurde von der sogenannten *Antiautoritären Erziehung* vertreten. Sie ist auf den schottischen Pädagogen *Alexander Sutherland Neill* zurückzuführen. Landläufig gilt Neill als ein bedeutender Reformpädagoge. Seine Pädagogik ist beeinflusst von Erkenntnissen der Psychoanalyse. Es ging ihm nicht primär um die *„Erziehung des Geistes"*, sondern um die *„Emotionen der Kinder"*[427]. Neill war mit dem österreichischen Psychoanalytiker *Wilhelm Reich* (1897–1957) befreundet, bei dem er selber auch in Therapie ging. Neill gilt in Deutschland als Begründer der Antiautoritären Erziehung, da die deutsche Übersetzung seines bekanntesten Werkes unter dem irreführenden, aber sehr verkaufsträchtigen Titel *„Theorie und Praxis der antiautoritären Erziehung"* veröffentlicht wurde. Neills Arbeit wurde teilweise auch mit der Antipädagogik in Verbindung gebracht. Von beiden Zuschreibungen hat er sich selbst distanziert, während er unter diesen Schlagworten im deutschsprachigen Raum in der Studentenbewegung berühmt wurde. Neill selbst verwendete – in Anlehnung an Wilhelm Reich – den Begriff der *selbstregulativen Erziehung*. Es gab im Zusammenhang mit der 1968er Bewegung zahlreiche Ansätze zur demokratischen Kindererziehung, die durch seine Arbeit beeinflusst wurden.

Die Hoffnungen, die mit einer Liberalisierung von Erziehung und pädagogischen Institutionen verbunden waren, wurden hingegen mit Beginn der 1990er Jahre herbe verunsichert und enttäuscht. Während eine in den 1970er Jahren von konservativen Pädagogen unter dem Slogan *Mut zur Erziehung* vorangetriebene Initiative noch als provokanter, rechtspolitischer Angriff auf die Liberalisierungs- und Demokratisierungsbestrebungen fortschrittlicher und eher linkspolitisch orientierter Reformpädagogik abgewehrt werden konnte, geriet die pädagogische Debatte unter dem Eindruck zunehmender rechtsextremer, fremdenfeindlicher und gewaltorientierter Aktionen Jugendlicher und junger Heranwachsender mit Beginn der 1990er Jahre zunehmend ratlos und verunsichert. Grenzen der Erziehung und Grenzsetzungen durch Erziehung wurden fortan Themen, die nicht eindeutig durch politische Richtungs- und Schuldzuschreibungen aufgelöst werden konnten. Die pädagogische Debatte wurde zunehmend zu einer Wertedebatte. Wenn diese Wertedebatte auch in erster Linie durch die Politik in Gang gesetzt wurde, so hatte sie dennoch die schulpädagogische Diskussion des ausgehenden 20. Jahrhunderts erreicht. Hierzu gehörten Überlegungen wie die Stärkung solcher Fächer, die die Sinnfragen von Ethik und Moral sowie die gezielte Bearbeitung von Situationen im Unterricht thematisieren, in denen es zu Wertkonflikten kommt. Sogar die Prüfung

427 „Zucht oder antiautoritäre Erziehung? – Interview mit A.S. Neill, 1970, S. 81.

der Curricula aller Unterrichtsfächer unter den Aspekten von Werten und Normen wurde vorgeschlagen.

Die Wertedebatte endete schließlich so abrupt wie sie begann, und sie endete schließlich folgenlos.[428] Hieran änderte auch die Tatsache nichts, dass sie gelegentlich wieder aufflammte, wie zuletzt in der Auseinandersetzung mit den Thesen von *Bernhard Bueb*. Der ehemalige Direktor des Elite-Internats Schloss Salem hatte mit seiner 2006 erschienen Publikation „Lob der Disziplin“ für viel Aufregung gesorgt. Seine Streitschriften fanden innerhalb von drei Jahren großen Absatz.[429] Die Diskussionen um seine Forderungen nach mehr Lehrerautorität und mehr Schülerdisziplin sowie die Einführung des Ganztagsschulprinzips wurden von seinen Befürwortern als überfällige Abkehr von der Achtundsechziger-Pädagogik gelobt und von erziehungswissenschaftlicher Seite – wenn man vom Plädoyer für die Ganztagsschule einmal absieht – als gefährlicher Rückfall in die Kasernenhofpädagogik des 19. Jahrhunderts verurteilt.[430] Zustimmung für Buebs Thesen gab es hingegen von kinderpsychiatrischer Seite. Die dort in den letzten zwanzig Jahren beobachteten Veränderungen psychischer Auffälligkeiten bei Kindern und Jugendlichen wurden von dem Kinder- und Jugendpsychiater *Michael Winterhoff* auf die Abschaffung der Kindheit zurückgeführt. Diese habe ihre Ursache in dem Wunsch der Eltern, von ihren Kindern geliebt werden zu wollen, was eine Rollenkonfusion zur Folge habe und erkläre, „warum unsere Kinder Tyrannen werden“[431]. Der Ursprung dieser Entwicklung wird an dem mit der Achtundsechziger-Generation einsetzenden, partnerschaftlichen Beziehungsideal und dem damit einhergehenden, veränderten Kinderwunschmotiv festgemacht. Eltern seien nicht mehr Eltern und Kinder nicht mehr Kinder, was diesen eine gestörte Beziehungsfähigkeit und ihren Eltern alltägliche Überforderung und Ratlosigkeit im Umgang mit ihren Kindern und deren Umgang mit Frustrationserfahrungen beschere. Auch diese Publikationen erfreuten sich eines reißenden Absatzes (16. Auflage 2008 und 2. Auflage 2009). Die Debatte wurde erziehungswissenschaftlich von *Micha Brumlik* aufgenommen und fand ihren Niederschlag auch in diversen Fernseh-Talkshows. Konkrete grundlegende Strukturveränderungen des Erziehungssystems sind bislang nicht erkennbar. Und wie es scheint, wird bei der ganzen Diskussion die erziehungswissenschaftliche Position kaum bedacht, dass die diskutierten Phänomene in erster Linie Ausdruck von Sozial- und Bildungsbenachteiligung sind, zumindest aber in sozial schwachen Milieus erheblich überrepräsentiert sind.[432]

428 Vgl. Dudek 1999, S. 246.

429 Vgl. Bueb 2006 in der achten und 2008 in der zweiten Auflage.

430 Vgl. Brumlik 2007.

431 Vgl. Winterhoff 2008 u. 2009.

432 Vgl. die in Folge der PISA Studie regelmäßig durchgeführten OECD Bildungsstudien (2008). Vgl. auch die Ergebnisse der Kinder- und Jugendgesundheitsstudie im Rahmen des regelmäßig durchgeführten Gesundheitssurveys des Robert-Koch Institutes (Bundesgesundheitsblatt 2007).

Die Dynamik in den Einstellungen zu Kindheit, Jugend, Erziehung und Bildung fand auch ihren Niederschlag in der Sozialpädagogik der zweiten Hälfte des 20. Jahrhunderts. Pädagogischer Optimismus sowie die ihn begleitende Skepsis und Verunsicherung waren und sind auch hier ständige Begleiter der Bemühungen um die eigene Modernisierung.

Modernisierungen der Sozialpädagogik: Die antiautoritären Erziehungsideale der Achtundsechziger-Generation etablierte kein flächendeckend neues sozialpädagogisches System. Sie veränderten hingegen in den 1960er Jahren das Gesicht einiger Vorschulen, Kindertageseinrichtungen und Kindergärten und auch Kinderheime. In Berlin, Frankfurt und einigen größeren Städten führten sie zur Gründung sogenannter Kinderläden. Obwohl A.S. Neill kein besonders politischer Mensch war, entdeckte die politische Linke diese Form von Pädagogik und schließlich auch die in den 1960er Jahren wieder aufblühende Idee der Sozialpädagogik als Medium zur Herstellung einer sozialistischen Gesellschaftsordnung. Sie betrachtete die Jugendlichen in den Erziehungsheimen als eine von der kapitalistischen Machtunterdrückung zu befreiende Klientel.[433] „Heim, das ist die Unmöglichkeit, Bindungen einzugehen und festzuhalten“[434], „Holt die Kinder aus den Heimen“[435] oder „Die schlechteste Familie ist besser als das beste Heim“; solche und ähnliche Parolen prägten zwar nicht den Mainstream der fachlichen Meinungsbildung, allerdings kurbelten sie die Diskussion um nötige Reformen in der Jugendhilfe an.

Auch unter den Fachleuten gab es Kritik an den stigmatisierenden Wirkungen der Erziehungsanstalten. Diese negativen Wirkungen verortete man in den autoritären Strukturen dieser Einrichtungen. Die antiautoritäre Kritik der Studentenbewegung inspirierte schließlich die Fachkritik und trug zur sogenannten Skandalisierung der Heimerziehung bei. Man sprach damals auch von der sogenannten *Heimkampagne*. Die antiautoritäre Grundhaltung schließlich prägte den Beziehungsaufbau der damaligen Sozialpädagoginnen und Sozialpädagogen in den zu reformierenden und in den alternativ aufgebauten Einrichtungen (z.B. Jugendwohngruppen, Kinderhäuser). Wie schon oben angemerkt, prägte der Tübinger Erziehungswissenschaftler *Hans Thiersch* (1935) schließlich in den 1970er Jahren den Begriff der *Alltagswende* und der *Lebensweltorientierung* in der Jugendhilfe. Das Konzept der Lebensweltorientierung wurde besonders in den neunziger Jahren sowohl für die Praxis als auch für die Theorien Sozialer Arbeit strukturbildend. Professionalisierung, Normalisierung, Dezentralisierung, Regionalisierung, Partizipation, Lebensweltorientierung und Differenzierung der sozialpädagogischen Angebote in ausgelagerte Kleinsteinrichtungen wie Jugendwohngemeinschaften und Außenwohngruppen bestimmten fortan die Reformentwicklungen in der Heimerziehung. Heimerziehung wurde mit ihrer Aus-

433 Vgl. Meinhof 1971.
434 A.a.O., S. 7.
435 Vgl. Gerber 1974.

differenzierung zu einem „konzeptionellen Begriff“[436], und die wichtigsten Reformziele wurden im Zwischenbericht der Kommission Heimerziehung von 1977 definiert. Neue Träger mit einem Verbund von Kleinsteinrichtungen sowie einzel- und intensivpädagogischen Angeboten mit internen, kollegialen Beratungssystemen prägten fortan die Entwicklung. Die großen, alteingesessenen Jugendhilfeeinrichtungen suchten mit einer stärkeren Ausdifferenzierung und Dezentralisierung ihrer Angebote bei gleichzeitigem Abbau ihrer Großanstalten den Anschluss an eine modernisierte Heimlandschaft. Zur weiteren Ausdifferenzierung der Heimerziehung heute gehört die sozialraumorientierte Vernetzung mit anderen Angeboten der Jugendhilfe (z.B. Jugendarbeit, Streetwork, Jugendberufshilfe, Jugendsozialarbeit, Kindertageseinrichtungen, Familienzentren) sowie Schulen, Betrieben und kulturellen Angeboten im Stadtteil. Weiterhin ist die Heimerziehung im Zuge der UN-Behindertenkonvention mit der Entwicklung von Konzepten einer inklusiven Pädagogik befasst.

Zusammengefasst
Kindheit, Jugend und gesellschaftliche Reaktion:

- Mit Beginn der 1970er Jahre werden die Bedingungen von Kindheit und Sozialisation im Kontext von Kindheit, Jugend und Erziehung pädagogisch neu überdacht.
- Die Ergebnisse der modernen Kindheitsforschung werden im erziehungswissenschaftlichen Diskurs aufgenommen und als Bedarf für die Entwicklung partizipativer, demokratischer Erziehungsstrukturen sowie Chancengleichheit in der Bildung reflektiert (Bildungsreform).
- Das Thema Bildung erscheint im Spannungsfeld von zweckrationaler, ökonomisch verwertbarer Bildung und allgemeiner Bildung als Prozess der Subjektentwicklung und Herstellung von Urteilsvermögen.
- Die unterschiedlichen Positionen hinsichtlich der Einschätzungen pädagogischer Wirkungsfähigkeit werden im Ergebnis nicht grundsätzlich pessimistisch, sondern lediglich kontroverser und nüchterner eingeschätzt.
- Trotz oder vielleicht wegen der kontroversen Grundstimmung setzt in der zweiten Hälfte des 20. Jahrhunderts eine Expansion institutionalisierter und überinstitutioneller Erziehung ein.
- Diese Entwicklung betrifft auch die Sozialpädagogik, die sich als offensive, parteiliche Kinder- und Jugendhilfe etabliert, schließlich aber eine Alltagswende erfährt.
- Die Alltagwende wird mit dem Konzept der Lebensweltorientierung eingeläutet und in den neunziger Jahren sowohl für die Praxis als auch für die Theorien Sozialer Arbeit strukturbildend.
- Subjektorientierung, unveräußerliche Menschenwürde, Empathie und Selbstentfaltung stehen fortan im Zentrum einer Modernisierung der Sozialpädagogik. ◀

436 Münstermann 1976, S. 4f.

5.4 Armut, Hilfebedürftigkeit und gesellschaftliche Reaktion

Mit dem gesellschaftlichen Wiederaufbau in der zweiten Hälfte des 20. Jahrhunderts entfaltete sich die Idee des Wohlfahrtsstaates als ein verfassungsrechtliches Element. Das Sozialstaatsprinzip wurde im GG festgelegt.[437] Damit wurde eine wesentliche gesellschaftspolitische Grundwertentscheidung getroffen. Die Würde des Menschen und das Bekenntnis „zu unverletzlichen und unveräußerlichen Menschenrechten als Grundlage jeder menschlichen Gemeinschaft, des Friedens und der Gerechtigkeit in der Welt" (Art. 1) wurden unmittelbar mit dem Gedanken sozialer Gerechtigkeit und den Grundlagen eines Rechts- und Sozialstaates gekoppelt (Art. 20). Menschen in sozialen Notlagen sollten fortan nicht mehr Bittsteller, sondern Anspruchsberechtigte gegenüber dem Staat sein. Endgültige Klarheit über die Subjektstellung des Menschen im Bemühen um Daseinssicherung brachte eine Entscheidung des Bundesverwaltungsgerichtes im Jahre 1954. Es entschied, dass es die in Art. 1 GG niedergelegte Unantastbarkeit der Würde des Menschen dem Staat verbiete, den Menschen als Gegenstand staatlichen Handelns anzusehen. Acht Jahre später wurde das Bundessozialhilfegesetz in Kraft gesetzt, das jedem Menschen einen Rechtsanspruch auf persönliche und wirtschaftliche Hilfe garantiert, sofern nicht andere Hilfen vorrangig sind.[438]
Armut und Reichtum lagen dennoch nie so weit auseinander, wie in der Moderne. Dies ist eine Folge des weltweit durchgesetzten Neoliberalismus[439] und der damit gegebenen globalen Ökonomisierung und Kommerzialisierung aller Lebensbereiche.[440] Neoliberalismus birgt die Gefahr der Prekarisierung[441] von Arbeit und damit auch die Gefahr dauerhafter sozialer Marginalisierung und Armut. Die Vorstellungen von Armut sind in modernen Gesellschaften kaum einheitlich. Allgemein wird zwischen absoluter und relativer Armut unterschieden. Zur absoluten Armut liegen

437 Die Sozialsstaatsklausel besagt: „Die Bundesrepublik Deutschland ist ein demokratischer und sozialer Bundesstaat." (Art. 20, Abs. 1).

438 Vgl. Hüttenbrink 2004, S. 1f.

439 Mit Neoliberalismus wird die Neubelebung des wirtschaftlichen Liberalismus bezeichnet. Liberalismus geht davon aus, dass sich der Staat aus dem Marktgeschehen heraushalten muss, da der Markt selbst über Kräfte verfüge, alles zu regeln (Selbstheilungskräfte des Marktes). Neoliberalismus geht davon aus, dass der Staat allenfalls schwach ordnungspolitisch eingreifen dürfe. Neoliberale Positionen unterscheiden sich im Grad der Begrenzung staatlicher Eingriffsfunktionen. Kritiker werfen vor, dass sich weltweit ein Neoliberalismus durchgesetzt habe, der sich vom alten, wirtschaftlichen Totalliberalismus kaum mehr unterscheide (vgl. Gray 1999 und Chomsky 2000). Dem Neoliberalismus gemein ist seine ablehnende Haltung zur Wohlfahrtsidee.

440 Die Analyseergebnisse aus der Perspektive der Innensicht, wie z.B. der von John Gray, sind im Ergebnis deckungsgleich mit der Außensicht sozialistischer Perspektiven, wie z.B. der von Noam Chomsky. Gray war in den 1980er Jahren Berater der britischen Premierministerin Margaret Thatcher, der ‚eisernen Lady', und der berühmte Sprachwissenschaftler Chomsky ist einer der bekanntesten Linksintellektuellen Nordamerikas und heftigster Kritiker der US-Wirtschaftspolitik.

441 Prekariat ist ein moderner Begriff der Soziologie für Proletariat. Mit Prekariat werden Personen oder Personengruppen bezeichnet, die in dauerhaft unsicheren, bedrohten Arbeitsverhältnissen leben müssen und Gefahr laufen, wirtschaftlich und sozial von den materiellen Mindeststandards der Gesellschaft abgehängt zu werden (vgl. Butterwege u.a. 2005, S. 52).

die Definition der Weltbank und die Definition der Internationalen Entwicklungsorganisation *(International Development Association, IDA)* vor. Die IDA ist eine Organisation der Weltbank, die zinsgünstige Kredite an arme Länder vergibt. Die Grenze der absoluten Armut ist erreicht, wenn einer Person täglich eine Kaufkraft von weniger als 1,25 US-Dollar zur Verfügung steht (Def. Weltbank) bzw. das Pro-Kopf-Jahreseinkommen unter 150 US-Dollar liegt (Def. IDA). Demnach sind etwa 20% der Weltbevölkerung absolut arm. Dass diese Grenzdefinition allenthalben geeignete Berechnungsgrößen für die staatliche Kreditvergabe an arme Länder sein mag, sei dahingestellt. Für die Definition von Armut taugen diese Grenzen in keiner Weise. Das wird allein daran deutlich, dass ca. 50% der Weltbevölkerung im Durchschnitt über weniger als 2 Dollar täglich verfügt.[442] Daraus lässt sich aber nicht der Schluss ziehen, dass diese Menschen nicht arm sind.
Von der absoluten Armut muss die relative Armut unterschieden werden. Sie wird auch Einkommensarmut genannt. Demnach sind je nach Datenbasis etwa dreizehn bis 20% der Bevölkerung der industrialisierten Länder von der sogenannten Einkommensarmut betroffen.[443] Als ein allgemeiner Indikator für den Anstieg von Armut in Deutschland muss der Anstieg der sogenannten „Tafeln" gesehen werden.[444] Nach den ersten vier Gründungen von 1994 in den Städten Hamburg, Berlin, Düsseldorf und München ist die Anzahl in 2008 auf über 800 Tafeln angestiegen.[445] In den letzten zehn Jahren sind rund 130 weitere Tafeln hinzugekommen. Die mittlerweile mehr als 930 Tafeln kommen immer mehr an ihre Grenzen, die aktuell von den Tafeln nur mit einer Zunahme von Kontingentierungen bearbeitet werden können. Das liegt zum einen an der Zunahme von Hilfesuchenden und zum anderen an der logistischen Reduzierung von nicht verkaufbaren Lebensmitteln.
Eine gemeinsame, international gültige Definition der Armutsgrenze ist bis heute umstritten. In den seit 2001 erscheinenden Armuts- und Reichtumsberichten der Bundesregierung geht man von der sogenannten Einkommensarmut bzw. relativen Armut aus. In Europa und in Deutschland sind die sogenannte „Armutsrisikogrenze" bzw. „Armutsgefährdungsschwelle" und die „Armutsgrenze" festgelegt. Für die Armutsrisikogrenze gilt 60% und für die Armutsgrenze 50% des nationalen Medianeinkommens.[446] Weiterhin wird versucht, über eine regelmäßige Armuts-

442 Vgl. Weltentwicklungsbericht 2000–2001, zit. in Butterwege u.a. 2005, S. 53.

443 Vgl. Erster Armuts- und Reichtumsbericht 2001, S. 25; zweiter Armuts- und Reichtumsbericht 2005, S. 45 und dritter Armuts- und Reichtumsbericht 2008, S. 41.

444 Die Tafeln sind freigemeinnützige Organisationen. Sie sammeln überschüssige Lebensmittel im Handel und bei Herstellern ein und verteilen sie kostenlos an sozial und wirtschaftlich benachteiligte Menschen.

445 Vgl. „Deutschlandkarte. Armenspeisung." ZEIT-Magazin Nr. 1, 2008, S. 12.

446 Die Berechnung von Einkommensarmut erfolgt nach dem im SOEP regelmäßig ermittelten Nettodurchschnittseinkommen. Ein Berechnungsbeispiel für das Jahr 2006 wäre: Familie, bestehend aus zwei Erwachsenen und einem Kind mit monatlichem Haushalts-Netto-Einkommen in Höhe von 2.100 €. Personengewichte: 1,0 (Erwerbstätige Person) + 0,5 (nicht erwerbstätige/r Ehepartner/in) + 0,3 (Kind) = 1,8. Gewichtetes Haushaltseinkommen = 2100:1,8 = 1.166,00 €. Äquivalenzein-

berichterstattung auf Bundesebene Armutsrisiken zu identifizieren, um Anhaltspunkte für eine politische Gegensteuerung zu ermöglichen. Als Hauptrisiken von Armut gelten Langzeitarbeitslosigkeit, Niedrigeinkommen, Migrationshintergrund und Alleinerziehen.[447]

Freie Wohlfahrtspflege: Die Umsetzung einer gerechten Sozialordnung wird zur Aufgabe des Staates und all seiner gesellschaftlichen Gruppen. Dazu gehört auch die Freie Wohlfahrtspflege als eine der tragenden Säulen im Sozialstaat.[448] Die partnerschaftliche Zusammenarbeit von Trägern öffentlicher und freier Wohlfahrtspflege ist durch das Sozialgesetzbuch und weitergehende gesetzliche Regelungen für den Bereich der Kinder- und Jugendhilfe, der Grundsicherung und der Sozialhilfe geregelt. Ziel soll die wirksame Ergänzung der jeweiligen Tätigkeiten zum Wohle des Hilfesuchenden sein. So die Träger auf der lokalen Ebene (Kommunen) sowie auf Landes- und Bundesebene (Landes- und Bundesarbeitsgemeinschaften) gehalten, zusammenzuarbeiten. Ein grundlegendes Prinzip dieser Zusammenarbeit ist das Subsidiaritätsprinzip. Es besagt, dass der Staat nicht an sich ziehen darf, was der Einzelne, die Familie oder Gruppen und private Körperschaften aus eigener Kraft bewerkstelligen können. Der Staat soll also erst dann tätig werden, wenn die Freie Wohlfahrtspflege notwendige Aufgaben nicht übernehmen kann. Den freien Trägern wird damit ein bedingter Vorrang bei der Erfüllung sozialstaatlicher Aufgaben eingeräumt. Dem Staat kommt eine fördernde, begleitende und auch Aufsicht führende Funktion zu. Das Subsidiaritätsprinzip folgt dem Gedanken der verfassungsmäßigen Rechte des Menschen auf Würde, Freiheit und freier Entfaltung der Person und Freiheit seines Bekenntnisses. Die Bürgerinnen und Bürger haben ein Wahlrecht, von welchem Anbieter – freien oder weltanschaulich, religiös gebundenen – sie Wohlfahrtsleistungen in Anspruch nehmen möchten.

Die Verbände der Freien Wohlfahrtspflege haben sich in der Bundesarbeitsgemeinschaft der Freien Wohlfahrtspflege zusammengeschlossen. Sie besteht aus sechs Spitzenverbänden:

1. Diakonisches Werk der Evangelischen Kirche Deutschlands (DW)
2. Deutsches Rotes Kreuz (DRK)
3. Deutscher Caritasverband (DCV)
4. Zentralwohlfahrtsstelle der Juden in Deutschland (ZWST)
5. Arbeiterwohlfahrt (AWO)
6. Paritätischer Wohlfahrtsverband (Der PARITÄTISCHE).

---

kommen der Bevölkerung in €/Monat lt. SOEP war in 2006 1.544,00 € (Median). Die Armutsrisikogrenze = 60 % des Medians (1.544,00 €) = 930,00 €. Hiernach liegt die Familie mit einem gewichteten Haushaltseinkommen in Höhe von 1.166,00 € über der Risikogrenze und gilt nicht als einkommensarm. Gleichzeitig wird deutlich, dass die Armutsrisikogrenze nur knapp überschritten wird und die betroffene Familie in wirtschaftlich sehr beschränkten Grenzen leben muss [(Vgl. Groh-Samberg 2009, S. 283. Vgl. auch http://www.amtliche-sozialberichterstattung.de (27.03.2018)].

447 Vgl. Zander 2005, S. 91.

448 Vgl. Stolterfoht 2003, S. 193.

Geistesgeschichtlich hat die Idee der Subsidiarität ihre Wurzeln in der liberalen Gesellschaftstheorie und in der katholischen Soziallehre. Mithin spielte sie bereits in der Zeit des deutschen Kaiserreiches und der Weimarer Republik eine strukturbildende Rolle. Das Subsidiaritätsprinzip setzte sich jedoch erst nach dem Zweiten Weltkrieg als zentrale Leit- und Legitimationsformel für den Ausbau von Wohlfahrtsstaat und Wohlfahrtspflege durch.[449]

Die Freie Wohlfahrtspflege erlebte in der zweiten Hälfte des 20. Jahrhunderts einen kometenhaften Aufstieg. Verglichen mit den zehn größten Branchen des produzierenden Gewerbes steht sie heute als Arbeitsplatzanbieter an erster Stelle vor der Metall erzeugenden und verarbeitenden Industrie, der Elektrotechnik sowie dem Fahrzeug- und Maschinenbau. Die Wertschöpfung der Freien Wohlfahrtspflege wird als sogenannter Dritter Sektor seit den 1990er Jahren auch in der volkswirtschaftlichen Gesamtrechnung berücksichtigt. Vergleicht man die Bruttowertschöpfung mit den zehn größten Branchen, so liegt die Freie Wohlfahrtspflege mit ca. 1,16 Mio. hauptamtlich Beschäftigten sowie ca. 2,5–3 Mio. Ehrenamtlichen noch vor der chemischen Industrie und damit an fünfter Stelle neben den zuvor genannten Industriebranchen.[450]

Aber wie frei ist die Freie Wohlfahrtspflege wirklich? Trotz subsidiärer Leitorientierung stieg die Zahl der Einrichtungen in öffentlicher Trägerschaft beständig an. Noch viel entscheidender jedoch ist die Tatsache, dass die freie Wohlfahrtspflege überwiegend auf die öffentliche Finanzierung zur Wahrnehmung ihrer Aufgaben angewiesen ist. Somit wurden gesetzlich vorgeschriebene Aufgaben in die Freie Wohlfahrtspflege eingebaut, deren Finanzierung durch die öffentliche Hand gesichert wird und Freie Wohlfahrtspflege letztlich in die Abhängigkeit des Staates brachte.

Heute bewegen sich die freien Wohlfahrtsverbände zwischen Subsidiaritätsprinzip und Wettbewerb. Soziale Arbeit wird zunehmend als quasi-privatwirtschaftlich zu organisierendes Dienstleistungsunternehmen betrachtet.[451] Sehr deutlich ist dies in den Bestrebungen der Länder zu erkennen, die Mitglied in der WTO sind,. In den dort mit Macht voran getriebenen Bestrebungen zum weltweiten Abbau von Handelshemmnissen werden neben den klassischen Dienstleistern die Bildungseinrichtungen, die medizinischen und auch die sozialen Einrichtungen ausdrücklich genannt. Dienstleistungsabkommen wollen auch Soziale Arbeit als Akteur innerhalb eines ökonomischen Systems verorten. Auch auf europäischer Ebene gab es Bestrebungen, die in diese Richtung wiesen. Die europäische Dienstleistungsrichtlinie (Bolkestein-Richtlinie) sah für die europäische Ebene im Prinzip dasselbe vor, was die WTO global plant. Der größte Teil der Sozialen Arbeit ist jedoch bis auf weiteres hiervon ausgenommen. Entscheidender hingegen wirkt sich aus, dass national der Boden für die Ökonomisierung lange bereitet wurde. Grund hierfür ist, dass die klassische Vorrangstellung der freien Wohlfahrtspflege im Sozialgesetzbuch praktisch aufgegeben

449 Vgl. Sachße 2003, S. 31.
450 Vgl. Bundesarbeitsgemeinschaft der Freien Wohlfahrtspflege e.V. 2002, S. 93–98.
451 Vgl. Rock 2003, S. 157–186.

wurde und private, erwerbsorientierte Anbieter mit den Trägern der freien Wohlfahrtspflege auf eine Stufe gestellt werden. Aber nicht nur die privaten Anbieter sorgen für Konkurrenz. Mittlerweile ist eine massive Tarifkonkurrenz innerhalb der freien Wohlfahrtspflege entstanden. Ein einheitliches, bundesweites Tarifwerk der sechs großen Wohlfahrtsverbände gibt es nicht. Infolge von Kostendruck und Wettbewerb kommt es zu immer mehr einzelvertraglichen Lösungen auf örtlicher Ebene.
Neben der Ökonomisierung Sozialer Arbeit sind die Reformen in der Wohlfahrtspflege durch eine ebenso problematische Individualisierung der Lebenslagen gekennzeichnet. Hintergrund ist ein Perspektivwechsel in der Sozialpolitik, der mit dem Schlagwort des *aktivierenden Sozialstaates* verbunden ist. Im Sozialgesetzbuch wird der *Grundsatz des Forderns und Förderns* eingeführt (§§ 2 und 14, SGB II). Hilfeleistungen werden an Zielvorgaben und Förderpläne gebunden und ggf. mit Sanktionen gekoppelt (z.B. Leistungskürzungen).
Öffentliche Wohlfahrtspflege: Aus den Quartierssystemen und Wohlfahrtsämtern wurden mit der Einführung des Bundessozialhilfegesetzes (1961) Sozialämter. Auch der Aufbau von Jugendämtern nimmt in dieser Zeit Fahrt auf. Aus den Zentralen und Jugendfürsorgeämtern des Kaiserreiches entwickelten sich zwar bereits mit Einführung des Reichsjugendwohlfahrtsgesetzes (1921) die ersten selbständigen Jugendämter, aber ihre Funktion war besonders bei den freien Verbänden noch sehr umstritten. Man fürchtete, dass selbständige, öffentliche Jugendämter einen zu großen Einfluss auf die Arbeit der freien Verbände ausüben könnten. Organisationsvarianten, wie das Jugendamt als eine Abteilung des Wohlfahrtsamtes oder anderer Ämter waren in den 1920er Jahren weiterhin üblich. Auch aus Kostengründen stand die Einrichtung selbständiger Jugendämter eher auf dem Papier und war nur in wenigen Großstädten zu finden. Erst mit der Einführung des Jugendwohlfahrtsgesetzes (1961) wurden Jugendämter als selbständige Fachbehörden aufgebaut.
Sozialstaats- und Subsidiaritätsprinzip führten zu einem Ausbau der öffentlichen und freien Wohlfahrtspflege. Jugendamt, Sozialamt und die aus dem Gesundheitsamt herausgelöste Familienfürsorge – das heutige Amt für Soziale Dienste (ASD), oftmals auch als *kommunaler Sozialdienst* (KSD) bezeichnet, bildeten ein differenziertes öffentliches Sozialverwaltungssystem mit jeweils eigenen Arbeitsschwerpunkten heraus. Die öffentliche Wohlfahrtspflege hat mit Beginn der 1970er Jahre verschiedene Reformphasen durchlebt:
1) Kommunale Neugliederungen (Gemeindegebietsreform),
2) Infragestellung von Zweckmäßigkeit und Wirtschaftlichkeit der Aufgabenteilung von Sozialamt, Jugendamt und Gesundheitsamt (politische Aufbruchsstimmung der 1960er Jahre),
3) die Ausdifferenzierungen von Spezialdiensten der Verwaltungen bei gleichzeitiger Entfernung von der Lebenswelt der Klienten,
4) die zunehmende Ausdifferenzierung neuer sozialer Problemlagen und
5) die Akademisierung und Professionalisierung Sozialer Arbeit.

All dies waren Gründe, die für ein Nachdenken über die Neuordnung von Sozialverwaltungen und auch anderer öffentlicher Verwaltungen stehen. Sozialverwaltung befindet sich seit dieser Zeit unter einem Modernisierungsdruck, der den Schatten alter preußischer Obrigkeitsverwaltung abzuschütteln sucht und sich gegen das Bild von Kontroll- und Eingriffsverwaltung richtet, indem er dem Leitbild einer umweltoffenen, bürgernahen Dienstleistungsverwaltung verpflichtet wird. Die Reformentwicklungen lassen sich grob in vier Phasen unterteilen:

1) Trierer Modell (1968–1972),
2) Trierer Modell, modifiziert (1973–1978),
3) Bremer Modell (1979–1982),
4) Neues Steuerungsmodell (NSM) der kommunalen Gemeinschaftsstelle für Verwaltungsvereinfachung (KGSt) (1983 bis heute).[452]

Die einzelnen Reformphasen im Detail nachzuzeichnen, ist hier nicht leistbar.[453] Ein wesentliches Ergebnis der Verwaltungsreform ist die Einrichtung von Bezirkssozialdiensten (ASD, KSD). Dezentral organisierte Sozialdienste sollen die psychosoziale Grundversorgung der Bürgerinnen und Bürger eines jeweiligen Stadtbezirkes sicherstellen. Man löste die Aufgaben der Familienfürsorge aus dem Gesundheitsamt heraus und richtete hierfür die sogenannten Bezirkssozialdienste entweder als eigenständiges Amt für soziale Dienste oder als kommunale Sozialdienste bei bestehenden Jugendämtern ein. Das Gesundheitsamt erfuhr hierdurch einen gewissen sozialarbeiterischen Bedeutungsverlust. Berührungspunkte zwischen Sozialer Arbeit und Gesundheitsamt bestehen heute in erster Linie noch über die bei den Gesundheitsämtern angesiedelten sozialpsychiatrischen Dienste und – sofern eingerichtet – über die Gesundheitshäuser. Gesundheitshäuser sind die in Koordination von Gesundheitsämtern eingerichteten Service-Center, die unter einem Dach mit unterschiedlichen freien und öffentlichen Trägern zu den Themen Gesundheit, Soziales und Selbsthilfe zusammenarbeiten.[454] Kern der neuen Verwaltungssteuerung (*Neue Steuerung*) wurden vier Elemente: Outputorientierung, dezentrale Ressourcenverantwortung, Kontraktmanagement und Wettbewerb. Statt einmaliger Zuweisung von Haushaltsmitteln (Inputorientierung) sollen sich Finanzzuweisungen an dem zu erzielenden, nach außen abgegebenen Ergebnissen der Leistung orientieren (Outputorientierung). Das heißt: Menge, Qualität und Kosten der Leistungen werden nach betriebswirtschaftlichen Kriterien im Vorhinein zwischen Leistungs-

452 KGSt = Kommunale Gemeinschaftsstelle für Verwaltungsvereinfachung, ein Fachverband, der von den Städten, Kreisen und Gemeinden unterhalten wird. Die KGSt entwickelte das sogenannte NSM. Das sogenannte Tilburger Modell aus den Niederlanden diente hierbei als Vorbild. Seit 2005 führt die KGSt die Bezeichnung *Kommunale Gemeinschaftsstelle für Verwaltungsmanagement.*

453 Siehe vertiefend Kühn 1994, S. 89–116.

454 Z.B. Volkshochschulen, Selbsthilfegruppen, Seniorenvertretungen, Freiwilligenagenturen, Vertretungen aus den Bereichen der Seniorenarbeit, des Gesundheitssportes, der Gesundheitspädagogik, bestimmter Gesundheitsberatungs- und Therapieangebote u.v.m.

träger (Kommune) und Leistungserbringer (Wohlfahrtsverband oder Einrichtungen der Kommune selber) abgestimmt und als eigenverantwortlich zu bewirtschaftende Budgets zur Verfügung gestellt. Die Budgetverantwortung liegt somit bei den einzelnen Fachämtern bzw. den nun als Fachbereiche deklarierten Verwaltungseinheiten (dezentrale Ressourcenverantwortung). Die Absprachen über die zu erbringenden Leistungen und die dafür zur Verfügung gestellten Ressourcen sowie die zu erbringende Dokumentationsart der zu erzielenden Ergebnisse werden schriftlich getroffen (Kontraktmanagement). Die Führung erfolgt also nicht über einseitige Vorgaben und Eingriffe seitens der Verwaltung, sondern über vorher festgelegte Zielvereinbarungen.[455]

Der Reorganisation öffentlicher Verwaltung nach marktförmigen Prinzipen fehlt jedoch ein zentrales Marktmerkmal: der Wettbewerb. Wettbewerb gilt im freien Markt als das geeignete Mittel, Wirtschaftlichkeit, Produktivität sowie Produkt- und Dienstleistungsqualität zu erzielen. In der *Neuen Steuerung* wird Marktwettbewerb daher künstlich induziert. Man versucht alle Leistungen (Betreuung in einer Tageseinrichtung, Betreuung in einem Heim, Erziehungsberatung einer Familie usw.) mit bestimmten Kennzahlen zu verbinden. Diese sollen Auskunft über die Kosten im Verhältnis zur erbrachten Leistung geben. Die Kennzahlen werden dann unter den Kommunen miteinander verglichen und auf diese Weise indirekt in Konkurrenz gesetzt (interkommunaler Vergleich).

Sowenig, wie es zur Notwendigkeit der Beseitigung obrigkeitsstaatlicher Verwaltung eine Alternative gibt – Bürgernähe, Niederschwelligkeit, Ganzheitlichkeit, Dienstleistung usw. also grundsätzlich erstrebenswert sind –, so problematisch gestaltet sich jedoch der Reformprozess öffentlicher Verwaltung in seinem ökonomisierten Gewand. Im Ergebnis hat sich die Praxis der *Neuen Steuerung* eher betriebswirtschaftlichen Nutzeneffekten als den erhofften Reformchancen Sozialer Arbeit hingegeben. So dient gerade in Zeiten knapper Kassen der Einsatz markt- und betriebswirtschaftlicher Steuerungsinstrumente in der öffentlichen Verwaltung der Erschließung von Rationalisierungsreserven und der Erhöhung von Effizienz und Effektivität des Verwaltungshandelns. Dies steht nicht automatisch im Einklang mit den Interessen einer Sozialen Arbeit an transparenter und partizipativer Hilfekommunikation. Bürgernahe und bedarfsgerechte Versorgung kann nicht automatisch bedeuten, dass diese wirtschaftlich kostengünstig ist, erst recht nicht, wenn es sich um die Erfüllung von Rechtsansprüchen handelt.[456]

Rechtliche Programme – Verrechtlichung Sozialer Arbeit: Die Professionalisierung Sozialer Arbeit geht seit Beginn der 1950er Jahre mit einem dynamischen

455 Die Steuerung über Zielvereinbarungen geht auf das betriebswirtschaftliche Managementkonzept „Management by Objectives“ von Peter Ferdinand Drucker zurück. Vgl. Drucker 1990 und 1998. P.F. Drucker gilt in Amerika als der ‚Managementtitan‘ schlechthin.

456 Vgl. Otto/Schnurr 2000, darin besonders die Beiträge von Niehuis, Proelss, Merchel, Wohlfahrt und Flösser. Vgl. auch Butterwegge 2006.

Prozess der Verrechtlichung des Sozialen einher. Die bestehenden Jugend- und Sozialgesetze wurden ergänzt und weiterentwickelt, neue kamen hinzu. Sämtliche Jugend- und Sozialgesetze wurden sukzessive in ein Sozialgesetzbuch übernommen. 1954 wurde das Bundessozialgericht als der fünfte oberste Gerichtshof eingerichtet, neben dem bis dahin schon eingesetzten Bundesgerichtshof, dem Bundesverwaltungsgericht, dem Bundesfinanzhof und dem Bundesarbeitsgericht. Eine letztinstanzliche, oberste Sozialgerichtsbarkeit ist laut Grundgesetz vorgeschrieben. Angesichts einer expandierenden Sozialgesetzgebung fungiert das Bundessozialgericht – ähnlich wie alle obersten Gerichtshöfe – als eine Art Reparaturbetrieb für die von der Politik oftmals mit ‚heißer Nadel' gestrickten Gesetzgebungen. Ein Überblick über die quantitative Entwicklung verdeutlicht dies[457] (Abb. 21).

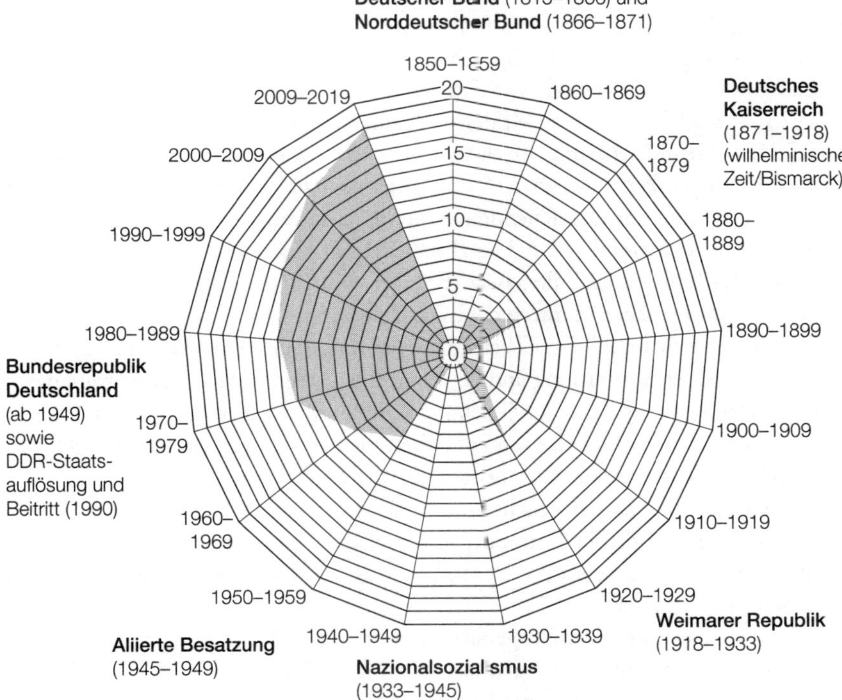

Abb. 22: Quantitative Gesetzgebungsaktivität (Armen-, Fürsorge- u. Sozialgesetze) pro Dekade

Wir können – historisch gesehen – vier steigende Entwicklungsspitzen ausmachen. Die erste Spitze, kaum erkennbar, setzt zur Zeit des *Deutschen Bundes* (1815–1866)

457 Die hier vorgenommene quantitative Analyse sagt nichts über die qualitativ-normativen Aspekte und Bewertungen der Einzelgesetzgebungen und Qualität des sozialrechtlichen Netzwerks aus.

und des *Norddeutschen Bundes* (1866–1871) ein. Die zweite, schon deutlichere Spitze, wird in der Zeit des Deutschen Kaiserreiches (1871–1918) unter Kaiser Wilhelm I. mit dem Reichskanzler Otto von Bismarck (1871–1890) sowie etwas abnehmend mit der *Wilhelminischen Zeit* – Kaiser Wilhelm II. (1890–1918) – erkennbar. Diese Zeit wird schließlich von der reformfreudigen *Weimarer Zeit* (1918–1933) übertroffen. Die vierte Entwicklungsspitze setzt mit dem Wiederaufbau nach dem Zweiten Weltkrieg ein und übertrifft ab 1970 die bis dahin stattgefundenen Entwicklungen deutlich.

Seit 1969 verfolgt der Gesetzgeber das Ziel, die vielen Einzelgesetze in einem zusammenhängenden Gesetzeswerk zu vereinen. Neben den Sozialgesetzen, die in einer Versicherungssystematik verankert sind (Sozialversicherungen) wurden auch die steuerfinanzierten Leistungsgesetze in das Sozialgesetzbuch integriert. Nicht integriert wurden die Einzelgesetze, die nur einen zeitlich beschränkten Geltungsbereich haben. Das Sozialgesetzbuch besteht aus bisher zwölf Büchern:

1. SGB I – Allgemeiner Teil: Es enthält die grundlegende Programmatik sowie Definitions- und Verfahrensvorschriften des SGB. Es wurde am 11. Dezember 1975 verabschiedet und ist seit dem 1. Januar 1976 in Kraft.
2. SGB II – Grundsicherung für Arbeitsuchende: Es enthält die Förderung von erwerbsfähigen Personen über 15 und unter 65 Jahren sowie deren Angehöriger ohne oder mit nicht ausreichendem Arbeitseinkommen (Arbeitslosengeld II). Es wurde am 24. Dezember 2003 verabschiedet und ist seit dem 1. Januar 2005 in Kraft. Das Bundessozialhilfegesetz (BSHG) vom 1. Juni 1962 wurde durch das SGB XII und ergänzend durch das SGB II abgelöst.
3. SGB III – Arbeitsförderung: Es betrifft die Leistungen der Bundesagentur für Arbeit (BA), wie Arbeitsvermittlung und Leistungen bei Arbeitslosigkeit (Arbeitslosengeld I). Es wurde am 24. März 1997 verabschiedet und ist seit dem 1. Januar 1998 in Kraft. Vorläufer des Gesetzes war das Arbeitslosenversicherungsgesetz von1927.
4. SGB IV – Gemeinsame Vorschriften für die Sozialversicherung: Es regelt das Recht des Gesamtsozialversicherungsbeitrags, enthält die Definitionen sozialversicherungsrechtlicher Grundbegriffe und die Verfassung der Sozialversicherungsträger. Es wurde am 23. Dezember 1976 verabschiedet und ist seit dem 1. Januar 1977 in Kraft.
5. SGB V – Gesetzliche Krankenversicherung: Es regelt die Organisation, Versicherungspflicht und die Leistungen der gesetzlichen Krankenkassen sowie Rechtsbeziehungen zu den Leistungserbringern (Ärzte, Zahnärzte, Apotheker usw.) Es wurde am 20. Dezember 1988 verabschiedet und ist seit dem 1. Januar 1989 in Kraft. Die gesetzliche Krankenversicherung geht als obligatorische Versicherung auf das von Bismarck 1883 eingeführte Krankenversicherungsgesetz zurück. 1911 wurde die gesetzliche Krankenversicherung zusammen mit der Unfall- und Rentenversicherung der Arbeiter in die sogenannte Reichsversicherungsordnung (RVO) aufgenommen. Die RVO war die Vorläuferin des heutigen SGB.

6. SGB VI – Gesetzliche Rentenversicherung: Es regelt Organisation und Leistungen der Träger der Deutschen Rentenversicherung, wie Alters-, Erwerbsminderungs- und Hinterbliebenenrenten sowie medizinische, berufliche und sonstige Rehabilitation. Es wurde am 18. Dezember 1989 verabschiedet und ist seit 1. Januar 1992 in Kraft. Die gesetzliche Rentenversicherung geht als obligatorische Versicherung auf das von Bismarck 1889 eingeführte Alters- und Invaliditätsgesetz zurück. 1911 wurde die gesetzliche Rentenversicherung zusammen mit der Unfall- und Krankenversicherung der Arbeiter in die sogenannte RVO, der Vorläuferin des SGB, aufgenommen.
7. SGB VII – Gesetzliche Unfallversicherung: Es regelt die Organisation, Versicherungspflichten und Leistungen der gewerblichen und der landwirtschaftlichen Berufsgenossenschaften sowie der Unfallkassen der öffentlichen Hand bei Arbeitsunfall, Wegeunfall und Berufskrankheit. Es wurde am 7. August 1996 verabschiedet und ist seit dem 1. Januar 1997 in Kraft. Die gesetzliche Unfallversicherung geht auf das von Bismarck 1884 eingeführte Unfallversicherungsgesetz zurück. Die gesetzliche Unfallversicherung wurde ebenfalls 1911 in die sogenannte RVO aufgenommen.
8. SGB VIII – Kinder- und Jugendhilfe: Das Kinder- und Jugendhilfegesetz (KJHG) regelt die Leistungen der Träger der öffentlichen Jugendhilfe (Jugendämter) an hilfebedürftige Kinder, Jugendliche, junge Erwachsene und ihre Eltern. Das KJHG wurde am 26. Juni 1990 verabschiedet und ist seit dem 1. Januar 1991 in Kraft. Es löste das 1962 in Kraft getretene Gesetz für Jugendhilfe (JWG) ab. Vorläufer des JWG war das Reichsgesetz für Jugendwohlfahrt (RJWG) von 1922, das 1924 in Kraft trat.
9. SGB IX – Rehabilitation und Teilhabe behinderter Menschen: Es enthält die Vorschriften für die Rehabilitation und gleichberechtigte Teilhabe behinderter Menschen in der Gesellschaft. Es wurde am 19. Juni 2001 verabschiedet und ist seit dem 1. Juli 2001 in Kraft.
10. SGB X – Verwaltungsverfahren und Sozialdatenschutz: Es wurde am 18. August 1980 verabschiedet und ist seit dem 1. Januar 1981 in Kraft.
11. SGB XI – Pflegeversicherung: Die Pflegeversicherung ist neben Kranken-, Berufsunfall-, Renten- und Arbeitslosenversicherung die fünfte Säule der Sozialversicherungswerke. Das SGB XI enthält die Vorschriften für die Pflegeversicherung. Es wurde am 26. Mai 1994 verabschiedet und ist seit dem 1. Januar 1995 in Kraft.
12. SGB XII – Sozialhilfe: Das SGB XII enthält die Vorschriften für die Sozialhilfe und führt die Sozialhilfe mit der früheren Arbeitslosenhilfe zusammen. Es wurde am 27. Dezember 2003 verabschiedet und ist seit dem 1. Januar 2005 in Kraft. Das Bundessozialhilfegesetz (BSHG) vom 1. Juni 1962 wurde durch das SGB XII und ergänzend durch das SGB II abgelöst.

Die sozialen Rechte sind im Sozialgesetzbuch im Einzelnen benannt als:

1) Das Recht auf Bildungs- und Ausbildungsförderung sowie auf wirtschaftliche Sicherung bei Arbeitslosigkeit und bei Zahlungsunfähigkeit des Arbeitgebers,
2) das Recht auf Zugang zur Kranken-, Pflege-, Unfall- und Rentenversicherung (Sozialversicherung),
3) das Recht auf die notwendigen Maßnahmen zum Schutz, zur Erhaltung, zur Besserung und zur Wiederherstellung der Gesundheit und der Leistungsfähigkeit und wirtschaftlichen Sicherung bei Krankheit, Mutterschaft, Minderung der Erwerbsfähigkeit und Alter,
4) das Recht auf soziale Entschädigung bei Gesundheitsschäden,
5) das Recht auf Minderung der durch Kinderunterhalt entstehenden wirtschaftlichen Belastungen,
6) das Recht auf Zuschuss für eine angemessene Wohnung, sofern die Aufwendungen hierfür unzumutbar sind,
7) das Recht auf Leistungen der öffentlichen Kinder- und Jugendhilfe,
8) das Recht auf Sozialhilfe, die die Teilnahme am Leben in der Gemeinschaft ermöglichen und die Führung eines menschenwürdigen Lebens sichern soll,
9) das Recht auf Hilfe zur Förderung der Selbstbestimmung und gleichberechtigten Teilhabe behinderter Menschen in der Gesellschaft.

Die sozialen Rechte werden als Sozialleistungen definiert und in Dienst-, Sach- und Geldleistungen unterschieden (§ 11, SGB I). Die Sozialleistungen umfassen aktuell:

- Leistungen der Ausbildungsförderung,
- Leistungen der Arbeitsförderung,
- Leistungen der Grundsicherung für Arbeitsuchende,
- Leistungen bei gleitendem Übergang älterer Arbeitnehmer in den Ruhestand,
- Leistungen der gesetzlichen Krankenversicherung,
- Leistungen der sozialen Pflegeversicherung,
- Leistungen bei Schwangerschaftsabbrüchen,
- Leistungen der gesetzlichen Unfallversicherung,
- Leistungen der gesetzlichen Rentenversicherung, einschließlich der Alterssicherung der Landwirte,
- Versorgungsleistungen bei Gesundheitsschäden,
- Kindergeld, Erziehungsgeld und Elterngeld,
- Wohngeld,
- Leistungen der Kinder- und Jugendhilfe,
- Leistungen der Sozialhilfe,
- Leistungen zur Rehabilitation und Teilhabe behinderter Menschen.

Weitere Sozialleistungen sind noch nicht in das SGB eingereiht. Hierzu zählen z.B. das Wohngeldgesetz, Bundesausbildungsgesetz, Bundesversorgungsgesetz und das

Opferentschädigungsgesetz. Sie sind „materiell betrachtet ebenfalls Bestandteil des Sozialgesetzbuches“[458].

Reformentwicklungen: Der Prozess der sozialgesetzlichen Ausdifferenzierung wird oftmals mit dem Begriff *Reform* konnotiert. Dies betrifft sowohl die versicherungsfinanzierten (z.B. Gesundheitsreform, Pflegereform, sowie Arbeitslosen- und Sozialrechtsreform) als auch die steuerfinanzierten Sozialgesetzgebungen (z.B. Jugendhilfereform, Psychiatrie- und Behindertenhilfereform). Nun ist nicht jede Weiterentwicklung gleich eine Reform. Mit Reform ist stets ein konsequenter Systemwechsel verbunden. Die Geschichte der Sozialgesetzgebungen müsste unter dem Aspekt von Reform gesondert untersucht werden, wozu hier nicht der Platz ist. Einige für die Soziale Arbeit bedeutsame Reformentwicklungen seien daher nur kurz angesprochen.

Vom RJWG zum KJHG (SGB VIII) – Jugendhilferechtsreform: In der öffentlichen Fürsorge griff man nach 1945 auf die bestehenden gesetzlichen Regelungen der Weimarer Republik, die *Reichsverordnung über die Fürsorgepflicht* und die *Reichsgrundsätze über Voraussetzung, Art und Maß der öffentlichen Fürsorge*, zurück. Erst mit dem Bundessozialhilfegesetz (BSHG) und dem Jugendwohlfahrtsgesetz (JWG) von 1961 wurde der Fürsorgebereich völlig neu geregelt. Mit dem BSHG wurde erstmals ein Rechtsanspruch auf Sozialhilfe verkündet. Das Gesetz trat 1962 in Kraft und wurde 2005 in das SGB II und das SGB XII aufgenommen.

Das JWG löste das RJWG von 1922 ab. Mit dem JWG wurden die Grundgedanken des RJWG, vor allem die Einrichtung von Jugendämtern, konsequent umgesetzt. So wurde z.B. die bislang bestehende *Fürsorgeerziehung* (FE) als hoheitliche Zwangsmaßnahme durch das Instrument der *freiwilligen Erziehungshilfe* (FEH) und der *Hilfen zur Erziehung Minderjähriger in Heimen und anderen Einrichtungen* (HzE) ergänzt.[459] Der Erziehungsgedanke fand auch wieder stärker Eingang in das Jugendstrafrecht. 1953 wurde mit dem Jugendgerichtsgesetz das alte Reichsjugendgerichtsgesetz neugefasst. Auch die von den Nationalsozialisten eingebauten Verschärfungen wurden herausgenommen. Erziehung sollte nun wieder vor Strafe gehen.

Das JWG verdiente jedoch noch nicht den Namen eines Reformgesetzes. Erst 1990 wurde das zwar vom Erziehungsgedanken, gleichwohl aber noch stark vom staatlichen Eingriffsdenken geprägte JWG[460] durch das eher leistungs- und an der Familie orientierte Kinder- und Jugendhilfegesetz (KJHG) abgelöst und in das Sozialgesetzbuch VIII aufgenommen. Der Wechsel vom eingreifenden Fürsorgedenken hin zu einem bedarfsorientierten Angebotsdenken stellte schon einen Systemwechsel dar. Hingegen wurden weiterreichende Reformvorstellungen, die sich eine konse-

458 Vgl. Hüttenbrink 2004, S. 3.

459 Diese Bestimmungen finden sich im JWG (dem Vorläufer des heutigen KJHG) in § 6, §§ 62f. u. §§ 64f.

460 Vgl. Schmutz u.a. 2000, S. 62.

quentere Ausrichtung auf das Recht des Kindes und Jugendlichen wünschten, eher enttäuscht. So beklagten Kritiker, dass die Reduzierung der Rechte von Kindern und Jugendlichen auf Erziehung letztlich eher das Recht zur Wahrnehmung der Erziehungsgewalt ihrer Eltern stärkte, als das Recht der Kinder und Jugendlichen auf Partizipation in der Erziehung. In der Folge entstanden Projekte und Initiativen mit dem Ziel der Stärkung der Beteiligung von Kindern und Jugendlichen in der Jugendhilfepraxis[461] – hier besonders bei Erziehungshilfen und Vormundschaften – sowie der Aufklärung von Kindern und Jugendlichen über ihre Rechte in der Jugendhilfe.[462]

Die Jugendhilferechtsreform der 1980er Jahre folgte paradigmatisch also eher der Wiederentdeckung der Familie und einer Rückbesinnung auf die Leistungen von Familie. Dies entsprach der Leitorientierung von Familien- und Bildungspolitik.[463] Sie ist typisch für Staaten mit konservativer Wohlfahrtspolitik (z.B. Frankreich, Italien, Deutschland, Niederlande). Dort ist die Familie das Zentrum staatlicher Förderpolitik. Im Gegensatz zu den sozialdemokratischen Modellen (z.B. Schweden, Dänemark, Norwegen): Dort steht die staatliche Gemeinschaft im Vordergrund. Im dritten Wohlfahrtsmodell, dem liberalen bzw. neo-liberalen, ist es schließlich der Markt (z.B. Großbritannien, USA, Australien, Neuseeland).[464]

Deutsche Wohlfahrtspolitik ist dem konservativen Wohlfahrtsmodell zuzuordnen. Die Ergebnisse der Sozialisationsforschung wiesen darauf hin, „... dass die Familie das wirksamste und wirtschaftlichste System ist, um die Entwicklung des Kindes zu fördern und zu schützen“[465]. Die positive Beeinflussung des Eltern-Kind-Verhältnisses war die logische Schlussfolgerung für die gesellschaftliche Nutzung von Familie: „Für die Sozialpolitik also die Idee einer Sozialpolitik für das Kind als Sicherung familialer Erziehungsfähigkeit“[466].

Das KJHG hatte fraglos viele Verbesserungen in die Jugendhilfe gebracht, so z.B. die Einführung von Hilfeplanverfahren zwecks besserer Partizipation von Kindern, Jugendlichen und ihren Eltern sowie besserer Kooperation der beteiligten Hilfeprofessionen. Auch die Integration psychisch erkrankter Kinder und Jugendlicher in die Erziehungshilfen brachte die Betroffenen aus den Eingliederungshilfen und den damit oftmals nicht immer passenden Unterbringungen in psychiatrischen Spezialeinrichtungen, heraus.[467] Aber es blieb auch einiges offen. Verbesserungsbedarfe wurden im Jahr 2005 als *Gesetz zur Weiterentwicklung der Kinder- und Jugendhilfe/Kinder- und Jugendhilfeweiterentwicklungsgesetz* (KICK) in das SGB VIII aufgenommen. Das KICK soll die fachliche und wirtschaftliche Steuerungskompetenz der

461 Vgl. Blandow/Gintzel/Hansbauer 1999 und Kriener/Petersen 1999.
462 Vgl. Bundesarbeitsgemeinschaft der Landesjugendämter 2003.
463 Kaufmann 1990, S. 68.
464 Vgl. Esping-Andersen 1990.
465 Bronfenbrenner zit. in Kaufmann 1990, S. 68.
466 A.a.O., S. 69f.
467 Vgl. Lambers 1987, S. 415–420.

Jugendämter stärken, den Schutz von Kindern und Jugendlichen bei Gefahren für ihr Wohl durch die ausdrückliche Einführung eines Schutzauftrages bei Kindeswohlgefährdung im KJHG verbessern und die durch das TAG initiierte Verbesserung der Kinderbetreuung unterstützen.

Ein großer Teil der Reformbemühungen zielte auf Vorstellungen und Bemühungen einer Effektivierungs- und Effizienzsteigerung. Das wiederum führte zu berechtigten Befürchtungen, dass mit derartigen Reformbestrebungen nicht die Probleme von Kindern, Jugendlichen und Familien in besserer Weise gelöst werden, sondern dass sie neue Probleme in Form verstärkter Exklusion von Kindern und Jugendlichen unter den Maßgaben ökonomischer Begrenzungen und Forderungen von Wirkungsnachweisen nach sich ziehen würden. Mit den ökonomischen Effizienzbestrebungen zeigt sich ein bis heute ungelöstes Problem wohlfahrtsstaatlicher Organisation. Bereits ab 1975 versuchte man die Ausgabenexpansion mit der Einführung von Haushaltskonsolidierungsgesetzen in den Griff zu bekommen. Wirksame Instrumentarien zur Umsetzung sind aber bis heute kaum zu finden und stoßen nicht immer auf Zuspruch der Leistungsträger. Das betrifft nicht nur die Jugendhilfe, sondern alle Bereiche der Sozialgesetzgebung, insbesondere auch in den Feldern der Gesundheits- und Pflegereform.

Weitere Reformbedarfe standen und stehen an. So kamen die bessere Vernetzung von Jugendhilfe und Schule sowie Bildung und Kindertagesbetreuung und die Qualifizierung der Arbeit von Kindertageseinrichtungen auf die Agenda. Erste Schritte wurden beim Übergang Schule und Beruf sowie bei schulsozialarbeiterischen Projekten in Gang gesetzt. Bildungsvereinbarungen der Länder mit den Trägern von Tageseinrichtungen für Kinder und Qualifizierungsbestrebungen in der personellen Ausbildung durch erstmalige Einrichtung von Studiengängen *Bildung und Erziehung im Kindesalter* waren erste Anfänge. Auf eine bessere Vernetzung von Tageseinrichtungen mit den Angeboten der Kinder- und Jugendhilfe lässt schließlich der Aufbau von Familienzentren hoffen. Auch die Verbesserung frühkindlicher Betreuung erfordert noch große Anstrengungen. Ein Anfang wurde mit dem im Jahr 2008 beschlossenen KiFöG gesetzt. Mit diesem Gesetz soll eine bessere Vereinbarkeit von Familie und Beruf erzielt und bis 2013 das europäische Niveau in der Versorgung von Kindern unter drei Jahren mit einem Betreuungsplatz erreicht werden.

Kooperation von Arbeitsförderung und Jugendhilfe (SGB II, SGB III, SGB VIII) – Zugänge zur Arbeitswelt: Ein weiterer Aspekt der Jugendhilfereform war u.a. die Integration von Maßnahmen der Arbeitsförderung für Jugendliche und junge Erwachsene. In den 1980er Jahren wurden im verstärkten Maße Beratungs-, Orientierungs-, Ausbildungs-, Qualifizierungs-, Arbeits- und Beschäftigungsangebote für arbeitslose und sozial benachteiligte Jugendliche und junge Erwachsene aufgelegt. Der Hintergrund hierfür war: Die Jugendarbeitslosigkeit stieg mit den ersten Konjunkturkrisen zwischen 1970 und 1990 besonders in der Altersgruppe der 20–25-Jährigen auf das Dreifache an. Nach Beendigung der Schulzeit war für Jugendliche mit individuellen und sozialen Benachteiligungen die Arbeitslosigkeit oftmals vorbestimmt. So erfuhr Mitte der 1980er Jahre die Jugendberufshilfe einen enormen Aufschwung, der bis heute anhält. Viele gingen davon aus, dass es sich hierbei nur um ein vorübergehendes, konjunkturell bedingtes Phänomen handele. Das war ein Irrtum. Zwischen 1992 und 2006 schwankte die Zahl der arbeitslos gemeldeten jungen Menschen unter 25 Jahren zwischen ca. 400 u. 600 Tsd. jährlich. Heute hat sich die Situation etwas verbessert. Die Zahl liegt 2018 aber immerhin noch bei 224.954 Personen unter 25 Jahren.[468] Noch im Jahr 2009 hatten 1,45 Millionen junge Menschen im Alter von 20–29 Jahren keine abgeschlossene Berufsausbildung.[469] Diese Zahl ist als Quote in den letzten zehn Jahren in etwa gleich geblieben. Hinzu kommt: Ein Viertel aller betroffenen Jugendlichen hatte im Jahr 2008 einen sogenannten Migrationshintergrund.[470] Mit Blick auf die seitdem angestiegene Zahl von MigrantInnen ist dieser Anteil größer geworden.

Im *Arbeitsförderungsgesetz* (SGB III) wurde die Zielgruppe der *gering qualifizierten jungen Menschen* eingeführt. Hierunter versteht man *lernbeeinträchtigte und sozial benachteiligte junge Menschen*, die zur Erlangung einer Berufsausbildung eine besondere Förderung benötigen (§ 242). Auch im Kinder- und Jugendhilfegesetz (SGB VIII) wurde das Thema der beruflichen Ausbildung und Eingliederung in die Arbeitswelt und die Förderung von Ausbildungs- und Beschäftigungsmaßnahmen subsidiär zum Auftrag von Jugendhilfe im Rahmen der Jugendsozialarbeit gemacht (§ 13).

Mit Beginn der 1980er Jahre ist schließlich ein differenziertes Angebotssystem zur beruflichen Orientierung und Qualifizierung junger Menschen entstanden. Es umfasst Beratung, Förderung schulischer Abschlüsse, Berufsorientierung, Berufsvorbereitung, Berufsausbildung, berufliche Weiterbildung, Qualifizierung, Arbeitsvermittlung, Beschäftigung u.v.m. Die Agentur für Arbeit – nach dem AFG Kostenträger dieser Maßnahmen – legt bis heute unterschiedliche Programme in Absprache mit den Jugend- und Sozialbehörden auf. So entstand ein dynamisches Feld arbeitsweltorientierter Sozialer Arbeit. Über die Praxis flankierender und ersetzender Maßnahmen zur Arbeitsmarktintegration hinaus werden heute die Themen von Lebensbewältigung und Kompetenzentwicklung verstärkt in der Pädagogik thematisiert. Vorbereitung auf arbeitsweltliche Erfordernisse sowie die Schaffung von Übergangsstrukturen für junge Menschen in Ausbildung und Arbeit werden so zu Themen einer sozialpädagogischen Beschäftigungsförderung gemacht.[471]

Von der Sozialhilfe (gem. BSHG) **und Arbeitslosenhilfe** (gem. AFG) **zur Grundsicherung für Arbeitssuchende (SGB II) und sozialen Grundsicherung (SGB XII):** In der Sozialhilfereform ging es nicht allein darum, die seit langem bestehende For-

468 https://de.statista.com/statistik/daten/studie/154901/umfrage/junge-arbeitslose-deutschland (28.03.2018)

469 Vgl. Krekel/Ulrich 2009, S. 10.

470 Vgl. Goltz u.a. 2008, S. 9–22.

471 Vgl. Arnold/Böhnisch/Schröer 2005.

derung der Weiterentwicklung des Sozialhilferechtes (BSHG) und seine Integration in das Sozialgesetzbuch (SGB) zu verwirklichen. Das neue SGB II und SGB XII sind Folge des bereits angesprochenen Perspektivwechsels in der Sozialpolitik. Ein *aktivierender Sozialstaat* schafft sich eine entsprechende Sozialgesetzgebung. Alle hilfebedürftigen Personen, die das 15. Lebensjahr vollendet und das 65. Lebensjahr noch nicht vollendet haben, fallen in den Zuständigkeitsbereich des SGB II, sofern sie erwerbsfähig sind. Damit wird die Personengruppe, die nach altem Recht Arbeitslosenhilfe nach dem SGB III erhielt und oftmals auf ergänzende Hilfe zum Lebensunterhalt nach dem BSHG angewiesen waren sowie die erwerbsfähigen Personen, die Sozialhilfe nach dem früher geltenden BSHG bezogen, in den Zuständigkeitsbereich eines Gesetzes gebracht, das die *Grundsicherung für Arbeitssuchende* (SGB II) sicherstellen soll. In den Zuständigkeitsbereich des SGB XII fallen all diejenigen, bei denen es mangels Erwerbsfähigkeit oder infolge von Erwerbsminderung um eine *soziale Grundsicherung* (vormals BSHG) geht. Im Kern geht es also um eine Sozial- und Arbeitslosenhilferechtsreform, mit der die erwerbsfähigen Sozialhilfeempfänger wieder in den Arbeitsmarkt eingegliedert werden sollen. Mit den sogenannten *Hartz-Reformen* wurden Aufgaben der Arbeitsagentur und bestimmte Leistungen der Sozialämter zusammengefasst (Arbeitslosengeld II).

Die Sozial- und Arbeitslosenhilferechtsreform hat jedoch noch keinen Entwicklungsstand erreicht, in dem der Nutzen der Reform in einem erträglichen Verhältnis zum Ausmaß der Zumutungen steht, sowohl für die arbeitsuchenden Menschen als auch für die Kommunen und Arbeitsämter, die für die bürokratisch-organisatorische Umsetzung zuständig sind. Insgesamt wirft die Reform noch viele Fragen auf.[472]

Psychiatriereform (SGB IX): Mitte der 1970er Jahre kam es in den Psychiatrien zu einem lange andauernden Reformprozess. Eine vom *Deutschen Bundes*tag 1971 eingesetzte Expertenkommission untersuchte die Zustände in den psychiatrischen Großkrankenhäusern. In dem sogenannten Enquetebericht dieser Kommission wurden die elenden und zum Teil menschenunwürdigen Zustände, unter denen psychisch Kranke und Behinderte leben mussten, fachöffentlich bekannt. Der Enquete-Bericht von 1975 definierte als wichtigste Leitlinien und Reformziele:

1. Vorrang gemeindenaher vor stationärer Versorgung und Aufbau gemeindenaher sozialpsychiatrischer Versorgungssysteme.
2. Kooperation und Koordination aller Versorgungsdienste.
3. Bedarfsgerechte Versorgung aller psychisch Kranken.
4. Auf- und Ausbau ambulanter Dienste und psychiatrischer Abteilungen an Allgemeinkrankenhäusern.
5. Enthospitalisierung der Langzeitpatienten und
6. Gleichstellung psychisch und somatisch erkrankter Menschen.

472 Vgl. kritisch zur Reform: Hickel 2004 und Schwarzbuch Hartz IV, 2006.

In der Folge waren der Aufbau und die Ausdifferenzierung eines bedarfsgerechten, gemeindenahen psychiatrischen Versorgungssystems zu verzeichnen. In diesem System arbeiten Tageseinrichtungen, Wohn- und Werkstattangebote, stationäre Einrichtungen, sozialpsychiatrische und ambulante Dienste sowie niedergelassene Neurologen in einem engen Verbund (Netzwerk) mit dem Klienten zusammen.[473] Auch die getrennte Versorgung für psychisch Kranke und geistig Behinderte war ein Ergebnis dieser Reformentwicklung.[474] Mit dem *Gesetz zur Rehabilitation und Teilhabe behinderter Menschen* (SGB IX) von 2001 und dem *Behindertengleichstellungsgesetz* (BGG) von 2002 wurde die Rechtsstellung von Menschen mit einer Behinderung weiter ausgebaut. Vorläufiger Höhepunkt dieser Entwicklung war das 2008 eingerichtete *persönliche Budget* (§ 29 SGB IX), das dem Leistungsberechtigten die Kaufkraft zur Auswahl und Bestimmung seiner für ihn notwendigen, erforderlichen therapeutischen Leistungen selbst in die Hand gibt.

Vormundschaften und Pflegschaften für Erwachsene: Eine weitere rechtliche Reform wurde in der zweiten Hälfte des 20. Jahrhunderts im Bereich der Vormundschaften und Pflegschaften für Erwachsene erzielt (Betreuungsrechtsreform). Es wurde hierfür zwar kein eigenes Sozialgesetz entwickelt, aber das im Bürgerlichen Gesetzbuch (BGB) geregelte Entmündigungsrecht wurde völlig neu geregelt und in ein eigenes Betreuungsgesetz (BtG) gefasst. Im Falle von Geschäftsunfähigkeit wurden vom Vormundschaftsgericht nicht ausschließlich natürliche Personen, wie z.B. die Angehörigen des Betreffenden, als rechtsbevollmächtigte Vertreter bestellt, sondern auch geeignete Personen bestimmter Berufsgruppen. In erster Linie waren dies Rechtsanwälte und auch juristische Personen, wie die Jugend- und Sozialämter und die Vereine der Wohlfahrtspflege. Sozialarbeit hatte im Rahmen der Wohlfahrtspflege also auch in diesem Feld eine Funktion. Ihre Klientel unterscheidet sich jedoch von der der Rechtsanwälte, die eher dann zum Zuge kommen, wenn große Vermögenswerte bei der gesetzlichen Betreuung eine Rolle spielen. Die Behörden – überwiegend die Jugendämter – und die Wohlfahrtsvereine übernahmen die Betreuungen von Personen, bei denen Angehörige nicht vorhanden oder nicht in der Lage waren, die Rechtsvertretung wahrzunehmen. Das war besonders bei psychisch erkrankten, behinderten, verarmten und oftmals auch wohnungslosen Erwachsenen der Fall. Vormundschaften – und in gewisser Weise auch Pflegschaften – für Erwachsene gingen bis zur Betreuungsrechtsreform im Jahr 1990 häufig mit einer Totalentmündigung der betroffenen Personen einher. Mit dem BtG und dem Gesetz über die Wahrnehmung behördlicher Aufgaben bei der Betreuung Volljähriger (BtBG) wurde ein Gesetz geschaffen, dass sich stärker an den Bedürfnissen und Bedarfen der betroffenen Menschen ausrichten soll. Der Erforderlichkeitsgrundsatz bei der Einrichtung einer rechtlichen Betreuung wurde zum Leitprinzip bei der Prüfung der Reichweite der einzurichtenden Vertretungseingriffe und Vertretungs-

473 Bundesminister für Jugend, Familie, Frauen und Gesundheit 1988.
474 Deutscher Bundestag, Bundesdrucksache 7/4200, 1975, S. 17.

befugnisse der rechtlichen Betreuung. Im Gegensatz zur Entmündigung nach altem Recht muss und kann für den Betreffenden in der Regel nicht mehr in allen Bereichen eine Rechtsvertretung eingerichtet werden. Vielmehr muss die richterliche Entscheidung auf die erforderlichen Bereiche von Gesundheits-, Vermögens- und Personensorge beschränkt werden. Über diesen Erforderlichkeitsgrundsatz hinaus wurden fortan viele Entscheidungsbefugnisse der rechtlichen Betreuer unter den Genehmigungsvorbehalt des Richters gestellt. Auch wurden die Instrumente im Vorfeld der richterlichen Einrichtung von rechtlichen Betreuungen, wie die Vorsorgevollmacht und die Betreuungsverfügung, ausgebaut. Für die Soziale Arbeit kam strukturell als Novum hinzu, dass erstmals – ähnlich wie bei den Rechtsanwälten schon Praxis – nicht nur der Wohlfahrtsverein als juristische Person, sprich Betreuungsverein, sondern auch seine Sozialarbeiterinnen und Sozialarbeiter als natürliche Personen zur rechtlichen Betreuungsperson bestellt werden konnten. Sogar SozialarbeiterInnen als BerufsbetreuerInnen mit eigener Praxis wurde möglich. Aber auch sprachlich veränderte sich einiges. Die diskriminierenden Begriffe *Vormundschaft*, *Vormund* und *Pflegschaft* wurden durch den Begriff *rechtliche Betreuung* und *rechtliche Betreuer* ersetzt. Weiterhin wurde die behördliche Vertretungspraxis auf eigens einzurichtende Betreuungsbehörden verlegt. Erwachsene mussten damit nicht mehr vom Jugendamt betreut werden und sich wie Kinder behandelt fühlen. Das 20. Jahrhundert ist aber nicht nur das Jahrhundert der Verrechtlichung Sozialer Arbeit. Es ist vor allem ein Jahrhundert der Professionalisierung des Helfens als Praxis gesellschaftlichen Bedarfsausgleichs.

Ausbildung und Methodisierung: Nach dem Zweiten Weltkrieg führten die Alliierten Programme des Kulturaustausches, sogenannte *Reedukations- und Austauschprogramme* in Deutschland durch. Die Programme standen letztlich in dem Bemühen um eine *Entnazifizierung* und wurden in den Jahren 1948–1956 initiiert. In diesen Programmen sollten die deutschen Sozialarbeiterinnen und Sozialarbeiter Einblick in die nordamerikanische Sozialarbeit bekommen, insbesondere in ihren Methodenkanon von *Case Work, Social Group Work* und *Community Organization.* Die Beobachtung, Analyse und teilweise Übernahme von methodischen Konzepten aus den USA beschränkte sich aber nicht auf die Zeit nach 1945. *Alice Salomon, Siddy Wronsky, Marie Baum* und *Hans Scherpner* hatten mit ihren Beobachtungen nordamerikanischer Sozialarbeit bereits eigene kritische Bewertungen vorgenommen, eigene Positionen entwickelt und Konzepte in Teilen übertragen.[475] Grundlegend Neues erfuhren die deutschen Sozialarbeiterinnen in den *Reeducation* Programmen nicht. Ein direkter Methodentransfer hat damit kaum stattgefunden. Die Ausbildung sollte um ihre nationalsozialistischen Anteile bereinigt und in ihren Grundstrukturen wieder aufgebaut werden. An die Reformphase der *Weimarer Zeit* wurde dabei aber nicht angeknüpft. Alice Salomon hatte keine Bedeutung mehr.

---

475 Vgl. Neuffer 1990 und Müller 1997, 1999 und 2006.

Allenfalls die Idee des Eignungsberufes und der eigens hierfür geschaffenen sozialen Wohlfahrtsschulen wurde aufrechterhalten. Dem Beruf wurde die Berufung vorangestellt.[476] Eine Verortung der Ausbildung an den Universitäten sollte auch weiterhin keine große Rolle spielen. Die nationalsozialistischen *Schulen für Volkspflege* wurden umbenannt in *Schulen für Wohlfahrtspflege.*
Wenngleich ein flächendeckender Methodentransfer aus den USA nicht stattgefunden hat, so war doch eindeutig, dass Fragen der Ausbildung und Methoden Sozialer Arbeit nicht an Alice Salomon und den Reformbestrebungen der *Weimarer Zeit*, sondern zunehmend an den nordamerikanischen Methodenmodellen anknüpften. *Case Work*, Social Group Work und Community Organization wurden in der Ausbildung als Methoden Sozialer Arbeit an den ab 1959 zu Höheren Fachschulen umgewandelten *Wohlfahrtspflegeschulen* etabliert. Aus den *Jugendleiterinnen* wurden *SozialpädagogInnen* und aus den *Fürsorgerinnen* bzw. *Wohlfahrtspflegerinnen* wurden *SozialarbeiterInnen. Social Group Work* war die Methode der SozialpädagogInnen, *Social Case Work* die der SozialarbeiterInnen. *Community Organization* wurde randständig gelehrt und die beiden derzeit noch voneinander getrennten Studienrichtungen sollten allenfalls davon gehört haben.
Einzelfallhilfe: Die Einzelfallhilfe nach dem Muster des angloamerikanischen *Case Work* hat ihre Wurzeln in den individualbezogenen Unterstützungsprogrammen der *Charity Organization Societies* (COS). Insbesondere im Kontext und der Nachfolge der Arbeiten von *Mary Richmond* wurden sie als Methoden individuellen Lernens an der *Summer School of Philanthropy* (1898), der heutigen *School of Social Work der Columbia University*, weiterentwickelt (Abb. 20).
Die in der Sozialen Arbeit der Weimarer Republik bekannt gewordene und vor dem Zweiten Weltkrieg in die USA emigrierte Sozialarbeiterin und Professorin für Sozialarbeit *Hertha Kraus* (1897–1968) brachte die nordamerikanischen Standards des *Social Case Work* in die deutsche Fachdiskussion ein. *Case work* als wissenschaftliche Disziplin entwickelte sich in zwei unterschiedliche Richtungen. Eine Richtung ist mit der sogenannten *diagnostic school* (*Gordon Hamilton*, 1937) verbunden. Sie folgte eher dem Leitbild einer Psychologie der Krankheit, als dem des persönlichen Wachstums. Ganz anders die sogenannte *functional school* um *Jessie Taft* (1882–1960) und ihrer Partnerin Virginia Robinson. Sie bezogen sich stark

476 Einige für den Beruf werbende Zeitungsartikel aus den 1950er Jahren geben hiervon einen kleinen Eindruck wieder: Beispiel einer weltlichen Werbung für den Beruf: „Dienen ist mehr als Verdienen“ (Essener Stadtnachrichten, 02.02.1954). Beispiel einer kirchlichen Werbung für den Beruf: „Echte Berufung und Gnade“ (Kirchenzeitung Köln 23.05.1954). Beispiel einer weltlichen Werbung für mehr Männer in dem Beruf: „Den Geist sozialer Ritterlichkeit wecken“ (Kölner Stadtanzeiger, 15.05.1954). Beispiel für den Umgang mit Modernisierung: hier der Wandel der Bezeichnung von Fürsorgerin und Wohlfahrtspfleger in Sozialarbeiter, der im Grundsatz nichts ändert: „‚social-worker‘, der Sozialarbeiter … bei dem der Begriff ‚Berufung‘ vor den Begriff ‚Beruf‘ gestellt werden muss, nimmt auch bei uns im Bundesgebiet immer klarere Form an.“ („Nicht Für-Sorge sondern Mit-Sorge“, Stolberger Volkszeitung, 27.04.1954).

auf den in die USA emigrierten und in New York niedergelassenen österreichischen Psychoanalytiker und Begründer der Case-Work-Schule *Otto Rank* (1884–1939). In den 1920 bis 1930er Jahren war *case work* stark von der Psychoanalyse Freuds geprägt. Unter dem Einfluss von Otto Rank, ursprünglich Freudianer, entwickelte sich diese *functional school*. Sie distanzierte sich unter Berufung auf George H. Mead und Kurt Lewin von Sigmund Freuds Psychoanalyse. Die psychotherapeutisch motivierte Exploration der frühen Kindheitserfahrungen trat zugunsten eines an den Handlungs- und Entwicklungsmöglichkeiten des Individuums orientierten Konzeptes zurück.

Im Gegensatz zur *functional school* entwickelte sich die *diagnostic school*. Die *diagnostic school* wird in den 1930–1940er Jahren von Sozialarbeiterinnen wie *Gordon Hamilton* (1892–1967), *Florence May Hollis* (1907–1987) und *Annette Garrett* (1898–1957) entwickelt. Anders als in der *functional school* war hier eine gründliche Exploration der individuellen Lebensgeschichte zentral. Erstmals wird der Terminus *psychosozial* eingeführt. Damit soll in der Tradition Mary Richmonds zum Ausdruck gebracht werden, dass soziale Probleme von einzelnen Menschen stets im Zusammenwirken psychischer und sozialer Ursachen und Wirkungsmechanismen gesehen und diagnostisch wahrgenommen werden müssen. Die *diagnostic school* gilt als Vorläuferin einer *Clinical Social Work*. *Klinische Sozialarbeit* spielt bis heute eine prominente Rolle in der Disziplin- und Professionsentwicklung angloamerikanischer Sozialer Arbeit. Auch in Deutschland entwickelt sich diese Richtung als eine Form von Fachsozialarbeit mit eigenen Qualifizierungs- und Akademisierungsbestrebungen.[477]

In der Ausbildung an den Höheren Fachschulen und späteren Fachhochschulen spielten sowohl die Konzepte der *functional school* als auch die der *diagnostic school* eine zentrale Rolle, nicht nur in der Einzelfall-, sondern auch in der Gruppenarbeit. Kaum an den Fachhochschulen etabliert, gerieten sie mit der Methodenkritik der universitären Sozialwissenschaften der 1970er Jahre in Verruf. Der Methode der Einzelfallhilfe wurde vorgeworfen, dass sie einer Individualisierung gesellschaftlich verursachter Notlagen Vorschub leiste. Die gesellschaftlichen Ursachen individueller Not würden durch Soziale Arbeit auf diese Weise verdeckt und dem Subjekt zugeschrieben. Diesem werde zudem zugemutet, auf der Subjektebene das zu lösen, was der Staat auf der Objektebene gesellschaftlicher Ursachenbekämpfung versäumt hat in Angriff zu nehmen. Die sozialwissenschaftliche Kritik brachte hingegen keine nennenswerten Ergebnisse auf der methodischen Seite hervor. In dieses Vakuum stießen Konzepte der *Klinischen Psychologie* und psychotherapeutisch orientierter Methoden. Die bis heute auch in der hiesigen Sozialen Arbeit noch thematisierten und in der Tradition der *functional school* stehenden Konzepte des:

- Klientorientierten (nicht-direktiven) Ansatzes (Carl Rogers),
- Themenzentrierten Interaktionsansatzes (TZI) (Ruth Cohn),

477 Vgl. Geißler-Piltz 2005.

- Kommunikationstheoretischen Ansatzes (Paul Watzlawick u.a.),
- Transaktionalen Ansatzes (Eric Berne/Thomas A. Harris)
- und der ökologisch-integrativen Ansätze, wie das *Life-model* (Carel B. Germain/ Alex Gitterman) und auch das *Case Management*

stehen in dieser humanistisch-therapeutisch orientierten Tradition. Sie füllten das Vakuum jedoch nicht. Die psychotherapeutisch orientierten, klientenzentrierten, gesprächstherapeutischen und kommunikationstheoretischen Konzepte waren auf die Praxis Sozialer Arbeit nur sehr eingeschränkt übertragbar. Die durch die sozialwissenschaftliche Kritik ins Abseits geratenen Konzepte der *diagnostic school* fanden in Deutschland erst wieder mit den Bemühungen um eine gesundheitsbezogene *Klinische Sozialarbeit* Eingang in den wissenschaftlichen Diskurs.

Soziale Gruppenarbeit: Die Wurzeln der Sozialen Arbeit mit Gruppen lassen sich in den Vereinigten Staaten um die Jahrhundertwende ausmachen. In den USA bildeten die *social movements*, insbesondere die besagte Settlement Houses-Bewegung im Kontext der sozialreformerischen Arbeiten von *Jane Addams*, die historische Grundlage gesellschaftlicher Hilfen. Addams nutzte die in den zwanziger Jahren praktizierte Gruppenarbeit eher zufällig und informell, ohne theoretisches Fundament und ohne methodische Kenntnisse. Gruppenarbeit sollte über das gemeinsame Handeln helfen, die unmittelbaren Lebensverhältnisse zu verändern und demokratische Strukturen durchzusetzen. Die nach Amerika emigrierte Sozialarbeiterin und Professorin für *Social Work*, *Gisela Konopka* (1910–2003), hat im Rahmen der Reedukations- und Aufbauprogramme der 1950er Jahre die Geschichte der sozialen Gruppenarbeit der Vereinigten Staaten dargestellt und wesentliche gesellschaftsbezogene Zusammenhänge aufgezeichnet. Hierzu gehörte auch der ebenfalls in die USA emigrierte Sozialarbeiter und Professor für Sozialarbeit *Louis Lowy* (1920–1991). Zusammen mit Saul Bernstein differenzierte er die Modelle der Sozialen Gruppenarbeit (1969) und ihrer jeweiligen Spezifika auf der Reflexions- und Interventionsebene in vier unterschiedliche Ansätze (Abb. 22).

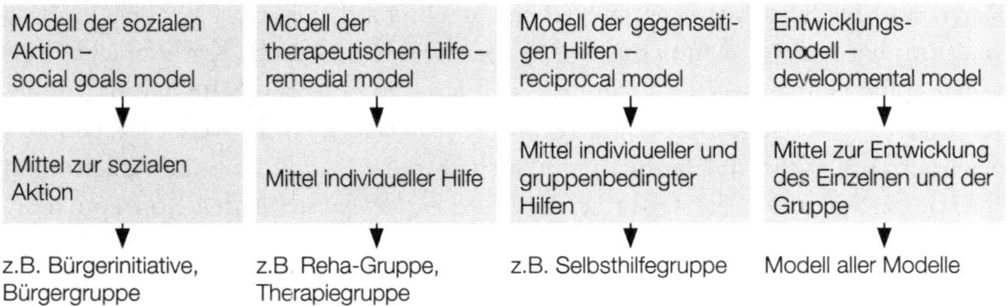

Abb. 23: Modelle der Sozialen Gruppenarbeit

Dem nordamerikanischen Verständnis entsprechend ist Gruppenarbeit ein Arbeitsmittel, das mehr demokratisches Bewusstsein schaffen kann und damit auch ein geeignetes Mittel zu sein schien, um demokratische Verhältnisse im Nachkriegs-Deutschland herzustellen und zu verankern.

Gruppenarbeit hat ihre Wurzeln in der Gemeinwesenarbeit der Settlement- Bewegung. Sie hat sich aber von ihr weitestgehend gelöst und weiter ausdifferenziert. Die Entwicklung der Sozialen Arbeit mit Gruppen in Deutschland lässt sich in fünf Phasen einteilen. Sie spiegeln in etwa auch die Entwicklung der Ausbildung im sozialen Bereich in Deutschland wieder:

1. Vorprofessionelle Gruppenarbeit – Phase 1945–1965 (*Reeducation*),
2. Etablierung der Arbeit mit Gruppen – Phase bis Ende der sechziger Jahre (Höhere Fachschulen),
3. kritische Infragestellung – Phase Anfang der 1970er Jahre (Fachhochschulen, Universitäten),
4. Therapeutisierung – Phase Mitte der 1970er Jahre bis heute (Fachhochschulen, Akademien) und
5. Verwissenschaftlichung – Phase Mitte der 1980er Jahre bis heute." (Universitäten, Fachhochschulen, Akademien).[478]

Gemeinwesenarbeit: Gemeinwesenarbeit (*community organization*) folgte einem politischen Impetus. Möglicherweise ist dies der Grund, weshalb sie in der sozialwissenschaftlichen Kritik etwas besser davon kam, als die beiden anderen klassischen Methoden. Aber auch dies muss differenziert betrachtet werden. Innerhalb der Gemeinwesenarbeit sind verschiedene Richtungen vertreten. Sie unterscheiden sich nach dem Grad ihrer politischen Motivation und Kritik gesellschaftlicher Verhältnisse (Abb. 23).

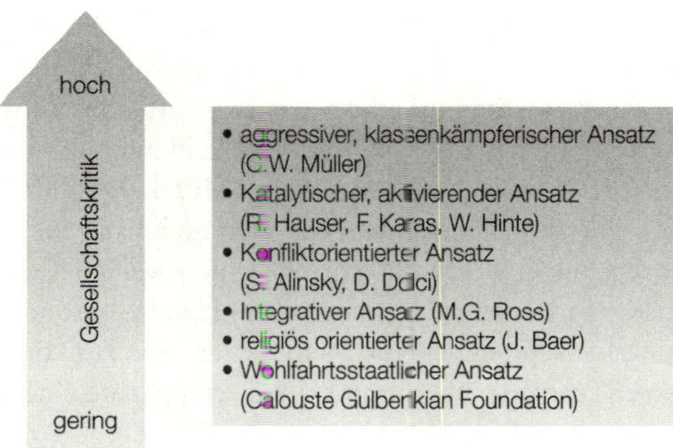

Abb. 24: Modelle der Gemeinwesenarbeit

478 Vgl. Schmidt-Grunert 1997, S. 26f.

Ausbildung, Akademisierung und Professionalisierung: An den *Wohlfahrtspflegeschulen* der Nachkriegszeit, den aus ihnen hervorgegangenen *Höheren Fachschulen* und hieraus entstandenen *Fachhochschulen* setzten sich die Methoden *Einzelfallhilfe, Soziale Gruppenarbeit* und *Gemeinwesenarbeit* als das klassische Dreigestirn des Erwerbs beruflicher Handlungskompetenz durch. Mehr noch: Sie definierten im Grunde das berufliche Selbstverständnis. Mit Beginn der Akademisierung des Berufsbildes von Sozialarbeit und Sozialpädagogik im Jahr 1969/1970 durch das *Fachhochschulgesetz* fand an den Fachhochschulen eine starke Verbreitung dieser Methoden statt. An den Universitäten wurde eine breite Diskussion geführt und starke Kritik an der Wissenschaftlichkeit der bestehenden Ausbildungsstandards der Fachhochschulen für Sozialwesen geübt. Diese Kritik wurde, wie bereits festgestellt, insbesondere an der Einzelfallhilfe (*case work*) und an der Sozialen Gruppenarbeit (*group work*) festgemacht. Mit Beginn der 1970er Jahre wurde eine heftige und kritische Infragestellung ihrer wissenschaftstheoretischen Annahmen und ihrer empirisch wissenschaftlichen Reichweite eingebracht. Die Wissenschaftskritik zielte nicht nur auf die klassischen Methoden Sozialer Arbeit, sondern allgemein auf die Legitimation sozialer Berufe als Profession. Man warf den Fachhochschulen vor, Sozialarbeit und Sozialpädagogik als Profession sei unwissenschaftlich, ideologisch, technokratisch und damit letztlich systemstabilisierend.[479] Die Kritik führte dazu, dass die klassischen Methoden Sozialer Arbeit in den ebenfalls 1969 an Universitäten eingeführten Studiengängen der Sozialpädagogik in die curriculare Versenkung und an den Fachhochschulen in enorme Bedrängnis gerieten.[480] Die Therapeutisierungswelle konnte – und wollte – hierauf auch keine Antworten geben. Ähnliches trifft auf die sozialwissenschaftliche Kritik zu, die bis heute auf die Gefahren einer Technologisierung Sozialer Arbeit im Kontext methodisierender oder gar klinischer, wirkungsorientierter Handlungsmotivation hinweist.[481]

Erst in den 1990er Jahren wurden an den Universitäten die Methodenklassiker wieder entdeckt, insbesondere der Begriff der *sozialen Diagnostik* wurde wieder salonfähig.[482] Den klassischen Methoden und ihren Weiterentwicklungen und Spielarten wurde der Platz von Elementen innerhalb von Konzepten beruflicher Handlungsorganisation zugewiesen. Ein Konzept wird als ein Handlungsmodell verstanden, in dem die Ziele, die Personen, die Ressourcen (Mittel, Zeit), die Methoden und Instrumente/Techniken in einen sinnvollen Zusammenhang für die Lösung eines sozialen Problems gebracht werden. Nicht mehr die jeweilige Methode ist also der Kern des sozialpädagogischen/sozialarbeiterischen Handelns, sondern das zu entwickelnde Handlungskonzept, in dem die Methode nur eine Funktion neben anderen zur Lösung sozialer Probleme übernimmt. Dies ermöglichte einen variablen, dem

479 Vgl. Staub-Bernasconi 2007, S. 143.

480 Vgl. Kircher 1992, S. 75ff.

481 Vgl. Otto/Schneider 1973, Dewe/Otto 1980 u. 2005 und Otto u.a 2007.

482 Vgl. Mollenhauer/Uhlendorff 1997, Ader/Schrapper 2001.

Problem angemessenen Einsatz von Methoden, Techniken und Instrumenten und verhindert den Einsatz von Methoden als statische und zentrale Intervention.[483] Auch die weiteren Methodenentwicklungen, wie z.B. das Krisen- und Konfliktmanagement, das *Case-* und *Care Management* oder die systemische Familienarbeit müssen in diesen Kontext eingeordnet werden.[484]

Die Ausbildungsreform der 1970er Jahre brachte letztlich zwei sich relativ unabhängig voneinander entwickelnde Ausbildungssysteme hervor: Die Studiengänge *Sozialarbeit* und *Sozialpädagogik* an Fachhochschulen und Berufsakademien auf der einen und die sozialpädagogischen Diplomstudiengänge an den Universitäten auf der anderen Seite. Mit Beginn der 1980er Jahre schlossen auch die Studiengänge an den Fachhochschulen mit dem Diplom als akademischen Abschlussgrad ab. Sie waren damit aber weder gleichartig noch gleichwertig. Das Fachhochschuldiplom berechtigte bei den öffentlichen und freien Anstellungsträgern – ganz im Gegensatz zum Universitätsdiplom – in der Regel weder zum höheren oder mit ihm vergleichbaren Dienst, noch zur Aufnahme einer Promotion an einer Universität. Erst mit Beginn der Jahrtausendwende brachte die Studienreform im Zuge des Bologna-Prozesses mit dem geforderten Umbau der bestehenden Hochschulsysteme und der Einführung sogenannter konsekutiver Studiengänge (B.A. und M.A.) eine formale Gleichheit in das zweigleisige Ausbildungssystem. Eine Entwicklung, die akademisch betrachtet die Möglichkeiten von Nicht-Gleichartigkeit bei struktureller Gleichwertigkeit eröffnet.

Professionalisierungskritik: Unabhängig von den hochschulpolitischen Entwicklungen zur Professionalisierung sozialer Berufe ist bis heute noch eine spezifische Problematik in der professionstheoretischen Einschätzung der Professionalisierbarkeit Sozialer Arbeit zu beobachten. Seit der Einrichtung von Studiengängen der Sozialarbeit/Sozialpädagogik an den Universitäten und Fachhochschulen werden Faktoren angeführt, die auf Schwierigkeiten der Professionalisierung Sozialer Arbeit hinweisen. Beklagt wird eine der Sozialen Arbeit anhaftende diffuse Allzuständigkeit für alle möglichen Probleme, aus der heraus es nicht gelingen könne, verbindliche Kernfunktionen und abgegrenzte Aufgabenfelder zu benennen. Eine spezifische Domäne der beruflichen Kompetenz könne daher für die Soziale Arbeit im Sinne einer Monopolstellung und Nicht-Substituierbarkeit nicht ausgewiesen werden. Weiterhin stehe eine starke Abhängigkeit von staatlicher Steuerung und direkter Einbindung in bürokratischen Organisationen sowie die damit verbundene enge Verkoppelung von Hilfe und Kontrolle im Wege. Das Handeln in der Sozialen Arbeit ist damit zwei entgegen gesetzten Sphären gleichzeitig verpflichtet: Den pädagogischen und sozialtherapeutischen Maßnahmen auf der einen Seite sowie den rechtlichen und organisatorischen Bedingungen auf der anderen Seite. Dieses *doppelte Mandat* stehe einer Autonomisierung der Berufsausübung als Profession

483 Vgl. Geissler/Hege 1997, S. 23.
484 Vgl. Galuske 2005.

systematisch entgegen. Schließlich habe die Soziale Arbeit mit der Schwierigkeit zu kämpfen, ihre Kompetenzansprüche in Bezug auf die zu bearbeitenden Probleme durchzusetzen, da diese solche des täglichen Lebens seien. Für ein Laienpublikum sei es daher schwer einsehbar zu machen, dass es hier besonderer Fähigkeiten und besonderer *Experten* bedarf. Entsprechend sei eine gewisse Nachrangigkeit im gesellschaftlichen Ansehen des Berufs (z.B. gegenüber dem des Lehrers, Juristen oder Arztes) zu beobachten. Letztlich mache auch das Fehlen eines spezifischen Handlungsinstrumentariums eine spezifische Abgrenzung zu anderen Berufsgruppen kaum möglich. Die Gesamtschau der hier vorgetragenen Argumente lasse dann den Schluss zu, dass es sich bei der Sozialen Arbeit um eine *Semiprofession* handele.[485]
Hinzu kommt noch ein bis heute rechtlich unbefriedigend geregelter Sachverhalt. Roland Merten hat darauf hingewiesen. Es betrifft die Entscheidung des Bundesverfassungsgerichtes aus dem Jahre 1972 zur Frage des Zeugnisverweigerungsrechtes für Sozialarbeiter. Das Zeugnisverweigerungsrecht wurde Sozialarbeitern u.a. mit der Begründung verwehrt, dass es sich bei der Sozialarbeit um ein wenig fest umrissenes Berufsbild handele, zudem dominiere bei ihr nicht das Professionshandeln, sondern ein Handeln, das an die jeweilige öffentlich-rechtliche Organisation gebunden ist. Das Urteil ist bis heute nicht aufgehoben. Es hat höchstrichterlich Sozialarbeit auf den Status einer Semiprofession fixiert. Der bisherige Fachdiskurs in der Sozialen Arbeit, der unter den Begriffen von *Hilfe und Kontrolle* und *Doppelmandat* geführt wurde, hat hieran kaum etwas geändert.[486]
Ungeachtet der verfassungsrechtlichen Betrachtung muss man dem soziologischen Befund einer Semiprofession entgegenhalten, dass in funktional differenzierten Gesellschaften auf der Ebene fast aller Professionen die Ausdifferenzierung stets neuer Spezialisierungen zu beobachten ist. Zu den bestehenden Professionen bilden sich zudem stets neue heran. Das betrifft auch die Soziale Arbeit. Ihrer generalistischen Grundausrichtung wurden und werden Spezialisierungen in Form zahlreicher Weiterbildungsprogramme und konsekutiver und postgradualer Studienprogramme aufgesetzt.[487] Allen Professionen gemeinsam ist zudem eine Entwicklung, die gerade zunehmend das auflöst, was ihr Spezifikum als Profession lange Zeit ausmachte: die spezifische Abgrenzung zu anderen Professionen. Kaum eine Profession kann heute die Bearbeitung der ihr gesellschaftlich gegebenen Aufgaben durch spezifische Abgrenzungen und Rückzug auf ihre Profession allein bewerkstelligen. Sie alle benötigen weitere Disziplinen zur Lösung ihrer Professionsaufgaben und nur selten ist der Verzicht auf interdisziplinäre Zusammenarbeit zielführend. Somit relativiert

---

485 Vgl. Stichweh, in: Merten (Hrsg.) 2000, S. 29–38. Vgl. auch Bommes/Scherr 2000, S. 225–246 und 2012, S. 279–304.

486 Vgl. Merten 2002, S. 9 1–95.

487 Beispiele hierfür sind: Netzwerkmanagement, Case Management, Suchttherapie, Schuldnerberatung, Elementar- und Frühpädagogik sowie auf Masterprogramme der Hochschulen umgeschaltete Spezialisierungen wie Supervision, klinische Sozialarbeit oder Sozialmanagement.

sich auch die Kritik am fehlenden eigenen Gegenstandsbereich und an eigenen Handlungsinstrumentarien. Überdies kann die durch das *doppelte Mandat* angeblich gegebene mangelhafte Autonomisierung der Berufsausübung als Profession nicht mehr als ein spezifisches Phänomen der Sozialen Arbeit beobachtet werden. In modernen Gesellschaften wird es kaum eine Profession geben, die auf strukturelle Koppelungen mit den Funktionssystemen Recht und Politik verzichten kann. Dies kennzeichnet mehr oder weniger heute fast jede Profession. Sozialer Arbeit ist sicherlich zu Eigen, dass sie auch in Zwangskontexten handelt. Ihre spezifisch zu bewältigende Aufgabe besteht dann allerdings darin, dass es ihr gelingen muss, das Spannungsfeld von *Hilfe und Kontrolle* mit der professionell unterstützten Entwicklung einer eigenen Lebensführung aufzulösen. Eine Aufgabe, die nach autonomer Bestimmung und Gestaltung ihrer Professionsausübung ruft, denn wie sollte sie erfolgreich sein, wenn ihr Gestaltungsraum nur als verlängerter Arm staatlicher Zwänge gefasst würde? Lebensführung ist in einer funktional differenzierten Gesellschaft immer einer Fülle von Adressierungsproblemen ausgesetzt. Umgekehrt sind alle Professionen mit ökonomischen, rechtlichen, politischen und weltanschaulichen Erwartungen konfrontiert. Was aber sollte sie dazu zwingen, diese Erwartungen als zusätzliche Mandate in ihr Professionsverständnis aufzunehmen? Jede Profession folgt nicht Mehrfachmandaten, sondern einem Einfachmandat. Für die Frage der Autonomieeinschränkung ist der Erbringungskontext von Professionshandeln als freiberufliches oder organisationsgebundenes Handeln entscheidend. Wenn man sich darauf verständigen kann, dass Professionshandeln und Organisationshandeln einen Widerspruch bedeutet, der als professionelles Organisationshandeln auflösbar ist, müssen systemspezifische Einschränkungen der Handlungsautonomie der Profession zulasten von Organisationshandeln aufgelöst werden. Gelingt das nicht, ist professionelles Organisationshandeln nicht möglich und Handlung nur noch dem System (Organisation) und nicht dem Subjekt (Profession) zurechenbar.[488]

Zusammengefasst
Armut, Hilfebedürftigkeit und gesellschaftliche Reaktion:

- Die Freie Wohlfahrtspflege erlebt in der zweiten Hälfte des zwanzigsten Jahrhunderts einen kometenhaften Aufstieg.
- Ein Umdenken in der Sozialpolitik (*aktivierender Sozialstaat* und Eindämmung der Sozialstaatsquote) stellt die Freie Wohlfahrtspflege zunehmend unter einen Ökonomisierungs- und die Menschen, die Hilfe benötigen, unter einen Individualisierungsdruck.
- Die öffentliche Wohlfahrtspflege erlebt eine starke Ausdifferenzierung der Sozialverwaltungen.

488 Vgl. Lambers 2010, S.133–139. 2014, S. 139–163. 2018, S. 390–397. S. a. Mohr 2015.

- Die sozialpolitische Neuorientierung stellt die öffentliche Wohlfahrtspflege unter zunehmenden Reformdruck (*Neue Steuerung*).
- Mit Beginn der 1950er Jahre und verstärkt mit den 1970er Jahren setzt eine Akademisierung und Professionalisierung sozialer Berufe als eine Antwort auf die sozialen Modernisierungsbedarfe ein.
- Der Prozess der Professionalisierung geht einher mit einem dynamischen Prozess der Verrechtlichung des Sozialen. Sämtliche Jugend- und Sozialgesetze werden sukzessive in ein Sozialgesetzbuch übernommen.
- Das doppelte Mandat ist kein Spezifikum der Sozialen Arbeit. Der Begriff von Mehrfachmandaten ist hinsichtlich nicht umgehbarer Kopplungsbeziehungen zu anderen gesellschaftlichen Teilsystemen ungeeignet. ◀

5.6 Soziale Arbeit auf dem Weg zur Wissenschaft

Mit der Ausdifferenzierung Moderner Gesellschaft ist die Entwicklung weitestgehend eigenständiger gesellschaftlicher Funktionssysteme verbunden. Zu diesen Funktionssystemen gehört auch die Wissenschaft. Mit Beginn des in der Antike entstandenen Fächerkanons, der sogenannten *sieben freien Künste*[489] hat die Anzahl neu hinzugekommener wissenschaftlicher Disziplinen bis heute stetig zugenommen. Gesicherte Zahlen hierüber sind kaum zu finden. Traut man den Zählungen von Internetdatenbanken, so sind es mittlerweile über 311 bzw. inklusive Fachwissenschaften etwa 421.[490] Besonders in der zweiten Hälfte des 20. Jahrhunderts, den Wiederaufbaujahren nach dem Zweiten Weltkrieg und den darauf folgenden Wachstumsjahren, blühen die Sozial- und Erziehungswissenschaften wieder auf. So wird auch die spätestens mit der Industrialisierung entstandene *soziale Frage* verstärkt zum Thema von Forschung und Entwicklung. Die Programme wissenschaftlicher Organisationen treten grundsätzlich als Programme der wissenschaftlichen Wahrheitsfindung auf. Ihre Kommunikationsform sind Theoriebildungen, Entwicklung wissenschaftlicher Denkfiguren (Paradigmen) und Forschungsprogramme, die in einen diskursiven Kommunikationszusammenhang (Publikationen, Tagungen, Symposien usw.) gestellt werden.

Soziale Arbeit ist eine moderne wissenschaftliche Disziplin, die sich seit Beginn des 20. Jahrhunderts unter verschiedenen und abwechselnden Bezeichnungen zu etablieren begann. Begriffe wie *Fürsorgewissenschaft* und *Wohlfahrtswissenschaft* wurden von den Begriffen *Sozialarbeit* und *Sozialpädagogik* abgelöst, wobei mit dem Begriff *Sozialpädagogik* zunächst die universitäre, erziehungswissenschaftliche Beschäftigung mit der *sozialen Frage* und der Entdeckung des Sozialen in der Päda-

---

489 Grammatik, Rhetorik, Dialektik/Logik, Arithmetik, Geometrie, Musik und Astronomie (vgl. Glei 2006).

490 http://www.science-at-home.de/wiki/index.php/Wissenschaftliche_Disziplinen. https://de.wikipedia.org/wiki/Einzelwissenschaft (07.03.2018).

gogik sowie die Herausbildung einer neuen Profession bezeichnet wurde. *Sozialpädagogik* wurde mit der Einführung des erziehungswissenschaftlichen Studienganges *Diplom-Pädagogik* seit 1969 als eine Teildisziplin der Erziehungswissenschaften eingeordnet. Seit der Zeit wurde auch die Debatte geführt, ob diese disziplinäre Einordnung richtig sei.

Dem Begriff der universitären Sozialpädagogik setzte man in den 1990er Jahren den Begriff der Sozialarbeitswissenschaft[491] entgegen. Damit sollte der wissenschaftlichen Reflexion von Sozialarbeit Raum gegeben und ihrer Überformung durch eine einseitig pädagogische Wissenschaftsperspektive entgegengetreten werden. Soziale Arbeit umfasst Problembereiche, die nicht hinreichend als pädagogische Problemstellungen gefasst werden können.[492] Bisweilen begegnet man heute noch der begrifflichen Trennung von Sozialarbeit und Sozialpädagogik. Sie stehen dann als Differenzbegriffe für eine Soziale Arbeit, die sich entweder mehr mit den *psychosozialen* Hilfen für erwachsene Zielgruppen und Bewältigung akuter Problemlagen (Sozialarbeit) oder mehr mit der unterstützenden Erziehung, Bildung, Beratung und Betreuung von Kindern, Jugendlichen, Erwachsenen und älteren Menschen (Sozialpädagogik) beschäftigt. Der Begriff Sozialarbeit wird tendenziell stärker mit dem Begriff der *Hilfe*, Sozialpädagogik hingegen mit dem der *Erziehung* und *Bildung* in Verbindung gebracht. Gleichwohl konstituiert sich Erziehung und Bildung im Kontext der Sozialpädagogik als Hilfe (z.B. im Kinder- und Jugendhilfegesetz als Erziehungshilfe, Familienhilfe oder Betreuungshilfe).

Während die zunächst getrennten Professionsbezeichnungen *Sozialpädagoge* und *Sozialarbeiter* in der Praxis immer mehr zusammenwuchsen und zuletzt auf den Diplomurkunden der Fachhochschulen nur noch von einem Schrägstrich getrennt wurden, ging man für die Bezeichnung der Fachwissenschaft sukzessive zur Bezeichnung *Soziale Arbeit* über. Dieser Begriff war schon zu Zeiten Alice Salomons bekannt, wurde jedoch durch den angesprochenen Begriffswandel verdrängt. Mit der Rückkehr zum Begriff *Soziale Arbeit* ist der Umstand verbunden, dass die akademische Professionsbezeichnung (SozialarbeiterIn/SozialpädagogIn) nicht mehr in der Disziplinbezeichnung erkennbar ist. Aber auch schon vor dieser Entwicklung wurden die offiziellen Professionsbezeichnungen mit Bezeichnungen flankiert oder ersetzt, die sich an der ausgeübten beruflichen Funktion festmachten (z.B. Sozialberater, Jugend-Coach, Case-Manager, Sozialmanager, Quartiersmanager, Streetworker). Eine Entwicklung, die zuletzt durch die Studienreform mit der Abschaffung von Diplomstudiengängen und deren Ersetzung durch konsekutive Bachelor- und Masterabschlüsse verstärkt wurde. Diplomstudiengänge schlossen noch mit der Bezeichnung des Studienganges als akademische Berufsbezeichnung ab. Die ab 2005 im Zuge der Studienreform eingeführten gestuften Studienabschlüsse unterscheiden hingegen nur noch die akademische Stufe (Bachelor oder Master) und ihre

491 Vgl. Puhl (Hrsg.) 1996.

492 Vgl. Bommers/Scherr 2000, S. 240.

wissenschaftliche Verortung als Geistes- und Sozialwissenschaft oder Natur- und Technikwissenschaft (Arts oder Science). Die staatliche Anerkennung der Berufsbezeichnung (SozialarbeiterIn, SozialpädagogIn) ist in dem jeweiligen Sozialberufe-Anerkennungsgesetz des betreffenden Bundeslandes geregelt.

5.5.1 Sozialpädagogik

Hans Thiersch bezeichnete das 20. Jahrhundert als *„das sozialpädagogische Jahrhundert"*[493]. Sozialpädagogische Reflexionsarbeit geht aber bereits auf Erfahrungen mit dem Pauperismus des 19. Jahrhunderts zurückgeht. Die Wahrnehmung von Menschen, die aufgrund ihrer sozialen Lage die Ideale bürgerlicher Individualitätsgestaltung nicht erfüllen konnten, machte es möglich, das Soziale in der Erziehung zu denken, was besonders bei *Friedrich Adolph Wilhelm Diesterweg* (1790–1866) deutlich wurde.[494] Der Begriff *Social-Pädagogik* wurde erstmals 1844 von dem Schulpädagogen und Herbartianer Karl Mager (1810–1858) als Gegenbegriff zur Individualpädagogik verwendet. Aufgabe von Erziehung sei die Entwicklung eines gesellschaftlichen Bewusstseins. Ähnlich betrachtete der Schulpädagoge Diesterweg (1851) *Sozialpädagogik* als eine Volkserziehung, der sich jede Einzelerziehung unterzuordnen habe. Er bezeichnete Sozialpädagogik aber auch als eine Pädagogik, die sich mit den Erziehungsaufgaben zu beschäftigen habe, die mit der durch die industrielle Entwicklung entstandenen Pauperisierung (Verarmung) entstanden sind. Sozialpädagogik ist ein Begriff, der in der Geschichte der Pädagogik unterschiedliche Bedeutung angenommen hat. Er war in den Anfängen noch nicht mit einer eigenen Theoriebildung verbunden und wurde oftmals fragmentarisch gebraucht. Wenn Sozialpädagogik die Wissenschaft ist, die das Soziale in der Pädagogik thematisiert, nimmt sie ihren Anfang nicht allein in der Begriffsbildung Sozialpädagogik. Ideengeschichtlich wird das Denken des Sozialen in der Pädagogik allgemein auf Pestalozzi zurückgeführt. Pestalozzi hatte seine Erfahrungen, die er in der pädagogischen Arbeit mit etwa 80 Kriegsweisen im Kloster Stans machte, niedergeschrieben; der sogenannte *Stanser Brief* (1799). Er gilt in der Pädagogik bis heute als eines der eindrucksvollsten Zeugnisse der Erziehungsgeschichte. Neben dieser und vieler anderer Schriften wurde im Diskurs der Sozialpädagogik auch auf Pestalozzis Volksroman *Lienhard und Gertrud* (1781/1787) zurückgegriffen. Beide Werke ließen unterschiedliche Interpretationen des Sozialen in der Pädagogik Pestalozzis zu. Damit sind die beiden Namen *Paul Gerhard Natorp* und *Herman Nohl* verbunden. Auf sie vor allem geht der universitäre Gebrauch des Begriffes Sozialpädagogik zurück. Natorp brachte den Begriff Sozialpädagogik als einen Begriff der akademischen Pädagogik ein. Er entwickelte 1907 eine erste theoretische Konzeption von Sozialpädagogik. Sozialpädagogik sah er aber nicht als eigenständigen Erziehungsbereich, sondern – ähnlich wie Mager – als

493 Vgl. Thiersch in Rauschenbach/Gängler 1992, S. 9–23.
494 Vgl. Dollinger 2007, S. 56.

Gegensatz zur Individualpädagogik. Natorp knüpfte nicht an die individualpädagogischen Ideen Rousseaus an. Entsprechend wenig interessierten ihn auch die pädagogischen Erfahrungen mit Waisenkindern, die das große Vorbild Pestalozzi in seinem *Stanser Brief* hinterlassen hatte. Vielmehr waren für Natorp die volkserzieherischen Gedanken von Bedeutung, die bei Pestalozzi in seinem Volksroman *Lienhard und Gertrud* vorzufinden waren. Für Natorp war Sozialpädagogik jegliche Erziehung und Bildung zur Gemeinschaft durch Gemeinschaft. Insofern ist Sozialpädagogik in Natorps Verständnis der Versuch einer Neubegründung der Disziplin Pädagogik.[495]

Als eigenständigen Erziehungsbereich hingegen entwarfen in den zwanziger Jahren der Philosoph und Pädagoge *Herman Nohl* und die Frauenrechtlerin *Gertrud Bäumer* die Sozialpädagogik. Im Gegensatz zu Natorp sah Nohl die Bestimmung jeglicher Pädagogik und damit auch der Sozialpädagogik als Individualpädagogik, allerdings mit dem Ziel, hierüber zu einer *kulturellen Einheit* zu gelangen. Nohl bezog sich vor allem auf Pestalozzis *Stanser Brief*. Nohl verwendete den Begriff der *Sozialpädagogik* entsprechend im Zusammenhang von Jugendwohlfahrtsarbeit, bzw. Fürsorge und Wohlfahrtspflege.[496] Sozialpädagogik sollte neben Familie und Schule einen eigenständigen Erziehungsauftrag übernehmen. Sozialpädagogik war die außerhalb von Schule liegende gesellschaftliche und staatliche Erziehungsfürsorge. Dem Jugendamt kam eine eigenständige Erziehungs- und Bildungsfunktion neben Schule und Familie zu. Diese Vorstellung von Sozialpädagogik hat ihr Verständnis und ihre weitere Entwicklung bis in die heutige Zeit hinein entscheidend geprägt. Hierzu zählt besonders auch das von *Herman Nohl* eingeführte Prinzip des *„pädagogischen Bezuges“*[497]. Es durchzieht sein gesamtes Werk und gehört zu den zentralen Themen geisteswissenschaftlicher Pädagogik. Im Kern geht es dabei um die Vorstellung, dass Pädagogik in erster Linie ein interpersonales Geschehen ist. Der Erzieher soll von der Schaffung eines vertrauensvollen Verhältnisses zwischen ihm und seinem *Zögling* angetrieben werden. Diese Beziehung erhält ihre pädagogische Dimension in den gegenüber dem *Zögling* erbrachten und von ihm wahrgenommenen Haltungen wie *Liebe, Vertrauen und Achtung* des Erziehenden. Diese ermöglicht die Anerkennung von Autorität und den vom Kind zu erbringenden *Gehorsam* mit Blick auf die zu bewältigenden Entwicklungsaufgaben. Der Erzieher ist eine Art Anwalt des Kindes.

Der Erziehungswissenschaftler *Klaus Mollenhauer* ging über Nohls Begrenzung einer Sozialpädagogik als Jugendfürsorge und Jugendpflege hinaus. Er betrachtete Sozialpädagogik als Theorie und Praxis der Jugendhilfe im Kontext gesellschaftlicher Eingliederungshilfe. Mit Sozialpädagogik war für Mollenhauer auch ein gesellschaftskritischer Auftrag gegeben. So definierte er Sozialpädagogik als einen Ent-

495 Vgl. Henseler 2000, S. 202.

496 Vgl. a.a.O., S. 149 und S. 151.

497 Vgl. zusammenfassend bei Klafki 1980, S. 55–91.

wicklungsgegenstand, der sich nicht auf die bestehenden Institutionen beschränken darf. Sozialpädagogik hat demnach auch die Aufgabe, stets neue Wege pädagogischer Hilfe- und Entwicklungsräume zu suchen. Auch wenn sich Mollenhauer wieder der Allgemeinen Pädagogik zuwandte und sich erst nach vielen Jahren wieder zurückmeldete[498], hat er entscheidend zur Begründung der Sozialpädagogik als wissenschaftliche Disziplin beigetragen.[499] Das heutige Verständnis von Sozialpädagogik als ein Versuch der kritischen Hinterfragung und pädagogischen Reflexion des Spannungsverhältnisses von Lebensbewältigung und sozialer Integration wurde von Mollenhauer entscheidend vorgezeichnet und von Hans Thiersch zu einer alltags- und lebensweltorientierten Sozialpädagogik weiterentwickelt.

Begriffsgeschichtlich gesehen, unterlag der Begriff Sozialpädagogik einem unterschiedlichen Verständnis darüber, was das Soziale in die Pädagogik hineinbringt und in ihr ausmacht:

1. Sozialpädagogik als Gegenbegriff zur Individualpädagogik im Sinne einer Gesellschafts-, Volks- und Nationalerziehung, einer Erziehung durch und für die Gesellschaft und integratives Prinzip jeder Erziehung im Sinne einer sittlichen Gemeinschaftserziehung,
2. Sozialpädagogik als Erziehung im Sinne bestimmter Bildungsideale,
3. Sozialpädagogik als eigenständige Pädagogik außerhalb von Familie und Schule,
4. Sozialpädagogik als Kritik gesellschaftlicher Sozialisationsverhältnisse sowie Theorie und Praxis pädagogischer Integrationshilfen und Einrichtungen als Ausgleich der Erziehungsmängel industrieller Gesellschaften und mithin Antwort auf die ihr typischen Problemlagen.

Die Frage: „Was ist Sozialpädagogik?" beschäftigt den Theoriediskurs bisweilen heute noch. So wird stellenweise kritisiert, dass sich mit der Durchsetzung des Nohl'schen Verständnisses von Sozialpädagogik selbige zu sehr an dem Hilfebegriff orientiert hat. Damit habe sich Sozialpädagogik selber auf *Nothilfe* reduziert. Stattdessen müsse sie sich stärker an den Grundkategorien von Gemeinschaft und Gesellschaft ausrichten. Diese Kategorien – von *Paul Natorp* für die Sozialpädagogik eingeführt und im weiteren Theoriediskurs an den Rand gedrängt – waren konstitutiv für das anfängliche Selbstverständnis von Sozialpädagogik. Heutige Sozialpädagogik habe dies als einen zentralen Faktor von Erziehungs- und Bildungsprozessen in ihre wissenschaftstheoretische Ausrichtung einzubringen.[500]

---

498 Mollenhauer/Uhlendorff 1997.

499 Vgl. Niemeyer/Rautenberg 2006, S. 334.

500 Die Kritik steht für das Bedauern, dass sich nicht das Natorp'sche, sondern das Nohl'sche Verständnis von Sozialpädagogik durchgesetzt hat (vgl. im Rekurs auf Hartmut von Hentig bei Reyer 2009, S. 255–272 und Gottschalk 2004, S. 340ff.). Zur Wiederentdeckung Natorps vgl. Hundeck/Mührel 2016.

5.5.2 Sozialarbeit und soziale Arbeit

Während der Begriff *Sozialpädagogik* relativ schnell zu einem Begriff der akademischen Auseinandersetzung von Pädagogik über die soziale Frage und die darin auszumachenden Professionalisierungsthemen wurde, verhielt sich dies mit den Begriffen *soziale Arbeit* und *Sozialarbeit* etwas anders. *Sozialarbeit* und *soziale Arbeit* sind Begriffe, die sich aus der Verberuflichung sozialen Helfens im Kontext der sozialen Frauenschulen und späteren Wohlfahrtschulen entwickelten. Die Begriffe *Sozialarbeit* und *soziale Arbeit* sind herkunftsgemäß eher Begriffe der Berufspraxis und der Ausbildungsthemen des Berufes. Wenngleich sie im Kontext der sozialpädagogischen Bewegung verwendet wurden (*Gilde Soziale Arbeit*, 1925), waren sie weniger Begriffe, die innerhalb der Reflexionsprozesse der Reformpädagogik und der wissenschaftlichen oder geistwissenschaftlichen Pädagogik Anwendung fanden. Sie waren Begriffe von privater Mildtätigkeit und kommunaler Maßnahmen im Kontext der Armenpflege sowie der späteren Verberuflichung von Fürsorge und Wohlfahrtspflege. Alice Salomon schlug 1918 den Ministerien den Begriff Sozialarbeiterin als Berufsbezeichnung vor. Im Handwörterbuch der Wohlfahrtspflege von 1929 war schließlich von *„berufsmäßiger Sozialarbeit“*[501] die Rede. Der Begriff wurde zudem in die Sprache rechtlicher Programme aufgenommen.[502]

Der Begriff *sociale Arbeit* ist älter als der Begriff *Sozialarbeit*. Er wurde 1880 von dem bürgerlichen Sozialreformer und Nationalökonomen *Lorenz von Stein* (1815–1890) eingebracht. Er zielte damit auf die Hilfen, die der Einzelne zur Behebung seiner Situation benötigte. Die Dimension von Gesellschaft wurde von L. v. Stein durchaus mitgedacht, allerdings eher im Sinn einer freien Klassenbewegung. Soziale Arbeit sollte nach diesem Verständnis zur Hebung des Einzelnen in seiner sozialen Klasse sowie zum ungehinderten Klassenaufstieg beitragen. In der bürgerlichen Frauenbewegung sprach man von *„sozialer Arbeit“* sowie von *„sozialer Frauenarbeit“*[503]. In sozialer Arbeit sah man nicht nur ein Mittel zur Behebung individueller Not, sondern auch einen Weg zur Bewältigung der gesellschaftlichen Umbrüche der Industrialisierung (Armut, Rechtsstellung der Frauen). Soziale Arbeit war hingegen kein Gegenbegriff zur Sozialpädagogik. Die 1925 gegründete *Gilde Soziale Arbeit* verstand sich primär als Reformbewegung einer Sozialpädagogik, hier im Kontext von Fürsorgeerziehung. Die Begriffe soziale Arbeit und Sozialarbeit

501 Vgl. Mühlum 2001, S. 20. Anmerkung: Wir stellen fest; man muss Beruf und Profession voneinander unterscheiden. Beruf ist vereinfacht gesagt eine Arbeitstätigkeit, die durch tradiertes Wissen einer Berufspraxis erlernt werden kann. Profession hingegen ist eine Arbeitstätigkeit, die wissenschaftlich stets erneuerten Erkenntnisgewinn zur Ausübung des Berufes voraussetzt. Erst dieser befähigt zur Ausübung des Berufes als Profession. Sozialarbeit als Berufsarbeit einerseits und Sozialpädagogik als Profession andererseits sind hingegen heute keine Trenngrößen mehr. Mit der Einrichtung von Fachhochschulen wurde auch die berufsmäßige Sozialarbeit zur Profession.

502 Heute findet sich der Begriff nur noch im SGB VIII KJHG (vgl. § 13 „Jugendsozialarbeit“) In allen anderen Sozialgesetzbüchern ist er nicht mehr zu finden.

503 Vgl. Maier (Hrsg.) 1998, S. 13ff. u. S. 568ff.

wurden von den Begriffen Wohlfahrtspflege und Fürsorge zunehmend verdrängt und kamen vermutlich als nordamerikanischer Re-Import des Begriffes social work nach Deutschland zurück.[504]
Mit Beginn der Akademisierung der sozialen Berufsarbeit standen die Begriffe Sozialpädagogik und Sozialarbeit an den Fachhochschulen sowie die universitäre Sozialpädagogik als eigenständige Studienprofile nebeneinander. Erst seit den 1990er Jahren kehrte der Begriff Soziale Arbeit zurück. Er dient fortan als Ober- oder Sammelbegriff der traditionellen Fachrichtungen Sozialpädagogik und Sozialarbeit und steht für ihre Konvergenz in Ausbildung und Praxis.

5.5.3 Soziale Arbeit: Konvergenz von Sozialarbeit und Sozialpädagogik

Ein Unterschied zwischen Sozialarbeit und Sozialpädagogik lässt sich heute wissenschaftlich kaum noch begründen. Aus historischer Sicht ist mit den Begriffen eine Arbeitsteilung rekonstruierbar, die auf spezifische Entwicklungen der Kinder-, Jugend- und Armenfürsorge in Deutschland zurückzuführen sind, die jedoch in der zweiten Hälfte des 20. Jahrhunderts zunehmend zusammenzulaufen. Während es der Sozialpädagogik um die gesellschaftliche Substituierung der seit dem Mittelalter schwächer werdenden Sozialisations- und Erziehungsfunktion der Familie ging, stand für die Sozialarbeit die Bearbeitung der durch Feudalstrukturen hervorgerufenen Armutsprobleme im Vordergrund. Die Eingrenzung der sich hieraus entwickelnden Handlungsfelder als solche mit eher erzieherischen und andere mit eher nicht-erzieherischen Absichten, bereitet aber große Schwierigkeiten. So lassen sich die Faktoren von Armut und Benachteiligung niemals unabhängig von gesellschaftlichen Bedingungen und den darin gegebenen Sozialisationsbedingungen sowie Lern- und Bildungsaufgaben denken. Hinzu kommt, dass Bildung mittlerweile als ein lebenslanger Prozess angesehen wird, mithin pädagogische Absichten in der Sozialen Arbeit im weitesten Sinne immer mitschwingen.[505] So gesehen würde sich der Begriff *Sozialpädagogik* als Konvergenzbegriff besser eignen als der Begriff *Soziale Arbeit*. Die Reaktivierung des Begriffes *Soziale Arbeit* als Konvergenzbegriff hat sich hingegen weitestgehend durchgesetzt. Das ist insofern erstaunlich, als dass sich darunter weiterhin verschiedene Positionen über die wissenschaftstheoretische Ausrichtung Sozialer Arbeit versammeln:

a) Soziale Arbeit ist als Sozialpädagogik im Sinne Paul Natorps eine Pädagogik des Sozialen mit den Leitbegriffen Gemeinschaft und Gesellschaft.
b) Soziale Arbeit ist als Sozialpädagogik eine erziehungswissenschaftliche Disziplin mit den Leitbegriffen Erziehen, Bilden, Beraten und Lernen.
c) Soziale Arbeit ist als Sozialpädagogik eine Teilpädagogik (ähnlich wie Kultur-, Medien-, Freizeit-, Erlebnis-, Erwachsenen-, Wirtschafts-, Betriebs-, Schulpädagogik usw.).

504 Vgl. Mühlum 2001, S. 20 und Engelke 2004, S. 279.
505 Vgl. Lukas 1979, S. 22.

d) Soziale Arbeit ist Sozialarbeit jenseits von Pädagogik und Erziehungswissenschaft mit sozialwissenschaftlichen und sozialpolitischen Leitorientierungen.
e) Soziale Arbeit ist eine von Sozialpädagogik unabhängige und damit eigenständige Sozialarbeitswissenschaft. Sie orientiert sich wissenschaftlich und fachpraktisch eng an konkreten Fragestellungen der Berufspraxis, die als ökonomische, sozialpolitische, sozialrechtliche, sozialplanerische und sozialadministrative Aufgaben über rein pädagogische Aufgaben hinausgehen. Soziale Arbeit ist eine Ausbildungswissenschaft.
f) Soziale Arbeit ist eine eigenständige Wissenschaft, die sich mit der Entstehung und Entwicklung sozialer Problemlagen sowie deren professionelle Bearbeitung als personenbezogene Dienstleistung befasst.[506]

Zusammengefasst

- Sozialpädagogik lässt sich heute dem Begriff *Soziale Arbeit* zurechnen. Im Kern geht es ihr um eine institutionenunabhängige Theorie und reflexive Praxis pädagogischer Integrationshilfen als Antwort auf typische soziale Problemlagen moderner Gesellschaften. Ihr Wissenschaftsort ist traditionell gesehen die Universität, was jedoch seit Gründung der Fachhochschulen deutlich relativiert werden muss.
- Sozialarbeit und soziale Arbeit waren im Prozess der Verberuflichung zunächst begrifflich identisch. In den Höheren Fachschulen für Sozialarbeit wurde versucht, die Sozialpädagogik mit dem Übergang zu Fachhochschulen zu integrieren. Mit den Begriffen Sozialarbeit und Sozialpädagogik wurden lange Zeit jeweils eigenständige Studiengänge bezeichnet. Seit den 1990er Jahren werden beide Begriffe unter *Soziale Arbeit* subsumiert. Gemeint sind hiermit alle Orte der Praxis und der handlungs- und reflexionswissenschaftlichen Auseinandersetzung mit ihr. ◀

5.6 Zusammenfassung: Spätmoderne

Wie kann die allgemeine gesellschaftliche Charakteristik der jeweiligen Epoche beschrieben werden?

Die Spätmoderne in der zweiten Hälfte des 20. Jahrhunderts ist gekennzeichnet durch den wirtschaftlichen und sozialen Aufbau (Sozial- und Wohlfahrtsstaat) in den 1950er Jahren mit eher geringem gesellschaftspolitischen Interesse und Bestre-

506 Dewe u.a. 1996, S. 111–126. Vgl. auch Gottschalk 2004, S. 27f. Zum aktuellen Diskurs vgl. auch Birgmeier 2012 u. 2014, Birgmeier/Mührel 2009, Mührel/Birgmeier 2011, Göppner 2017 und Lambers 2018).

bungen der Jugend nach Emanzipation und Befreiung aus politisch-gesellschaftlichen Rollenzwängen einer kapitalistischen Gesellschaft in den 1960er Jahren. Es setzt sich ein sozialmarktwirtschaftlich modifiziertes, kapitalistisches Gesellschaftskonzept durch. Die diesem Prozess beizufügenden Korrekturbemühungen nennt man Modernisierung. Sie findet Raum in allen gesellschaftlichen Funktionssystemen bzw. bringt diese hervor. Die gesellschaftlichen Modernisierungsbemühungen gehen einher mit der Bearbeitung von Problemen und Risiken zunehmender gesellschaftlicher Komplexität.

Von welchem Weltbild und welcher Philosophie ist diese Zeit geprägt, und welche geistigen Protagonisten und Ideengeber sind maßgebend in der Behandlung der sozialen Fragestellung?

Technologischer und ökonomischer Wandel wird verstärkt auf dem Hintergrund gesellschaftlicher Chancen und Risiken reflektiert. Gesellschaftliche Modernisierungsprozesse finden ihre Kritiker in sozialen Bewegungen und gesellschaftstheoretischen Analysen über die bedrohlichen Auswirkungen gesamtgesellschaftlicher Entwicklungen und damit einhergehender Bedrohungen der persönlichen Lebensbereiche. Die politischen Modernisierungsbestrebungen um eine Reform des Sozialstaates münden mit Beginn des 21. Jahrhunderts in die programmatische Formel des aktivierenden Sozialstaates.

Welche Einstellungen zur Kindheit und Jugend allgemein sowie zu ihren Beschädigungen im Speziellen herrschen in dieser Zeit vor, und wie drückt sich dies organisatorisch und programmatisch im Erziehungs- und Bildungsverständnis aus?

Mit Beginn der 1970er Jahre werden die Bedingungen von Kindheit und Sozialisation im Kontext von Kindheit, Jugend und Erziehung pädagogisch neu gedacht. Die Ergebnisse der modernen Kindheitsforschung werden von der Pädagogik aufgenommen und als Bedarf für die Entwicklung partizipativer, demokratischer Erziehungsstrukturen sowie Chancengleichheit in der Bildung reflektiert (Bildungsreform). Das Thema Bildung erscheint im Spannungsfeld von zweckrationaler, ökonomisch verwertbarer Bildung und allgemeiner Bildung als Prozess der Subjektentwicklung und Herstellung von Urteilsvermögen. Die unterschiedlichen Positionen hinsichtlich der Einschätzungen pädagogischer Wirkungsfähigkeit werden im Ergebnis nicht grundsätzlich pessimistisch, sondern lediglich kontroverser und nüchterner eingeschätzt. Trotz oder vielleicht wegen der kontroversen Grundstimmung setzt in der zweiten Hälfte des 20. Jahrhunderts eine Expansion institutionalisierter und überinstitutioneller Erziehung ein. Diese Entwicklung betrifft auch die Sozialpädagogik. Sie etabliert sich als offensive, parteiliche Kinder- und Jugendhilfe und erfährt schließlich eine Alltagswende. Die Alltagwende wird mit dem Konzept der Lebensweltorientierung (Thiersch) eingeläutet und in den neunziger Jahren sowohl für die Praxis als auch für die Theorien Sozialer Arbeit strukturbildend. Subjektorientierung, Menschenwürde und unveräußerliche Menschenrechte, Empathie und Selbstentfaltung stehen fortan im Zentrum einer Modernisierung der Sozialpädagogik und Sozialarbeit.

Welche Einstellungen zur Armut und Hilfebedürftigkeit prägen diese Zeit, und wie drücken sich diese organisatorisch und programmatisch im Umgang mit Armut aus?

Die Freie Wohlfahrtspflege erlebt in der zweiten Hälfte des zwanzigsten Jahrhunderts einen kometenhaften Aufstieg. Ein Umdenken in der Sozialpolitik (Eindämmung der Sozialstaatsquote, aktivierender Sozialstaat) stellt die Freie Wohlfahrtspflege zunehmend unter einen Ökonomisierungs- und die Menschen, die Hilfe benötigen, unter einen Individualisierungsdruck. Die öffentliche Wohlfahrtspflege erlebt eine starke Ausdifferenzierung der Sozialverwaltungen. Die sozialpolitische Neuorientierung stellt die öffentliche Wohlfahrtspflege unter zunehmenden Reformdruck (*Neue Steuerung*). Mit Beginn der 1950er Jahre und verstärkt mit den 1970er Jahren setzt eine Akademisierung und Professionalisierung sozialer Berufe als eine Antwort auf die sozialen Modernisierungsbedarfe ein. Der Prozess der Professionalisierung geht einher mit einem dynamischen Prozess der Verrechtlichung des Sozialen und weiterer Rechtsreformen. Sämtliche Jugend- und Sozialgesetze werden sukzessive in ein Sozialgesetzbuch übernommen. Kindheit, Jugend und Armut werden programmatisch zunehmend unter dem Dach von Theorie und Praxis Sozialer Arbeit thematisiert. Soziale Arbeit als Wissenschaft stellt sich heterogen dar. Sozialpädagogik und Sozialarbeit sind fachwissenschaftlich nicht stringent auseinanderzuhalten. Mit Beginn der 1990er Jahre ist ein Zusammenlaufen (Konvergenz) unter der Sammelbezeichnung *Soziale Arbeit* zu beobachten. Soziale Arbeit ist heute eine interdisziplinäre Handlungswissenschaft. Grundlagenwissenschaftliche Forschung und grundlagentheoretisches Reflexionswissen bezieht Soziale Arbeit aus verschiedenen geistes- und humanwissenschaftlichen Disziplinen. Eine einheitliche Bestimmung des Gegenstandes Sozialer Arbeit als Wissenschaft ist bis heute nicht gelungen. Es stehen unterschiedliche Gegenstandsbestimmungen nebeneinander, teilweise unverbunden, teilweise konvergent.[507] Theoriebildung der Sozialen Arbeit versteht sich als fortwährender Theoriediskurs

507 Vgl. Lambers 2018, S. ■

5.7 Reflexionsvorschläge

Muss sich Soziale Arbeit stärker an Wirksamkeitsnachweisen orientieren? Mit der Akademisierung der Sozialen Arbeit ging die Diskussion über die grundsätzliche Professionalisierbarkeit gesellschaftlich organisierter Hilfe einher. Man sprach der Sozialen Arbeit die wissenschaftliche Begründbarkeit ihres Handelns (Technologiedefizit) und die grundsätzlich notwendige Autonomie einer professionellen Berufsausübung (sogenanntes *doppelte Mandat*) ab. Diese auch durch Praktiker in der Sozialen Arbeit gemachte Erfahrung förderte u.a. den Therapieboom und ín den Jahren darauf die Wirkungsdebatte in der Sozialen Arbeit. Muss sich Soziale Arbeit stärker an behandlungsorientierten, therapeutischen Konzepten und Wirksamkeitsnachweisen orientieren? *(Stichworte: Helfen und Heilen; klinische Sozialarbeit; therapeutische Zusatzausbildungen, evidence based practise)*

Wo liegen die Chancen und Risiken einer Ökonomisierung der Sozialen Arbeit? Mit dem Haushaltskonsolidierungsgesetz (1975) sollte sichergestellt werden, dass die sogenannte Sozialquote nicht ständig weiter steigt. Auch im europäischen Kontext sind die Mitgliedsstaaten versucht, die Ausgaben unter ca. 30% des Bruttoinlandproduktes zu halten. Letztlich geht es darum, innerhalb einer stabilen Ausgabenquote stets steigende Aufgaben zu bewältigen. Entsprechend ändert sich die Ausgabenpolitik. Um die Kosten zu senken, werden die Anbieter sozialer Dienste und Einrichtungen untereinander in Konkurrenz gesetzt, damit diese ihre bestehenden und auch die neuen Leistungen billiger und möglichst zu bester Qualität anbieten. Wo liegen die Chancen und Risiken? *(Stichworte: new public management, Neue Steuerung; private Daseinsvorsorge; Entsolidarisierung, Individualisierung)*

Gibt es einen Bedarf nach fachlicher Spezialisierung und Ausdifferenzierung der Sozialen Arbeit als Profession, oder müssen SozialarbeiterInnen/SozialpädagogInnen generalistisch qualifiziert bleiben? Mit den ersten sozialen Frauenschulen und Wohlfahrtsschulen war ein erster Schritt zur Verberuflichung des Helfens getan (geistige Mütterlichkeit als Beruf). Mit der Einführung sozialpädagogischer Studiengänge an den Universitäten (1969) und sozialpädagogischer und sozialarbeiterischer Studiengängen an den Fachhochschulen (1969 und 1971) sollte der Status einer Profession erreicht werden. Mit dem Bologna-Prozess (transnationale Hochschulreform) soll u.a. auch die Professionalisierung vorangetrieben werden. Für die Soziale Arbeit bedeutet dies, neben der bisherigen generalistischen Ausbildung (Diplom/Bachelor) auch Spezialisierungen auszubilden (Master). Führt dies zu mehr Professionalität oder ist damit eine De-Professionalisierung zu befürchten? *(Stichworte: Fachsozialarbeit; Verwissenschaftlichung, Spezialisierung; Disziplinentwicklung Sozialer Arbeit)*

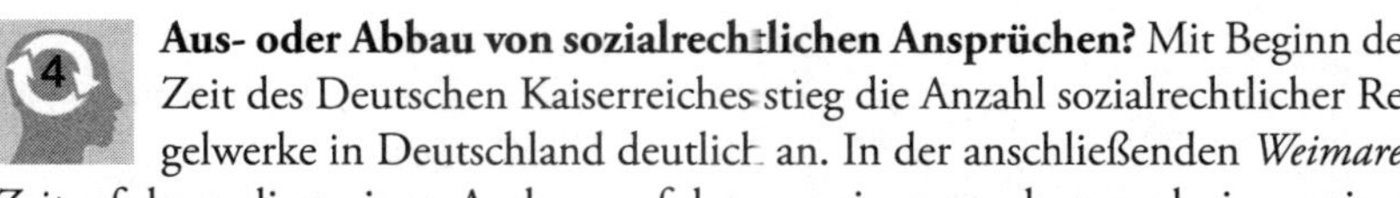

Aus- oder Abbau von sozialrechtlichen Ansprüchen? Mit Beginn der Zeit des Deutschen Kaiserreiches stieg die Anzahl sozialrechtlicher Regelwerke in Deutschland deutlich an. In der anschließenden *Weimarer Zeit* erfuhren diese einen Ausbau, gefolgt von einer geradezu explosionsartigen Entwicklung seit den Aufbaujahren nach 1945. Sind die damit zugestandenen sozialgesetzlichen Ansprüche angesichts der steigenden Komplexität moderner Gesellschaften weiter auszubauen oder sollten sie nach amerikanischem Vorbild eher abgebaut und mehr Eigeninitiative und Privatvorsorge von den Menschen gefordert werden? *(Stichworte: aktivierender Sozialstaat, wohlfahrtsstaatliche Aktivierungsstrategien, Empowerment, Kommunitarismus)*

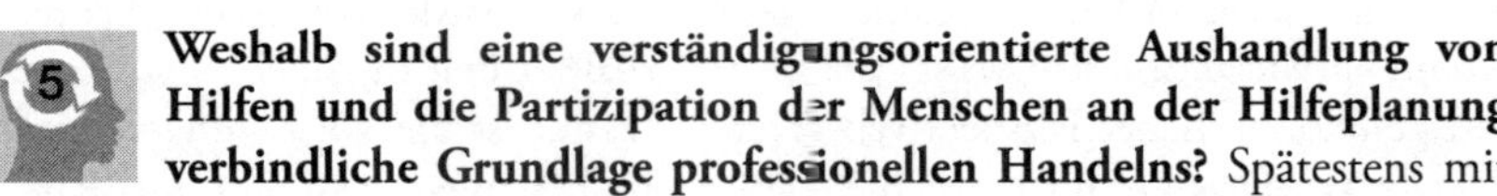

Weshalb sind eine verständigungsorientierte Aushandlung von Hilfen und die Partizipation der Menschen an der Hilfeplanung verbindliche Grundlage professionellen Handelns? Spätestens mit der Reform des Jugendwohlfahrtsgesetzes sind die Aushandlung von Hilfen zwischen Klient und Leistungsträger sowie der Partizipationsgedanke zu einem Qualitätsmerkmal moderner Kinder- und Jugendhilfe geworden (SGB 8) geworden. Das Aushandlungs- und Partizipationsprinzip ist heute konzeptionell weit über die Jugendhilfe hinaus in allen Arbeitsfeldern Sozialer Arbeit anzutreffen. Weshalb ist der dialog- und verständigungsorientierte Ansatz in der Sozialen Arbeit so bedeutsam geworden? *(Stichworte; doppeltes Mandat; Hilfeplanverfahren § 36 SGB VIII; Kinderrechte in der Erziehungshilfe; Vormundschaften und Pflegschaften in der Erziehungshilfe; Kinderparlamente, Kinderbeiräte, Kinderbüros; Jugendhilfeplanung; Teilhabe von Menschen mit Behinderung oder von Behinderung bedrohter Menschen am Leben in der Gesellschaft § 1 SGB IX* und § 35a SGB VIII)

Die Zukunft hat eine lange Vergangenheit.
(Rabbinische Weisheit)

6 Ausblick – Wohin geht Soziale Arbeit? Von der Subjektaneignung bis zum Beziehungsmanagement

Wo steht Soziale Arbeit im Kontext gesellschaftlicher Modernisierung heute, und wohin entwickelt sie sich wahrscheinlich? Soziale Arbeit ist zunehmend in das Interesse ökonomischer Perspektiven geraten. Damit ist die Vorstellung verbunden, Soziale Arbeit sei nur noch durch ein geeignetes Management ihrer Organisationen als soziale Dienstleistungsunternehmen gestaltbar. Die Gründe hierfür sind in der mit Beginn der 1970er Jahre beginnenden Krise des Wohlfahrtsstaates zu suchen.[508] Einerseits erstrebt ein Wohlfahrtsstaat „die Inklusion der Gesamtbevölkerung in das politische System der Gesellschaft“[509], andererseits ist die Politik zur Erhaltung des Wohlfahrtsstaates von einer erfolgreich operierenden Wirtschaft abhängig, womit sie „eigene Erfolge nur dadurch erreichen kann, dass sie mehr und mehr Ressourcen der wirtschaftlichen Kalkulation entzieht“[510]. Eine derartige Konstruktion der sozialen Sicherungssysteme gerät zwangsläufig in Konflikt mit ökonomischen Interessen. Diese Erkenntnis wuchs bereits mit dem Prozess des Zusammenwachsens in der Europäischen Union. Die Arbeitsgesellschaft kommt in Konflikt mit den Folgen ihres durch die Beteiligung am Hegemonialkampf nationaler und internationaler Märkte hervorgerufenen Bedarfs- und Ausgabenwachstums. Mit dem ökonomischen Wachstum nehmen auch die Lebensrisiken und sozialen Ausgrenzungsprozesse zu. Entsprechend wachsen die Bedürfnisse nach psycho-sozialer Reintegration und Befriedung.

Sozialstaatliches Auf- und Ausgabenwachstum wird über das Steuer- und Abgabeneinkommen geregelt und hat somit auch Einfluss auf die Kosten von Arbeit. In einer globalisierten Marktwirtschaft ist im Wettbewerb um vorhandene und neue Märkte eine Verteuerung von Arbeit unerwünscht. Gleichzeitig muss die über Profitmaximierung definierte Arbeitsgesellschaft die Kosten der für ihre Mitglieder entstehenden Modernisierungsrisiken schultern. Da diese zunehmen, steigen auch die Kosten. Um diese Kostenspirale zu stoppen oder wenigstens zu dämpfen, müssen sozialstaatlich garantierte Zusagen neu bewertet werden; d.h. der Sozialstaat bedurfte nach dieser Logik eines Umbaus, da er in Konflikt mit der politischen

508 Vgl. Olk/Otto 1985.
509 Luhmann 2002b, S. 423.
510 Luhmann 1981, S. 7–11 und Luhmann 1998, S. 490.

Handhabe seiner verfassungsrechtlich verankerten sozialen Sicherungssysteme geraten ist. Der verfassungsmäßig gesicherte Gedanke der Solidargemeinschaft muss dabei weitestgehend erhalten bleiben.

Umbau heißt, dass zwar GG-Änderungen eingeführt werden dürfen, die grundlegende Konstruktion als *Sozialstaat* aber nicht angetastet werden darf (Artikel 20 GG). Das Streben nach sozialer Gerechtigkeit und sozialer Sicherheit ist als Staatsziel und Strukturprinzip unseres Staates in unserer Verfassung festgeschrieben. Das sogenannte *Sozialstaatsprinzip* fällt unter die *Ewigkeitsklausel* in Artikel 79, Absatz 3 GG und ist damit als Gegenstand von Verfassungsänderungen ausdrücklich ausgenommen. Jedem Deutschen steht zur Abwehr von Bestrebungen der Abschaffung des Sozialstaatsprinzips im Letztfall ein Widerstandsrecht zu.[511] Was ein Sozialstaat ist oder sein soll, ist hingegen ein dehnbarer Begriff. Erkennbar wird dies an dem seit 1998 betriebenen und bis heute anhaltenden Einschränkungen von sozialversicherungsstaatlichen Leistungen und Abbau öffentlicher Leistungen der Daseinsvorsorge (Grundversorgung). Beispiele hierfür sind Privatisierungen von Bildungs- und Kultureinrichtungen, Einrichtungen der Wasser- und Energieversorgung, der Abfallentsorgung, der Bahn, Post und Telekommunikation, Reduzierungen in der Kranken-, Arbeitslosen- und Rentenversicherung und der Ausbau der privaten Vorsorge.

Sozialleistungsträger geraten in Konflikt mit den zunehmend komplexeren Lebenslagen der BürgerInnen und öffentliche Haushalte versuchen sich von den Kostenentwicklungen der Daseinsvorsorge zu entlasten. Wenn weniger zu verteilen ist, ist nicht nur die Kappung, sondern auch die Steuerung von Ausgaben das Mittel der Wahl. Die Notwendigkeit zur Steuerung und die sie legitimierende Sinnkategorie werden vor allem über das Nachdenken von Effektivität (Wirkung), Effizienz (Wirtschaftlichkeit) und dem darin zu erwartenden gesellschaftlichen Nutzen (outcome) gesucht. Die Effektivitäts- und Effizienzvorstellungen folgen dabei spiegelgleich derselben ökonomischen Wachstumslogik, die die Steigerung ihres *psychosozialen* Versorgungsbedarfs begründet. Konkret: Wenn immer mehr Medizin, Sozialgesetzgebung, Sozialarbeit usw. offensichtlich nicht immer mehr Gesundheit, Gerechtigkeit und sozialen Frieden produzieren, dann ist das aus ökonomischer Sicht ineffektiv. Ergo scheint, bezogen auf Soziale Arbeit, ihr Nachweis als wirkungsorientierte Dienstleistung die legitimierende Sinnkategorie für die Entlohnung Sozialer Arbeit zu sein. Zu diesem qualitativen Argument kommt ein rein quantitatives hinzu: das Argument begrenzter finanzieller Ressourcen.

Den Steuerhebel im Umgang mit knappen Ressourcen liefert der Umbau vorhandener Förderstrukturen: weg von der Input- und hin zur Output-Orientierung.[512] Auf der Ebene der Versorgung mit und Nachfrage nach Sozialer Arbeit führen die

511 „Gegen jeden, der es unternimmt, diese Ordnung zu beseitigen, haben alle Deutschen das Recht zum Widerstand, wenn andere Abhilfe nicht möglich ist." Artikel 20 (4).

512 KGSt 9/94.

aus der Logik ökonomischer Effizienz abgeleiteten Reformbestrebungen schließlich zu einem umgreifenden Spannungsfeld im Dreiecksverhältnis a) Soziale Arbeit, b) AdressatInnen bzw. NutzerInnen und c) öffentliche Gewährleistungsträger. Das Spannungsverhältnis kann nur annähernd aufgelöst werden, wenn die neue Effizienzlogik konsensfähig wird. Das kann aber nur um den Preis einer generellen Umdefinition der Zielgruppenbedürfnisse als konsumorientiertes Kundenverhalten plausibel gemacht werden. Mit dieser Umdefinition ist der Wechsel der Perspektive von Sozialer Arbeit als vormals entmündigende Fürsorge hin zu einer emanzipativen Sozialen Arbeit als Dienstleistung verbunden. Aus dieser Analyse wird jedoch deutlich, dass die Perspektive von Sozialer Arbeit als soziales Dienstleistungsunternehmen keinem theoretischen Entwurf zu einer Neuorientierung Sozialer Arbeit entspricht. Vielmehr erscheint sie als politisch-ökonomisches Konstrukt, das dem Versuch dient, durch politische Umdefinitionen sozialer Bedarfslagen (man kann auch sagen: im Spiegel von Entsolidarisierung und sukzessiver Privatisierung von Lebensrisiken) die Bezahlbarkeit eines sozialstaatlich geregelten Bedarfsausgleiches zu retten.

Zusammenfassend stellen wir fest, dass die Bedingungen, unter denen Soziale Arbeit handelt, ständig unsicherer und komplexer werden. Zur Komplexitätssteigerung tragen sowohl die Effekte von Pluralisierung und Individualisierung und die damit gegebene Entwicklung unterschiedlichster und ungleicher Lebenslagen bei, als auch das durch den ökonomischen Systemimperativ gegebene Organisationshandeln. Der Sozialstaat muss sich

a) auf der Ebene der komplexen Bürgerinteressen,
b) auf der Ebene der Ressourcensteuerung und
c) auf der Ebene der gesellschaftlichen Organisation von Hilfe

völlig neu strukturieren. Die der Sozialen Arbeit aufgedrängte ökonomische Perspektive dient sozialstaatlichen Steuerungsinteressen und muss sich fragen lassen, ob sie mit dem Interesse der Subjektaneignung vereinbar sein kann. Diesen Zustand hoher Komplexität, Soziale Arbeit in der Verflechtung ökonomischer und subjektiver Interessen zu gestalten und zu steuern, soll nun Aufgabe eines Managements sein. Dazu bedarf es der Initiierung von Planungs- und Kontrollprozessen. Die hierfür relevanten Informationen muss ein entsprechendes Kommunikationssystem zur Verfügung stellen, auch um Managemententscheidungen im Sinne plausibler und nachvollziehbarer Prozesse überhaupt möglich zu machen. Aber ist mit dieser beschriebenen gesellschaftlichen Entwicklung nicht eine Situation entstanden, die höchst fragwürdig für die Akzeptanz von Management in der Sozialen Arbeit ist?

Die Ökonomisierung des Sozialen läuft am Leitbild einer emanzipatorischen Sozialen Arbeit offensichtlich vorbei; wäre da nicht die sogenannte Kundenorientierung, die die ökonomische Perspektive auch für den Anhänger einer emanzipatorischen Sozialen Arbeit interessant macht. Die Vorstellung von Sozialer Arbeit als personenbezogene Dienstleistung ist einerseits hilfreich, anderseits jedoch trügerisch. Hilfreich, da der Dienstleistungsbegriff individuell erwünschte Beziehungsgestaltung suggeriert, er also plausibel den Blick auf die Kundeninteressen und das Nutzerverhalten lenkt. Trügerisch wiederum, da die Vorstellung eines ‚social-shopping' augenscheinlich die Realität Sozialer Arbeit nicht trifft. Ökonomie und Soziale Arbeit folgen unterschiedlichen, ja gegensätzlichen Sinnerzeugungen. Ökonomisierung des Sozialen kann den subjektiven Interessen von Leistungsberechtigten nicht dienen.

Soziale Arbeit sollte sich der kritischen Frage stellen, ob die vermeintliche Notwendigkeit eines Managens des Sozialen eher aus der beschriebenen Effizienzlogik einer gesellschaftlichen Entwicklung heraus entstanden ist, oder ob ökonomische Handlungsrationalität möglicherweise auch dadurch Einzug in die Soziale Arbeit gefunden hat, da die Praxis Sozialer Arbeit bereitwillig und vorschnell auf den Zug der Ökonomisierung aufgesprungen ist. Ob als Preis hierfür ihre politische Neutralisierung[513] oder gar der Niedergang professioneller Ethik[514] zu fürchten sind, wird lebhaft diskutiert. Aber diese Diskussion ist ein wenig müßig. Die Selbstorganisationsfähigkeit sozialer Systeme ist nicht allein abhängig vom politischen Willen aufgeklärter Akteure. Der Sinn, nach dem soziale Systeme operieren, ist nicht regulativ von außen festsetzbar. Moderne Gesellschaften verfügen über keine gesellschaftliche Zentralinstanz[515], die ihr oder ihren Teilsystemen vorgibt, auf den rollenden Zug der Ökonomisierung aufzuspringen, ihn durchziehen oder gar anhalten zu lassen. Man muss erkennen – nicht akzeptieren –, dass neoliberale Ökonomie zum herrschenden Denk- und Handlungsprinzip einer entstehenden Weltgesellschaft in allen öffentlichen und zunehmend auch in privaten Lebensbereichen geworden ist. Seit langem ist ein politisch-ökonomischer Konsens darüber auszumachen, dass Soziale Arbeit als Dienstleistungsunternehmen zu betrachten sei. Ein Dienstleistungsunternehmen, das nach den möglichst gleichen ökonomischen Regeln zu funktionieren hat, wie sie auch in der Privatwirtschaft gelten. Sehr deutlich erkennt man das an den Bestrebungen der Länder, die Mitglied in der WTO sind. In den dort mit Macht vorangetriebenen Bestrebungen zum weltweiten Abbau von Handelshemmnissen werden die Bildungseinrichtungen, die medizinischen und auch die sozialen Einrichtungen neben den klassischen Dienstleistern ausdrücklich genannt. Dieses Dienstleistungsabkommen, genannt *GATS*, will auch Soziale Arbeit global als Akteure innerhalb eines ökonomischen Systems verorten.[516]

Für Soziale Arbeit mag das alles noch recht fern sein. In der medizinischen Versorgung hört man hingegen von so manchem „Schnäppchen" (Augen-Lasern, Bypässe, Zahnersatz, Hüftgelenke aus Nah- und Fernost). Auch in pflegerischen

513 Vgl. Kappeler 1999.
514 Vgl. Haupert 2001.
515 Vgl. Luhmann 1998, S. 802 und S. 866ff.
516 Vgl. Mazzucco 2004, S. 67–146. Vgl. Staub-Bernasconi 1999, S. 14–15.

Leistungsbereichen scheinen sich Billiganbieter immer mehr zu formieren, aber in der Sozialen Arbeit ist es global gesehen noch relativ ruhig. Denken wir an jüngste Entwicklungen in Europa, liegt das Ferne aber auch hier schon nah. Mit der *Europäischen Dienstleistungsrichtlinie* (sogenannte Bolkestein-Richtlinie) war für die europäische Ebene im Grundsatz intendiert, was global von der WTO angestrebt wird. Vorerst hat sich dies zumindest für den Bereich des Sozialen nicht umfassend durchgesetzt. Aber auch hier bleibt abzuwarten, ob sich Kernthemen Sozialer Arbeit weiterhin des Schonraums nationaler Wohlfahrtspolitik erfreuen können oder ob sie nicht wieder – früher oder später – für europäische Markt- und Wettbewerbsinteressen interessant zu werden drohen. Aber auch ohne diese europäische Perspektive ist in Deutschland national der Boden für eine zunehmende Ökonomisierung sozialgesetzlich seit langem bereitet. Die klassische Vorrangstellung der freien Wohlfahrtspflege – also der freien gemeinnützigen Träger Sozialer Arbeit – ist im Sozialgesetzbuch (SGB) praktisch aufgegeben worden. Private, erwerbsorientierte Anbieter sind mit ihnen auf eine Stufe gestellt.

Werden wir über die Ökonomisierung Sozialer Arbeit den aufgeklärten Bürger bekommen, der kritisch und selbstbestimmt nur die Hilfen nutzt, die ihm aus seiner Sicht auch gut tun? Werden die Klienten zu NutzerInnen im Sinne selbstbestimmter, aufgeklärter Kunden werden können? Und werden den Bürgern, die mangels Mündigkeit im Sinne advokatorischer Interessenvertretung Hilfen erlangen, mit Gewissheit die optimalen Hilfen zuteil, die ihnen von mündigen Fachkräften Sozialer Arbeit angeraten werden? Welche Art Bürger haben wir uns durch die Sozialisationserfahrungen in einer neoliberal aufgestellten Gesellschaft vorzustellen? Sind Mündigkeit und Selbstbestimmung des Bürgers vor den Regalen unserer Konsumindustrie selbstverständliche Determinanten unseres Alltagshandelns oder kommt das Individuum im Wettlauf mit den Organisationen gesellschaftlicher Funktionssysteme immer einen Schritt zu spät?

Unabhängig von der noch nicht entscheidbaren Frage des Emanzipationsgrades, den Nutzer und Kunden über die Kultivierung ökonomischer Tauschbeziehungen zu erwarten haben, darf allerdings ein sehr pragmatisches Faktum sozialer Wirklichkeit nicht übersehen werden. Die Nachfrage nach sozialen Diensten ist – so oder so – in den letzten fünfzig Jahren ständig gestiegen. Das ging am Arbeitsmarkt und Organisationsgrad Sozialer Berufe nicht spurlos vorüber. Hatte eine Ökonomisierung des Sozialen nicht bereits stattgefunden bevor sie in das Visier des weltweiten Siegeszuges des Neoliberalismus geraten ist? Mit Beginn der 1950er Jahre haben wir es mit einem prosperierenden sozialen Markt zu tun. Selbst wem die aufgedrängte ökonomische Perspektive nicht gefällt, wird erkennen können, dass die kleinen, überschaubaren Wohlfahrtsverbände der Nachkriegszeit mittlerweile zu professionell ausgestatteten Unternehmen von teilweise mittlerer Konzerngröße angewachsen sind. Angesichts dieser Größenentwicklung allein ergab sich ein erheblicher

Steuerungsbedarf für die Wohlfahrtsverbände und ihre Einrichtungen.[517] Seit 1950 verzeichnete der Wohlfahrtsstaat eine Verfünffachung seiner Erwerbstätigenzahl in den Gesundheits-, Sozial- und Erziehungsberufen. Innerhalb dieser Berufsgruppen stellt sich die Steigerungsrate bei den sozialen Berufen mit einem Faktor von 13,6 als eine Berufsgruppe mit der ungleich stärksten Wachstumsdynamik dar.[518] Die BAGFW ging 2002 von über einer Million Beschäftigten im Teilarbeitsmarkt sozialer Dienstleistungen aus. Mit einem geschätzten Anlagevermögen von ca. 100 Mrd. Euro und einer vermutlichen Bruttowertschöpfung in Höhe von ca. 50 Mrd. Euro hatte diese Branche bereits Anfang der 2000er Jahre in etwa die Größenordnung der chemischen Industrie erreicht bzw. bereits übertroffen.[519] In den letzten zwanzig Jahren hat sich der Trend dieser Wachstumsdynamik fortgesetzt. Laut Statistischem Bundesamt lag die Zahl der Erwerbstätigen im Sozialwesen im Jahr 2016 bei über zwei Millionen.[520] Die Bruttowertschöpfung im Sozial- und Gesundheitswesen wurde für 2017 zusammengenommen bei 88,4 Mrd. Euro prognostiziert.[521] Dieses Wachstumsvolumen und die – mit anderen Teilarbeitsmärkten verglichen – überproportionale Expansion gehen mit tiefgreifenden Strukturveränderungen einher, denen die Organisationen personenbezogener Dienstleistungsunternehmen ausgesetzt sind. Zu nennen sind hier vor allem:

- neue Finanzierungsstrukturen (z.B. Leistungsvereinbarungen und Leistungsentgelte, Prospektivität, Budgetierung),
- zunehmende Ressourcenverknappung mit sich daraus ergebenden völlig neu organisierten und teilweise verlagerten Ressourcenflüssen und Verteilungsmechanismen im Sozialwesen (z.B. Ausschreibungen, Stiftungsförderungen, europäische Förderstrukturen usw.),
- neue Steuerungsmechanismen der Marktregulierung (wachsender Einfluss des EG-Rechtes und der Freizügigkeit der Anbieter, Transnationalität von Projekten usw.),
- zunehmende Wettbewerbsintensität (über 25% aller sozialen Dienstleistungen werden mittlerweile von gewerblichen Anbietern erbracht),
- steigende Dekonzentrations- und Deregulierungsbedarfe (Ausgründungen, Outsourcing, Schaffung von neuen rechtlich selbständigen Einrichtungen),

---

517 Vgl. Lambers 2002, S. 238–254.

518 Vgl. Rauschenbach np 2/99, S. 132f.

519 Vgl. Öhlschläger/Brüll 1996 und vgl. Bundesarbeitsgemeinschaft der Freien Wohlfahrtspflege e.V. 2002, S. 93–98.

520 2016 waren es genau 2.348.000. Vgl. DeStatis 2016, Kap. 2.9., S. 3. Die tatsächliche Zahl wird noch größer sein, da auch in den Bereichen „Erziehung und Unterricht" (2.687.000) und „Gesundheitswesen" (3.005.000) (vgl. ebd.) soziale Dienste eingebunden sind.

521 Sozialwesen 15,8 und Gesundheitswesen 72,6 Mrd. € Vgl. https://de.statista.com/statistik/daten/studie/247979/umfrage/prognose-zum-umsatz-im-gesundheitswesen-in-deutschland/und https://de.statista.com/statistik/daten/studie/247974/umfrage/prognose-zum-umsatz-im-sozialwesen-in-deutschland/(28.05.2018)

- neue Kundeninteressen und Kundenbedarfe (Individualisierung der Lebensplanung, Lebensweltorientierung, sozialräumliche Umstrukturierungen usw.) sowie
- sozialgesetzlich normierte Aufgaben der Qualitätsentwicklung und Qualitätssicherung.

Diese Dynamik allein stellt Freie Wohlfahrtspflege bereits seit dem Wideraufbau nach dem Zweiten Weltkrieg vor völlig neue Herausforderungen. Die Entwicklung macht eine ständige Auseinandersetzung mit dem Organisationsmanagement sowohl auf der Ebene der Träger als auch auf den Ebenen der angeschlossenen Einrichtungen und sozialen Dienste erforderlich.
Was sind nun die Folgen der Ökonomisierung Sozialer Arbeit? Ist diese Frage überhaupt kritisch zu stellen? Wettbewerb und Konkurrenz beleben bekanntlich das Geschäft und für die Klienten als Nutzer kann dabei doch viel Neues, Innovatives auf den Markt kommen. Das mag sein. Dennoch sollte ein Faktum nicht übersehen werden: Der Operationsmodus ökonomischer Systeme kennt bekanntlich nicht die Kategorie *soziale Gerechtigkeit.* Sie bestimmt hingegen als Leitfigur die Zweckprogramme des Sozialgesetzbuches (SGB I) als Rechtsrahmen Sozialer Arbeit. Ökonomische Systeme operieren nach dem Sinn von Gewinnerzielung/-maximierungen über die Codes „Kaufen/Nicht-Kaufen", ihr Programm ist der „Preis". Code und Programm müssten nach einer Sozialen Arbeit, die Marktgesetzen gehorchen soll, in den Code: „Helfen/Nicht-Helfen" übersetzt werden.[522] Das hat zwei Effekte: Die Soziale Arbeit läuft stets den Geldtöpfen hinterher und zweitens muss sich Soziale Arbeit auch über die Definition von „Nicht-Hilfe" verständigen. Letzteres wäre professionstheoretisch gesehen sogar wünschenswert. Es würden dann im Idealfall nur solche Hilfen angefragt, die tatsächlich einen Klientennutzen zeigen. Aber wer kann ernsthaft annehmen, dass Menschen dieses aufgeklärte Kundenbewusstsein in sozialen Notlagen entwickeln werden? Auch ihren Stellvertretern bzw. Besitzern der Kaufkraft für soziale und erzieherische Dienste (Jugendämter, Sozialämter usw.) wird das nicht gelingen, da die sogenannte *soziale Dienstleistung* in ihrer Effektivität und Effizienz nicht so eindeutig bestimmbar ist wie die Qualität eines Haarschnittes. Aber selbst wenn diese Hürde genommen würde, bliebe das Problem des weltweiten Wettbewerbs sogenannter Dienstleister in den Feldern Bildung, Gesundheit und Soziales erhalten und zwar als ein Wettbewerb, der über das Programm *Preis* nur ruinös enden kann. Gesellschaftliche Inklusionsaufgaben einerseits und Exklusionsrisiken einer globalisierten Gesellschaft andererseits lassen sich nicht wirksam mit den Effizienzprinzipien begegnen, unter denen sie entstanden sind. Wäre dies möglich, würden die gesellschaftlichen Teilsysteme ihre Exklusionsprobleme selber lösen können, ohne sie einem Wohlfahrtssystem zur weiteren Bearbeitung überlassen zu müssen.

522 Vgl. Lambers 2010, S. 201.

Was kann Soziale Arbeit im Zeitalter der Moderne tun? Eines scheint sicher zu sein: bis es zu einer funktional differenzierten Weltgesellschaft gekommen ist – sofern es soweit kommt –, ist das Heer ihrer Verlierer gigantisch angewachsen. Der Wohlfahrtsstaat und seine tragenden Säulen erodieren zunehmend mit den Risiken einer funktional differenzierten Gesellschaft, in der nur sicher ist, dass sie eine Risikogesellschaft ist. Aktivierung und Selbstbeteiligung der Bürger, Ökonomisierung und Monetarisierung der Programme und Organisationen in den Feldern Soziales, Gesundheit und Bildung stehen auf den Fahnen des Umbaus dieses Sozialstaates. Im Jahr 2008 kann das Deutsche Institut für Wirtschaftsforschung berichten, dass sich in Deutschland die sogenannte Mittelschicht zunehmend zurückentwickelt. Sie ist in den Jahren zwischen 2000 und 2006 von 49 auf 44 Millionen Menschen, und damit von vormals 62 auf nun 54%, erkennbar zurückgegangen. In gleicher Zeit wuchsen zwei Gruppen: Die Gering- und die Spitzenverdiener.[523] Von Postmoderne kann hier nicht die Rede sein. Es scheint, dass der Gesellschaft nicht die Rückkehr in eine Schichtenstruktur, umso mehr aber eine schärfere Konturierung sozialer Ungleichheit droht (Prekarisierung). Das allein wird durch die Bekämpfung von Armut durch Bildung, sprich Beseitigung von Bildungsarmut, nicht zu lösen sein. Dies systematisch zu beobachten ist sicher Sache Sozialer Arbeit, aber für sich genommen zu wenig. Soziale Arbeit muss sich auch – ganz im Sinne Michel Foucaults (1926–1984) – die Frage stellen, was eigentlich die Regierenden regiert? Und hier ist zu beobachten: es sind die Reaktionen Einzelner und ganzer Gruppen auf kulturelle Entwicklungen, „das Unbehagen in der Kultur"[524], das sich artikuliert und seine Ausdrucksformen klassischerweise in sozialen Bewegungen formiert. Soziale Bewegungen bewegen mehr in den Köpfen der Regierenden, als man gemeinhin vermuten mag. Das zeigt schon die Geschichte der sozialen Bewegungen. Ob Arbeiterbewegung, Umweltbewegung, Friedensbewegung, Frauenbewegung, Menschenrechtsbewegung usw., letztlich prägten und prägen ihre Inhalte und Ideen auch solch öffentliches Bewusstsein was in Politik rückwirkt. Auch die Theoriebildung der Sozialen Arbeit wurde hiervon inspiriert (Staub-Bernasconi 1983, 1995, 2018). Es wird darauf ankommen, ob es gelingt, Regeln des gerechten Austausches in den ökonomischen, rechtlichen und politischen Funktionssystemen zu etablieren. Soziale Arbeit sollte soziale Bewegungen unterstützen.[525] Gelingt dies nicht, verliert Soziale Arbeit an Glaubwürdigkeit. Soziale Arbeit wird operative Kopplungen mit sozialen Bewegungen und allen gesellschaftlichen Funktionssystemen (Politik, Wirtschaft, Recht, Medien, Religion, Familie usw.) dauerhaft eingehen müssen, letztlich auch deshalb, um ihren eigenen Widersprüchen etwas entgegensetzen zu können. Über Steuerungsdirektiven und Mittel der Machtdurchsetzung

523 http://www.sueddeutsche.de/wirtschaft/mckinsey-studie-deutschlands-mittelschicht-rutscht-ab-1.208697 (28.05.2018)

524 Freud 1972, c1930, S. 63.

525 Gemeint sind natürlich nur diejenigen, die auf dem Boden unserer Verfassung stehen.

verfügt sie dabei weniger als die Politik, die Wirtschaft oder das Recht. Aber auch diese mächtigeren Systeme verfügen nicht jeweils exklusiv über die entscheidende gesellschaftliche Gestaltungsmacht.[526] Zunehmende Vernetzungsprozesse scheinen das Strukturprinzip einer funktional ausdifferenzierten Gesellschaft zu modifizieren, vielleicht auch abzulösen (Baecker 2007). Dieser Prozess lässt sich als Suche nach verbindenden sozialen Regeln deuten. Soziale Arbeit kann in dieser Frage als Disziplin und als Praxis keine zentral steuernde Rolle einnehmen, aber sie kann nicht darauf verzichten, eine bedeutend flankierende Funktion zu beanspruchen.

526 Vgl. Luhmann 2002b.

Verzeichnisse

Abkürzungsverzeichnis

AFG	Arbeitsförderungsgesetz
ASD	Amt für Soziale Dienste
ASFH	Alice Salomon Fachhochschule für Sozialarbeit und Sozialpädagogik Berlin
attac	association por la taxation des transactions financièes et pour l'action citoeyenne
AWO	Arbeiterwohlfahrt
BA	Bundesagentur für Arbeit
BAGFW	Bundesarbeitsgemeinschaft der Freien Wohlfahrtspflege
BDF	Bund Deutscher Frauen
BDF	Bund Deutscher Frauenvereine
BDM	Bund Deutscher Mädel
BGB	Bürgerliches Gesetzbuch
BGG	Behindertengleichstellungsgesetz
BNSDJ	Bund Nationalsozialistischer Deutscher Juristen
BSHG	Bundessozialhilfegesetz
BtBG	Behördenbetreuungsgesetz
BtG	Betreuungsgesetz
COS	Charity Organization Society
DAF	Deutsche Arbeitsfront
DCV	Deutscher Caritasverband
DDR	Deutsche Demokratische Republik
DJ	Deutsches Jungvolk
DPWV	Paritätischer Wohlfahrtsverband
DRK	Deutsches Rote Kreuz
DV	Deutscher Verein für Armenpflege und Wohltätigkeit (heute Deutscher Verein für öffentliche und private Fürsorge)
DW	Diakonisches Werk
FE	Fürsorgeerziehung
FEH	Freiwillige Erziehungshilfe
GATS	General Agreement on Trade in Services
GG	Grundgesetz
GVG	Gesetz zur Vereinheitlichung des Gesundheitswesens
GzVeN	Gesetz zur Verhütung erbkranken Nachwuchses
HJ	Hitlerjugend
HzE	Hilfen zur Erziehung Minderjähriger in Heimen und anderen Einrichtungen
IASSW	International Association of Schools of Social Work
ICW	International Council of Women
IDA	International Development Association
IM	Innere Mission (heute Diakonisches Werk)
JGG	Jugendgerichtsgesetz

JM	Jungmädel
JWG	Jugendwohlfahrtsgesetz
KGSt	Kommunale Gemeinschaftsstelle für Verwaltungsvereinfachung, heute: Kommunale Gemeinschaftsstelle für Verwaltungsmanagement
KICK	Gesetz zur Weiterentwicklung der Kinder- und Jugendhilfe. Kinder- und Jugendhilfeweiterentwicklungsgesetz
KiFöG	Kinderförderungsgesetz
KJHG	Kinder- und Jugendhilfegesetz
KSD	Kommunaler Sozialdienst
NS	Nationalsozialismus
NSDÄB	Nationalsozialistischer Deutscher Ärztebund
NSDAP	Nationalsozialistische Deutsche Arbeiter Partei
NSLB	Nationalsozialistischer Lehrerbund
NSM	Neues Steuerungsmodell
NSV	Nationalsozialistische Volkswohlfahrt
öGD	öffentlicher Gesundheitsdienst
RAF	Rote Armee Fraktion
RFV	Reichseinheitliche Grundsätze in der gemeindlichen Armenpflege
RJGG	Reichsjugendgerichtsgesetz
RVO	Reichsversicherungsordnung
SA	Sturmabteilung
SGB	Sozialgesetzbuch
SOEP	Sozialökonomisches Panel
SPD	Sozialdemokratische Partei Deutschlands
SS	Schutzstaffel
TAG	Tagesbetreuungsausbaugesetz (Gesetz zum qualitätsorientierten und bedarfsgerechten Ausbau der Tagesbetreuung für Kinder)
TZI	Themenzentrierte Interaktion
UN	Vereinte Nationen
UWG	Unterstützungswohnsitzgesetz
WRV	Weimarer Reichsverfassung
WTO	World Trade Organization
ZWST	Zentralwohlfahrtsstelle der Juden in Deutschland

Textquellenverzeichnis

„Abhandlung über den Ursprung und die Grundlagen der Ungleichheit unter den Menschen“, Jean Jaques Rousseau, 1755, In: Reble, Albert: Geschichte der Pädagogik. Dokumentationsband I und II, Stuttgart 1971, S. 170–176

„Abhandlung über die Wissenschaften und Künste“, Jean Jaques Rousseau, 1750, In: A.a.O., S. 166–169

„Altklug, Frühreif, Blasiert, Überklug“, Handbuch, 1895, In: Rutschky, Katharina: Schwarze Pädagogik. Quellen zur Naturgeschichte bürgerlicher Erziehung. Frankfurt am Main 1977, S. 114

„Artikel, auf welchem sich führnehmlich der Ratichianische Lehrkunst beruhet“, Wolfgang Ratke, In: Reble, Albert: Geschichte der Pädagogik. Dokumentationsband I und II, Stuttgart 1971, S. 113

„Aufforderung zur Unterwerfung“, Friedrich Eberhard von Rochow, 1772, Rutschky, Katharina: Schwarze Pädagogik. Quellen zur Naturgeschichte bürgerlicher Erziehung. Frankfurt am Main 1977, S. 4

„Der Erzieher in der Nachfolge Jesu“, Heinrich Gräfe/Julius Schumann, 1878, a.a.O., S. 73

„Der Erzieher ist ein Organ der Gottheit“, Bernhard Heinrich Blasche, 1828, a.a.O., S. 65

„Der erzieherische Wert einer Hinrichtung“, Christian Felix Weiße, 1791, a.a.O., S. 6

„Die Demütigung als Erziehungsmittel“, Handbuch, 185[illegible], a.a.O., S. S. 412

„Die Erziehung, ein ewiger, doch heiliger Krieg“, Johann Sailer, 1809, a.a.O., S. 149

„Die Indizien für onanistische Betätigung“, August Hermann Niemeyer, 1810, a.a.O., S. 303

„Die Kindheit als Krankheit“, Ludwig von Strümpell, 1890, a.a.O., S. 140

„Die Konsequenz der Erziehung ist die Erziehungsdiktatur“, Johann Bernhard Basedow, 1773, a.a.O., S. 97

„Die Militarisierung der Schulsprache“, H.F. Kahle, 1890, a.a.O., S. 243

„Die Stahlarznei der Männlichkeit“, Jean Paul, 1811, a.a.O., S. 292

„Eine Inszenierung des Strafaktes“, Christian Gotthilf Salzmann, 1796, a.a.O., S. 392

„Einkreisung eines fehlerhaften Kindes“, Joachim Heinrich Campe, 1788, a.a.O., S. 183

„Entartungen der Elternliebe“, Adolf Matthias, 1902, a.a.O., S. 52

„Erklärung des pädagogischen Totalitarismus“, Ernst Christian Trapp, 1784, a.a.O., S. 150

„Große Didaktik. Die vierfache Abstufung der Schule nach Alter und Fortschritt.“ Johann Amos Comenius, In: Reble, Albert: Geschichte der Pädagogik. Dokumentationsband I und II, Stuttgart 1971, S. 131

„In zwanzig Jahren durch Erziehung eine neue Welt“, Johann Balthasar Schupp, 1667, In: Rutschky, Katharina: Schwarze Pädagogik. Quellen zur Naturgeschichte bürgerlicher Erziehung. Frankfurt am Main 1977, S. 58

„Notwendige Willkür des irdischen Vaters als Vertreter des himmlischen“, Joachim Heinrich Campe, 1779, a.a.O., S. 83

„Notwendigkeit der Postzensur für Anstaltszöglinge“, August Hermann Francke, 1722, a.a.O., S. . S. 184

„Pädagogik als Wissenschaft. Maßregeln der Zucht.“, Johann Friedrich Herbart, In: Reble, Albert: Geschichte der Pädagogik. Dokumentationsband I und II, Stuttgart 1971, S. 406

„Pädagogische Schläge sind Schläge des Liebhabers“, Handbuch, 1887, In: Rutschky, Katharina: Schwarze Pädagogik. Quellen zur Naturgeschichte bürgerlicher Erziehung. Frankfurt am Main 1977, S. 433

„Selbstverleugnung, die Tugend des Erziehers“, Handbuch, 1874, a.a.O., S. 82

„Strafen sind natürlich, Belohnungen künstlich“, H.F. Kahle, 1890, a.a.O., S. 46

„Untergang der Welt durch Onanie“, Johann Sailer, 1809, a.a.O., S. 322

„Wann ist das Prügeln erfordert?“, Johann Gottlob Krüger, 1752, a.a.O., S. 170

„Warum Kinder verzichten sollen und Erwachsene genießen dürfen“, Christian Felix Weiße, 1791, a.a.O., S. 282

„Wodurch man das Geständnis der Onanie erlangt“, Peter Villaume, 1787, a.a.O., S. 19

„Zucht oder antiautoritäre Erziehung? – Interview mit A.S Neill“, Aktion Verlag & politischer Buchladen, Stuttgart 1970, S. 81.

„Zur Metaphysik von Zucht und Strafe“, Handbuch, 1887, In: Rutschky, Katharina: Schwarze Pädagogik. Quellen zur Naturgeschichte bürgerlicher Erziehung. Frankfurt am Main 1977, S. 377

Bildquellenverzeichnis

Literaturverzeichnis

Ader, Sabine/Schrapper, Christian/Thiesmeier, Monika (Hrsg.): Sozialpädagogisches Fallverstehen und sozialpädagogische Diagnostik in Forschung und Praxis. Münster 2001

Adorno Theodor W.: Erziehung zur Mündigkeit, Vorträge und Gespräche mit Hellmut Becker 1959–1969. 7. Auflage, Frankfurt am Main 1981

Adorno, Theodor W./Dahrendorf, Ralf/Pilot, Harald/Albert, Hans/Habermas, Jürgen/Popper, Karl R.: Der Positivismusstreit in der deutschen Soziologie. 8. Auflage, Darmstadt und Neuwied 1980, c1969

Agnew, Elizabeth N.: From Charity to Social Work. Mary E. Richmond and the Creation of an American Profession. University of Illinoise Press. Urbana and Chicago 2004

Ahrbeck, Rosemarie: Jean-Jaques Rousseau, Jena/Leipzig/Berlin, Köln 1978

Albrecht, Günther/Groenemeyer, Axel (Hrsg.): Handbuch Soziale Probleme, Wiesbaden 2007

Amthor, Ralph Chr.: Die Geschichte der Berufsausbildung in der Sozialen Arbeit. Auf der Suche nach Professionalisierung und Identität. Weinheim 2003

Amthor, Ralph-Christian: Einführung in die Berufsgeschichte der sozialen Arbeit. Weinheim 2012

Andresen, Sabine: Das Jahrhundert des Kindes als Vergewisserung. Ellen Keys Echo im pädagogischen Diskurs der Moderne. In: Zeitschrift für Soziologie der Erziehung und Sozialisation. Weinheim, 20(2000) 1, S. 22–38

Arbeitsgruppe Pädagogisches Museum: Hilfe Schule. Ein Bilder-Lese-Buch über Schule und Alltag Berliner Arbeiterkinder. Von der Armenschule zur Gesamtschule. 1827 bis heute. Ausstellung vom 13. September – 13. Dezember 1981 in den Räumen der Schule Klixstrasse 6–7, Berlin (Schöneberg). Berlin 1981

Ariès, Philippe: Geschichte der Kindheit. München 1998, c1960

Ariès, Philippe/Duby, Georges (Hrsg.): Geschichte des privaten Lebens. Band 1, herausgegeben von Paul Veyne. Frankfurt am Main 1989

Arlt, Ilse: Die Grundlagen der Fürsorge. Wien 1929

Arlt, Ilse: Wege zu einer Fürsorgewissenschaft. Wien 1958

Arnold, Helmut/Böhnisch, Lothar und Schröer, Wolfgang (Hrsg.): Sozialpädagogische Beschäftigungsförderung. Lebensbewältigung und Kompetenzentwicklung im Jugend- und jungen Erwachsenenalter. Weinheim 2005

Baacke, Dieter: Jugend heute – der leise Widerstand, Psychologie heute, Weinheim Basel August 1980

Badinter, Elisabeth: Die Mutterliebe: Geschichte eines Gefühls vom 17. Jahrhundert bis heute. München 1996, c1981

Baecker, Dirk: Soziale Hilfe als Funktionssystem der Gesellschaft. Zeitschrift für Soziologie, Jg. 23, Heft 2, Stuttgart 1994, S. 93–110

Baecker, Dirk: Studien zur nächsten Gesellschaft. Frankfurt am Main 2007

Baron, Rüdeger (Hrsg.): Sozialarbeit und Soziale Reform. Weinheim, Basel 1983

Baron, Rüdeger/Landwehr, Rolf (Hrsg.): Geschichte der Sozialarbeit. Weinheim, Basel 1983

Basaglia, Franco (Hrsg.) Die negierte Institution oder die Gemeinschaft der Ausgeschlossenen. Ein Experiment der psychiatrischen Klinik in Görz. Frankfurt am Main 1978

Baumert, Jürgen/Neubrand, Michael: PISA 2000 – Basiskompetenzen von Schülerinnen und Schülern im internationalen Vergleich. Rev. Nachdruck der Erstausgabe, Opladen. 2001

Beck, Ulrich: Risikogesellschaft. Auf dem Weg in eine andere Moderne. Frankfurt am Main 1986

Benner, Dietrich: Hauptströmungen der Erziehungswissenschaft, Eine Systematik traditioneller und moderner Theorien. 3. verbesserte Auflage, 1991, c1973

Bergdolt, Klaus: Der Schwarze Tod. Die Große Pest und das Ende des Mittelalters. Neuausgabe, 4. Auflage, München 2000

Bericht über die Lage der Psychiatrie in der Bundesrepublik Deutschland: Zur psychiatrischen und psychoterapeutisch/psychosomatischen Versorgung der Bevölkerung. Deutscher Bundestag. Drucksache 7/4200. Bonn 1975

Bernfeld, Siegfried: Sisyphos oder die Grenzen der Erziehung. 8. Auflage, Frankfurt am Main 2000, c1925

Bernstein, Saul/Lowy, Louis (Hrsg.): Untersuchungen zur sozialen Gruppenarbeit in Theorie und Praxis. Freiburg im Breisgau 1969

Beutel, Harald: Die Sozialtheologie Thomas Chalmers (1780–1847) und ihre Bedeutung für die Freikirchen. Eine Studie zur Diakonie der Erweckungsbewegung. Göttingen 2007

Biran, Sigmund: Die heutige Übergangsgesellschaft und ihre jungen Intellektuellen. Bern/München 1979

Birgmeier, Bernd: Soziale Arbeit als Wissenschaft. Band 1: Entwicklungslinien 1990 bis 2000. Wiesbaden 2012

Birgmeier, Bernd: Handlungswissenschaft Soziale Arbeit. Eine Begriffsanalyse. Wiesbaden 2014

Birgmeier, Bernd/Mührel, Eric (Hrsg.): Die Sozialarbeitswissenschaft und ihre Theorie(n). Positionen, Kontroversen, Perspektiven. Wiesbaden 2009

Birtsch, Vera/Blandow, Jürgen (Hrsg.): Pädagogik, Therapie, Spezialistentum. Frankfurt am Main 1979

Blandow, Jürgen/Gintzel, Ullrich und Hansbauer, Peter: Partizipation als Qualitätsmerkmal in der Heimerziehung. Eine Diskussionsgrundlage. Münster 1999

Blankertz, Herwig: Die Geschichte der Pädagogik. Von der Aufklärung bis zur Gegenwart. Wetzlar 1982

Bodensieck, Heinrich: Studien- und Prüfungsordnung für das Sozialpädagogische Zusatzstudium. In: Zeitschrift für Pädagogik. Weinheim, Heft 5/1965, S. 474–478

Böhnisch, Lothar/Lösch, Hans: Das Handlungsverständnis des Sozialarbeiters und seine institutionelle Determination. In: Thole, Werner/Galuske, Michael und Gängler, Hans (Hrsg.): KlassikerInnen der sozialen Arbeit. Sozialpädagogische Texte aus zwei Jahrhunderten. Ein Lesebuch. Neuwied 1998

Böhnisch, Lothar: Gespaltene Normalität. Lebensbewältigung und Sozialpädagogik an den Grenzen der Wohlfahrtsgesellschaft. Weinheim 1994

Böhnisch, Lothar: Sozialpädagogik der Lebensalter. Eine Einführung. 5. überarbeitete Auflage, Weinheim 2008, c1997

Böhnisch, Lothar: Sozialpädagogik des Kindes- und Jugendalters: eine Einführung. Weinheim 1992b

Bommes, Michael/Scherr, Albert: Soziologie der Sozialen Arbeit. eine Einführung in Formen und Funktionen organisierte Hilfe. Weinheim, München 2000

Bommes, Michael/Scherr, Albert: Soziologie der Sozialen Arbeit. Eine Einführung in Formen und Funktionen organisierter Hilfe. 2., vollständig überarbeitete Auflage, Weinheim 2012

Braches-Chyrek, Rita: Jane Addams, Mary Richmond und Alice Salomon. Professionalisierung und Disziplinbildung Sozialer Arbeit. Opladen 2013

Brant, Sebastian: Das Narrenschiff. Wiesbaden 2004. Durchgesehene, sprachlich leicht angepasste Neuausgabe nach den Ausgaben Basel 1494 und Leipzig 1872

Braun, Ute/Hergrüter, Evelyn: Antipsychiatrie und Gemeindepsychiatrie. Frankfurt am Main, New York 1980

Braunmühl, Ekkehard von/Ostermeyer, Helmut/Kupffer, Heinrich: Die Gleichberechtigung des Kindes, Frankfurt am Main 1977

Braunmühl, Ekkehard von: Antipädagogik, Studien zur Abschaffung der Erziehung, 8. unv. Auflage, Weinheim und Basel 1993, c1975

Braunmühl, Ekkehard von: Zeit für Kinder, Theorie und Praxis von Kinderfeindlichkeit – Kinderschutz. Frankfurt am Main 1978

Brezinka, Wolfgang: Erziehung als Lebenshilfe, Wien 1957

Bronfenbrenner, Urie: Die Ökologie der menschlichen Entwicklung. Natürliche und geplante Experimente. Frankfurt am Main 1989, c1979

Brumlik, Micha (Hrsg.): Vom Missbrauch der Disziplin. Antworten der Wissenschaft auf Bernhard Bueb. Weinheim 2007

Bueb, Bernhard: Lob der Disziplin. Eine Streitschrift. 8. Auflage, Berlin 2006

Bueb, Bernhard: Von der Pflicht zu führen. Neun Gebote der Bildung. Berlin 2008

Bundesarbeitsgemeinschaft der Freien Wohlfahrtspflege: Die freie Wohlfahrtspflege. Profil und Leistungen. Freiburg im Breisgau 2002

Bundesarbeitsgemeinschaft der Landesjugendämter; Internationale Gesellschaft für Erzieherische Hilfen: Rechte haben – Recht kriegen. Ein Ratgeber – nicht nur für Jungen und Mädchen in der Jugendhilfe. 2., aktualisierte und erweiterte Auflage, Weinheim 2003

Bundesgesundheitsblatt: Gesundheitsforschung, Gesundheitsschutz. Band 50, Berlin 2007

Bundesminister für Jugend, Familie, Frauen und Gesundheit: Empfehlungen der Expertenkommission der Bundesregierung zur Reform der Versorgung im psychiatrischen und psychotherapeutische/psychosomatischen Bereich. Auf der Grundlage des Modellprogramms Psychiatrie der Bundesregierung. Bonn 1988

Bundesministerium für Arbeit und Soziales: Lebenslagen in Deutschland. Zweiter Armuts- und Reichtumsbericht der Bundesregierung. Berlin 2005

Bundesministerium für Arbeit und Soziales: Lebenslagen in Deutschland. Dritter Armuts- und Reichtumsbericht der Bundesregierung. Berlin 2008

Bundesministerium für Arbeit und Sozialordnung: Lebenslagen in Deutschland. Erster Armuts- und Reichtumsbericht der Bundesregierung. Bonn 2001

Butterwegge, Christoph/Klundt, Michael/Zeng, Matthias: Kinderarmut in Ost- und Westdeutschland. Wiesbaden 2005

Butterwegge, Christoph: Krise und Zukunft des Sozialstaates. 3., erweiterte Auflage, Wiesbaden 2006

Claessens, Dieter/Klönne, Arno/Tschöppe, Armin: Sozialkunde der Bundesrepublik, Diedrichs. Düsseldorf 1981

Deller, Ulrich/Brake, Roland: Soziale Arbeit. Grundlagen für Theorie und Praxis. Opladen 2014

deMause, Lloyd: Hört ihr die Kinder weinen. Eine psychogenetische Geschichte der Kindheit. Frankfurt am Main 1977

DeStatis Statistisches Bundesamt: Fachserie 1, Reihe 4.1. Bevölkerung und Erwerbstätigkeit der Bevölkerung. Ergebnisse des Mikrozensus zum Arbeitsmarkt 2016. Wiesbaden 2017

Deutsche Biographische Enzyklopädie: 2. überarbeitete und erweiterte Auflage, von Rudolf Vierhaus (Hrsg.), München 2005

Deutscher Bundestag: Bericht über die Lage der Psychiatrie in der Bundesrepublik Deutschland. Zur psychiatrischen und psychotherapeutisch/psychosomatischen Versorgung der Bevölkerung. Bonn Bundestagsdrucksache 7/4200, 1975

Dewe, Bernd/Ferchhoff, Wilfried/Scherr, Albert/Stüwe, Gerd: Sozialpädagogik, Sozialarbeitswissenschaft, Soziale Arbeit? Die Frage nach der disziplinären und professionellen Identität. In: Puhl, Ria (Hrsg.): Sozialarbeitswissenschaft. Neue Chancen für eine theoriegeleitete Soziale Arbeit. Weinheim und München 1996, S. 111–126

Dewe, Bernd/Otto, Hans-Uwe: Reflexive Sozialpädagogik. Grundstrukturen eines neuen Typs dienstleistungsorientierten Professionshandelns. In: Thole, Werner (Hrsg.): Grundriss soziale Arbeit: ein einführendes Handbuch. 2. Auflage, Wiesbaden 2005

Dewe, Bernd/Otto, Hans-Uwe: Über den Zusammenhang von Handlungspraxis und Wissensstrukturen in der öffentlichen Sozialarbeit. neue praxis 1/1980

Dollinger, Bernd (Hrsg.): Klassiker der Pädagogik. Die Bildung der modernen Gesellschaft. Wiesbaden 2006

Dollinger, Bernd/Müller, Carsten/Schröer, Wolfgang (Hrsg.): Die sozialpädagogische Erziehung des Bürgers. Entwürfe zur Konstitution der modernen Gesellschaft. Wiesbaden 2007

Drucker, Peter Ferdinand: Die Praxis des Managements. Düsseldorf 1998

Drucker, Peter Ferdinand: Managing the non-profit organization. Principles and practices. New York 1990

Dudek, Peter: Grenzen der Erziehung im 20. Jahrhundert. Allmacht und Ohnmacht der Erziehung im pädagogischen Diskurs. Bad Heilbrunn/Obb 1999

Eggemann, Maike/Hering, Sabine: Wegbereiterinnen der modernen Sozialarbeit: Texte und Biographien zur Entwicklung der Wohlfahrtspflege. Weinheim und München 1999

Ehrenreich, John H.: The Altruistic Imagination: A History of Social Work and Social Policy in the United States. Cornell University Press. New York 1985

Elias, Norbert: Über den Prozess der Zivilisation, Soziogenetische und psychogenetische Untersuchungen. Zweiter Band. Wandlungen der Gesellschaft, Entwurf zu einer Theorie der Zivilisation, 22. Auflage, Frankfurt am Main 1999, c1939

Elschenbroich, Donata: Kinder werden nicht geboren, Studien zur Entstehung der Kindheit, päd. extra buch, Frankfurt am Main 1977

Engelke, Ernst: Die Wissenschaft Soziale Arbeit. Werdegang und Grundlagen. 2. Auflage, Freiburg im Breisgau 2004, c2003

Engelke, Ernst: Theorien der Sozialen Arbeit. Eine Einführung. 1992, 1998 und zus. mit Borrmann, Stefan/Spatscheck, Christian. 4. Auflage, Freiburg im Breisgau 2008 und 6., überarbeitete und erweiterte Auflage 2014

Erikson, Erik H.: Identität und Lebenszyklus, 18. Auflage, Frankfurt am Main 2000, c1959

Erler, Michael: Soziale Arbeit. Ein Lehr- und Arbeitsbuch zu Geschichte, Aufgaben und Theorien. 8. Auflage, Weinheim 2012

Esping-Andersen, Gosta: The three worlds of welfare capitalism. Princeton 1990

Esser, Johannes: Wohin geht die Jugend? Gegen die Zukunftslosigkeit unserer Kinder, Reinbeck bei Hamburg 1979

Fachhochschule für Sozialarbeit und Sozialpädagogik Berlin (Hrsg.): 60 Jahre Inernational Association of Schools of Social Work – eine Festschrift. Berlin 1989

Fassmann, Irmgard Maya: Jüdinnen in der deutschen Frauenbewegung 1865–1919. Hildesheim 1996

Faust, Miriam: Aktuelle theoretische Ansätze in der deutschen Heilpädagogik. Opladen 2007

Fischer, Wolfram: Exodus von Wissenschaften aus Berlin. Fragestellungen, Ergebnisse, Desiderate; Entwicklungen vor und nach 1933. Band 7, Berlin 1994

Flösser, Gaby und Otto, Hans-Uwe (Hrsg.): Neue Steuerungsmodelle für die Jugendhilfe. Neuwied 1996

Foucault, Michel: Überwachen und Strafen. Die Geburt des Gefängnisses. 4. Auflage, Frankfurt am Main 1981, c1975

Freud, Sigmund: Abriss der Psychoanalyse. Das Unbehagen in der Kultur. Frankfurt am Main 1972, c1941

Freud, Sigmund: Gesammelte Werke, Band XV und XVI. Frankfurt am Main 1940

Freundschaft mit Kindern: Heft 3, Förderkreis e.V. Münster 1980

Freundschaft mit Kindern: Jahresbericht, Sept. 1978 bis Sept. 1979

Frey Cornelia: Respekt vor der Kreativität der Menschen. Ilse Arlt: Werk und Wirkung,. Leverkusen 2005

Galuske, Michael: Methoden der Sozialen Arbeit. Eine Einführung. 6. Auflage, Weinheim und München 2005

Gauger, Jörg-Dieter/Rüther, Günther (Hrsg.): Warum die Geisteswissenschaften Zukunft haben! Ein Beitrag zum Wissenschaftsjahr 2007. Basel 2008

Geißler, Karlheinz A./Hege, Marianne: Konzepte sozialpädagogischen Handelns. Ein Leitfaden für soziale Berufe. 10. Auflage, Weinheim, Basel 2006, c1978

Geißler-Piltz, Brigitte/Mühlum, Albert und Pauls, Helmut: Klinische Sozialarbeit. München 2005

Georgens, Jan Daniel/Deinhardt, Heinrich: Die Heilpädagogik mit besonderer Berücksichtigung der Idiotie und der Idiotenanstalten. Gießen 1979, c1861

Gerber, Uwe (Hrsg.): Holt die Kinder aus den Heimen. Alternativen zur Heimunterbringung. Referate, Arbeitspapiere und Resolutionen einer Tagung der Evangelischen Akademie Loccum vom 13.–15.11.1972. Berlin-Charlottenburg 1974

Geremek, Bronisław: Geschichte der Armut. Elend und Barmherzigkeit in Europa. München 1988

Germain, Carel B./Gitterman, Alex: Praktische Sozialarbeit: Das ‚Life Model' der sozialen Arbeit. 3. völlig neu bearbeitete Auflage, Stuttgart 1999

Germain, Carel B./Gitterman, Alex: The Life Model of Social Work Practice: Advances in Theory and Practice (Third Edition): Advances in Theory and Practice. Columbia University Press 2008

Gillis, John R./Herrmann, Ulrich und Roth, Lutz: Geschichte der Jugend. Tradition und Wandel im Verhältnis der Altersgruppen und Generationen in Europa von der zweiten Hälfte des 18. Jahrhunderts bis zur Gegenwart., Weinheim 1980

Glei, Reinhold F. (Hrsg.): Die Sieben Freien Künste in Antike und Gegenwart. Trier 2006

Goertz, Hans-Jürgen (Hrsg.): Geschichte. Ein Grundkurs. Reinbek bei Hamburg 1998

Goertz, Hans-Jürgen: Abschied von historischer Wirklichkeit. Das Realismusproblem in der Geschichtswissenschaft. In: Schröter, Jens/Eddelbüttel, Antje (Hrsg.): Konstruktion von Wirklichkeit. Beiträge aus geschichtstheoretischer, philosophischer und theologischer Perspektive. Symposium „Deutungen von Wirklichkeit – Erkenntnistheoretische Voraussetzungen und Geltungsansprüche Religiöser und Philosophischer Interpretationsmodelle" vom 4.–6. Oktober 2002 in der Evangelischen Akademie Loccum. Berlin 2004b, S. 1–18

Goertz, Hans-Jürgen: Deutschland 1500–1648. Eine zertrennte Welt. Paderborn 2004a

Goethe, Johann Wolfgang: West-östlicher Divan. Frankfurt am Main 1999, c1819

Göppner, Hans-Jürgen: Damit „Hilfe" Hilfe sein kann. Sozialarbeitswissenschaft als Handlungswissenschaft. Wiesbaden 2017

Gottschalk, Gerhard Michael: Entstehung und Verwendung des Begriffs Sozialpädagogik. Extrapolation systematischer Kategorien als Beitrag für das Selbstverständnis heutiger Sozialpädagogik. Eichstätt 2004

Gray, John: Die falsche Verheißung. Der globale Kapitalismus und seine Folgen. 2. Auflage, deutsche Ausgabe, gekürzte Fassung, Frankfurt am Main 1999

Greving, Heinrich (Hrsg.): Hilfeplanung und Controlling in der Heilpädagogik, Freiburg im Breisgau 2002

Groh-Samberg, Olaf: Armut, soziale Ausgrenzung und Klassenstruktur. Zur Integration multidimensionaler und längsschnittlicher Perspektiven. Wiesbaden 2009

Gröschke, Dieter: Praxiskonzepte der Heilpädagogik. München 1997

Grosser, Alfred: Wie war es möglich? Die Wirklichkeit des Nationalsozialismus. Neun Studien. München, Wien 1977

Günther, Karl-Heinz/Hofmann, Franz/Hohendorf, Gerd. König, Helmut/Schuffenhauer, Heinz: Geschichte der Erziehung. 12. Auflage, Berlin 1976

Haag, Fritz/Parow, Eduard/Pongratz, Lieselotte/Rehn, Gerhard: Überlegungen zu einer Metatheorie der Sozialarbeit. In: Otto, Hans-Uwe/Schneider, Siegfried: Gesellschaftliche Perspektiven der Sozialarbeit. Bd. 1., Neuwied, Darmstadt 1973. S. 167–192

Habermas, Jürgen: Die neue Unübersichtlichkeit. Frankfurt am Main 1985

Habermas, Jürgen: Theorie des kommunikativen Handelns. Band 2. Zur Kritik der funktionalistischen Vernunft. Frankfurt am Main 1981

Hammerschmidt, Peter/Uhlendorff, Uwe (Hrsg.): Wohlfahrtsverbände zwischen Subsidiaritätsprinzip und EU-Wettbewerbsrecht. Band 5, Kassel 2003

Hammerschmidt, Peter/Weber, Sascha/Seidenstücker, Bernd: Soziale Arbeit. Die Geschichte. Opladen 2017

Hansmann, Otto/Lost, Christine: Jean-Jacques Rousseau, 1712–1778. Hohengehren 2002

Hardach-Pinke, Irene/Hardach, Gerd: Deutsche Kindheiten 1700–1900, Autobiographische Zeugnisse, Stuttgart 1968

Hardtmann, Gertrud: Totalitärer Staat und Sozialarbeit: Die Illusion professioneller Integrität. In: Fachhochschule für Sozialarbeit und Sozialpädagogik Berlin (Hrsg.): 60 Jahre International Association of Schools of Social Work. Eine Festschrift. Berlin 1989 S. 50–58

Harmsen, Thomas: Die Konstruktion professioneller Identität in der sozialen Arbeit: theoretische Grundlagen und empirische Befunde. Heidelberg 2004

Häsing, Helga/Stubenrauch, Herbert/Ziehe, Thomas: Narziß. Ein neuer Sozialisationstypus? Bensheim 1979

Haupert, Bernhard: Wider die neoliberale Invasion der Sozialen Arbeit. Theoretische Neuorientierung zwischen Dienstleistung und Profession – Markt und Moral – Mensch und Kunde? In: neue praxis 30. Jahrgang Neuwied 6/2000

Hege, Marianne: Engagierter Dialog. Ein Beitrag zur sozialen Einzelhilfe. München, Basel 1974

Hengst, Heinz/Köhler, Michael/Riedmüller, Barbara: Kindheit als Fiktion. Frankfurt am Main 1981

Henseler, Joachim: Wie das Soziale in die Pädagogik kam. Zur Theoriegeschichte universitärer Sozialpädagogik am Beispiel Paul Natorps und Herman Nohls. Weinheim und München 2000

Hering, Sabine/Münchmeier, Richard: Geschichte der Sozialen Arbeit. Eine Einführung. 5., überarbeitete Auflage, Weinheim 2014

Herriger, Norbert: Empowerment in der sozialen Arbeit. Eine Einführung. Stuttgart 1997

Herriger, Norbert: Empowerment und das Modell der Menschenstärken. Bausteine für ein verändertes Menschenbild der Sozialen Arbeit. In: Soziale Arbeit 5/1995, S. 155–162

Hickel, Rudolf: Sozialstaat im Abbruch. Die neoliberale Offensive. Kritik und Alternativen. Hamburg 2004

Hillebrandt, Frank: Exklusionsindividualität. Moderne Gesellschaftsstruktur und die soziale Konstruktion des Menschen. Opladen 1999

Hofmann, Werner: Ideengeschichte der sozialen Bewegung, Sammlung Göschen de Gruyter, 6. erweiterte Auflage, Berlin, New York 1979

Horkheimer, Max; Adorno, Theodor W.: Dialektik der Aufklärung. Philosophische Fragmente. Frankfurt am Main 2003, c1947

Hubert, Harry: Jugendrecht im Nationalsozialismus. Frankfurt am Main 2001

Huizinga, Johan: Homo Ludens, Vom Ursprung der Kultur im Spiel, Reinbeck 1994, c1956

Hundeck, Markus; Mührel, Eric: José Ortega y Gasset: Sozialpädagogik als politisches Programm. Von Spanien nach Europa. Wiesbaden 2016

Hurrelmann, Klaus/Ulrich, Dieter: Handbuch der Sozialisationsforschung. Weinheim und Basel 1980 und 5., neugestaltete Auflage 1998

Huster, Ernst-Ulrich/Boeckh, Jürgen/Mogge-Grotjahn, Hildegard (Hrsg.): Handbuch Armut und Soziale Ausgrenzung., Wiesbaden 2008

Hüttenbrink, Jost: Sozialhilfe und Arbeitslosengeld II. Hilfe zum Lebensunterhalt, Grundsicherung, sonstige Ansprüche, Verfahren, Verwandtenregress. 8., völlig neu bearbeitete Auflage, München 2004

Hüttenbrink, Jost: Sozialhilfe und Arbeitslosengeld II. München 2004

Illich, Ivan: Entmündigung durch Experten. Zur Kritik der Dienstleistungsberufe. Reinbek 1979

Internationale Gesellschaft für Heimerziehung, AG Heimreform (Hrsg.): Aus der Geschichte lernen. Frankfurt am Main 2000

James, Edward T.: Notable American women, 1607–1950. A biographical dictionary. Cambridge, Mass. 1980

Janov, Arthur: Das befreite Kind, Grundsätze einer primärtherapeutischen Erziehung, Frankfurt am Main 1974

Jean Paul: Levana oder Erziehlehre. Paderborn 1963, c1807

Jente, Charlotte/Judis, Frank/Meier, Ralf/Steinmetz, Susanne/Wagner, Stephan F.: Betriebliche Sozialarbeit. Freiburg im Breisgau 2001

Jers, Norbert (Hrsg.): Soziale Arbeit gestern und morgen. Festschrift zum 75jährigen Bestehen der katholischen Ausbildungsstätte für Sozialarbeit und Sozialpädagogik in Aachen. Aachen 1991

Johansen, Erna M.: Betrogene Kinder, Eine Sozialgeschichte der Kindheit. Frankfurt am Main 1978

Kant, Immanuel: Gesammelte Schriften. Band 8. Abhandlungen nach 1781. Band 9. Logik, Physische Geographie, Pädagogik. Akademieausgabe in 23 Bänden. Universität Bonn (http://www.ikp.uni-bonn.de/kant/suche.html, 21.11.2008)

Kappeler, Manfred: Rückblick auf ein sozialpädagogisches Jahrhundert. Frankfurt am Main 1999

Katholische Fachhochschule Nordrhein-Westfalen, Abteilung Münster (Hrsg.): Theorie und Praxis sozialer und pädagogischer Lehre im Blickpunkt. 75 Jahre Ausbildungsstätte für soziale Arbeit. Münster 1992

Kaufmann, Franz-Xaver: Zukunft der Familie. Stabilität, Stabilitätsrisiken und Wandel der familialen Lebensformen sowie ihre gesellschaftlichen und politischen Bedingungen. München 1990

Kersting, Heinz J.: Die Macht der Komplexität. Supervision systemisch gewendet. In: systhema 3/2004, S. 260–271. 18. Jahrgang, Weinheim 2004

Kessl, Fabian/Otto, Hans-Uwe: Soziale Arbeit. In: Albrecht, Günther & Groenemeyer, Axel (Hrsg.): Handbuch Soziale Probleme, Wiesbaden 2007

Key, Ellen: Das Jahrhundert des Kindes. Neu herausgegeben. Weinheim und Basel 2000 (Berlin 1905)

KGSt Köln: Outputorientierte Steuerung der Jugendhilfe Bericht Nr.9/1994

Khella, Karam: Handbuch der Sozialarbeit und Sozialpädagogik, 5 Bände, 1. und 2. Auflage, Hamburg 1973–1983

Khella, Karam: Theorie und Praxis der Sozialarbeit und Sozialpädagogik, Lollar 1974

Kircher, Veronica: Methodenlehre als Kernbereich sozialarbeiterischer Ausbildung. In: Katholische Fachhochschule Nordrhein-Westfalen, Abteilung Münster (Hrsg.): Theorie und Praxis sozialer und pädagogischer Lehre im Blickpunkt. 75 Jahre Ausbildungsstätte für soziale Arbeit. Münster 1992, S. 71–84

Klafki, Wolfgang: Das pädagogische Verhältnis. In: Klafki u.a. (Hrsg.): Funk-Kolleg Erziehungswissenschaft. Band 1. 15. Auflage, Frankfurt am Main 1980, S. 55–91

Klaus, Georg/Buhr, Manfred: Marxistisch-Leninistisches Wörterbuch der Philosophie in 3. Bänden, neubearbeitete und erweiterte Auflage, Reinbeck bei Hamburg 1972, Ersterscheinungsjahr Leipzig 1964

Kleve, Heiko: Die Sozialarbeit ohne Eigenschaften. Fragmente einer postmodernen Professions- und Wissenschaftstheorie Sozialer Arbeit. Freiburg im Breisgau 2000

Kleve, Heiko: Konstruktivismus und Soziale Arbeit: Einführung in Grundlagen der systemisch-konstruktivistischen Theorie und Praxis. 3. überarbeitete und erweitere Auflage, Wiesbaden 2009, c1996

Kleve, Heiko: Postmoderne Sozialarbeit. Ein systemtheoretisch-konstruktivistischer Beitrag zur Sozialarbeitswissenschaft., 2. durchgesehene Auflage, Wiesbaden 2007, c1999

Kleve, Heiko: Sozialarbeitswissenschaft, Systemtheorie und Postmoderne. Grundlegungen und Anwendungen eines Theorie- und Methodenprogramms. Freiburg im Breisgau 2003

Klumker, Christian Jasper: Fürsorgewesen: Einführung in das Verständnis der Armut und der Armenpflege. Leipzig 1918

Knab, Eckart/Nickolai, Werner/Scheiwe, Norbert (Hrsg.): Für die Zukunft lernen. Freiburg im Breisgau 2001

Kob, Janpeter: Soziologische Theorie der Erziehung, Göttingen 1970

Konrad, Franz Michael: Sozialpädagogik im Wandel. Münster 2005

Koselleck, Reinhart: Begriffsgeschichten. Studien zur Semantik und Pragmatik der politischen und sozialen Sprache. Frankfurt am Main 2010

Koselleck, Reinhart: Vergangene Zukunft. Zur Semantik geschichtlicher Zeiten. 7. Auflage, Frankfurt am Main 1984

Kreft, Dieter und Mielenz, Ingrid (Hrsg.): Wörterbuch Soziale Arbeit. 4. Auflage, Weinheim und Basel 1996

Krekel, Elisabeth M./Ulrich, Joachim Gerd: Jugendliche ohne Berufsabschluss. Handlungsempfehlungen für die berufliche Bildung. Kurzgutachten Friedrich Ebert Stiftung. Berlin 2009

Kriener, Martina und Petersen, Kerstin (Hrsg.): Beteiligung in der Jugendhilfepraxis. Sozialpädagogische Strategien zur Partizipation in Erziehungshilfen und bei Vormundschaften. Münster 1999

Kuhlmann, Carola: „Nicht Wohltun, sondern Gerechtigkeit". Alice Salomons Theorie Sozialer Arbeit. Stuttgart 2008

Kuhlmann, Carola: Geschichte Sozialer Arbeit I. Studienbuch. Schwalbach am Taunus 2008

Kuhlmann, Carola: Geschichte Sozialer Arbeit I. Studienbuch. 3., überarbeitete Neuauflage, Schwalbach am Taunus 2013

Kuhlmann, Carola: Geschichte Sozialer Arbeit II. Textbuch. Band 2, Schwalbach am Taunus 2008
Kuhlmann, Carola: Heimerziehung im Nationalsozialismus. In: Knab, Eckart/Nickolai, Werner/Scheiwe, Norbert (Hrsg.): Für die Zukunft lernen. Freiburg im Breisgau 2001, S. 7–19
Kühn, Dietrich: Jugendamt-Sozialamt-Gesundheitsamt. Entwicklungslinien der Sozialverwaltung im 20. Jahrhundert. Neuwied 1994
Kuhn, Thomas S.: Die Struktur wissenschaftlicher Revolution. Frankfurt am Main 1981, c1962
Kunstreich, Timm: Grundkurs Soziale Arbeit. Band 1, Hamburg 1997
Kunstreich, Timm: Grundkurs Soziale Arbeit. Band 2, Hamburg 1997

Lambers, Helmut: Entscheidungen über die Zuständigkeit von Jugend- oder Sozialhilfe. Jugendwohl, Heft 8/9, Freiburg im Breisgau 1987, S. 415–420
Lambers, Helmut: Soziale Arbeit ist weder Kostgänger noch Cash-Cow! Controlling und Qualifizierung pädagogischer Praxis. In: Greving, Heinrich (Hrsg.): Hilfeplanung und Controlling in der Heilpädagogik, Freiburg im Breisgau 2002
Lambers, Helmut: Systemtheoretische Grundlagen Sozialer Arbeit. Opladen 2010
Lambers, Helmut: Reflexionsgrundlagen Sozialer Arbeit. Eine systemtheoretische Einführung. Weinheim 2014
Lambers, Helmut: Theorien der Sozialen Arbeit. Ein Kompendium und Vergleich. 4. Auflage, Opladen 2018, c2013
Landenberger, Georg/Trost, Rainer: Lebenserfahrungen im Erziehungsheim, Identität und Kultur im institutionellen Alltag, Dissertation, Universität Tübingen 1986, Frankfurt am Main 1988
Laplanche, Jean/Pontalis, Jean-Bertrand: Das Vokabular der Psychoanalyse. 14. Auflage, Frankfurt am Main 1998, c1972
Leonhard, Hans-Walter: Behaviorismus und Pädagogik, Kritik behavoiristischer Psychologie und ihrer Anwendung in der Pädagogik, Erlanger pädagogischer Studien, Bad Heilbrunn/Obb. 1978
Lingelbach, Karl Ch./Zimmer, Hasko: Jahrbuch für Pädagogik 1999. Das Jahrhundert des Kindes? Frankfurt am Main, Berlin, Bern, Bruxelles, New York, Wien 2000
Litt, Theodor: Das Bildungsideal der deutschen Klassik und die moderne Arbeitswelt. Schriftenreihe der deutschen Bundeszentrale für Heimatdienst. Heft 15, Bonn 1955
Loser, Fritz: Konzepte und Verfahren der Unterrichtsforschung. München 1979
Lowy, Louis: Die Funktion der Sozialarbeit im Wandel der Gesellschaft: ein Praxis-Kontinuum. Solothurn 1973
Lowy, Louis: Sozialarbeit, Sozialpädagogik als Wissenschaft im angloamerikanischen und deutschsprachigen Raum: Stand und Entwicklung. Freiburg im Breisgau 1983
Luhmann, Niklas: Formen des Helfens im Wandel gesellschaftlicher Bedingungen. In: Otto/Schneider (Hrsg.): Gesellschaftliche Perspektiven der Sozialarbeit. Neuwied 1973, S. 21–43
Luhmann, Niklas: Politische Theorie im Wohlfahrtsstaat. München 1981
Luhmann, Niklas: Soziale Systeme. Grundriss einer allgemeinen Theorie. Frankfurt am Main 1987
Luhmann, Niklas: Gibt es in unserer Gesellschaft noch unverzichtbare Normen? Heidelberg 1993
Luhmann, Niklas: Das Recht der Gesellschaft. Frankfurt am Main 1995
Luhmann, Niklas: Die Gesellschaft der Gesellschaft, Band 1 und 2. Frankfurt am Main 1998
Luhmann, Niklas: Das Erziehungssystem der Gesellschaft. Frankfurt am Main 2002
Luhmann, Niklas: Die Politik der Gesellschaft. Frankfurt am Main 2002b, c2000
Luhmann, Niklas: Organisation und Entscheidung. 2. Auflage, Wiesbaden 2006
Luhmann, Niklas/Schorr, Karl Eberhard (Hrsg.): Das Technologiedefizit der Erziehung und die Pädagogik. Dieselben in: Zwischen Technologie und Selbstreferenz. Fragen an die Pädagogik. Frankfurt am Main 1982, S. 5–40
Luhmann, Niklas/Schorr, Karl Eberhard: Reflexionsprobleme im Erziehungssystem, Frankfurt am Main 1988, c1979
Lukas, Helmut: Sozialpädagogik, Sozialarbeitswissenschaft. Entwicklungsstand und Perspektive einer eigenständigen Wissenschaftsdisziplin für das Handlungsfeld Sozialarbeit/Sozialpädagogik. Berlin 1979

Lyotard, Jean-François: Das postmoderne Wissen. 5. Auflage, Wien 2006 (Originalausgabe La condition postmoderne, 1979)

Maaß, Olaf: Die Soziale Arbeit als Funktionssystem der Gesellschaft. Heidelberg 2009

Macklin, Michael: When Schools Are Gone, A Projection of the Thought of Ivan Illich, University of Queensland Press, St. Lucia, Queensland 1976

Maier, Hugo (Hrsg.): Who is Who der Sozialen Arbeit. Freiburg im Breisgau 1998

Malthus, Thomas Robert: An Essay on the Principle of Population as it Affects the Future Improvement of Society, with Remarks on the Speculations of. Mr. Godwin, Mr. Condorcet, and Other Writers. Das Bevölkerungsgesetz. Herausgegeben und übersetzt von Christian M. Barth. München 1977 (London 1798)

Mannoni, Maud: Scheißerziehung. Von der Antipsychiatrie zur Antipädagogik, 3. unveränderte Auflage, Frankfurt am Main 1973 (Originalausgabe Education impossible)

März, Fritz: Problemgeschichte der Pädagogik, Band I, Pädagogische Anthropologie 1.Teil, Bad Heilbrunn/Obb. 1980

März, Fritz: Problemgeschichte der Pädagogik, Band II, Pädagogische Anthropologie, 2.Teil, Bad Heilbrunn/Obb. 1980

Maurer, Susanne: Geschichte Sozialer Arbeit als Gedächtnis gesellschaftlicher Konflikte. In: Konrad (Hrsg.), Münster 2005, S. 11–34

Mausbach, Hans/Mausbach-Bromberger, Barbara: Die Gesellschaftliche Wirklichkeit der Kinder in der Bildenden Kunst. In: Neue Gesellschaft für bildende Kunst: Staatliche Kunsthalle Berlin. Berlin 1980, S. 273f.

May, Michael: Aktuelle Theoriediskurse Sozialer Arbeit. Eine Einführung. Wiesbaden 2008

Mazzucco, Cornelia (Hrsg.): GATS und Soziale Arbeit. Globale Welt – die Zukunft des Sozialstaats und des Social-Profit-Sektors. Münster 2004

Mead, Margaret: Der Konflikt der Generationen, Jugend ohne Vorbild, Olten 1971

Meinhof, Ulrike Marie: Bambule. Fürsorge – Sorge für wen? Rotbuch 21, Regensburg 1971

Merten, Roland (Hrsg.): Systemtheorie sozialer Arbeit. Neue Ansätze und veränderte Perspektiven. Opladen 2000

Merten, Roland: Lebenszeit – Weltzeit. Hans Pfaffenberger und die Nachkriegsentwicklung der Sozialen Arbeit in Deutschland. Münster 2002

Meyer, Hermann: Geistigbehindertenpädagogik. In: Solarová, Světluše (Hrsg.): Geschichte der Sonderpädagogik. Stuttgart 1983, S. 84–119

Möckel, Andreas: Geschichte der Heilpädagogik. Zweite, völlig überarbeitete Neuauflage Stuttgart 2007, c1988

Mohr, Simon: Soziale Arbeit als Profession. Eine Organisationsanalyse. In: neue praxis 45. Jahrgang/Heft 5, Neuwied 2015, S. 400–419

Mollat, Michel: Die Armen im Mittelalter. München 1984, c1978

Mollenhauer, Klaus/Uhlendorff, Uwe: Sozialpädagogische Diagnosen. München 1997

Mollenhauer, Klaus: Die Ursprünge der Sozialpädagogik in der industriellen Gesellschaft. Weinheim 1959, Reprint 1987

Mollenhauer, Klaus: Einführung in die Sozialpädagogik. Weinheim, Berlin 1964

Mühlum, Albert: Sozialpädagogik und Sozialarbeit: Ein Vergleich. 3., überarbeitete und aktualisierte Auflage, Frankfurt am Main 2001, c1982

Mührel, Eric/Birgmeier, Bernd (Hrsg.): Theorien der Sozialpädagogik – ein Theorie – Dilemma? Wiesbaden 2009

Mührel, Eric/Birgmeier, Bernd (Hrsg.): Theoriebildung in der Sozialen Arbeit. Entwicklungen in der Sozialpädagogik und der Sozialarbeitswissenschaft. Wiesbaden 2011

Müller, Carl Wolfgang: Jugendamt: Geschichte und Aufgaben einer reformpädagogischen Einrichtung. Weinheim, Basel 1994

Müller, Carl Wolfgang: Wie Helfen zum Beruf wurde. Band 2. Eine Methodengeschichte der Sozialarbeit 1945–1995. 3. und erweiterte Auflage, Weinheim und Basel 1997

Müller, Carl Wolfgang: Wie Helfen zum Beruf wurde. Eine Methodengeschichte der Sozialarbeit. Band 1: 1883–1945. Überarbeitete Neuauflage, Weinheim und Basel 1999

Müller, Carl Wolfgang: Wie Helfen zum Beruf wurde. Eine Methodengeschichte der Sozialen Arbeit. Neusaugabe 2006. Weinheim und München 2006

Müller, Siegfried: Erziehen – Helfen – Strafen. Das Spannungsverhältnis von Hilfe und Kontrolle. Weinheim und München 2001

Mumford, Lewis: Mythos der Maschine Kultur, Technik und Macht, Frankfurt am Main 1977, c1966

Münstermann, Klaus: „Heimerziehung" ist ein konzeptioneller Begriff. In: Materialien zur Heimerziehung, Heft 2/3 1976, S. 4–5

Neill, Alexander S.: Die Befreiung des Kindes. Zürich, Köln 1973

Neill, Alexander S.: Theorie und Praxis der antiautoritären Erziehung. Das Beispiel Summerhill. Reinbeck 1969

Neue Gesellschaft für bildende Kunst: Staatliche Kunsthalle Berlin. Die Gesellschaftliche Wirklichkeit der Kinder in der Bildenden Kunst. Berlin 1980

Neuffer, Manfred: Die Kunst des Helfens. Weinheim und Basel 1990

Neugebauer, Gero: Politische Milieus in Deutschland. Die Studie der Friedrich-Ebert-Stiftung. Bonn 2007

Niederberger, Josef M.: Kinder in Heimen und Pflegefamilien. Fremdplatzierung in Geschichte und Gesellschaft. Bielefeld 2002

Niemeyer, Christian/Rautenberg, Michael: Klaus Mollenhauer (1928–1998). Pädagogik als vergessener Zusammenhang. In: Dollinger, Bernd (Hrsg.): Klassiker der Pädagogik. Die Bildung der modernen Gesellschaft. Wiesbaden 2006, S. 331–352

Niemeyer, Christian/Schröer, Wolfgang/Böhnisch, Lothar (Hrsg.): Grundlinien Historischer Sozialpädagogik. Traditionsbezüge, Reflexionen, übergangene Sozialbezüge. Weinheim 1997

Niemeyer, Christian: Klassiker der Sozialpädagogik. Einführung in die Theoriegeschichte einer Wissenschaft. 3., aktualisierte Auflage, Weinheim 2010, c1998

Nietzsche, Friedrich: Der Wille zur Macht. Versuch einer Umwertung aller Werte. 13., durchgesehene Ausgabe Stuttgart 1996

Nietzsche, Friedrich: Werke in drei Bänden. Herausgegeben vor Karl Schlechta, München 1956

Nietzsche, Friedrich: Werke in zwei Bänden, herausgegeben von Ivo Frenzel, Lizensausgabe mit Genehmigung des Carl Hanser Verlages, München 1967

Nohl, Herman: Erziehergestalten. 2. Auflage, Göttingen 1960, c1958

OECD: Bildung auf einen Blick 2008. OECD-Indikatoren. Bielefeld 2008

Öhlschläger, Rainer/Brüll, Hans-Martin (Hrsg.): Unternehmen Barmherzigkeit. Identität und Wandel sozialer Dienstleistung; Rahmenbedingungen – Perspektiven – Praxisbeispiele. Baden-Baden 1996

Olk, Thomas/Otto, Hans-Uwe (Hrsg.): Der Wohlfahrtsstaat in der Wende. Umrisse einer künftigen Sozialarbeit. Weinheim und München 1985

Otto, Hans-Uwe/Polutta, Andreas & Ziegler, Holger (Hrsg.): Evidence-based Practice-Modernising the Knowledge Base of Social Work? Opladen und Farmington Hills 2007

Otto, Hans-Uwe/Polutta, Andreas/Ziegler, Holger (Hrsg.): What Works. Welches Wissen braucht die Soziale Arbeit? Zum Konzept evidenzbasierter Praxis. Opladen und Farmington 2007

Otto, Hans-Uwe/Schneider, Siegfried: Gesellschaftliche Perspektiven der Sozialarbeit. Bd. 1., Neuwied, Darmstadt 1973

Otto, Hans-Uwe; Sünker, Heinz (Hrsg.): Soziale Arbeit und Faschismus. Volkspflege und Pädagogik im Nationalsozialismus. Bielefeld 1986

Peukert, Detlev J.K.: Grenzen der Sozialdisziplinierung. Aufstieg und Krise der deutschen Jugendfürsorge 1878–1932. Köln 1986

Pfaffenberger, Hans/Schenk, Manfred (Hrsg.): Sozialarbeit zwischen Berufung und Beruf. Professionalisierungs- und Verwissenschaftlichungsprobleme der Sozialarbeit/Sozialpädagogik. Münster 1993

Plessner, Helmuth: Die Stufen des Organischen und der Mensch. 3. unveränderte Auflage, Berlin 1975

Plöckinger, Othmar: Geschichte eines Buches: Adolf Hitlers „Mein Kampf". 1922–1945. München 2006

Prange, Klaus: Niklas Luhmann. Lernen im Erziehungssystem. In: Dollinger, Bernd (Hrsg.): Klassiker der Pädagogik. Die Bildung der modernen Gesellschaft. Wiesbaden 2006. S. 311–330

Prenzel, Manfred: PISA 2006. Die Ergebnisse der dritten internationalen Vergleichsstudie. Münster 2007

Pressestellte der Katholischen Fachhochschule Nordrhein-Westfalen (Hrsg.): 1918–1978. 60 Jahre Katholische Ausbildungsstätte für Sozialarbeit in Aachen. Köln o.J.

Puhl, Ria (Hrsg.): Sozialarbeitswissenschaft. Neue Chancen für eine theoriegeleitete Soziale Arbeit. Weinheim und München 1996

Rang, Adalbert: Reaktionen auf den Nationalsozialismus in der Zeitschrift ‚Die Erziehung' im Frühjahr 1933. In: Otto, Hans-Uwe; Sünker, Heinz (Hrsg.): Soziale Arbeit und Faschismus. Volkspflege und Pädagogik im Nationalsozialismus. Bielefeld 1986, S. 35–54

Rappaport, Helen: Encyclopedia of women social reformers. Volume one. Santa Barbara, California 2001

Rathmayr, Bernhard: Armut und Fürsorge. Einführung in die Geschichte der Sozialen Arbeit von der Antike bis zur Gegenwart. Leverkusen 2014

Rauschenbach, Thomas/Gängler, H. (Hrsg.): Soziale Arbeit und Erziehung in der Risikogesellschaft. Neuwied 1992

Rauschenbach, Thomas/Thole, Werner (Hrsg.): Sozialpädagogische Forschung. Gegenstand und Funktionen, Bereiche und Methoden. München 1998

Rauschenbach, Thomas: Das sozialpädagogische Jahrhundert. Analysen zur Entwicklung Sozialer Arbeit in der Moderne. Weinheim und München 1999

Rauschenbach, Thomas: Dienste am Menschen – Motor oder Sand im Getriebe des Arbeitsmarktes. In: neue praxis 29. Jahrgang Neuwied 2/1999

Rauschenbach, Thomas: Sozialpädagogische Forschung. Weinheim 1998

Reble, Albert: Geschichte der Pädagogik. 13. Auflage, Stuttgart 1980

Reble, Albert: Geschichte der Pädagogik. Dokumentationsband I. Stuttgart 1971

Reble, Albert: Geschichte der Pädagogik. Dokumentationsband II. Stuttgart 1971

Reyer, Jürgen: Sozialpädagogik – Plädoyer zur Historisierung eines Inszenierungsdilemmas. In: Mührel, Eric/Birgmeier, Bernd (Hrsg.): Theorien der Sozialpädagogik – ein Theorie- Dilemma? Wiesbaden 2009, S. 255–272

Richmond, Mary Ellen: Social Diagnosis. New York 1917

Richter, Horst E.: Der Gotteskomplex. Die Geburt und die Krise des Glaubens an die Allmacht des Menschen, Düsseldorf 2001, Hamburg 1979

Rock, Joachim: Die freie Wohlfahrtspflege im europäischen Binnenmarkt. In: Hammerschmidt, Peter/ Uhlendorff, Uwe (Hrsg.): Wohlfahrtsverbände zwischen Subsidiaritätsprinzip und EU-Wettbewerbsrecht. Band 5, Kassel 2003

Röper, Friedrich Franz: Das verwaiste Kind in Anstalt und Heim. Göttingen 1976

Rosen, Klaus: Alte Geschichte – eine alte Geschichte? In: Gauger, Jörg-Dieter/Rüther, Günther (Hrsg.): Warum die Geisteswissenschaften Zukunft haben! Ein Beitrag zum Wissenschaftsjahr 2007. Basel 2008, S. 312–321

Rössner, Lutz: Theorie der Sozialarbeit. Ein Entwurf. München 1973

Rothmaler, Christiane: „Fürsorgerinnenberichte bleiben ein wichtiges Material der Zukunft." Soziale Kontrolle und Erfassung zur Zwangssterilisation durch die Hamburger Fürsorge in der Weimarer Republik und im NS-Staat. In: Fachhochschule für Sozialarbeit und Sozialpädagogik Berlin (Hrsg.): 60 Jahre Inernational Association of Schools of Social Work – eine Festschrift. Berlin 1989, S. 16–36

Rousseau, Jean-Jacques: Emil oder über die Erziehung. Vollständige Ausgabe in neuer deutscher Fassung, besorgt von Ludwig Schmidts, Paderborn 1971 (Paris 1762, danach Amsterdam)

Rousseau, Jean-Jaques: Vom Gesellschaftsvertrag oder Grundsätze des Staatsrechts. Neu übersetzt und herausgegeben von Hans Brockhard, Stuttgart 1977 (Amsterdam 1762)

Rutschky, Katharina: Schwarze Pädagogik. Quellen zur Naturgeschichte bürgerlicher Erziehung. Frankfurt am Main 1977

Sachße, Christoph/Tennstedt, Florian (Hrsg.): Bettler, Gauner und Proleten. Armut und Armenfürsorge in der deutschen Geschichte. Ein Bild-Lesebuch. Reinbek bei Hamburg 1983

Sachße, Christoph/Tennstedt, Florian (Hrsg.): Jahrbuch der Sozialarbeit 4. Geschichte und Geschichten. Reinbeck 1981

Sachße, Christoph/Tennstedt, Florian: Der Wohlfahrtsstaat im Nationalsozialismus. Geschichte der Armenfürsorge in Deutschland. Band 3: Stuttgart 1992

Sachße, Christoph/Tennstedt, Florian: Geschichte der Armenfürsorge in Deutschland. Band 1: Vom Spätmittelalter bis zum Ersten Weltkrieg. 2. Auflage, Stuttgart 1998, c1980

Sachße, Christoph/Tennstedt, Florian: Geschichte der Armenfürsorge in Deutschland. Band 2: Fürsorge und Wohlfahrtspflege 1871 bis 1929. Stuttgart 1988

Sachße, Christoph: Mütterlichkeit als Beruf. Sozialarbeit, Sozialreform und Frauenbewegung 1871–1929. Opladen 2002

Sachße, Christoph: Subsidiarität – Leitidee des Sozialen. In: Hammerschmidt, Peter/Uhlendorff, Uwe (Hrsg.): Wohlfahrtsverbände zwischen Subsidiaritätsprinzip und EU-Wettbewerbsrecht. Band 5, Kassel 2003. S. 15–37

Sachße, Christoph: Wohlfahrtsverbände im Wohlfahrtstaat. Kassel 1994

Salomon, Alice/Wronsky, Siddy: Leitfaden der Wohlfahrtspflege. Leipzig 1921

Salomon, Alice/Wronsky, Siddy: Soziale Therapie. Berlin 1926

Salomon, Alice: Soziale Diagnose. Berlin 1926

Salzmann, Christian Gotthilf: Ameisenbüchlein oder Anweisung zu einer vernünftigen Erziehung der Erzieher. 2. Auflage, Bad Heilbrunn/Obb. 1964, c1805

Salzmann, Christian Gotthilf: Konrad Kiefer oder Anweisung zu einer vernünftigen Erziehung der Kinder. Sammlung der bedeutendsten pädagogischen Schriften. Herausgegeben von I. Gansen, A. Keller, B. Schulz, Paderborn 1916

Salzmann, Christian Gotthilf: Krebsbüchlein oder Anweisung einer unvernünftigen Erziehung der Kinder, 3. rechtmäßig, umgearbeitete, vermehret und verbesserte Auflage, bey Georg Adam Keyser, Erfurt 1792

Salzmann, Christian Gotthilf: Krebsbüchlein, Pädagogische Schriften in Auswahl. Herausgegeben von F. Heilmann, Weimar, Abt. Langensalza, o.J.

Sattler, Dietrich: Anwalt der Armen, Missionar der Kirche. Johann Hinrich Wichern, 1808–1881. Agentur des Rauhen Hauses, Hamburg 2007

Schaefer-Hagenmaier, Theresia: Von der Kreisfürsorgerinnenschule zur Katholischen Fachhochschule NW, Abt. Münster. In: Katholische Fachhochschule Nordrhein-Westfalen, Abteilung Münster (Hrsg.): Theorie und Praxis sozialer und pädagogischer Lehre im Blickpunkt. 75 Jahre Ausbildungsstätte für soziale Arbeit. Münster 1992, S. 11–62.

Schaser, Angelika: Helene Lange und Gertrud Bäumer. Eine politische Lebensgemeinschaft. 2., durchgesehene und aktualisierte Auflage, Köln 2010

Schelsky, Helmut: Wandlungen der deutschen Familie in der Gegenwart, Dortmund 1953

Schenck-Danzinger, Lotte: Entwicklungspsychologie. 7. Auflage, Wien 1973

Schepper, Anna Margarita: Das Soziale im Vorgeburtlichen. Interaktionstheoretische Analyse und erziehungswissenschaftliche Reflexion. Würzburg 2013

Schérer, Renè: Das dressierte Kind, Berlin 1975. (Originalausgabe Emile Perverti, 1973)

Scherpner, Hans: Geschichte der Jugendfürsorge. 2. durchgesehene Auflage, Göttingen 1979, c1966

Scherpner, Hans: Studien zur Geschichte der Fürsorge. Aus dem Nachlass herausgegeben von Hanna Scherpner. Frankfurt am Main 1984

Scherpner, Hans: Theorie der Fürsorge. Herausgegeben von Hanna Scherpner, Göttingen 1962

Scheuerl, Hans (Hrsg.): Klassiker der Pädagogik. Erster Band. Von Erasmus von Rotterdam bis Herbert Spencer. München 1979

Scheuerl, Hans (Hrsg.): Klassiker der Pädagogik. Zweiter Band. Von Karl Marx bis Jean Piaget. München 1979

Schilling, Johannes: Soziale Arbeit: Geschichte, Theorie, Profession. München 2005

Schilling, Johannes/Zeller, Susanne: Soziale Arbeit: Geschichte, Theorie, Profession. Studienbuch für Soziale Berufe. München 2007

Schilling, Johannes/Klus, Sebastian: Soziale Arbeit. Geschichte, Theorie, Profession. 7. Aufllage Stuttgart 2018

Schloz, Wolfgang: Über die Nichtplanbarkeit in der Erziehung, Schriftenreihe: Probleme der Erziehung. Wiesbaden-Dotzheim 1966

Schmid, Jakob R.: Freiheitspädagogik, Schulreform und Schulrevolution in Deutschland 1919–1933, Reinbeck bei Hamburg 1973, c1936

Schmidbauer, Wolfgang: Hilflose Helfer. Über die seelische Problematik der helfenden Berufe. 15. Auflage, Reinbeck bei Hamburg 2006

Schmidt, Hans-Ludwig: Theorien der Sozialpädagogik. Kritische Bestandsaufnahme vorliegender Entwürfe und Konturen eines handlungstheoretischen Neuansatzes. Rheinstetten 1981

Schmidt, Heinrich: Philosophisches Wörterbuch. Neu bearbeitete Auflage, von Georgi Schischkoff, 20. Auflage, Stuttgart 1978

Schmidt-Grunert, Marianne: Soziale Arbeit mit Gruppen. Weinheim und Basel 1997

Schmuhl, Hans-Walter: Friedrich von Bodelschwingh. Reinbek bei Hamburg 2005

Schmutz, Elisabeth u.a.: Aus der Geschichte lernen. Analyse der Heimreform in Hessen (1968–1983). Frankfurt am Main 2000

Schnurr, Stefan: Sozialpädagogen im Nationalsozialismus. Weinheim 1997

Schröder, Iris: Arbeiten für eine bessere Welt. Frauenbewegung und Sozialreform 1890–1914. Frankfurt am Main 2001

Schröter, Jens/Eddelbüttel, Antje (Hrsg.): Konstruktion von Wirklichkeit. Beiträge aus geschichtstheoretischer, philosophischer und theologischer Perspektive. Symposium „Deutungen von Wirklichkeit – Erkenntnistheoretische Voraussetzungen und Geltungsansprüche Religiöser und Philosophischer Interpretationsmodelle" vom 4.–6. Oktober 2002 in der Evangelischen Akademie Loccum. Berlin 2004

Schumann, Ingeborg und Michael/Korff Hans-Jürgen: Sozialisation in Schule und Fabrik, Entstehungsbedingungen proletarischer Kindheit und Jugend, für das Studium der Arbeiterbewegung VSA, Westberlin,1976

Schwarzbuch Hartz IV: Schwarzbuch Hartz IV. Sozialer Angriff und Widerstand. Eine Zwischenbilanz. Berlin 2006

Schwendter, Rolf: Theorie der Subkultur, Neuausgabe mit einem Nachwort, sieben Jahre später. Frankfurt am Main 1981, c1973

Seiffert, Johannes Ernst: Pädagogik der Sensitivierung. Lampertheim 1975

Simmel, Monika: Alice Salomon. Vom Dienst der bürgerlichen Tochter am Volksganzen. In: Sachße, Christoph/Tennstedt, Florian (Hrsg.): Jahrbuch der Sozialarbeit 4. Geschichte und Geschichten. Reinbeck 1981

Six, Clemens/Riesebrodt, Martin/Haas, Siegfried: Religiöser Fundamentalismus. Vom Kolonialismus zur Globalisierung. Innsbruck 2004

Skalweit, Stephan: Der Beginn der Neuzeit. Epochengrenze und Epochenbegriff. Darmstadt 1982

Solarová, Světluše (Hrsg.): Geschichte der Sonderpädagogik. Stuttgart 1983

Sommerfeld, Peter/Hüttemann Matthias: Evidenzbasierte Soziale Arbeit: Nutzung von Forschung in der Praxis. Hohengehren 2007Soziale Arbeit im Nazismus – Colloquium August 1988. Informationen zur Sozialarbeit und Sozialpädagogik. Fachhochschule für Sozialarbeit und Sozialpädagogik Berlin. FHSS Sonderinfo 10. Jahrgang Mai 1989

Staub-Bernasconi, Silvia: Nach dem MAI kommt der November. In: Sozial extra. Zeitschrift für Soziale Arbeit und Sozialpolitik. Bochum, 10/1999, S. 14–15

Staub-Bernasconi, Silvia: Soziale Arbeit als Handlungswissenschaft. Bern, Stuttgart, Wien 2007

Staub-Bernasconi, Silvia: Soziale Probleme – Dimensionen ihrer Artikulation – Umrisse einer Theorie Sozialer Probleme als Beitrag zu einem theoretischen Bezugsrahmen Sozialer Arbeit. Diessenhofen 1983

Staub-Bernasconi, Silvia: Systemtheorie, soziale Probleme und Soziale Arbeit: lokal, national, international oder: vom Ende der Bescheidenheit. Bern, Stuttgart, Wien 1995

Stechow, Elisabeth von: Erziehung zur Normalität. Eine Geschichte der Ordnung und Normalisierung der Kindheit. Wiesbaden 2004

Stichweh, Rudolf: Profession im System der modernen Gesellschaft. In: Merten, Roland (Hrsg.): Systemtheorie Sozialer Arbeit. Neue Ansätze und veränderte Perspektiven. Opladen 2000, S. 29–38

Stolterfoht, Barbara: Die Zukunft der Wohlfahrtsverbände. In: Hammerschmidt, Peter/Uhlendorff, Uwe (Hrsg.): Wohlfahrtsverbände zwischen Subsidiaritätsprinzip und EU-Wettbewerbsrecht. Band 5, Kassel 2003, S. 187–210

Theunissen, Georg: Empowerment behinderter Menschen. Inklusion, Bildung, Heilpädagogik, Soziale Arbeit. Freiburg im Breisgau 2007

Thiersch, Hans: Alltagshandeln und Sozialpädagogik. neue praxis 3/1995, c1978

Thiersch, Hans: Das sozialpädagogische Jahrhundert. In: Rauschenbach, T./Gängler, H. (Hrsg.): Soziale Arbeit und Erziehung in der Risikogesellschaft. Neuwied 1992

Thiersch, Hans: Die Erfahrung der Wirklichkeit. Perspektiven einer alltagsorientierten Sozialpädagogik. Weinheim 2006, c1986

Thiersch, Hans: Kritik und Handeln: interaktionistische Aspekte der Sozialpädagogik; gesammelte Aufsätze. Neuwied 1977

Thiersch, Hans: Lebenswelt und Moral: Beiträge zur moralischen Orientierung sozialer Arbeit. Weinheim 1995

Thiersch, Hans: Positionsbestimmungen der Sozialen Arbeit. Weinheim 2000

Thiersch, Hans: Positionsbestimmungen der Sozialen Arbeit: Gesellschaftspolitik, Theorie und Ausbildung. Weinheim 2001

Thiersch, Hans: Lebensweltorientierte Soziale Arbeit. Aufgaben der Praxis im sozialen Wandel. 7. Auflage, Weinheim 2009, c1992

Thiersch, Hans/Böhnisch, Lothar/Schröer, Wolfgang: Sozialpädagogisches Denken. Wege zu einer Neubestimmung. Weinheim 2005

Thiersch, Hans/Herrmann, Ulrich/Rupprecht, Horst: Die Entwicklung der Erziehungswissenschaft. Weinheim 1978

Thole, Werner (Hrsg.): Grundriss Soziale Arbeit: ein einführendes Handbuch. 2. Auflage, Wiesbaden 2005

Thole, Werner/Galuske, Michael und Gängler, Hans (Hrsg.): KlassikerInnen der sozialen Arbeit. Sozialpädagogische Texte aus zwei Jahrhunderten. Ein Lesebuch, Neuwied 1998

Tillmann, Jan: Trajektivität. Anstöße für eine Metatheorie der Sozialarbeitswissenschaft. Hannover 2007

Tschöpe-Scheffler, Sigrid: Pestalozzi. Leben und Werk im Zeichen der Liebe. „Versuchet die Liebe, die eure Pflicht ist". Neuwied 1996

Tübinger Erklärung zu den Thesen des Bonner Forums „Mut zur Erziehung": Zeitschrift für Pädagogik. Weinheim, Heft 24/1978

Türk, Klaus: Organisation als Gegenstand kritischer Gesellschaftstheorie. In: Sozialwissenschaftliche Literatur Rundschau, Heft 51, 28. Jahrgang Neuwied 2005, S. 74–84

Uhlendorff, Uwe: Geschichte des Jugendamtes. Entwicklungslinien öffentlicher Jugendhilfe 1871–1929. Weinheim 2002

Vasold, Manfred: Die Pest. Ende eines Mythos. Stuttgart 2003

Vogel, Martin Rudolf: Erziehung im Gesellschaftssystem, München 1974

Vogler, Günter: Probleme einer Periodisierung der Geschichte, In: Goertz, Hans-Jürgen (Hrsg.): Geschichte. Ein Grundkurs. Reinbek bei Hamburg 1998

Watzlawick, Paul/Beavin, Janet H./Jackson, Don D.: Menschliche Kommunikation, Formen, Störungen, Paradoxien, 11., unveränderte Auflage, Bern 2007, c1969

Weber, Max: Gesammelte Werke. Wirtschaft und Gesellschaft. (Digitale Bibliothek Band 58) Berlin 2004, c1922

Weber-Kellermann, Ingeborg: Die deutsche Familie, Versuch einer Sozialgeschichte, 6. Auflage, Frankfurt am Main 1981, c1974

Welty, Eberhard: Vom Sinn und Wert der menschlichen Arbeit. Aus der Gedankenwelt des hl. Thomas von Aquin. Heidelberg 1946

Wendt, Wolf Rainer: Ökologie und soziale Arbeit. Stuttgart 1982

Wendt, Wolf Rainer: Ökosozial Denken und Handeln. Grundlagen und Anwendungen in der Sozialarbeit. Freiburg im Breisgau 1990

Wendt, Wolf Rainer: Geschichte der Sozialen Arbeit. 4. Auflage, Stuttgart 1995

Wendt, Wolf Rainer: Geschichte der Sozialen Arbeit 1. Die Gesellschaft vor der sozialen Frage 1750 bis 1900. 6. überarbeitete und erweiterte Auflage, Wiesbaden 2016

Wendt, Wolf Rainer: Geschichte der Sozialen Arbeit 2. Die Profession im Wandel ihrer Verhältnisse. 2. Auflage, Wiesbaden 2016

Wendt, Wolf Rainer: Müssen die Klassiker deutsch sein? Sozialwissenschaftliche Literatur Rundschau SLR 38, 1/99

Wieler, Joachim: Er-Innerung eines zerstörten Lebensabends. Alice Salomon während der NS-Zeit (1933–1937) und im Exil (1937–1948). Darmstadt 1987

Winkler, Michael: Eine Theorie der Sozialpädagogik. Stuttgart 1988

Winkler, Michael: Klaus Mollenhauer. Ein pädagogisches Porträt. Weinheim und Basel 2002

Winterhoff, Michael: Tyrannen müssen nicht sein. Warum Erziehung allein nicht reicht. Auswege. 2. Auflage, Gütersloh 2009

Winterhoff, Michael: Warum unsere Kinder Tyrannen werden. Oder: die Abschaffung der Kindheit. 16. Auflage, Gütersloh 2008

Wippermann, Carsten/Calmbach, Marc: Wie ticken Jugendliche? SINUS-Milieustudie U 27. Düsseldorf 2007

Wulf, Christoph: Theorien und Konzepte der Erziehungswissenschaft, 2. Auflage, Paperback, München 1978

Zander, Margherita (Hrsg.): Kinderarmut. Einführendes Handbuch für Forschung und soziale Praxis. Wiesbaden 2005

ZEDAKA: Jüdische Soziale Arbeit im Wandel der Zeit. 75 Jahre Zentralwohlfahrtsstelle der Juden in Deutschland 1917–1992. Frankfurt am Main 1992

Zeller, Susanne: Juan Luis Vives (1492–1540). (Wieder)Entdeckung eines Europäers, Humanisten und Sozialreformers jüdischer Herkunft im Schatten der spanischen Inquisition. Ein Beitrag zur Theoriegeschichte der Sozialen Arbeit als Wissenschaft. Freiburg im Breisgau 2006

Zentralwohlfahrtsstelle der Juden in Deutschland e.V. (Hrsg.): Jüdische Wohlfahrtspflege in Deutschland. Eine Selbstdarstellung. Von Berthold Scheller. Frankfurt am Main 1987

Zenz, Gisela: Kindesmisshandlung und Kindesrechte, Erfahrungswissen, Normstruktur und Entscheidungsrationalität. Frankfurt am Main 1979

Zwischenbericht Kommission Heimerziehung: Heimerziehung und Alternativen. Analysen und Ziele für Strategien. Frankfurt am Main 1977

Zeitschriftenartikel: „Den Geist sozialer Ritterlichkeit wecken" (Kölner Stadtanzeiger, 15.05.1954)

„Deutschlandkarte. Armenspeisung. Wie haben sich die Tafeln vermehrt?" ZEIT Magazin Nr. 1, 23.12.2008. Hamburg 2008

„Dienen ist mehr als Verdienen" (Essener Stadtnachrichten, 02.02.1954)

„Echte Berufung und Gnade" (Kirchenzeitung Köln 23.05.1954) „Nicht Für-Sorge sondern Mit-Sorge" Ludwig Baumanns sprach über Sinn und Sein des Sozialarbeiters. (Stolberger Volkszeitung, 27.04.1954)

Personenregister

Sachregister